应用型本科院校"十三五"规划教材/经济管理类

Macroeconomics

宏观经济学

（第4版）

主　编　高景海　刘　妍
副主编　初天天　佟明亮　李敬来　王　燕　刘仲仪

哈尔滨工业大学出版社
HARBIN INSTITUTE OF TECHNOLOGY PRESS

内容提要

本书是应用型本科院校经管类教材,通过对整个国民经济运行的考察,分析了宏观经济政策对一国经济的影响。本书主要内容包括国民收入理论、货币市场、产品市场、经济增长、失业与通货膨胀及其他客观经济政策。本书在体例编排、内容选择上,注重知识的系统性、逻辑性、实用性,以力求新颖、简明、通俗易懂,在讲授理论的同时,突出实例分析,从而使学生对知识的背景和内涵能充分地理解,力求达到举一反三、触类旁通的目的。

本书的每章开始都有与本章知识紧密相联的案例导入,在每章中还有合适的案例及小资料,每章的后面还附有前沿知识或背景知识等有趣的阅读资料。这不仅拓展了学生的视野,而且也激发了学生的社会责任感,同时增强了本教材的趣味性与可读性。

本书可作为应用型本科院校管理类专业本科生教材,也可作为教师参考用书,同时也是广大经济学爱好者自学的理想读本。

图书在版编目(CIP)数据

宏观经济学/高景海,刘妍主编. —4 版. —哈尔滨:哈尔滨工业大学出版社,2017.8

ISBN 978 – 7 – 5603 – 6745 – 3

Ⅰ.①宏… Ⅱ.①高… ②刘… Ⅲ.①宏观经济学-高等学校-教材 Ⅳ.①F015

中国版本图书馆 CIP 数据核字(2017)第 125454 号

策划编辑	赵文斌 杜 燕
责任编辑	杜 燕
出版发行	哈尔滨工业大学出版社
社　　址	哈尔滨市南岗区复华四道街10号 邮编150006
传　　真	0451 – 86414749
网　　址	http://hitpress.hit.edu.cn
印　　刷	哈尔滨市工大节能印刷厂
开　　本	787mm×960mm 1/16 印张 19.25 字数 409 千字
版　　次	2010 年 8 月第 1 版　2017 年 8 月第 4 版
	2017 年 8 月第 1 次印刷
书　　号	ISBN 978 – 7 – 5603 – 6745 – 3
定　　价	36.00 元

(如因印装质量问题影响阅读,我社负责调换)

《应用型本科院校"十三五"规划教材》编委会

主　任　修朋月　竺培国
副主任　王玉文　吕其诚　线恒录　李敬来
委　员　（按姓氏笔画排序）
　　　　　丁福庆　于长福　马志民　王庄严　王建华
　　　　　王德章　刘金祺　刘宝华　刘通学　刘福荣
　　　　　关晓冬　李云波　杨玉顺　吴知丰　张幸刚
　　　　　陈江波　林　艳　林文华　周方圆　姜思政
　　　　　庹　莉　韩毓洁　蔡柏岩　臧玉英　霍　琳

序

  哈尔滨工业大学出版社策划的《应用型本科院校"十三五"规划教材》即将付梓，诚可贺也。

  该系列教材卷帙浩繁，凡百余种，涉及众多学科门类，定位准确，内容新颖，体系完整，实用性强，突出实践能力培养。不仅便于教师教学和学生学习，而且满足就业市场对应用型人才的迫切需求。

  应用型本科院校的人才培养目标是面对现代社会生产、建设、管理、服务等一线岗位，培养能直接从事实际工作、解决具体问题、维持工作有效运行的高等应用型人才。应用型本科与研究型本科和高职高专院校在人才培养上有着明显的区别，其培养的人才特征是：①就业导向与社会需求高度吻合；②扎实的理论基础和过硬的实践能力紧密结合；③具备良好的人文素质和科学技术素质；④富于面对职业应用的创新精神。因此，应用型本科院校只有着力培养"进入角色快、业务水平高、动手能力强、综合素质好"的人才，才能在激烈的就业市场竞争中站稳脚跟。

  目前国内应用型本科院校所采用的教材往往只是对理论性较强的本科院校教材的简单删减，针对性、应用性不够突出，因材施教的目的难以达到。因此亟须既有一定的理论深度又注重实践能力培养的系列教材，以满足应用型本科院校教学目标、培养方向和办学特色的需要。

  哈尔滨工业大学出版社出版的《应用型本科院校"十三五"规划教材》，在选题设计思路上认真贯彻教育部关于培养适应地方、区域经济和社会发展需要的"本科应用型高级专门人才"精神，根据前黑龙江省委书记吉炳轩同志提出的关于加强应用型本科院校建设的意见，在应用型本科试点院校成功经验总结的基础上，特邀请黑龙江省9所知名的应用型本科院校的专家、学者联合编写。

  本系列教材突出与办学定位、教学目标的一致性和适应性，既严格遵照学科体系的知识构成和教材编写的一般规律，又针对应用型本科人才培养目标及与之相适应的教学特点，精心设计写作体例，科学安排知识内容，围绕应用讲授理论，做到"基础知识够用、实践技能实用、专业理论管用"。同时注意适当融入新理论、新技术、新工艺、新成果，并且制作了与本书配套的PPT多媒体教学课件，形成立体化教材，供教师参考使用。

《应用型本科院校"十三五"规划教材》的编辑出版，是适应"科教兴国"战略对复合型、应用型人才的需求，是推动相对滞后的应用型本科院校教材建设的一种有益尝试，在应用型创新人才培养方面是一件具有开创意义的工作，为应用型人才的培养提供了及时、可靠、坚实的保证。

希望本系列教材在使用过程中，通过编者、作者和读者的共同努力，厚积薄发、推陈出新、细上加细、精益求精，不断丰富、不断完善、不断创新，力争成为同类教材中的精品。

第4版前言

近年来,随着我国高等教育的迅速发展,有关宏观经济学的教科书大量涌现。我们之所以在同类教材众多的情况下,仍然编写这一教材,主要是与以往的同类教材比,本教材在内容编排中有以下4方面特点:

1. 突出特色,强调实用性

围绕培养目标,结合教学改革,借鉴国内外经验,吸收相关教材之精华,融入最新成果,注重挖掘和利用资源,体现自身特色,做到实用性和先进性相结合;在教材体系上体现了"基础知识够用、专业基础知识管用、专业知识实用"的原则。

2. 贴近学生,强化应用

在教材编写上,注重理论与实际的融会贯通,体现专业应用能力、实践能力和技能专长的培养;教材难易适度,理论联系实际,突出趣味性;做到定位准确,贴近教学、贴近学生,真正为培养应用型人才服务。

3. 严格规范,合理配套

教材在内容上认真贯彻国家标准及规范,抓住重点,合理配套;每章前有导读,后有小结;例题典型,案例新颖;配有思考题和阅读资料,便于学生思考和练习。

4. 确保质量,精选资料

本教材由一批具有教学经验丰富的教师合力编写,以确保教材质量。同时,本书精选资料,力求资料新、数据新,能够真实地反映出学科的新动态。

本书由高景海(哈尔滨剑桥学院)、刘妍(哈尔滨远东理工学院)任主编,由初天天(黑龙江外国语学院)、佟明亮(黑龙江财经学院)、李敬来(哈尔滨远东理工学院)、王燕(黑龙江外国语学院)、刘仲仪(吉林动画学院)任副主编。

编写任务的具体分工如下:高景海(第八章);刘妍(第一章、第三章);初天天(第二章、第四章、第五章);佟明亮(第十章、第十二章);李敬来(第七章);王燕(第九章)、刘仲仪(第六章);王戈和王欢(第十一章)。

由于编写水平有限,本教材又是一个探索性、阶段性的成果,错误和疏漏之处在所难免,希望各位专家、读者批评指正,以便我们进一步修订与完善。

编 者
2017年6月

目　录

第一章　宏观经济学导论 … 1
- 第一节　宏观经济学的研究对象 … 2
- 第二节　宏观经济学的研究内容 … 5
- 第三节　宏观经济学的发展历程 … 12

第二章　总产出 … 17
- 第一节　总产出核算指标 … 18
- 第二节　总产出的核算方法 … 25
- 第三节　总产出核算的修正 … 30
- 第四节　其他宏观变量及其计算 … 35

第三章　总支出：消费、储蓄与投资 … 40
- 第一节　消费 … 41
- 第二节　储蓄 … 51
- 第三节　投资 … 53

第四章　货币需求与货币供给 … 63
- 第一节　货币需求 … 64
- 第二节　货币供给 … 68
- 第三节　货币市场均衡 … 75

第五章　总需求决定模型 … 81
- 第一节　总需求与充分就业 … 82
- 第二节　总需求的决定 … 87
- 第三节　国民收入核算中的恒等关系 … 92

第六章　IS-LM 模型 … 100
- 第一节　产品市场的均衡与 IS 曲线 … 101
- 第二节　货币市场的均衡与 LM 曲线 … 106
- 第三节　IS-LM 分析 … 113
- 第四节　凯恩斯理论的基本框架 … 121

第七章　AD-AS 模型 … 127
- 第一节　总需求函数与 AD 曲线 … 128
- 第二节　总供给函数与 AS 曲线 … 137
- 第三节　总需求与总供给的均衡（AD-AS 模型） … 143
- 第四节　总需求与总供给曲线移动的效应 … 146

第八章　失业与通货膨胀理论 … 151
第一节　失业 … 152
第二节　通货膨胀 … 162
第三节　通货膨胀与失业 … 179

第九章　经济周期与经济增长理论 … 184
第一节　经济周期概述 … 185
第二节　乘数-加速数理论 … 194
第三节　经济增长概述 … 199

第十章　宏观经济政策 … 212
第一节　宏观经济政策概述 … 213
第二节　财政政策 … 216
第三节　货币政策 … 221
第四节　宏观经济调控效应 … 226
第五节　宏观经济政策的选择与使用 … 233

第十一章　开放经济中的国民收入均衡与调节 … 243
第一节　国际贸易理论 … 244
第二节　汇率理论 … 248
第三节　国际收支 … 255
第四节　对外经济政策 … 258

第十二章　宏观经济学流派 … 264
第一节　新古典综合派 … 265
第二节　货币主义学派 … 271
第三节　供给学派 … 277
第四节　理性预期学派 … 282
第五节　新凯恩斯主义学派 … 286

参考文献 … 295

第一章 Chapter 1

宏观经济学导论

【学习要点及目标】

通过本章的教学,使学生了解宏观经济学的产生和发展历程,明确宏观经济学的研究对象和方法,掌握一些重要的概念;熟悉和掌握宏观经济流量模型;在掌握宏观经济学基本理论的基础上,尝试运用宏观经济学知识去认识、分析和解决经济生活中的实际问题。

【引导案例】

20世纪最伟大的发现之一

美国著名的经济学家保罗·萨缪尔森指出:"GDP是20世纪最伟大的发现之一"。没有GDP这个发现,我们就无法进行国与国之间经济实力的比较,贫穷与富裕的比较;我们就无法知道我国的GDP总量排在全世界的第六位,美国是我国的9倍,日本是我国的5倍;没有GDP我们也无法知道我国人均GDP在2003年已超过1 000美元,美国、日本是我国的40多倍;没有GDP这个总量指标我们无法了解我国的经济增长速度是快还是慢,是需要刺激还是需要控制。因此GDP就像一把尺子,一面镜子,是衡量一国经济发展和生活富裕程度的重要指标。

GDP如此重要,所以我们必须首先搞清楚到底什么是GDP,美国经济学家曼昆在他风靡世界的《经济学原理》一书中指出,国内生产总值(GDP)是指在某一既定时期一个国家内生产的所有最终物品和劳务的市场价值。曼昆认为,准确理解GDP的要点是:①GDP是按照现行的市场价格计算的;②GDP包括在市场上合法出售的一切物品和劳务,例如你购买了音乐会的票,票价就是GDP的一部分;③只算最终产品,不包括中间产品;④是一个国家地域范围之内的,例如外国人暂时在中国工作,外国人在中国开办企业,他的生产的价值计入中国GDP。

> 如果你要判断一个人在经济上是否成功,你首先要看他的收入。同样的逻辑也适用于一国的整体经济。当判断一国经济富裕还是贫穷时,要看人们口袋里有多少钱,这正是国内生产总值(GDP)的作用。
>
> GDP 同时衡量两件事:经济中所有人的总收入和用于经济中物品与劳务产量的总支出。GDP 既衡量总收入又衡量总支出的秘诀在于这两件事实际上是相同的。对于一个整体经济而言,收入必定等于支出。这是为什么呢?收入和支出相同的原因就是每次交易都有两方:买者和卖者。假如你雇一个小时工为你打扫卫生,每小时10元,在这种情况下小时工是劳务的卖者,而你是劳务的买者。小时工赚了10元,而你支出了10元。因此这种交易对经济的收入和支出做出了相同的贡献。无论是用总收入来衡量还是用总支出来衡量,GDP 都增加了10元。由此可见,在经济中,每生产1元钱,就会产生1元钱的收入。

资料来源:www.zyrtvu.com

经济学作为一门发展了 200 多年的学科,有一定的复杂性和综合性,经济学家对该学科做了基本的分类——微观经济学和宏观经济学。这主要是根据经济学的研究对象来划分的。作为本书的导论,主要是为读者介绍宏观经济学研究的基本问题和基本概念以及宏观经济学的理论体系,目的是使读者对宏观经济学有一个基本认识。

第一节 宏观经济学的研究对象

一、宏观经济学的研究对象

自从 20 世纪 30 年代西方资本主义世界发生经济危机以来,经济的周期性波动就成了西方经济发展的不可避免的问题。因此,经济的周期性波动就成为经济学家研究的主要问题,并成为政府宏观调控的主要目标。宏观经济学是以整个国民经济为考察对象,研究社会总体经济问题以及相应的经济变量的总量是如何决定的及其之间的相互关系。所以,宏观经济运行中的总产出、总支出、通货膨胀、失业等,都成为宏观经济学研究的重要对象。

从宏观经济运行的基本目标来看,宏观经济学主要通过对总体经济问题和经济总量的研究,来分析国民经济中的几个基本问题:一是已经配置到各个经济部门的经济资源总量的使用情况如何,以及由这些资源所决定的一国总产出或就业量;二是商品市场和货币市场的供求关系如何决定一国的国民收入水平和一般物价水平;三是国民收入水平和一般物价水平的变动与经济周期和经济增长的相互关系。所以,宏观经济学实际上研究的就是一国经济资源的使用状况对总体国民经济的影响如何,通过哪些手段、运用什么方法来改善经济资源的利用,从而实现潜在的国民收入和经济的稳定增长。概括来说,宏观经济学研究的是经济资源的利用问题。

从研究的具体问题来看,宏观经济学的研究对象主要有以下四个方面:

(一)总产出

宏观经济学既然以整个国民经济活动作为研究对象,那么它必然要分析与整个国民经济活动有关的最基本的经济总量:国内生产总值、国内生产净值、国民收入及相应经济总量的决定与变动情况。宏观经济学的核心问题就是总产出或国民收入水平,要从总供给和总需求的角度出发,分析国民收入的决定及其变动规律,在此基础上来研究和解决经济运行中的其他问题。

(二)通货膨胀

通货膨胀就是价格水平持续的、普遍的、显著的上涨。宏观经济学中研究的价格水平是一国物价的总体水平。在计划经济体制下,我国物价水平是固定在一定的水平上,即使供不应求的情况下也是不变的,这时所造成的物价上涨表现为抑制性通货膨胀。改革开放后,物价在供求关系的影响下出现了几次迅猛的上涨,1994年通货膨胀率高达21%,到20世纪90年代中期得到抑制,但2004以来价格水平上涨又开始显现。从世界范围看,20世纪70年代的美国,20世纪80年代的拉美诸国、转轨时期的(前)苏联和东欧各国,均经历过较高的通货膨胀率。那么,物价水平为何会经常变动?通货膨胀对经济运行的影响如何?因此,探讨通货膨胀的性质、种类和产生原因,并提出相应的对策是宏观经济学的主要任务。

(三)失业

1929~1933年大危机期间,西方世界的失业和半失业人口数量高达4 000多万,1933年美国的失业率高达25%左右,失业成为影响经济和社会发展的严重问题。传统经济学坚持市场运行是可以完全能均衡,但无法从根本上解释经济运行中的客观事实,凯恩斯对经济大萧条的分析及其就业理论的产生颠覆了传统经济学。失业成为宏观经济学研究的主要问题,失业率也成为反映要素市场和整个经济运行状况的主要经济指标。因此,研究失业的性质、原因及解决方法成为宏观经济学的主要内容之一。

(四)宏观经济政策

宏观经济理论是为政府干预经济提供理论依据的,而宏观经济政策是为干预提供具体措施的。宏观经济政策是对经济运行进行干预的手段和方法,目的是实现充分就业、物价稳定、经济增长和国际收支平衡等目标。宏观经济政策包括财政政策、货币政策、就业政策、收入政策以及各种经济政策的协调等。

二、宏观经济学的研究方法

宏观经济学是一门内容极其复杂的学科,这主要是由于该学科仍然处于不断的发展变化之中,其理论内容还存在一定争议,同时还有一些新的分析方法和研究视角被引入该学科,从而形成了宏观经济学中的各个流派和表达方式。因此,宏观经济学的研究方法有其自身的特点,主要有以下几种方法:

(一)总量分析

在宏观经济学的学习中,我们采取总量分析的方法,即从总体上考察个体的经济行为。在宏观经济学中,我们关心的不是一个家庭消费的是可口可乐,还是百事可乐;一个企业生产的是手机,还是电脑。我们感兴趣的是所有家庭的总体消费水平及企业总产量的变动情况。在分析问题时,我们需要把家庭和企业个别的选择行为进行加总,研究他们的总体选择,这就是总量分析。例如,我们想知道某个城市某个地段的犯罪率,这是微观经济学的分析方法。而如果要了解这个国家的犯罪状况,则必须把整个国家所有地区所有地段的犯罪率加总,这就是宏观经济学的分析方法。具体到宏观经济学的总量分析,就是对宏观经济运行总量指标及其影响因素、变动规律等进行的分析,如对国内生产总值、投资额、进出口额等进行分析。在进行总量分析时,要着重于大的经济趋势和动向,整体的经济反映和效果。

(二)均衡分析与非均衡分析

均衡分析是宏观经济学常用的方法,是指经济体系中变动着的各种力量处于平衡,以致这一体系内不存在变动要求的状态。这种均衡状态是一种所有重要经济变量都保持稳定不变的状况,即经济体系内各有关变量的变动都恰好相互抵消。它包括局部均衡和一般均衡。目前占主导地位的凯恩斯宏观经济学所采用的方法基本是均衡分析法。

但是,现实生活中常处于非均衡状态,非均衡分析认为经济现象及其变化的原因是多方面的、复杂的,不能单纯用有关变量之间的均衡与不均衡来解释,而主张以历史的、制度的、社会的因素等作为分析的基本方法。其实,非均衡分析是对均衡分析的一种深化和发展。

(三)规范分析与实证分析

在经济分析中,实证分析描述的是经济现象,避开价值判断,试图对经济行为进行客观的描述。实证分析完全以事实为基础,对宏观经济学进行分析和制定相应的宏观经济政策都十分重要。实证分析要求,一种理论或假说涉及的有关变量之间的因果关系,不仅要能够反映或解释已经观察到的事实,而且要能够对有关现象将来出现的情况作出正确的预测,也就是能经受将来发生的事件的检验。

而规范分析与价值判断相关。它研究经济应该是怎样的,或者为了达到这样的水平应该采取何种政策。规范分析有时隐含着对特定经济政策的支持,这主要是依据一定的价值判断作出的。由于人们的立场、观点、伦理道德标准不同,对于一个经济现象的看法会截然不同,不同的经济学家会得出不同结论,因此西方经济学家把规范分析定义为对政策行动的福利后果的分析。

综合上述,我们可以看出,实证分析研究经济运行规律,不涉及评价问题,而规范分析则要对经济运行作出评价。在经济分析中,实证分析和规范分析都是必要的,并且两者是相互补充的。少数西方经济学家认为,经济学应是一门实证科学;多数经济学家则认为经济学既应该像自然科学一样是一门实证科学,又应该像社会科学一样是一门规范科学。因为,在分析经济问题时,应采取什么研究方法、强调哪些因素,都与研究者的价值判断有关。所以,提出不同的政策主张除了与实证分析的结论不同有关,还与研究者的主观判断有关。在研究经济现象的时候,不仅要对经济现象本身进行研究,同时还应作出价值判断,只有这样才能说明经济运行过程的全貌,给决策制定者提供更真实的依据。

(四)静态分析、比较静态分析和动态分析

静态分析就是分析经济现象的均衡状态以及有关的经济变量达到均衡状态所需要具备的条件,它完全抽掉了时间因素和具体变动的过程,是一种静止地孤立地考察某些经济现象的方法。它能说明短期经济运行情况,但不能说明经济运行的变化过程。例如,在考察市场价格时,它研究的是供求变化对均衡价格的影响以及价格对供求关系的影响。

比较静态分析就是分析在已知条件发生变化以后经济现象均衡状态的相应变化,以及有关的经济总量在达到新的均衡状态时的相应变化,即对经济现象有关经济变量一次变动的前后进行比较。也就是原有的条件变动时,均衡状态发生了怎样的变化,并把新旧状态进行比较。例如,已知某种商品的供求状况,并能得出供求均衡时的价格和数量,那么现在由于消费者收入增加了,使消费者对该商品的需求增加,从而导致均衡价格上升、均衡数量增加。这里把原收入水平下所得到的均衡价格和均衡数量,与增加后的收入下所得到的均衡价格和均衡数量进行比较,这就是比较静态分析。

动态分析则是对经济变动的实际过程进行分析,其中包括分析有关变量在一定时间过程中的变动,这些经济变量在变动过程中的相互影响和彼此制约的关系。它是研究经济变量在不同时期的变动规律,是对经济运行的一种长期分析,说明长期经济运行情况并能解释经济运行过程及变化的原因。

第二节 宏观经济学的研究内容

一、宏观经济学中的基本概念

为了便于我们今后的学习和研究,需要了解和熟悉几个贯穿于宏观经济学理论始终的基本概念。

(一)三大市场

市场作为市场经济中配置资源的主要方式,根据交易物品的不同可划分为多个市场。宏观经济学研究的是整个经济的运行状况,与宏观经济有关的市场可以在理论上抽象为:产品市场、金融市场和要素市场。

产品市场包括所有的商品和劳务的交易。在产品市场中,商品和劳务的总供给和总需求是以国民收入和国内生产总值来衡量的。

金融市场包括全部金融资产的交易。金融市场分为货币市场和资本市场;货币市场发生的是短期债券交易,期限为1年以内;资本市场发生的是长期债券交易,期限为1年以上。

要素市场包括用于生产商品和劳务的全部生产要素的交易。生产商品所需生产要素主要包括:劳动、资本、土地和企业家才能。

宏观经济学研究这三个市场的目的是建立这三个市场的宏观均衡模型。产品市场确定一般价格水平和总产量,货币市场确定一般利率水平,生产要素市场确定要素的价格和数量。

(二)四大部门

市场经济中的行为主体基本上都是以市场参与者的身份存在的,国内市场的主要参与者是企业、家庭和政府。随着经济全球化的不断深化,一国经济必然越过国界向外扩张,这样就产生了第四个部门,对外贸易部门。

(三)宏观经济变量

通过建立某种经济模型来把各经济变量联系起来,用已知变量与未知变量的函数关系来解释、分析经济发展规律,制定经济政策,促进经济发展。

经济模型中涉及的变量有外生变量和内生变量。外生变量是由经济模型以外的因素所决定的变量,是模型本身给定的,被认为是已知的。内生变量是由模型本身所决定的变量,是模型要解释的变量。建立一个经济模型目的是说明外生变量是如何影响内生变量的,外生变量的变动会怎样影响内生变量,并通过内生变量的变化而起作用的。

(四)存量与流量

存量是指经济变量在某一时点上的数值;流量是指在一定时期内变量的变动量。有些流量兼有其对应的存量,如储蓄和储蓄额、投资和投资额等。有些流量没有对应的存量,但可直接影响其他存量,如进口流量可影响国内的资本存量,进而影响购买住宅建筑的存量等。

流量来自存量,又归于存量。存量只能经过流量发生变化,而流量的大小又会受到存量变动的影响。如资本存量因投资流量的增加而增加,投资流量也依赖于资本存量的大小。尽管流量受存量变动的影响,但是在短期内可将资本存量假定为不变,存量对流量不产生影响。

二、宏观经济学的基本内容

(一)经济增长

世界各国的贫富一直存在着巨大差异,从宏观经济学的角度来看,富国与穷国之间的差距来自于它们各自不同的经济发展历程。富国通常经历过较长时期的高速经济增长,而穷国则从未有过持续的增长。美国是富裕发达国家的典型,从某种意义上讲,美国经济的长期增长源于不断增加的人口,这为经济发展提供了稳定的劳动力来源,更重要的是在劳动力数量既定情况下的产出增长。产出的增长,特别是人均产出的增长最终决定一国的贫富程度,因此宏观经济学的一个重要任务就是弄清影响人均产出的因素。

【案例1.1】

为什么富国的生活水平高?

当你在世界各国旅行时,你会看到生活水平的巨大差别。在美国、日本或德国这样的富国,人均收入是印度、印度尼西亚这样的穷国的十几倍。这种巨大的收入差异反映在生活质量的巨大差异上。富国有更多的汽车、电话、电视机,更好的营养,更安全的住房,更好的医疗条件以及更长的预期寿命。

即使在一个国家内,生活水平也随着时间推移而发生了巨大变化。在美国过去一个世纪以来,按人均实际GDP衡量的平均收入每年增长2%左右。虽然2%看来并不大,但这种增长率意味着平均收入每35年翻一番。由于这种增长,今天的平均收入是一个世纪以前的8倍左右。因此,普通美国人享有比他们的父母、祖父母高得多的经济繁荣。

用什么来解释这些呢?富国如何能确保自己的高生活水平呢?穷国应该采取什么政策加快经济增长,以便加入发达国家的行列呢?这些问题是宏观经济学中最重要的问题。我们应该分三步进行研究:第一,我们要考察人均实际GDP的国际数据,使我们对世界各国生活水平程度与增长的差别大小有一个大体了解。第二,我们考察生产率的作用,生产率是指一个工人每小时生产的物品与劳务量。特别指出的是,一国的生活水平是由其工人的生产率决定的,而且,我们要考虑决定一国生产率的因素。第三,我们要考虑生产率和一国采取的经济政策之间的关系。

资料来源:《宏观经济学教学案例》

(二)经济周期

在经济学中,经济周期是指经济运行过程中出现的阶段性的不规则的上下波动。经济活动具有复杂性的特征,这就使得经济周期的演变过程难以预测。一国经济周期通常由衰退期、谷底、扩张期、顶峰构成,当一个衰退期衰退过于严重时,就会出现经济衰退,经济衰退以实际国内生产总值连续两个季度下降为标志,严重经济衰退之后的谷底就称为经济萧条。

除了国内生产总值外,经济的周期性波动还反映在失业率、股票价格和通货膨胀率等方面。在一个经济周期的衰退期,失业率就会上升;在扩张期,失业率就会下降;在顶峰,失业率会降到最低;在谷底,失业率将达到最高点。通货膨胀往往与经济周期是吻合的,并且通货膨胀的波动通常比经济周期的波动要剧烈。在经济衰退时,通货膨胀率往往随之下降,严重时会出现通货紧缩;而经济上升时,又会出现通货膨胀率的上升。

【案例1.2】

20世纪30、40年代的经济波动

20世纪30年代初的经济灾难称为大萧条,而且是美国历史上最大的经济下降。从1929年到1933年,实际GDP减少了27%,失业率从3%增加到25%。同时,在这四年中,物价水平下降了22%。在这一时期,许多其他国家也经历了类似的产量与物价下降。经济史学家一直在争论大萧条的原因,但大多数解释集中在总需求的大幅度减少上。

许多经济学家主要抱怨货币供给的减少:1929～1933年,货币供给减少了28%。另一些经济学家提出了总需求崩溃的其他理由。例如,在这一时期股票价格下降了90%左右,减少了家庭财富,从而也减少了消费者支出。此外,银行的问题也阻止了一些企业的筹资,而且,这就压抑了投资支出。当然,在大萧条时期,所有这些因素共同发生作用紧缩了总需求。

第二个重大时期——20世纪40年代初的经济繁荣是容易解释的。这次事件显而易见的原因是第二次世界大战。随着美国在海外进行战争,联邦政府不得不把更多资源用于军事。1939～1944年,政府的物品与劳务购买几乎增加了5倍。总需求这种巨大扩张几乎使经济中物品与劳务的生产翻了一番,并使物价水平上升了20%。失业从1939年的17%下降到1944年的1%——美国历史上最低的失业水平。

资料来源:www.hzctsm.com.cn

(三)失业

失业是发达国家和发展中国家都要面临的一个重要问题。失业是指在现行工资率水平下愿意工作的人找不到工作的状态。通常下,我们用失业率来衡量一个国家的失业状况,失业率等于失业人口与劳动力人口的比值。根据失业的原因,我们把失业归于三种类型:摩擦性失业、结构性失业和周期性失业。

在失业问题中我们还要了解的一个重要概念是充分就业,所谓充分就业是指职位空缺数与失业人口数量大致相当。在充分就业的情况下,失业只是摩擦性失业和结构性失业,而不存在周期性失业。当实现充分就业时的失业率称为自然失业率,所谓自然失业就是那些与市场经济运行机制无关,由"自然"因素决定的失业人口。比如摩擦性失业和结构性失业的产生都与市场机制无关,因为市场并不是没有提供就业机会,而是失业者还没有找到工作,因此把它们称之为自然失业。

(四)通货膨胀

通货膨胀是指一个国家平均价格水平持续上升,与之相对应的一个概念是通货紧缩,也就是一个国家平均物价水平持续下降。我们通常用通货膨胀率来衡量一国的通货膨胀情况,年通货膨胀率的计算公式为:

年通货膨胀率=(今年的价格水平-去年的价格水平)/去年的价格水平×100%

公式中的价格水平通常选用消费者价格指数。

当发生通货膨胀时,货币就会贬值,货币购买力下降。所谓货币的价值就是一定量的货币所能购买到的产品和服务的数量。当通货膨胀率较高时,货币贬值的速度就快,货币的实际购买力也就下降的越快;而在通货膨胀率较低或是为负的时候,货币就显得很值钱。任何一个国家都会发生通货膨胀,然而通货膨胀率不尽相同,当两个国家通货膨胀率差别持续一段时间的时候,就会引起汇率的波动。

【案例1.3】

通货膨胀降低人们的实际购买力?

如果你问一个普通人,为什么通货膨胀是坏事?他将告诉你,答案是显而易见的:通货膨胀剥夺了他辛苦赚来的美元的购买力。当物价上升时,每一美元收入能购买的物品和劳务都少了。因此,通货膨胀直接降低了生活水平。

但进一步思考就会发现这个回答有一个谬误。当物价上升时,物品与劳务的购买者为他们所买的东西支付得多了。但同时,物品与劳务的卖者为他们所卖的东西得到的也多了。由于大多数人通过出卖他的劳务,例如他的劳动而赚到收入,所以收入的膨胀与物价的膨胀是同步的。因此,通货膨胀本身并没有降低人们的实际购买力。

人们相信这个通货膨胀谬误是因为他们没有认识到货币中性的原理。每年收入增加10%的工人倾向于认为这是对他自己才能努力的奖励。当6%的通货膨胀率把这种收入增加降低为4%时,工人会感到他应该得到的收入被剥夺了。事实上,实际收入是由实际变量决定的。例如,物质资本、人力资本、自然资本和可以得到的生产技术。名义收入是由这些因素和物价总水平决定的。如果美联储把通货膨胀从6%降到零,我们工人们每年的收入增加也会从10%降到4%。他不会感到被通货膨胀剥夺了,但他的实际收入并没有更快地增加。

如果名义收入倾向于与物价上升保持一致,为什么通货膨胀还是一个问题呢?结果是对这个问题并没有一个单一的答案。相反,经济学家确定了几种通货膨胀的成本。这些成本中的每一种都说明了持续的货币供给事实上会以某种方式对实际变量有所影响。

资料来源:www.hzctsm.com.cn

(五)开放经济

以全球化为特征的当今世界经济,任何一个经济达到一定规模的国家都会与一个或一些国家发生贸易和金融联系,这也是宏观经济学所研究的范畴。在开放经济下,国与国之间主要通过贸易与信贷发生联系,国际贸易是国与国之间商品和劳务的交换,国际信贷就是国与国之间的资金流动。国际贸易是国际经济的基础,从一国角度来看,国际贸易由进口和出口两部分构成,进口是指一国居民和企业购买的由国外生产的商品或劳务,出口是指由本国所生产的而被境外居民或企业所购买的商品或劳务。

一国对外贸易还伴随着国际资本的流动,商品和劳务的买卖同时涉及货币的支出和收入,因此,我们可以用国际收支的概念来表示一国经济的总体对外平衡状况。一国的国际收支是指一个国家来自其他国家的货币收入总额与付给其他国家的货币支出总额的差额。一个国家在一定时期(通常是指一年、一季度或一个月)所有对外收支总额的对照表称为国际收支账户,它是一种以复式记账法为基础的会计表格,账户记录了一个国家外汇收支的情况。一个国家的国际收支账户主要包括三个内容:经常项目、资本项目、官方结算项目。经常项目由商品和劳务贸易、净利息收入和净转移支付三项构成;资本项目是记录投资状况的,这里的投资是广义投资,包括短期的借款和贷款、直接投资和证券投资;官方结算项目是记录一个国家的官方储备情况的。当一国出现贸易逆差时,就意味着外国资本的流入和官方储备的减少,当一国贸易出现顺差时,情况正好相反。

通过数据分析,几乎所有国家的进口和出口都是不相等的,也就是说,在开放经济体中,对外贸易的顺差和逆差是经常发生的,国际收支账户也经常呈现不平衡的状态。所以,经常项目中贸易不平衡是开放经济的又一核心问题。

国际投资的新形态

1. 风险投资。又称创业投资,凡是以高科技与知识为基础,生产与经营技术密集型的创新产品或服务的投资,都可视为风险投资。它通过加速科技成果向生产力的转化推动高科技企业成长,并带动整个经济的蓬勃发展。风险投资在现代经济发展中起着举足轻重的作用,人们把它称为"经济增长的发动机"。

2. BOT(Built-Operate-Transfer)。意思是建设-经营-转让。最早产生于国际工程承包市场。BOT 的实质是一种债务与股权相混合的产权,它是由项目构成的有关单位组成的财团所成立的一个股份组织,对项目的设计、咨询、供货和施工实行一揽子总承包。项目竣工后,在特许权规定的期限内进行经营,向用户收取费用,以回收投资、偿还债务、赚取利润。特许权期满后,无偿将项目交给政府。BOT 方式承建的工程一般都是大型资本技术密集型项目,如交通、电力、通讯、环保等。项目期限一般为 15~20 年。如今 BOT 投资方式被广泛应用于很多国家。

(六)宏观经济政策

宏观经济政策是国家或政府为了增进社会经济福利而制定的解决经济问题的指导性原则和措施,是从全局上对经济运行施加影响,是政府的有意识干预。目的是要实现充分就业、物价稳定、经济增长和国际收支平衡。宏观经济政策主要包括财政政策和货币政策:财政政策一般是指为了实现经济目标而对政府支出、税收和借债水平所进行的选择;货币政策主要是中央银行通过控制货币供应量来调节利率进而影响投资和整个经济以达到一定经济目标的行为。

改革开放以来,我国政府开始由单纯的行政手段干预经济逐步向用市场经济手段调控经济的转变。20 世纪 90 年代后期,我国经济面临居民的消费需求和企业的投资需求的极度萎缩,甚至出现了通货紧缩的现象。在这种情况下,我国政府改变了适度从紧的货币政策,在 1996 年 5 月到 1999 年 6 月先后 7 次下调了利率,目的是将巨额的银行存款转向消费领域,但效果并不明显。为了进一步刺激消费和投资,政府于 1998 年初开始实行积极的财政政策,增发国债,扩大基础设施的兴建等。而到 2004 年,经济又出现了"过热"现象,政府转而实行了适度从紧的宏观经济政策。当一国经济面临困难的时候,实行怎样的宏观经济政策才能使经济转危为安,什么才是适当的宏观经济政策,这些是宏观经济学所要研究的一个最为重要的问题。

【知识库】

利率上调是遏制经济过热的最好工具

对于央行上调贷款利率的决定,我拍手称快。虽然一年期存款基准利率没有上调是个很大的遗憾,并且有削减民众财富于无形之嫌。如果任由我国目前的经济趋势持续,不仅会丧失两年来的宏观经济调控成果,也会使得中国经济持续稳定的发展难以进行。

那么,国内宏观经济调控为什么不能够达到政府预期目标呢?为什么宏观调控的成效不是如预期那样顺利?特别今年以来,为什么宏观经济过热又死灰复燃?我想最大的问题是宏观调控的工具没有好好利用。如果宏观调控连最基本的工具都没有使用,那么其效果如何是可以想象的。

很简单,经济上的宏观调控是什么?就是对经济总量的控制,并通过这种对经济总量控制来抚平经济周期的波动。那么对经济总量进行控制有什么工具?一般来说,有利率政策、汇率政策、财政政策及税收政策等。

但是,国内两年来宏观经济调控更多的是中观及微观方面的动作,而真正的宏观调控工具使用很少。

正因为中国前两次加息幅度过小过慢,不仅弱化了银行、民众及企业对利率风险的预期,也使得实质利率过低。对于前者,由于银行、企业及民众不能够把利率风险考虑到其行为决策中,因此银行信贷快速增长也就十分正常了。对于后者,由于无论名义利率还是实质利率都过低,从而使得由政府管制的方式从债权人向债务人利益转移,即谁借到钱谁就会获得利益。既然企业借到钱就是利益,那么企业不仅会拼命地去借钱,也尽力从银行借到钱来投资,投资过热也就自然了。因此,要改变目前中国投资过热趋势就得从这最基本、最为核心的地方入手,从金融市场的价格机制入手,调升过低的利率。

可以说,尽管这次央行调整利率幅度不大,其调动的幅度对企业或个人信贷成本的影响不高,但是它向市场发出了一个十分强烈的信号,通过利率调整来改善中国金融市场的价格机制,通过利率调整向市场表明,企业与居民的经济决策必须把利率的风险考虑在其未来的行为决策中。

房地产业应该是这次政府宏观调控最为关注的第一行业,房地产业是一个资金密集型产业,资金成本的高低或利率的高低不仅决定了房地产市场发展速度,也决定了房地产炒作与投机的程度。一年来国内房地产市场没有得到很好的调整,最大的问题也在于没有有效地利用这个工具。

> 可以说,这次利率的调整明确地向房地产市场发出了一个强烈的信号,中央政府有决心有能力对国内过快的房地产市场投资、对上升过快的房价进行调整。而且这种调整并不在于这次利率上升的幅度,而是在于市场对这次加息的反应。估计央行会通过市场反应来决定未来加息的频率。既然利率工具启动了,国内的投资过热、银行信贷过热、房地产投资过热、房价的快速增长等市场面临的困难问题也就会逐渐地化解了!
>
> 资料来源:易宪容《新浪财经》,2006年4月

第三节 宏观经济学的发展历程

宏观经济学成为一个独立的理论体系,是从凯恩斯1936年出版《就业、利息与货币通论》一书(以下简称《通论》)开始的。从此宏观经济学的形成和发展,大体上经历了以下三个阶段。

一、宏观经济学的萌芽阶段

从17世纪中叶到20世纪30年代《通论》出版之前,是宏观经济学的萌芽时期。这一时期经济学的研究都集中在微观领域,但也有不少经济学家涉及总产量、就业、利息、工资等宏观经济问题,我们称之为宏观经济学的古典学派。这一学派的代表人物有古典学派的创立者亚当·斯密、创始人威廉·配弟、集大成者大卫·李嘉图,新古典主义洛桑学派的创始人瓦尔拉斯、剑桥学派的创始人马歇尔等。古典学派认为:价格的波动能使产品市场供求关系趋于一致;工资的变动能保证劳动市场达到均衡;利率能够调节资本市场上储蓄和投资的平衡,因此生产起决定作用,"供给创造自己的需求",这被称为萨伊定律。按照萨伊定律,一个经济社会生产什么都是企业决定的,经济运行的关键在于微观领域。追求利润最大化的企业在"一只看不见的手"的作用下,可以通过市场竞争形成有序的经济活动,构成国民经济运行的基础。当供求关系失衡时,市场可以通过价格、利率等来调节供求,使之重新回到均衡,政府不需要对经济进行干预。

古典学派在研究和著作中提出过一些宏观经济运行的思想观点和措施,但是,总体上并未形成系统的成熟的宏观经济学理论,甚至对宏观经济学的研究方法、对象和目标都没有明确的认识,因此,只能称之为萌芽阶段。

二、宏观经济学的创建和形成时期

这一时期是指从1936年凯恩斯《通论》出版到20世纪70年代之前的时期。

20世纪30年代的经济危机使古典学派的理论受到了冲击,按古典学派的观点,市场机制可以自行调节供求,经济危机是不可能发生的。但是,为什么会发生经济危机呢?危机发生后

该如何解决？为了解决这些问题，凯恩斯的理论就应运而生了。凯恩斯从社会总需求出发来解释经济萧条产生的原因，其核心理论是有效需求理论，这一理论针对的是古典学派的"萨伊定律"。凯恩斯认为，市场机制本身是存在一定缺陷的，供给不一定能创造需求，总需求受三大心理规律的影响：边际消费倾向递减、资本的预期收益和流动性偏好。三大心理规律会影响人们对经济形势的判断，进而影响人们的经济行为，这样总需求就会受到影响，国民经济就会偏离充分就业的自然水平，市场机制本身又不能解决，经济波动就会发生。1929~1933年经济危机期间，国家采取了各种措施来干预经济，使宏观经济理论得到了大量实践，到1936年《通论》出版，完整的宏观经济学体系已经形成了，标志着宏观经济学的产生。

凯恩斯理论的政策含义就是，经济波动产生的原因实际是总需求的不足，政府通过运用财政政策来刺激总需求使经济回到充分就业的自然水平，这奠定了政府干预经济的理论基础。

三、宏观经济学的完善时期

从20世纪四五十年代开始，后人对凯恩斯理论进行了拓展，使之更加系统和完善。这些拓展主要在以下几方面：

（一）IS-LM 模型

对于这一理论凯恩斯并未建立完整的体系，后来的许多经济学家都试图把这一理论模型化，其中最具代表性的是英国经济学家希克斯和汉森，两人同时建立了 $IS-LM$ 模型。这一模型将决定总需求的四个因素：消费（C）、投资（I）、货币需求（L）、货币供给（M）结合起来，把产品市场和货币市场的均衡统一在一个理论中，这样可以更好地解释凯恩斯的总需求理论，推动了宏观经济学发展。这一模型也存在一定的缺陷：一是没有考虑预期因素；二是价格和工资因素也被排除在外。

（二）消费、投资和货币需求理论

消费理论的发展是以美国麻省理工学院教授莫迪利安的"生命周期理论"和美国芝加哥大学教授弗里德曼的"永久性收入假说"为代表的。这两个理论的重大贡献在于把预期因素引入了消费函数。

投资理论的发展是美国耶鲁大学教授托宾所提出的 q 理论，这一理论研究了实际资本存量和意愿资本存量之间的关系，强调了资本的预期收益在投资决策中的重要作用。他还提出了资产选择理论，研究投资者在不同金融资产中的选择行为，得出了风险和预期收益的对称关系，这是宏观经济学在货币领域的发展，同时也是现代金融学的基础。

（三）增长理论

经济增长理论是对凯恩斯理论中未涉及的经济长期发展问题的补充。经济增长理论的主要代表人物是美国麻省理工学院经济学教授索罗，他的经济增长理论分析了决定均衡经济增长的因素，以及均衡条件下的消费、投资和工资等因素之间的关系，从而奠定了新古典增长理

论的基础。20世纪80年代,通过对新古典增长理论模型的修正产生了新增长理论,模型中引进了知识等因素,认为知识可以提高投资的回报,反过来又增加了知识的积累,人们可以通过实行更有效的生产组织方式和生产出新的产品和服务来实现这一目标。

(四)宏观经济计量模型

宏观经济计量模型的发展是在第二次世界大战结束后开始的,目的是为了更好地发展宏观经济理论、预测经济形势和制定宏观经济政策。第一个宏观经济计量模型是在20世纪50年代初由美国宾夕法尼亚大学教授克莱因建立的,由16个等式的 *IS* 关系构成。最著名的宏观经济计量模型是20世纪60年代由莫迪利安领导的研究小组创建的 *MPS* 模型,该模型在 *IS–LM* 模型的基础上加上了菲利普斯曲线,基本反映了宏观经济理论和实证发明的重大发展。

四、宏观经济学的四次重大变革

宏观经济学诞生以来,大致经历了四次重大革命。

(一)凯恩斯革命

这是对古典经济的革命。古典经济学信奉"萨伊定律",即"供给自行创造需求",认为资本主义经济依靠市场机制可以自发调节经济运行。但是,20世纪30年代的经济危机打破了这一神话,凯恩斯放弃了传统的经济学研究方法,而是从总量和宏观的角度来研究经济,并且承认经济中存在失业,指出有效需求不足是失业产生的原因,市场不能自发地保证资源的有效利用。解决这些问题的唯一办法就是用国家对经济的干预代替古典经济学的自由放任政策,从而形成了以国民收入决定理论为核心,以国家干预政策为基础的凯恩斯主义宏观经济学。

(二)货币主义革命

20世纪70年代开始,资本主义社会出现了滞胀,并日趋严重,货币主义开始流行。货币主义是从20世纪50年代后期开始的,弗里德曼提出现代货币数量论,重新强调货币政策的重要作用,抨击凯恩斯扩张的财政政策会造成滞胀,主张浮动汇率制。当时弗里德曼提出的货币数量论并未引起大的影响,直至70年代发生滞胀,货币主义才在经济学界产生较大的影响,英国撒切尔夫人决定在英国实行货币主义理论,使货币主义革命进入高潮,形成了宏观经济学发展中的一次重大革命。

(三)供给学派的理论

供给学派的产生是在20世纪70年代资本主义社会出现"滞胀"以后。供给学派认为,资本主义经济的症结在于供给不足,需求过剩,他们反对凯恩斯的需求管理,主张通过减税政策实行供给管理,刺激需求。蒙代尔是该学派的代表人物之一,他在20世纪60年代中期,提出了不同汇率体系下的货币政策和财政政策的分析以及最佳货币区理论。供给学派的宏观经济理论主要有:恢复萨伊定律,主张由供给来调整需求;降低税率刺激供给,从而刺激经济活动;放松政府的干预和限制,加强市场调节作用等。

(四)理性预期学派理论

所谓理性预期,就是假定单个经济单位在形成预期时使用一切有关的可以获得的信息,并且对这些信息进行理性的整理,在这一基础上,经济主体对经济变化的预期是有充分根据的,它在很大程度上是可以实现的,并且不会轻易为经济主体所改变。这一学派形成于20世纪60年代中期以后,虽然该学派没有形成一套完整的理论,但其所倡导的革命对经济学界的影响却越来越大。以卢卡斯为代表的理性预期学派认为人们可以用合乎理性的预期来指导自己的行为,并指出:政府干预经济无论从长期来看,还是从短期来看,都是无效的,应发挥预期在模型中的作用,加强理性预期,使之成为政府制定政策的主要依据。

本章小结

1. 宏观经济学是一门以整个国民经济为研究对象的学科,主要研究宏观经济的增长和波动。失业与通货膨胀是宏观经济运行中最为常见的问题,既是宏观经济学的主要研究课题,又是宏观经济学政策的主要治理对象。

2. 宏观经济学的研究是以微观经济学为基础的,宏观经济学的行为主体包括家庭、企业、政府和对外贸易部门,主要研究这几个主体在产品市场、要素市场和货币市场的行为方式及它们之间的关系。

3. 宏观经济学的流派之争主要是古典学派与凯恩斯学派之间的争论。古典学派主张政府干预是不必要的,强调自由放任;而凯恩斯学派则认为政府干预是必要的。古典学派可以作为长期分析的理论基础,而凯恩斯主义则为短期分析提供解释。

思考题:

某人购买一套价格为40万元的房子,以分期付款的方式申请了为期20年的住房抵押贷款,年利率4%,请问累计偿付额为多少?如果将这套住房出租,每月租金为多少才能做到收支平衡?

结合当前的经济形势分析中国宏观经济运行中所面临的主要问题是什么?

【阅读资料】

中国宏观经济学的发展与出路

1979~1999年是中国宏观经济学实现范式转换,理论构架得以初步形成并获得创新发展的时期。这一时期中国宏观经济学基本上确定了其研究对象与分析角度,引入了非均衡概念、预期分析、博弈分析与制度分析,形成了较成熟的宏观经济学思想,甚至出现了不同的宏观经济学流派。

一是以刘国光为代表的"宽松派",在宏观调控的目标上,主张追求总供给略大于总需求,形成一种"有限买方市场"的宽松环境,为经济体制改革及经济增长质量的提高与结构的优化创造条件;在政策取向上,主张"稳中求进",反对以通货膨胀的手段促进经济增长。

二是以吴敬琏为代表的"协调改革派",认为以市场为取向的改革必须协调配套,由于缺乏现代市场经济的基本前提和存在"市场失灵",政府需要掌握各种宏观(总量)调节手段,集中必要的宏观决策权力;在政策取向上,协调改革派与"宽松派"相类似,主张采取偏紧的宏观经济政策,以营造一个宏观经济关系比较协调的良好环境。

三是以厉以宁为代表的"非均衡派",厉以宁以其"非均衡"理论为分析基础,在经济运行机制与宏观调控体系上主张由市场机制进行基础性的第一次调节,政府进行事后的第二次调节,并强调市场机制的作用;在政策取向上,则认为一定的通货膨胀是不可避免的,政府主要应通过需求管理政策优先解决失业问题。

纵观最近这20年的发展历史,中国宏观经济学成功地实现了范式转换,初步形成了规范的理论构架,将制度分析、结构分析等引入宏观分析,从而在使宏观经济学的"本土化"和建立中国宏观经济学的道路上迈出了重要一步,同时还在实践方面采取相关措施,大力构建中国宏观经济调控体系及出台宏观经济政策,为实现国民经济的良性运行提供了理论支撑。但是,中国宏观经济学还十分幼稚,尤其迫切需要从以下三个方面进一步发展:一是为中国的通货紧缩提供理论解说,中国宏观经济学对通货膨胀的研究相当深入,认识也比较一致,这就为相应的宏观经济政策的制定提供了可靠的理论依据。但对通货紧缩的研究就比较零散而肤浅,分歧也比较大。中国的经济实践迫切需要宏观经济学家提出系统而深入的通货紧缩理论。二是要建立全球视角的宏观经济学。迄今为止,中国宏观经济学基本上是在一种封闭的观念下构建的,在当今经济全球化的格局下,一国宏观经济运行与整个世界经济息息相关,因而其宏观经济政策也失去了独立性,往往成为多国博弈的结果。因此,我们必须从多国博弈的高度,在开放的模型中发展中国的宏观经济学。三是要构建一致的宏观经济学分析框架。目前,中国宏观经济学的分析框架还不一致,也欠成熟,从而导致了这一领域的分歧多,简单重复劳动多。构建一个一致的宏观经济学分析框架,既可以使我们能开展竞争性研究,加速知识积累,也可以使我们加强与西方经济学界的对话与交流。

——《宏观经济学》卜海 姚海明 华桂宏

第二章
Chapter 2

总 产 出

【学习要点及目标】

通过本章内容的学习,要求学生熟悉衡量国民经济生产总值的几个宏观变量。即国内生产总值(GDP)、国民生产总值(GNP)、国民生产净值(NNP)、国民收入(NI)、个人收入(PI)和个人可支配收入(DPI)的含义以及相互关系。熟练掌握总产出的计算方法以及总产出核算的修正;了解消费价格平减指数和购买力平价的含义;熟悉其他宏观经济变量(GDP消胀指数、通货膨胀率、利率和失业率)的概念及其测算。

【引导案例】

根据2010年中国社会形势分析与预测(社会蓝皮书)介绍

对中国进入发展的新成长阶段——2009~2010年中国社会发展形势分析与预测。报告指出:2009年中国努力克服国际金融危机的影响,正逐步从危机冲击中恢复过来。新中国成立60周年重大庆典和天安门广场的辉煌阅兵式,展现了我国60年建设的伟大成就,反映了改革开放30多年的巨大变化,也标示了未来30年发展的新起点。2009年全年国内生产总值增长达到8%以上,城乡居民收入稳定增长,居民消费价格总水平涨幅4%左右;城镇新增就业人口可达1 100多万人,就业形势的紧张得到控制;覆盖城乡的社会保障体系建设快速推进;粮食生产再创历史新高,实现近40年来首次连续6年增产。但是,收入差距扩大趋势尚未扭转,扩大国内消费受到限制;就业问题依然突出,劳动争议增多;环境保护面临各种困难,发展低碳经济任务艰巨。然而,从经济复苏、就业恢复、消费增长、物价稳定等经济社会发展的关键指标来看,中国将率先走出国际金融危机的阴影,进入发展的新成长阶段。

宏观经济学

　　报告认为,中国进入工业化、城市化发展的中期,破除城乡二元结构、实现城乡一体化成为发展的新要求,人民生活进入大众消费阶段,国民教育进入大众教育阶段,社会保障进入构建覆盖全民体系的新阶段,这些都标志着中国进入发展的新成长阶段。所谓新成长阶段,一方面意味着我国经济增长速度将重新进入8%以上的新一轮增长周期,另一方面意味着新一轮增长周期的推动力,与过去相比将发生明显变化,将更加依赖于产业结构升级、经济社会结构转型和国内消费增长。

　　资料来源:中国社会科学院"社会形势分析与预测"课题组的2009年年度分析报告(社会蓝皮书)

　　宏观经济学研究整个社会的经济活动。然而,国民经济是一个极其复杂的运行体系,不同环节之间存在着复杂的经济联系。衡量一个国家或地区的经济状况,分析世界各国的或各国之间的经济发展差异和预测发展趋势,必须借助于一种能准确描述和反映宏观经济总量及其相互关系的有效工具和计量方法。GDP(或GNP)以及国民经济核算体系,就是宏观经济中最受关注的经济统计变量和核算方法,因为它在世界经济中被普遍认为,是能够全面衡量国民经济发展情况的最重要的指标和核算体系。

第一节　总产出核算指标

　　衡量一个国家的生产水平或总产出的经济变量有多个,如国内生产总值(GDP)、国民生产总值(GNP)、国民生产净值(NNP)、狭义国民收入(NI)、个人收入(PI)和个人可支配收入(DPI)。

　　经济学家经常用国民生产总值(GNP)来表示一国总产出或一国真正属于自己的财富量;而衡量国际各国之间的经济发展状况和趋势常常使用国内生产总值(GDP)。

　　国民生产总值(GNP)和国内生产总值(GDP)都是反映宏观经济活动的常用经济变量,在现实经济统计与计量中要注意其概念内涵的区别。

一、国民生产总值和国内生产总值

【案例2.1】
真正属于自己的价值——GNP

　　世界银行在2007年12月18日22点公布了《国际比较计划》(ICP),报告承认此前高估了中国的GDP,并下调了中国的购买力水平。一些专家认为,这次世界银行调整中国GDP总量指标,应以此为契机更深远地看待中国的GDP"挂帅"的问题。

中国社会科学院金融研究所研究员曹红辉指出,尤其像中国这样引进外资特别多,GDP总量中有近40%是外国企业创造的状况,更要注意到,反映中国人民的国民财富的指标GNP(国民生产总值)比反映中国境内包括外资企业的GDP(国内生产总值)更能较为真实体现中国的经济实力和国民生活水平。"因为外资企业和众多跨国公司创造的产值和利润,并不属于中国,加上税收多次被减免,他们所创造出来的数字并不能带给中国国力和国民福利实际意义"。

正确评估国力,才能提高经济增长、开放利益和对外谈判的主动性。上海社会科学院世界经济研究所所长张幼文认为,应该建立新的指标体系来真实反映中国的实际经济水准,其原则是:排除不直接体现国民福利与增长发展意义的指标(如外资创造的数量),分离因经济全球化造成的指标变异(如GDP、外资总值),强化更加直接反映国民福利和国民财富的指标(如来自外资企业的税收、外资增加值、居民可支配收入、GNP等)。

中国社会科学院经济研究所研究员左大培也表示,必须把最大化本国人民的福利作为经济工作的目标,"首先是以尽可能增加本国人民长远收入为经济政策的导向。这不仅要求我们重视收入分配的平等和社会公平,注重保护环境和资源,而且要求我们更加注重增加本国人民的净收入。没有增加本国GNP的GDP增长,不应当是和谐小康社会追求的目标"。

资料来源:张雪编,《我的第一本经济学教科书》,北京:民主与建设出版社,2009.4

(一) 国民生产总值(GNP)

国民生产总值(Gross National Product,简称GNP)指一个国家在一定时期(通常指1年),本国居民在国内国外生产的所有物品和劳务的市场价值总额。

在理解这一定义时,我们要注意这样几个问题:

(1)国民生产总值是指1年内社会新创造价值加上固定资产折旧之和。因此,在计算时不应包括以前所生产的产品的价值。例如,以前所生产而在该年所售出的存货,或以前所建成而在该年转手出售的房屋等。

(2)国民生产总值是指按一个市场价格计算的,反映在一定时期内(通常指1年)的,包括产品生产和劳务服务在内的最终产品市场价值总和。也就是说最终产品不仅包括有形的产品,而且包括无形的产品——劳务,即要把旅游、服务、卫生、教育等行业提供的劳务,按其所获得的报酬计入国民生产总值中。

(3) 国民生产总值是常住单位生产活动成果的总指标。常住单位指凡在一国经济领土之内,具有一定的场所(如住房、厂房或其他建筑物)从事一定规模的经济活动(如生产和消费),并持续经营或居住一定时间(通常为1年)的机构和个人,也称为具有经济利益中心的经济单位。经济领土由该国政府控制的地理领土组成,除本国的领海、领空外,还包括通过正式协议为该国政府所拥有或租借,用于外交等目的、具有明确边界的位于其他国家的地域,如该国驻外大使馆和领事馆的用地。

(4)国民生产总值是指最终产品的总值。因此,在计算时不应包括中间产品产值,以避免重复计算。最终产品是最后供人们使用的产品,中间产品是在以后的生产阶段中作为投入的产品。在实际经济中,许多产品既可以作为最终产品使用,又可以作为中间产品使用,要区分哪些是最终产品,哪些是中间产品是很困难的。例如,煤炭在用作冶金等行业的燃料或化工等行业的原料时就是中间产品,而用在人们生活中的燃料时就是最终产品。这样,把哪一部分煤炭算作最终产品,哪一部分煤炭作为中间产品就不容易了。为了解决这一问题,在具体计算时采用了增值法,即只计算在生产各阶段上所增加的价值。

表 2.1　增值法的应用　　　　　　　　　　　　　　　　单位:元

生产阶段	产品价值	中间产品成本	增值
棉花	8		8
棉纱	11	8	3
棉布	20	11	9
服装	30	20	10
合计	69	39	30

(5)国民生产总值是按现行的市场价格来计算的。这样就引出两个值得注意的问题:其一,不经过市场销售的最终产品(如自给性产品、自我服务性劳务等)没有价格,也就无法计入国民生产总值中;其二,价格是变动的,所以,国民生产总值不仅要受最终产品数量变动的影响,而且还要受价格水平变动的影响。

(6)国民生产总值是指 1 年内本国常住居民所生产的最终产品的价值的总和。它以人口为统计标准。在美国的国民收入统计中,常住人口包括:居住在本国的本国公民,暂居外国的本国居民,常住本国但未入本国国籍的居民。国民生产总值应该包括以上三类居民,在国内外所生产的最终产品价值的总和。国民生产总值有助于人们了解一个国家的综合经济实力和经济增长状况,但是,要比较人们的生活水平,需要使用人均国民生产总值的概念,它是当年国民生产总值与同年 7 月 1 日人口数量的比值。

另外,还应注意:

(1)国民生产总值(GNP)是一个收入的概念。即

国民生产总值= 国内生产总值 + 国外净要素收入

国外净要素收入就是本国常住单位从国外获得的劳动报酬、投资收益(包括红利、股息和利息等)的净值。即

国外净要素收入 = 从国外得到的要素收入 −支付给国外的要素收入

(2)国民生产总值是一个国家真正属于自己的价值。国民生产总值是一个国家或地区范围内的所有常住单位,在一定时期内实际收到的原始收入(指劳动者报酬、生产税净额、固定资产折旧和营业盈余等)总和价值。本国常住者通过在国外投资或在国外工作所获得的收入(称之为从国外得到的要素收入),应计入本国国民生产总值;非本国居民在本国领土范围内的投资或工作所得到的收入(称之为支付给国外的要素收入),则不应该计入国民生产总值中

(3) 现实 GNP 与潜在 GNP。现实国民生产总值是指实际发生的国民生产总值;潜在国民生产总值是指当资源得到充分利用时一国经济能够生产的总值。潜在国民生产总值反映了长期内劳动、资本、土地等生产资料的最大生产潜力。

(4) 当一国资源得到充分利用时,经济在此产出水平上也达到了充分就业。所以,潜在国民生产总值又叫充分就业国民生产总值。现实国民生产总值(GNP)可能大于、等于、小于潜在国民生产总值。

(二) 国内生产总值(GDP)

国内生产总值(Gross Domestic Product,简称 GDP),指一个国家在一定时期(通常指一年)在其国家领土境内,本国居民和外国居民生产的所有物品和劳务的市场价值总额。

国内生产总值有三种形态,即价值形态、收入形态和产品形态。从价值形态看,它是所有常住单位在一定时期内生产的全部货物和服务价值与同期投入的全部非固定资产货物和服务价值的差额,即所有常驻单位的增加值之和;从收入的形态看,它是所有常住单位在一定时期内直接创造的收入之和;从产品形态上看,它是货物和服务的最终使用减去货物和服务进口的差额。

美国著名的经济学家保罗·萨缪尔森说:"GDP 是 20 世纪最伟大的发现之一"。没有 GDP 这个发明,我们就无法进行国与国之间经济实力的比较、贫穷与富裕的比较,没有 GDP 这个总量指标,我们就无法了解我国的经济增长速度是快还是慢,是需要刺激还是需要控制。因此 GDP 就像一把尺子、一面镜子,是衡量一国经济发展和生活富裕程度的重要指标。既然 GDP 如此重要,所以我们必须首先明白到底什么是 GDP? 要清楚解释什么是 GDP,我们先要从一个企业的经济活动谈起。

【案例2.2】
假设某一中小企业在2008年生产和销售500万美元制成品,但是不能说这500万美元产品价值都是这个企业生产的(或者说创造的),因为生产中必须消耗原材料、能源等。假定这些消耗是200万美元,则该企业新生产的价值充其量只有300万美元(其实这300万美元价值中还没有扣除厂房设备消耗,即折旧的部分)。这300万美元的价值是企业产品价值与从别的企业购进的原材料、能源等价值之间的差额,这个差额称为价值增量。这一增值部分才是该企业在2008年真正所生产的,即企业真正贡献给社会的。因此,当我们说企业在某年的产出时,实际上就是指价值增量。明白了这一点会对理解和认识西方经济学所说的社会一定时间内(通常指一年)的总产出是至关重要的。

资料来源:张雪编,《我的第一本经济学教科书》,北京:民主与建设出版社,2009.4

通过上述案例,我们更加清楚理解和认识到,国内生产总值是一个按市场价格计算的,反映在一定时期内(通常指 1 年),一国(或地区)常住单位生产活动最终成果的总量指标,也就是一定时期内社会新创造价值加上固定资产折旧之和,它以地理上的国境为统计标准。这也就是说,国内生产总值应包括本国与外国公民在本国所生产的最终产品的价值总和。

通过上述的介绍,我们知道 GDP 和 GNP 的重要意义,但是为什么不同的经济学家会在两者之间有不同的使用选择?这就需要我们清楚这两者之间的关系和区别。

国民生产总值=国内生产总值+本国公民在国外生产的最终产品的价值总和−外国公民在本国生产的最终产品的价值总和。

如果本国公民在国外生产的最终产品的价值总和大于外国公民在本国生产的最终产品的价值总和,则国民生产总值大于国内生产总值;反之,如果本国公民在国外生产的最终产品的价值总和小于外国公民在本国生产的最终产品的价值总和,则国民生产总值小于国内生产总值。在分析开放经济中的国民生产总值时,这两个概念是很重要的。

理解国内生产总值和国民生产总值的概念与区别时应注意下述问题:

(1)国内生产总值和国民生产总值有所不同。国民生产总值在反映一个国家的居民从事生产性活动所取得的收入时,加上本国居民从国外取得的工资、利息和利润等收入,但减去外国居民从本国取得的工资、利息和利润等收入。而国内生产总值则不考虑从国外得到的或向国外支付的生产性收入,它反映一个国家在国内实际生产的物品和劳务的总值。大多数欧美国家主要采用国内生产总值指标,美国从 1991 年开始也主要采用国内生产总值的指标。

(2)国内生产总值和国民生产总值都是流量而不是存量,它们通常是以年度为单位度量的。流量是某一段时间发生的变量,如月收入和年储蓄增加额。存量是某一时点发生的变量,如某人目前的财产总额和储蓄余额等。(个人储蓄定义为个人可支配收入中没有消费掉的那一部分,包括通常含义中的储蓄,如存款、购买股票和债券等,也包括手持现金。)

(3)国内生产总值或国民生产总值有名义和实际之分。名义国内生产总值或国民生产总值是以现行价格计算的国内生产总值或国民生产总值,它等于各种物品和劳务的数量与它们现行价格乘积的总和。它既反映实物的变化,又反映价格的变化。实际国内生产总值或国民生产总值是以不变价格计算的国内生产总值或国民生产总值,它只反映实物的变化。实际国内生产总值或国民生产总值与名义国内生产总值或国民生产总值的关系是:

实际国内生产总值(或国民生产总值)=
名义国内生产总值(或国民生产总值)/价格×100

例如,在美国,如果以 1929 年的物价指数为 100,已知 1933 年的物价指数为 75,名义国民生产总值为 480 亿美元,那么 1933 年的实际国民生产总值=480 亿美元/75×100=640 亿美元。1933 年的名义国民生产总值反映了由大危机造成的实物和价格同时下降的后果;实际国民生产总值则排除了价格下降而只反映实物的减少,所以它高于名义国民生产总值。

二、国民生产净值与国内生产净值

(一)国民生产净值(NNP)

国民生产净值(或国内生产净值,Net National Product,简称 NNP)指一国在一定时期内(通常为 1 年)新生产出来的产品价值,它等于国民生产总值(或国内生产总值)减去折旧费用的剩余部分。即 GNP 或 GDP 扣除折旧以后的余额。它们是一个国家或地区一定时期内财富存量新增加的部分。折旧是补偿生产中固定资产消耗的投资。在计算国民生产总值时,折旧费用是包括在最终产品的市场价值之内的。但是,由于固定资产(厂房、机器设备等)不是当年生产出来的,且通常能够使用许多年,使用国民生产总值指标不能准确反映当年新创造的价值,因此,人们在理论上提出了国民生产净值的概念。另一方面,国民生产总值(或国内生产总值)与国民生产净值(或国内生产净值)在数据上相差不是很大,由于前者更便于统计,在实际生活中比后者使用更加普遍。

(二)国内生产净值(NDP)

国内生产净值(Net Domestic Product,简称 NDP)表示一定时期内(通常为 1 年),一国(或地区)常住单位新创造的价值,即从国内生产总值中减去折旧,可表示为:

$$国内生产净值 = 国内生产总值 - 折旧$$

实际上,国内生产净值才是一国在一定时期内全部新增价值,但由于折旧是按一定折旧方法计算的,例如:直线折旧法、加速折旧法等,不同的方法计算的折旧额不同。折旧的大小常常与实际的设备磨损并不一致,从而使国内生产净值高估或低估,因此实践中很少使用国内生产净值这一指标,而是用包括折旧在内的国民生产总值来衡量一国生产总量。

三、国民收入(NI)

国民收入(National Income 简称 NI),是指一个国家一年内用于生产的各种生产要素所得到的全部收入,即工资、利润、利息和地租的总和。人们是通过转让劳动、资本、土地和企业家才能等生产要素的使用权来获取收入的,因此,国民收入等于工资、净利息、租金和利润之和。工资在这里指税前工资,包括社会保险税和个人所得税以及货币工资之外人们获得的各种实物补贴。

净利息是用于生产目地的资本报酬。它等于总利息扣除政府公债利息与消费信贷利息之后所剩的余额。政府发行公债所筹的资金主要用于非生产活动,消费信贷所资助的也是典型的非生产活动,只有净利息才是用于生产目的资本报酬。在开放经济中,净利息还要加上本国由国外得到的利息,并减去本国向国外支付的利息。

租金包括地租、房租、专利使用费和版权收入等。人们的自有住房即使没有出租,它可能获取的房租也计入租金之中。

利润指公司税前利润,包括股息、红利和未分配利润。对于非公司企业(独资和合伙企业),业主收入纳入广义的利润范畴。这部分收入既包括业主所获利润,也包括自有土地、资金、劳动的报酬。

国民收入等于国民生产净值减去间接税所剩的余额。间接税指货物税、消费税、周转税、关税等不是直接与要素收入挂钩的税种。它可以在销售过程中通过产品加价转移到买者身上,在国民生产净值所统计的销售额中包括间接税。国民收入则不包括间接税,但是包括直接税,即直接与要素报酬挂钩的税种,如个人所得税等。

四、个人收入(PI)

个人收入(Personal Income,简称 PI)指一个国家的全体个人在一定时期(通常为 1 年)所获得的全部收入。个人收入与国民收入的概念是有区别的。由国民收入计算个人收入时,首先要扣除公司未分配利润,并要加上个人得到的转移支付。其次,国民收入的计算只包括净利息,而个人收入中的利息可以包括提供消费信贷和购买政府债券所获利息。

五、个人可支配收入(PDI)

个人可支配收入(Personal Disposable Income,简称 PDI)是个人收入经过各种税收后留归个人的余额。个人可支配收入可以分解为两个部分,即消费和个人储蓄。它可用公式表示为:

$$PDI = C + PS$$

式中,PDI 为可支配收入,C 为消费,PS 为个人储蓄。从个人可支配收入与国民收入的关系来看,前者等于后者减去直接税和企业净储蓄(即未分配利润),再加上转移支付。这种关系可用公式表示为:

$$PDI = NI - T_d - NBS + Tr$$

式中,T_d 表示直接税,NBS 表示企业净储蓄,Tr 表示转移支付。

国民收入核算中这五种总量的关系是:

$GNP-$折旧$=NNP$

$NNP-$间接税$=NI$

$NI-$公司未分配利润$-$企业所得税$+$政府给居民户的转移支付$+$政府向居民支付的利息$=PI$

$PI-$个人所得税$=PDI=$消费$+$储蓄

在以上五个总量中,国民收入可以分为广义的国民收入与狭义的国民收入,前面所讲的是狭义的国民收入,广义的国民收入泛指这五个总量。这种国民收入也可以指国民生产总值。国民收入决定理论中所讲的国民收入就是指国民生产总值。

第二节 总产出的核算方法

【案例2.3】
中国如何统计GDP?

全球金融风暴之后,中国国内生产总值仍然保持较高的增长速度,引领世界经济恢复发展,令世界各国瞩目。中国的GDP数据是如何统计出来的呢?

我国国内生产总值基本上是按国际通行的核算原则,对各种类型资料来源进行加工计算得出来的。主要资料来源包括三部分:第一部分是统计资料,第二部分是行政管理资料,第三部分是会计决算资料。统计资料在越来越多的领域采用抽样调查方法和为避免中间层干扰的超级汇总法。基本计算方法采用国际通用的现价和不变价计算方法。

国内生产总值核算数据有不断向客观性、准确性调整的过程。首先是在次年的年初,依据统计快报进行初步估计。统计快报比较及时,但范围不全,准确性不是很强。初步估计数据一般于次年2月28日发表在《中国统计公报》上。其次是在次年第二季度。利用统计年报数据对国内生产总值数据重新进行核实。年报比快报统计范围全,准确度也高,采用这类资料计算得到的国内生产总值数据是初步核实数,一般在第二年的《中国统计年鉴》上公布。至此,工作还没结束,因为国内生产总值核算除了大量的统计资料外,还要用诸如财政决算资料、会计决算资料等大量其他资料,这些资料一般来说比较晚,大约在第二年的10月左右得到,所以第二年年底的时候,根据这些资料再做一次核实,叫做最终核实。最终核实数据在隔一年的《中国统计年鉴》上发布。三次数据发布后,如果发现新的更准确的资料来源,或者基本概念、计算方法发生变化,为了保持历史数据的准确性和可比性,还需要对历史数据进行调整。我国在1995年利用第一次第三产业普查资料对国内生产总值历史数据进行过一次重大调整。

1995年前我国国民经济核算的主要指标是产生于前苏联和东欧国家的物质产品平衡表体系的国民收入,它只反映了物质生产活动成果。改革开放以后,我国非物质服务业发展加快,在整个国民经济的比重不断上升,这样就提出了如何反映非物质服务业发展的问题。

既能够反映物质生产活动成果,又能够反映非物质服务业发展的宏观经济指标,是产生于西方发达市场经济国家国民经济核算体系下的国内生产总值。1985年我国统计主体建立了国家和省级两级国内生产总值核算制度。1993年国家统计局正式取消了国民收入核算,国内生产总值成为我国国民经济核算的核心指标。自20世纪90年代初以来,随着国民经济核算实践不断发展,中国国民经济核算体系正在逐步向最新国际标准——联合国1993年SNA转换,与此相适应,统计调查范围由传统的物质生产领域扩展到非物质生产领域,统计调查方法也从全面行政报表的方式,正在逐渐向世界上多数国家采用的普查和抽样调查方法过度。

作为发展中国家,我国国内生产总值核算的历史较短,又经历了从传统体系向新的国际标准过度的历史。所以,与发达国家和一般国际规则相比还存在一定的差距和缺陷,在计算方法上仍然保留部分传统方法,在数据发布上还不够及时完整,透明度不够。目前我国相关部门正在积极地解决这些问题。

资料来源:新华社记者对国家统计局国民经济核算司司长许宪春的访谈,2008年7月

宏观经济学研究整个社会的经济活动,要想衡量一个国家或地区的经济状况,分析世界各国的或各国之间的经济发展差异和预测发展趋势,首先要有可以计量总产出或总收入的统计依据和核算体系。

国际上曾经同时存在过两大国民经济核算体系,一个是产生于西方发达市场经济国家的国民经济账户体系(A System of National Accounts,简称 SNA);另一个是产生于(前)苏联、东欧高度集中的计划经济国家的物质产品平衡表体系(The System of Material Product Balances 简称 MPS)。在(前)苏联解体、东欧剧变之后,相应国家纷纷放弃 MPS 体系,采用了 SNA 体系。目前,世界各国普遍使用 SNA 体系对国民经济进行核算。

国民经济账户体系是在国民收入统计基础上逐渐发展起来的。1665年,威廉·配第第一次对英国的国民收入进行了估算。1936年,凯恩斯的国家干预主义加快了国民收入核算的发展,第二次世界大战后主要西方国家先后形成了国民经济账户体系。为了实现对世界各国国民经济的统计核算,联合国在1953年公布了《国民经济核算体系》1953年版,统称"旧 SNA";1968年又公布了修订后的《国民经济核算体系》1968年版,又称"新 SNA";1993年,联合国、世界银行、国际货币基金组织、经济合作与发展组织以及欧盟等五个国际组织,根据国民经济核算理论研究和实践中的新成果,联合制定了具有很高权威性的1993年版 SNA。目前,国际货币基金组织(IMF)正式采用1993年版 SNA,对全球183个国家和地区的国民经济进行核算,从而形成了 IMF《世界经济展望》和《世界经济展望数据库》的统计基础和权威数据信息发布依据。

【案例2.4】
假定服装商店里的一件时尚女士衬衣,从生产到消费者最终使用共要经过五个阶段:种棉、纺纱、织布、制衣、销售。假定棉花的价值为15美元,(并假定它是当年新生产的价值,不包括为生产棉花所花费的化肥、种子等价值),棉花织成纱售价20美元,于是纺织厂生产的价值是5美元,即增值5美元。20美元纱织成布销售30美元,于是织布厂生产的价值是10美元,即增值10美元。30美元的布制成的一件时尚女士衬衣卖给售衣商45美元,于是制衣厂生产的价值为15美元,即增值15美元。售衣商卖给消费者为50美元,即售衣商在销售中增值了5美元。我们将这件衬衣在5个阶段中价值创造(即增值量)加总,即15+5+10+15+5=50美元。得到的这个数正好等于这件衬衣的最后销售价。像这样一种在一定时期内生产的并由最后使用者购买的产品和劳务就称为最终产品,而棉花、纱、布、制衣、销售等环节则统称为中间产品。

高鸿业,《西方经济学(宏观部分)》,中国经济出版社,1996

上面的案例说明,一件最终产品在整个生产过程中的价值增量就等于该产品最终的价值。同理,一个国家在一定时期内(通常指1年)生产千千万万最终产品,而这些最终产品的价值总和就等于生产这种最终产品的各行各业新创造的价值总和。这就是该国在该时期内真正生产的价值,即在西方经济学中定义为国内生产总值。

由于一个整体经济的交易双方,买方的支出一定等于卖方的收入,其收入必定等于支出。因此,国民生产总值可以从收入、支出和生产三个方面进行计算,即国民生产总值的计算方法可分为收入法、支出法和生产法。下面我们重点介绍收入法和支出法。

一、收入法

收入法又称要素支付法或要素收入法。这种方法是从收入的角度出发,把生产要素在生产中所得到的各种收入相加来计算 GDP。即把劳动所得到的工资,土地所得到的地租,资本所得到的利息以及企业家才能所得到的利润相加来计算国民生产总值。

收入法主要包括以下内容:第一,社会上各阶层居民的最终收入,即个人可支配收入(PDI)。第二,政府部门的税收收入。

由于政府往往征收间接税,所以 GDP 还包括间接税和企业转移支付。资本折旧也应计入GDP。因为它虽然不是要素收入,但包括在总投入中。

如果以 Y 代表总产出(GNP 或 GDP),以 PDI 代表个人可支配收入,以 T 代表政府税收收入,则以收入法计算的总产出可以表示为:$Y=PDI+T$。

因为个人收入 PDI 总可以分解为消费 C 和储蓄 S,因此上式还可以表示为:$Y=C+S+T$。

各国在按支出法计算国民生产总值时,具体项目的分类也不尽相同。

【知识库】
成本流量法计算国民生产总值

收入法又称成本流量法,它是通过计算人们的收入(对生产要素购买者来说则是成本)来核算该国1年中生产出来的最终产品的价值总和。

在利用成本流量核算国民生产总值时,首先要计算狭义的国民收入,即生产要素报酬之和。根据前面的说明,狭义国民收入(N_1)可用公式表示为:$N_1=W+In+R+\pi_1+\pi_2$

式中,W 表示工资,In 表示净利息,R 表示租金,π_1 表示公司利润,π_2 表示业主收入。

国民收入加上间接税(Ti)等于国民生产净值(NNP),可用公式表示为:$NNP=Ni+Ti$

国民生产净值加上折旧(D)等于国民生产总值,可用公式表示为:
$$GNP=NNP+D=Ni+Ti+D=W+In+R+\pi_1+\pi_2+Ti+D$$

如果不考虑统计误差,使用成本流量法计算出来的国民生产总值应当与使用产品流量法的计算结果恒等。

二、支出法

支出法又称产品流动法、产品支出法或最终产品法。这种方法从产品的使用出发,把一年内购买各项最终产品的支出加总,计算出该年内生产出的最终产品的市场价值。即把购买各种最终产品所支出的货币加在一起,得出社会最终产品的流动量的货币价值总和。

支出法主要包括以下内容:第一,社会上各阶层居民的最终消费;第二,国内私人投资;第三,政府购买;第四,净出口。

如果以 Y 代表总产出(GNP 或 GDP),以 C 代表居民最终消费,以 I 代表国内私人投资,以 G 代表政府购买,以 X 代表出口额,以 M 代表进口额,则以支出法计算的总产出可以表示为

$$Y = C + I + G + (X - M)$$

从广义的角度看,宏观经济中的产出、收入与支出是完全等值的,一个国家或一个地区一定时期内的产出总量就是其收入总量从而也就是其支出总量,即

$$总产出 \equiv 总收入 \equiv 总支出$$

各国在按支出法计算国民生产总值时,具体项目的分类不尽相同。在美国的国民收入统计中,按支出法计算包括这样一些项目:

GNP =个人消费支出(C)+ 耐用品+ 非耐用品+住房租金+ 其他劳务+私人国内总投资(I)+ 厂房+设备+居民住房+企业存货净变动额(年终存货−年初存货)+ 政府购买支出(G)+ 联邦政府支出+州与地方政府支出+净出口

【知识库】

产品流量法计算国民生产总值

支出法又称产品流量法,它通过计算人们对最终产品的支出总额来核算国民生产总值。人们对最终产品的支出可分为四类,即个人消费支出、私人投资支出、政府购买支出和净出口。

个人消费支出(C)指家庭和个人购买商品和服务的支出,如购买小汽车等耐用消费品,食物和服装等非耐用品,以及医疗、旅游等服务。个人购买住宅的支出在统计中列入固定资产投资,但是各国的规定不尽相同。

私人投资支出(I)指私人企业和非赢利机构购买的资本与物品的总和。它包括厂房和设备等固定资产投资,各种原材料、半制成品和制成品库存的增加额以及居民购买住房的开支。私人投资支出所涉及的资本物品是该国当年新生产出来的,以前生产出来的生产资料的转卖不包含于其中。股票和债券的买卖属于金融资产交易,这种投资也不列入这里的私人投资支出。

政府购买支出(G)指各级政府购买当年生产出来的产品和服务的支出,如支付政府雇员工资、教育和国防拨款、修筑公路等基础设施的投资等。需要注意的是,政府购买不是政府的全部支出,政府全部支出还包括转移支付,即政府无偿地将资源转移给某些组织或个人。例如,政府向残疾人发放救济金,这种转移支付不能包括在政府购买支付之中,因为残疾人并未直接作出回报,或者说这笔支出与国民收入的创造没有直接关系。

> 净出口(NX)指该国出口额减去进口额之差,大于零意味着出口超过进口,小于零则表示出口小于进口。净出口表示外国人对该国产品的购买。
>
> 使用产品流量法核算国民收入可以归纳为一个公式,即
>
> $$CNP = C+I+G+X$$
>
> 我们可以看到,产品流量法是从需求角度来衡量国民生产总值的,或者说总需求包括消费需求、投资需求、政府购买需求和外国对该产品的净需求。

从理论上讲,按支出法与收入法计算的GDP在量上是相等的,但在实际中常有误差,这是由于国民生产总值指标本身就存在一些缺陷。因此,在计算宏观总产出时要加上一个统计误差项,对其进行核算的修正和调整,使其达到一致。在实际统计中,一般以支出法所计算的国内生产总值为标准。

【案例2.5】

2000年英国国内生产总值的构成

表2.2 2000年英国国内生产总值 单位:亿英镑

支出法		收入法	
政府消费	1 742	间接税减补贴	1 302
个人消费	6 113	劳动者报酬	5 214
总资本形成	1 673	经营盈余加折旧	2 915
净出口	-179	统计误差	2
GDP	9 349	GDP	9 434

资料来源:2002年国际统计年鉴

从表2.2可以看出,由统计资料得到的用不同方法计算的国内生产总值可能是存在差异的。

从支出法中,我们可以看到,个人消费占英国GDP的65.4%,对2000年英国经济的贡献最大。从收入法中,我们可看到劳动者报酬占英国GDP的55.3%,是要素报酬中比重最高的项目。但是,该差距不超过1%,它们相互印证,表明统计结果具有较高的可信度。

【知识库】

投入产出分析方法的创始人——华西里·列昂惕夫(1906—1999)

华西里·列昂惕夫(Wassily Leontief),美籍俄裔经济学家,1973年诺贝尔经济学奖得主。

列昂惕夫1906年出生于彼得堡。列昂惕夫年轻时就读于彼得堡大学,专修社会学,19岁就取得社会学硕士学位,毕业后留校任教。当苏维埃政权建立时,急需建立和发展经济,列昂惕夫的父亲参加了编制1923~1924年苏联国民经济平衡表的工作,社会与家庭的影响和时代的需要,使列昂惕夫对经济产生了浓厚的兴趣。1927年他赴德国柏林大学博士研究生班继续深造,并于1928年获博士学位。

1931年列昂惕夫移居美国。1931~1975年在哈佛大学任教。1975年任纽约大学经济学教授。1974年联合国委托列昂惕夫建立全球性投入模型，以研究20世纪最后20多年里世界经济可能发生的变化与国际社会能够采取的方案。由于他发展了投入产出分析方法，使之在经济领域产生了重大作用，1973年被授予诺贝尔经济学奖。

1987年列昂惕夫随美国前总统尼克松来华访问，他很欣赏中国以计划经济为主、市场调节为辅的经济体制。回国后发表了《社会主义在中国行得通》的评论文章，轰动了西方世界，对西方国家了解中国起到了积极作用。

列昂惕夫的主要著作包括《1919~1939年美国经济的结构》《投入与产出经济学》《美国经济体系中投入产出的数量关系》《经济学论文集》等。

列昂惕夫是投入产出分析方法的创始人，投入产出分析为研究社会生产各部门之间的相互依赖关系，特别是系统地分析经济内部各产业之间错综复杂的交易，提供了一种实用的经济分析方法。事实证明，投入产出分析不仅在各种长期及短期预测和计划中得到了广泛的应用，而且适用于不同经济制度下的预测和计划，无论是自由竞争的市场经济还是中央计划经济。

列昂惕夫在哈佛大学经济系任教期间，熊彼得是他的同事，熊彼得对他的研究成果极为推崇。作为教师，列昂惕夫有很高的声誉，可谓桃李满园，培养出两名诺贝尔经济学奖获得者，他们是保罗·萨缪尔森和罗伯特·索洛。

投入产出分析法虽然是在分析研究资本主义经济结构中产生的，但它作为一种工具，特别是当它与电子计算机的应用结合起来的时候，对于社会主义的经济计划与管理也是十分有用的。

1968年，联合国推荐将投入产出分析表作为西方国民经济核算体系的组成部分，中国等发展中国家也先后在1975年以后开始使用。当然，也有不少经济学家怀疑该表的精确性和代表性，特别是对现实经济运动过程的数学描绘与预测等方面的理论持观望态度。

资料来源：孙进，《50部经济学经典解读》，四川人民出版社，2008.12.

第三节 总产出核算的修正

国民收入核算原理是在美国经济学家库兹涅茨（S. Kuznets）和英国经济学家斯通（R. Stone）的研究成果上建立起来的。库兹涅茨从20世纪30年代末开始研究国民收入核算的问题，于1941年发表了国民收入核算的重要著作《国民收入及其构成》。斯通也于1944年发表了他的著作《国民收入和支出》。他们的研究为现代国民收入核算原理奠定了基础。库兹涅茨和斯通都曾被誉为美英两国的GNP之父，分别于1971年和1984年获得诺贝尔经济学奖。国民收入核算是宏观经济理论的基础，但国民生产总值指标本身却存在一些缺陷。

一、国民生产总值指标的缺陷

国民生产总值是各国官方普遍使用的核算国民收入的指标，但是它在反映社会福利水平方面，存在一系列缺陷。

（一）忽略社会成本

现代的生产活动可能造成环境污染,而污染导致的福利损失并未在国民生产总值统计中做出扣除。例如,造纸可能引起森林的减少、生态环境的破坏和河流污染等,但是国民生产总值只考虑了纸张给人们带来的好处,而没有考虑到由这些派生出来的坏处。

（二）未考虑闲暇的价值

经济学中的闲暇指市场活动之外的一切时间,除休息、娱乐和睡眠时间外,还涉及自己在家里学习或动手干活的时间。休息、娱乐和睡眠都可以给人们带来满足,当前许多国家实行的每星期5天工作制反映了人们在这方面的需求。

（三）未涉及地下经济的产值

地下经济指未得到官方统计的市场交易活动,包括非法的市场交易活动(如毒品交易和雇佣职业杀手)和本身合法但由于逃税而没有纳入官方统计的市场交易活动。在发达国家,只要交易中使用现金而不是支票或信用卡,纳税人就可能逃税。家庭请保姆和木匠,农场雇佣临时工,餐馆雇招待和厨师等,通常都是用现金支付。随着第三产业在国民经济中的比重增大,有些发达国家的地下经济规模有增大趋势。在发展中国家,由于税收制度存在缺陷,地下经济的相对规模往往大于发达国家。

（四）汇率可能造成国民生产总值的扭曲

各国都使用本国货币来衡量其国民生产总值。在对国民生产总值进行国际比较时,汇率(即各国货币之间的折算比例)可能造成国民生产总值的扭曲。汇率可能是官方人为规定的(官方汇率),也可能是由外汇市场上的供求关系决定的(市场汇率)。无论汇率是如何决定的,它都可能背离货币的实际价值(货币的购买力)。例如,目前1美元能够兑换人民币6.8元多,因此我国用人民币核算的国民生产总值在换算成美元时,要除以超过6.8的一个数字。实际上,1美元的购买力根本抵不上6.8元人民币,这意味着用美元表示的我国国民生产总值是低估的。

（五）未考虑产品的构成

国民生产总值指标不能反映产品的构成,后者与人民的福利水平密切相关。如果两国国民生产总值和人口相同,但是一国大量生产军工产品,其安全程度可能较高,生活水平可能较低。同理,若一国大量生产资本物品,其增长速度可能较高,但是当前消费水平可能较低。

（六）未考虑收入分配

收入分配的均等与社会福利水平密切相关。如果一个社会人均国民生产总值很高,但是大部分财富集中到极少数人手中,那么,大多数人的生活水平未必很高,国民生产总值指标显然未能考虑到收入分配情况,因此也不能避免由此而产生出的局限性。

（七）关于产品质量的改进

随着技术进步，许多产品在价格下降的同时，质量却得到明显的改进。这在技术进步速度较快的电子计算机工业中表现得特别明显，国民生产总值只能按市场价格进行统计，它不能把同样价格下的质量改进考虑进去，从而它不能充分地反映技术进步所导致的社会福利增长情况。

（八）关于非市场经济活动

非市场经济活动是指没有经过市场交易的具有自给自足性质的经济活动，它不能计入国民生产总值，如人们自己做饭、看孩子、修理桌椅、给朋友演奏吉他，都不能计入国民生产总值。但是，如果人们请厨师做饭，请保姆看孩子，请工匠修理桌椅，请乐师演奏吉他，则都要经过市场交易，这些经济活动也会相应地纳入国民生产总值。在一个国家的不同时期中，或同一时期的不同国家中，市场发育程度可以有很大的差别，在许多发展中国家里，自给自足性质的经济活动占有相当大的比重。因此，国民生产总值指标在反映这些国家的社会福利水平方面存在尤为明显的局限性。

二、净经济福利指标（NEW）

针对国民生产总值指标的缺陷，一些经济学家提出了一些新的指标，其中有代表性的是净经济福利指标。它的具体计算办法是用国民生产总值加上闲暇的价值和地下经济的产值，再减去环境污染造成的损失。

从理论上看，净经济福利指标比国民生产总值更准确地反映出人们得到的福利。但是，目前它只是停留在设想阶段，因为其自身也有一些有待改进之处。例如，闲暇的价值和地下经济的产值是难以统计的，环境污染造成的损失也是难以准确估价的。因此，NEW指标的准确性尚受到人们的怀疑。

三、消费价格平减指数

国民生产总值平减指数只是价格指数中的一种。国民生产总值平减指数 $= \dfrac{\text{名义 GDP}}{\text{实际 GDP}}$。价格指数是报告期价格相对于基期价格的百分数。基期价格指数定为100，若报告期价格指数为120，则表示报告期价格为基期的120%。各种价格指数都是针对选定的一组商品，使用加权平均的方法进行计算。国民生产总值平减指数特殊性在于，它所选定的一组商品是国民生产总值核算中所涉及的最终产品，包括消费、投资、政府购买和净出口所涉及的那些商品和服务。

国民生产总值平减指数与消费者价格指数的区别在于，它所涉及的商品不仅仅是消费品，还包括投资和政府购买中的最终产品和进出口商品和服务。此外，消费者价格指数中的权数是固定的，而国民生产总值平减指数中的权数要根据各种商品和服务销售数量进行逐年调整。

国民生产总值平减指数与生产者价格指数的区别在于,前者包括服务,但是不包括中间产品;后者涉及的生产资料价格不包括服务价格,但是包括中间产品价格(如,矿产品价格等)。此外,前者统计的是零售价格,后者统计的是批发价格。

【案例2.6】

美国在1929名义GDP为1 040亿美元,1933年名义GDP降至560亿美元,下降了46%;但若以1929年为基期,1933的物价指数(又称GDP紧缩指数)为0.77。

GDP平减指数(GDP Deflator),又称GDP缩减指数,是指没有剔除物价变动前的GDP(价GDP)增长率与剔除了物价变动后的GDP(不变价GDP或实质GDP)增长率之差。该指数也用来计算GDP的组成部分,如个人消费开支。它的计算基础比CPI更广泛,涉及全部商品和服务,除消费外,还包括生产资料和资本、进出口商品和劳务等。因此,这一指数能够更加准确地反映一般物价水平走向,是对价格水平最宏观的测量。

消费价格平减指数=名义GNP或GDP/实际GNP或GDP

消费者物价指数是反映与居民生活有关的产品及劳务价格统计出来的物价变动指标,通常作为观察通货膨胀水平的重要指标。我国称之为居民消费价格指数。居民消费价格指数可按城乡分别编制城市居民消费价格指数和农村居民消费价格指数,也可按全社会编制全国居民消费价格总指数。消费者物价指数追踪一定时期的生活成本以计算通货膨胀。如果消费者物价指数升幅过大,表明通货膨胀已经成为经济不稳定因素,央行会有紧缩货币政策和财政政策的风险,从而造成经济前景不明朗。因此,该指数过高的升幅往往不被市场欢迎。

资料来源:张雪编,《我的第一本经济学教科书》.北京:民主与建设出版社,2009.4

四、购买力平价

购买力平价指以实际购买力计算的两个国家不同货币之间的换算比例,简称PPP。其计算方法为:先选取典型的商品与劳务作为比较样本,再用两个国家不同的货币单位与市场价格分别加权计算样本的价格总额,价格总额的比例就是体现两国货币实际购买力的换算率,即购买力平价。

【案例2.7】

用购买力平价计算的我国国内生产总值

购买力平价是用货币的购买力计算出来的汇率,它是两国商品加权平均价格的比值。

商品价格反映货币的对内价值,汇率反映货币的对外价值。在理论上,两者应当具有统一性。但是,在现实生活中,只有发达国家之间的汇率能够大体上反映购买力平价(学术界对此仍有争议),在发达国家和发展中国家之间,购买力平价与汇率有较大差异。

2000年，我国国内生产总值为89 468.1亿元，按该年8.28的汇率可折算为10 805.3亿美元。但是，世界银行按照它所计算出来的购买力平价，将该年我国GDP折算为50 194亿美元，后者是前者的4.645倍。由此我们可推算出购买力平价为1美元折1.78元人民币。世界银行的计算比用汇率直接折算的GDP更能反映我国的经济实力。例如，在2002年，我国生产的钢、煤、水泥、化肥、棉布、电视机、谷物、肉类、棉花等主要工农业产品已居世界第一位，发电量居世界第二，只有原油居世界第五。许多人都称我国为"世界工厂"，这种说法在一定程度上反映了我国出口仅次于美国、德国、日本、法国等少数发达国家的现实情况。

但是，即使按购买力平价计算，我国GDP仍与美国有相当大的差距。这主要是由于美国的GDP中第三产业占了很大比重，而我国第三产业尚不发达。

简单评价，国民生产总值指标具有两大优点：

第一，它避免了对转售产品价值的重复计算问题，因此能够比较真实地反映一国1年中新创造产品的市场价值。

第二，它承认从事无形商品的劳动也是社会有用劳动，如教育、商业活动都能增加国民生产总值。这使它更符合现代商品经济的要求，适应科技进步和信息社会的潮流。但是，它在反映社会福利水平方面存在若干局限性，我们在使用该指标作出某些结论时必须谨慎。

资料来源：黎诣远，《西方经济学》[M]. 北京：高等教育出版社，2005.8

国民生产总值是一个价值指标，它的变动必然会受到产量和价格两方面的影响。为了准确地反映国民生产总值的变化情况，特别是产量与价格各自变动对国民生产总值的影响，一般分别按现价和不变价格计算国民生产总值。于是就产生了名义国民生产总值和实际国民生产总值指标。按现价（当年价格）计算的国民生产总值称为名义国民生产总值；按不变价格计算的国民生产总值称为实际国民生产总值。两者关系为：

名义国民生产总值＝实际国民生产总值×物价指数

名义国民生产总值既反映了实际产量（最终产品数量）的变动，又反映了价格的变动。实际国民生产总值只反映产量的变动。为准确反映国民经济的实际增长情况，通常根据实际国民生产总值进行计算。

【案例2.8】

国内生产总值的国际比较

表2.3　国内生产总值的国际比较(2002年)　　　　　　　　单位：亿美元

国家	GDP	国家	GDP
世界总计	322 527	日本	39 788
低收入国家	11 305	韩国	4 767
中等收入国家	51 270	美国	104 168
高收入国家	259 915	墨西哥	6 372
中国	12 371	俄罗斯	3 465
印度	5 150	英国	15 524

资料来源：表中数据源于世界银行数据库

从表 2.3 可以看出,首先,世界的国内生产总值主要是少数高收入国家生产出来的,它们占到 80%。其次,我国的国内生产总值已远远超过印度和俄罗斯,表明我国选择的社会主义市场经济是一条正确的途径。第三,我国的经济发展与美国、英国等发达国家相比,尚有很大差距。此外,尽管我国的国内生产总值已超过韩国和墨西哥,但是从人均角度来看,我们只有它们的 9.5% 和 15.9%。从人均角度来看,我国已不再是低收入国家。但是,我们还需要再翻一番才能达到中等收入国家的人均收入。

第四节 其他宏观变量及其计算

一、GDP 消胀指数

GDP 消胀指数是指在给定的一年中,名义 GDP 与该年真实 GDP 的比率。用来反映基年与现期年度间发生的价格变动。

由于 GDP 消胀指数是以经济中生产出的全部商品为计算基础,它是一个有着广泛基础的价格指数,用来计量通货膨胀。所以在统计实际 GDP 增长率的时候,GDP 消胀指数比 CPI 和 PPI 更有用。

GDP 消胀指数,是给定年份的名义 GDP 与实际 GDP 之间的比率。即

$$GDP 消胀指数 = 1/(1-通货膨胀率)$$

二、通货膨胀率

通货膨胀(Inflation Rate),是一种货币现象,指货币发行量超过流通中实际所需要的货币量而引起的货币贬值现象。通货膨胀与物价上涨是不同的经济范畴,但两者又有一定的联系,通货膨胀最为直接的结果就是物价上涨。

通货膨胀率是货币超发部分与实际需要的货币量之比,用以反映通货膨胀、货币贬值的程度;而价格指数则是反映价格变动趋势和程度的相对数。

经济学上,通货膨胀率为:物价平均水平的上升幅度(以通货膨胀为准)。以气球来类比,若其体积大小为物价水平,则通货膨胀率为气球膨胀速度。或者说通货膨胀率为货币购买力的下降速度。

在实际中,一般不直接、也不可能计算通货膨胀,而是通过价格指数的增长率来间接表示。由于消费者价格是反映商品经过流通各环节形成的最终价格,它最全面地反映了商品流通对货币的需要量,因此,消费者价格指数是最能充分、全面反映通货膨胀率的价格指数。目前,世界各国基本上均用消费者价格指数(我国称居民消费价格指数),即 CPI 来反映通货膨胀的程度。

下面介绍通货膨胀率变化的三个重要指标。

(一) 生产者价格指数 (PPI)

生产者价格指数 (Producer Price Index),是衡量制造商和农场主向商店出售商品的价格指数。它主要反映生产资料的价格变化状况,用于衡量各种商品在不同生产阶段的成本价格变化情况。

(二) 消费者价格指数 (CPI)

消费者价格指数 (Consumer Price Index),是对一个固定的消费品篮子价格的衡量,主要反映消费者支付商品和劳务的价格变化情况,也是一种度量通货膨胀水平的工具,以百分比变化为表达形式。

(三) 零售物价指数 (RPI)

零售物价指数 (Retail Price Index),是指以现金或信用卡形式支付的零售商品的价格指数。美国商务部每个月对全国范围的零售商品抽样调查,包括家具、电器、超级市场售卖品、医药等,不过各种服务业消费则不包括在内。汽车销售额构成了零售额中最大的单一构成要素,约占总额的25%。许多外汇市场分析人员十分注重考察零售物价指数的变化。社会经济发展迅速,个人消费增加,便会导致零售物价上升,该指标持续地上升,将可能带来通货膨胀上升的压力,令政府收紧货币供应,利率趋升为该国货币带来利好的支持。因此,该指数向好,理论上亦利好于该国货币。

三、利率

利率又称利息率。表示一定时期内利息量与本金的比率,通常用百分比表示,按年计算则称为年利率。其计算公式是:利息率=利息量/本金

利率 (Interest Rates),就其表现形式来说,是指一定时期内利息额同借贷资本总额的比率。利率是单位货币在单位时间内的利息水平,表明利息的多少。多年来,经济学家一直在致力于寻找一套能够完全解释利率结构和变化的理论,"古典学派"认为,利率是资本的价格,而资本的供给和需求决定利率的变化;凯恩斯则把利率看做是"使用货币的代价"。马克思认为,利率是剩余价值的一部分,是借贷资本家参与剩余价值分配的一种表现形式。利率通常由国家中央银行控制,在美国由联邦储备委员会管理。现在,所有国家都把利率作为宏观经济调控的重要工具之一。当经济过热、通货膨胀上升时,便提高利率、收紧信贷;当过热的经济和通货膨胀得到控制时,便会把利率适当地调低。因此,利率是重要的基本经济因素之一。

利率是经济学中一个重要的金融变量,几乎所有的金融现象、金融资产均与利率有着或多或少的联系。当前,世界各国频繁运用利率杠杆实施宏观调控,利率政策已成为各国中央银行调控货币供求,进而调控经济的主要手段,利率政策在中央银行货币政策中的地位越来越重要。合理的利率,对发挥社会信用和利率的经济杠杆作用有着重要的意义,而合理利率的计算

方法是我们关心的问题。

利息率的高低,决定着一定数量的借贷资本在一定时期内获得利息的多少。影响利息率的因素,主要有资本的边际生产力或资本的供求关系。此外还有承诺交付货币的时间长度以及所承担风险的程度。利息率政策是西方宏观货币政策的主要措施,政府为了干预经济,可通过变动利息率的办法来间接调节通货。在萧条时期,降低利息率,扩大货币供应,刺激经济发展。在膨胀时期,提高利息率,减少货币供应,抑制经济的恶性发展。

四、失业率

失业率是指失业人口占劳动人口的比率(一定时期全部就业人口中有工作意愿而仍未有工作的劳动力数字),旨在衡量闲置中的劳动产能。失业率 $=\dfrac{失业人口数}{劳动力人口}$。在美国,失业率每月第一个周五公布,在我国台湾,则于每月 23 日由台湾当局公布。失业数据的月份变动可适当反映经济发展,大多数资料都经过季节性调整。失业率被视为落后指标。通过该指标可以判断一定时期内全部劳动人口的就业情况。一直以来,失业率数字被视为一个反映整体经济状况的指标,而它又是每个月最先发表的经济数据,所以失业率指标被称为所有经济指标的"皇冠上的明珠",它是市场上最为敏感的月度经济指标。一般情况下,失业率下降,代表整体经济健康发展,利于货币升值;失业率上升,便代表经济发展放缓甚至衰退,不利于货币升值。若将失业率配以同期的通胀指标来分析,则可知当时经济发展是否过热,是否构成加息的压力,或是否需要通过减息以刺激经济的发展。

另外,失业率数字的反面是就业数字(The Employment Data),其中最有代表性的是非农就业数据。非农就业数字为失业数字中的一个项目,该项目主要统计从事农业生产以外的职位变化情形,它能反映出制造行业和服务行业的发展及其增长,数字减少便代表企业减低生产,经济步入萧条。当社会经济发展较快时,消费自然随之而增加,消费性以及服务性行业的职位也就增多。当非农就业数字大幅增加时,理论上对汇率应当有利,反之则相反。因此,该数据是观察社会经济和金融发展程度及状况的一项重要指标。

本章小结

本章要点可以归纳如下:

(1)衡量国民经济生产总值的几个宏观变量:即国民生产总值(GNP)、国民生产净值(NNP)、国民收入(NI)、个人收入(PI)和个人可支配收入(PDI)。

国民收入核算中这五种总量的关系是:

GNP−折旧=*NNP*

NNP−间接税=*NI*

NI−公司未分配利润−企业所得税+政府给居民户的转移支付+

政府向居民支付的利息=PI

PI-个人所得税=PDI=消费+储蓄

(2) GNP 和 GDP 是两个重要的宏观经济学变量,GNP 是一国国民在境内和境外生产的所有最终物品和劳务的市场价值总额。

GDP 是本国居民和外国居民在其领土范围内所生产和提供的最终物品和劳务的市场价值总额。

GNP 分为现实的 GNP 和潜在的 GNP。潜在的 GNP 反映了长期内劳动、资本、土地等生产资源的最大生产潜力。现实的 GNP 可能大于、小于、等于潜在的 GNP。

(3) 总产出的核算有两种方法:收入法和支出法。

从收入的角度计算 GNP,它有六个组成部分:工资、租金、利息、利润、税收、资本折旧。一国所有居民的税收加上资本折旧即为总收入;总收入最终分成消费、储蓄、税收($C+S+T$)。总支出和总收入存在恒等关系。即

$$C+I+G+(X-M)=C+S+T$$

从支出角度计算 GNP,它有四个组成部分:消费支出、投资支出、政府支出、净出口[$C+I+G+(X-M)$],这四部分之和称为总支出;

(4) 国民生产总值指标的缺陷:第一,忽略社会成本;第二,未考虑闲暇的价值;第三,未涉及地下经济的产值;第四,汇率可能造成国民生产总值的扭曲;第五,未考虑产品的构成;第六,未考虑收入分配;第七,关于产品质量的改进;第八,关于非市场经济活动。

(5) 消费价格平减指数:消费价格平减指数=名义 GNP 或 GDP/实际 GNP 或 GDP

消费者物价指数是反映与居民生活有关的产品及劳务价格统计出来的物价变动指标,通常作为观察通货膨胀水平的重要指标。我国称之为居民消费价格指数。

购买力平价:购买力平价指以实际购买力计算的两个国家不同货币之间的换算比例(简称PPP)。其计算方法大致为:先选取典型的商品与劳务作为比较样本,再用两个国家不同的货币单位与市场价格分别加权计算样本的价格总额,价格总额的比例就是体现两国货币实际购买力的换算率,即购买力平价。

(6) GDP 消胀指数是指,以现值计算名义国内生产总值和不变价计算的实际国内生产总值之比。这项数据与国内生产总值一起公布,每季度一次,与消费价格指数和生产价格指数相比,该指数反映了较长期限内更为广泛的通货膨胀状况。

通货膨胀率是指货币超发部分与实际需要的货币量之比,用以反映通货膨胀、货币贬值的程度。通货膨胀率=(本期价格指数-上期价格指数)/上期价格指数×100%

利率是指一定时期内利息额同借贷资本总额的比率。

$$利息率 = 利息量/本金/时间×100\%$$

失业率是指劳动力中失业所占的百分比。

思考题

一、简答题

1. 下列项目是否计入 GDP,为什么?
(1)政府转移支付;(2)购买一辆用过的卡车;(3)购买普通股票;(4)购买一块地产。

2. 在统计中,社会保险税增加对 GDP、NDP、NI、PI 和 PDI 这五个总量中哪个总量有影响?为什么?

3. 如果甲乙两国合并成一个国家,对 GDP 总和会有什么影响(假定两国产出不变)?

二、计算题

下表给出了某国某年国民收入的统计资料,要求:

(1) 按收入法计算 GDP;
(2) 按支出法计算 GDP;
(3) 计算政府预算赤字;
(4) 计算储蓄额。

单位:亿美元

项目	金额	项目	金额
工资	100	出口额	60
利息	10	进口额	70
租金	30	所得税	30
利润	30	政府转移支付	5
消费支出	90	政府购买	30
投资支出	90		

【阅读资料】

根据2010年世界经济形势分析与预测(世纪经济黄皮书)介绍:

2009年将是被历史铭记的一年。在这一年中,人类首次经历了第二次世界大战以来全球经济负增长。目前全球金融危机已大体上得到控制,受其波及和拖累的世界经济也已经显露出各种复苏的迹象。与此同时,有关世界经济形势及走势的各种主要指标给出的信号方向不一,许多深层次问题在中短期内得到根本性解决的难度很大,故断言世界经济已经全面摆脱衰退、进入周期性复苏还为时尚早。通过对全球经济增长、就业、贸易、投资、金融、气候变化、新能源、石油及其他初级产品价格变动等诸多重要方面的分析与预测,我们看到,本次全球金融危机带来了国家间经济实力的相对变化,引起了世人对美元本位制下储备货币发行缺乏约束的质疑,激发了国际社会对现有世界经济秩序的反思,也促使了人类对现有发展模式可持续性与合理性的探究,因而2010年很可能将是全球经济体系特别是金融体系深刻变革的起始年。在不久的将来,我们将感受到它的影响,同时也将面对新的挑战。

资料来源:中国社会科学院2010年世界经济形势分析与预测(世纪经济黄皮书)

Chapter 3

总支出：消费、储蓄与投资

【学习要点及目标】

本章主要介绍的是总支出，也就是总需求，我们要研究总支出的几个构成部分：消费、储蓄、投资及投资乘数。通过这些基于微观基础的分析，可以加深对宏观经济模型和宏观经济政策及其作用机制的理解。这一章的重点是消费函数和投资乘数的作用过程。

【引导案例】

2010年，中国的外需环境将有所好转，但由于美国经济从"再失衡"向"再平衡"的过渡，将使非美经济体的外需环境改善相对温和。2010年，在政策延续效应能够保增长的前提下，中国经济重点将在于"调结构"，实质上是"再失衡"向"再平衡"的过渡，经济转型本质上是储蓄与消费的再平衡。我们认为经济转型趋势意味着经济增长的机遇与资本市场的投资机遇，但从风险角度看，经济转型的迟滞，将难以降低对宽松政策的依赖，可能会反复催生资产价格泡沫。2010年"调结构"将决定复苏进程以及新一轮经济增长的基础。从宏观的角度来讲，中国经济调结构主要包括以下方面：需求结构、产业结构、城乡结构、区域结构等。在这些结构调整中，核心是储蓄与消费的再平衡，本质是经济增长方式的问题。"调结构"是一项系统性工程，会涉及很多方面，但也正因为如此，中国依然拥有很多的"政策改革红利"可以释放，以促进经济长期的增长。

资料来源：2009年11月21日证券时报.

第一节 消 费

一、消费

消费理论研究的是，家庭作为消费者如何分配其收入的问题，把多少比例的收入用于消费，多少比例的收入用于储蓄，实际是关于储蓄率选择的问题，它是经济中的个体决策问题，属于微观经济学问题之一。消费是人们为了满足自身的需要而使用商品和劳务的经济行为和活动。影响消费的因素有很多，如收入水平、商品的价格水平、消费者偏好、年龄结构、制度及风俗习惯等。这些因素中具有决定意义的是收入。

二、消费函数

消费函数在凯恩斯宏观经济波动理论中有十分重要的意义。由于时代的局限性，缺乏充足的经济数据及高效率的计算机系统，凯恩斯主要通过推理和观察的方法提出了消费函数的假设。

（一）有关消费函数的假设

第一，关于"边际消费倾向"的假设。所谓边际消费倾向就是指消费者的收入每增加一单位，用于消费的部分所占的比重。凯恩斯认为，随着收入的增加人们的消费也会增加，但消费增加的数量肯定比收入增加的数量要小，所以，边际消费倾向是介于 0 和 1 之间的。

第二，关于"平均消费倾向"的假设。所谓平均消费倾向就是消费者平均每一单位收入中用于消费的部分所占的比重。凯恩斯认为，富人储蓄的比例会比穷人高，这是凯恩斯主义经济学的一个核心观点。

第三，关于决定消费因素的假定。凯恩斯认为决定消费的因素是收入而非利率，这与古典经济学家的观点是有差别的，他们认为，较高的利率会促进储蓄和抑制消费。凯恩斯承认利率影响消费，但是在给定收入水平的情况下，利率对消费的影响只是短期的。

（二）消费函数的表达式

根据凯恩斯对消费函数的第三点假定，消费函数可以表示为：$C=C(Y)$。表 3.1 是某家庭的收入与消费的情况，观察一下该表格，当收入是 9 000 美元时，消费为 9 110 美元，消费大于收入；当收入为 10 000 美元时，消费也是 10 000 美元，收支平衡；当收入依次从 11 000 美元增加到 15 000 美元时，消费分别为 10 850 美元、11 600 美元、12 240 美元、12 830 美元和 13 360 美元。据此我们可以看出，随着收入的增加，消费也在增加，但消费增加的幅度在减少，收入每增加 1 000 美元，消费分别增加 890 美元、850 美元、750 美元、640 美元、590 美元和 530 美元。

表3.1　某家庭收入和消费数据　　　　　　　　　　　　　单位:美元

	收入 (Y)	消费 (C)	边际消费倾向 (MPC)	平均消费倾向 (APC)
A	9 000	9 110		1.01
B	10 000	10 000	0.89	1.00
C	11 000	10 850	0.85	0.99
D	12 000	11 600	0.75	0.97
E	13 000	12 240	0.64	0.94
F	14 000	12 830	0.59	0.92
G	15 000	13 360	0.53	0.89

表3.1中表示的是边际消费倾向递减,如果消费与收入之间是线性的关系,则边际消费倾向应为一个常数,那么消费函数的表达式可写为:

$$C = a + bY$$

其中,C为消费;Y为收入;a是自发性消费,是一个大于0的常数,即收入为0也必须要有的基本生活消费;b为边际消费倾向。

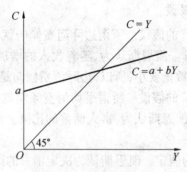

图3.1　消费函数曲线

所以,消费函数$C=a+bY$,可以表示为自发性消费和收入引致消费之和。如:消费函数为$C=300+0.75Y$,其中$a=300$,也就是自发性消费为300单位;$b=0.75$,就是边际消费倾向等于0.75,即收入增加一单位用于消费的部分占75%。

根据这一线性表达式,我们画出了消费函数曲线(见图3.1)。图3.1中,横轴表示收入,纵轴表示消费,45°线表示横坐标与纵坐标相等($Y=C$)。

三、消费倾向

(一)边际消费倾向

边际消费倾向就是收入每增加一单位用于消费的部分所占的比率,也就是消费的增加量

与收入增加量之比。可用如下公式表示,即

$$MPC = \Delta C/\Delta Y \text{ 或 } b = \Delta C/\Delta Y$$

当收入的增量和消费的增量都趋近于零时,上述公式可表示为

$$MPC = \lim_{\Delta Y \to 0} \frac{\Delta C}{\Delta Y} = dC/dY$$

关于消费的增量递减的问题,我们用边际消费倾向递减规律来解释。所谓边际消费倾向递减规律就是,随着收入的增加,每增加一单位收入中用于消费的部分是递减的。这是由于人们用于消费的数额基本是固定的,当收入增加时生活水平会随着增加,但是增加的幅度远小于收入增加的幅度,因为增加的收入不可能完全用于消费,只是部分用于消费,所以消费的增加量与收入的增加量之比是递减的。边际消费倾向所表示的数学意义是,消费函数曲线上点的斜率,也就是过该点切线的斜率,所以,消费函数的曲线逐渐趋近于水平。并且,由于消费的增量只是收入增量的一部分,所以边际消费倾向 $0<MPC<1$。

(二)平均消费倾向

在前面的假定中,我们还提到了平均消费倾向的概念,即平均每一单位收入中用于消费的部分所占的比重,公式可表示为

$$APC = C/Y$$

随着收入的增加,消费也在增加,从表 3.1 中我们可以看出,消费没有收入增加的多,所以平均消费倾向也是递减的,但是平均消费倾向可能大于一、小于一或等于一,因为消费可能大于、小于或等于收入。平均消费倾向的数学含义是,消费函数曲线上的点到原点连线线段的斜率。

通过表格中的数据我们还可以看出,平均消费倾向大于边际消费倾向。

通过图 3.1 我们可以看出,$APC>MPC$ 这一不等式更是显而易见。因为,此时消费函数曲线为直线型,曲线上任何一点与原点连线线段的斜率都大于该点的斜率。再有,可以从公式看,$APC = c/y = (a + by)/y = a/y + b$,$b$ 就是边际消费倾向,其中 a、y 都是大于零的,因此 $a/y > 0$,所以,$APC > MPC$,随着收入的增加,a/y 趋近于零,也就是 APC 逐渐趋近于 MPC。在消费函数曲线与 45°线的交点,反映的是消费与收入相等,即 $c = y$;交点右侧消费函数曲线在 45°线下方,说明收入大于消费,即 $y > c$;交点左侧消费函数曲线在 45°线上方,说明收入小于消费,即 $y < c$。

【案例 3.1】

老百姓为什么喜爱储蓄?

高储蓄率往往是高 GDP 增长的后果。道理很简单,普通老百姓收入增长后,会小心地"奖励"一下自己,但不愿大量花钱。日本在 20 世纪 70 年代 GDP 增长很快,在那个时期的储蓄存款率也是很高的。到了 20 世纪 90 年代,日本经济增长变缓,储蓄存款率也随着下降了。中国目前还是处在高 GDP 增长期间,较高的储蓄存款率其实是正常的。

缺少有吸引力的投资渠道是高储蓄率的一个重要原因。其实,不光老百姓缺少投资渠道,近年来很多企业也因缺少投资欲望而把资金存入银行。在中国,企业存款增加后,广义货币M_2(定期、活期存款为主)就会随着增长。2005年的M_2同比增长18.3%,很多人推测这个增长主要来自企业高达1.2万亿元的利润。所以,老百姓不投资不是孤立的现象。

中国是个高储蓄率的国家,老百姓把收入的40%放在银行里。但是,对中国这么一个大国来说,15万亿元存款并不是一个很大的数目。如果让13亿人平摊存款余额,人均不过只有1万多元。假定那些存款都来自5亿城镇居民,人均不过3万元。一个典型的城镇三口之家,也就是大约10万元存款。这个平均家庭存款数,购买房子不足,供养车不够,不断上涨的医疗费和教育费也让普通家庭不敢轻易花掉银行存款。与发达国家相比,中国的高储蓄率是在平均收入水平较低的基础上形成的。

此外,老百姓储蓄多是对养老风险和医疗风险没有信心。美国的经历证明了这一点。20世纪70年代,美国经济不景气,美国人储蓄较多。随着经济改善和各种社会保险机制的建立,大多数美国人对未来的担忧没有了。2005年,美国人的储蓄率是负数,说明他们不光不存钱,而且开始花过去的存款。不过,美国人并没有过度担心。储蓄是个复杂的现象,需要把居民存款余额放大去看。美国的老百姓只想花费,不愿储蓄,而中国的情况明显不同,老百姓感到银行里有储蓄,心里才能获得一些安全感。

目前我国的基本养老保险和医疗保险还不够完善,而培养一个孩子上到大学需要20余万元。在这种情况下,人们有钱不敢花就不难理解了。消费低并不是"节约的习惯",而是未来要花钱的地方实在太多。

资料来源:《宏观经济学案例》,网上资料

四、社会消费函数

前面我们分析的是家庭消费函数和储蓄函数,而宏观经济学研究的是整个国民经济,所以在宏观经济学中我们还需关心整个社会的消费函数。然而,社会消费函数不是由家庭消费函数的简单加总得到,原因是,通过家庭消费函数加总得到的社会消费函数要受到以下几个条件的制约。

第一,会受到国民收入分配的影响。人们的收入水平决定了他们的储蓄能力,收入水平越高,其储蓄能力也就越强。所以,不同收入水平的人,其边际消费倾向也不同:高收入人群的边际消费倾向较低,原因是,收入水平高的情况下,人们用于基本生活需要的消费是稳定的,增加的收入中用于增加消费的部分是有限的,绝大部分收入都用于储蓄;反之,收入水平低的情况下,边际消费倾向较高。因此,一个经济社会的收入分配越不均等,社会消费函数的边际消费倾向越不容易确定,社会消费函数曲线的位置也就不好确定。

第二,会受到政府税收政策的影响。政府的税收政策直接影响人们可支配收入的多少,个人可支配收入的变化会影响人们的消费,进而影响整个经济。如果一国实行的是累进个人所得税,收入水平高的人被征的税就多,从而可支配收入就会下降,消费减少,消费函数曲线就会向下移动;但是从整个社会来看,情况正好相反,这是因为,征收上来的税,政府通常会以公共支出的形式进行消费,整个社会的消费水平会上升,所以,社会消费函数曲线会向上移动,与家庭消费函数曲线的移动是相反的。

第三,会受到公司利润分配的影响。这里主要是指企业未分配利润所占比重的大小,企业未分配利润实质是一种储蓄,如果分配下去就是消费,是通过增加股东的可支配收入来增加消费的。未分配利润所占的比重越大,那么股东的可支配收入就越少,消费也会相应的减少,家庭消费函数曲线和社会消费函数曲线都会向下移动;反之,就会向上移动。

除了上述三个主要因素影响社会消费函数以外,还有其他一些因素影响,但是,在考虑种种限制后,社会消费函数曲线与家庭消费函数曲线的形状是基本相似的。

五、消费理论的发展

以上就是凯恩斯的消费理论,假定消费只取决于收入水平的函数,被称之为凯恩斯的绝对消费理论。在《通论》出版之后,西方经济学界的诸位经济学家又对大量统计资料进行了广泛研究,对凯恩斯的绝对收入理论进行了补充和修改,形成了新的消费理论,下面我们就对这些理论做一些简单的介绍。

(一)库兹涅茨的长期消费函数

美国经济学家库兹涅茨根据美国 1869~1958 年的统计数据,提出了长期消费函数。分析这 90 年间的数据得到,收入增加了 7 倍,而消费和收入却保持固定比率,APC 在 0.84~0.89 之间,APC 与 MPC 基本相等,也就是长期中边际消费倾向递减规律是不存在的,库兹涅茨的长期消费函数曲线如图 3.2。

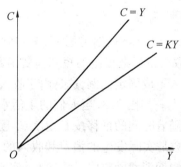

图 3.2 库兹涅茨长期消费函数曲线

通过图 3.2 我们可以看出库兹涅茨长期消费函数曲线有如下特点:曲线是从原点出发的直线;消费与收入保持固定比率 K;在收入为零时,消费也为零;由于 K 为固定比例,所以 $MPC=APC$。

【知识库】

库兹涅茨简介

西蒙·史密斯·库兹涅茨(Simon Smith Kuznets),1901年4月30日出生在俄国乌克兰哈尔科夫市的一个皮毛商人的家庭,父亲亚伯拉罕·库兹涅茨和母亲波琳·弗里德曼都是犹太人。1906年,在西蒙·史密斯·库兹涅茨6岁的时候,他的父亲移居美国。西蒙·史密斯·库兹涅茨本人说,他从那时候起已经对经济学产生浓厚的兴趣,相信经济学是研究一切社会问题的基础。1922年,西蒙·史密斯·库兹涅茨也移居到美国,进入哥伦比亚大学攻读经济学。1923年,获得文科学士学位;1924年,获得文科硕士学位;1926年,获得博士学位。1927年,西蒙·史密斯·库兹涅茨进入米契尔教授主持的国民经济研究局,一直到1961年。在此期间,他同时也在大学和政府部门任职;1936~1954年,担任宾夕法尼亚大学经济学和统计学助理教授、教授。1942~1944年,担任哥伦比亚特区华盛顿战时生产部计划统计局副局长和计划委员会研究主任。1946年,担任中国国家资源委员会顾问。1950~1951年,担任印度国民收入委员会顾问。1953~1963年,担任法尔克以色列经济研究计划主席。1954~1960年,担任约翰·霍布金斯大学政治经济学教授。1960年,他到哈佛大学担任经济学教授直到1971年退休。1963年,担任以色列毛立斯·法尔克经济研究所理事会理事及名誉主席,1961~1970年,担任美国社会科学研究会中国经济委员会主席。1971年,退休。1985年7月8日于美国马萨诸塞州坎布里奇逝世。西蒙·史密斯·库兹涅茨在西方经济学界十分活跃,他是美国经济学会、美国统计学会、美国哲学学会、美国科学促进协会、国际统计学会会员,美国经济史学会、英国皇家统计学会的名誉会员,瑞典皇家科学院院士、英国科学院通讯院士,担任过美国经济学会会长和美国统计学会会长等职。他还获得普林斯顿大学、宾夕法尼亚大学、哈佛大学、耶路撒冷希伯莱大学名誉博士学位。

西蒙·史密斯·库兹涅茨

资料来源:名人资料网

(二)斯密西斯的短期消费函数

美国经济学家斯密西斯(A. Smithies)根据美国 1923~1940 年的统计资料得到短期消费函数。斯密西斯的短期消费函数与凯恩斯提出的短期消费函数是类似的,函数形式为 $C=a+bY$。这说明,短期消费函数与收入不成固定比例,这是由于收入以外的其他因素会影响消费函数的位置,使自发消费 a 逐渐增大。如图 3.3,当人们的生活水平提高后,会使社会消费水平不断提高,短期消费函数曲线会随着时间的推移按 C_1、C_2、C_3 逐渐向上移动。

斯密西斯认为长期消费函数是实际发生的消费和收入的实现值。当收入为 Y_1 时,实现的消费在 A 点,当收入为 Y_2 时,短期消费函数曲线移到 C_2,实现消费在 B 点,如果收入提高到 Y_3 时,短期消费函数曲线移动到 C_3,实现消费在 D 点。那么,A、B、D 点的连线就是收入从 Y_1 增加到 Y_3 所形成的长期消费函数的曲线,用 $C_L=KY$ 来表示。

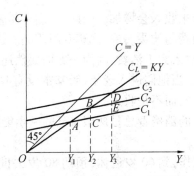

图 3.3 斯密西斯短期消费函数和长期消费函数

(三) 相对收入理论

相对收入理论是由美国经济学家杜森贝利提出的。

杜森贝利认为在长期内,影响消费的主要因素有:新产品的出现、城市化的趋势、人口年龄分布的变化、个人收入分配的变化、时间偏好的变化、收入预期和利率的变化以及人口增长率和收入增长率等因素。其中,新产品的出现意味着对旧产品的替代,消费只是转移,消费结构发生变化;城市化、人口年龄分布的变化对消费倾向变化是互相抵消的;收入预期和利率的变化对储蓄的影响只对占25%的高收入者的消费有影响;人口增长率、收入增长率是稳定的,对消费比重变化是互相抵消的。杜森贝利在上述分析的基础上得出两点结论:第一,在长期内,消费支出与收入是呈固定比例的,而短期内不一定是呈比例的。第二,消费者行为在时间上是不可逆的,收入减少并不意味着消费也减少。

杜森贝利认为消费者的短期消费行为会受到自己过去的消费习惯和周围人消费水平的影响。从时间来看,依照人们的习惯,消费增加容易,但是减少却很困难,因为人一旦达到较高的生活水平,即使收入降低消费也不会马上随之下降,而是继续维持在原有水平。因此,在短期经济波动时,低收入者收入增加时,消费水平会赶上高收入者,但是收入减少时,消费水平的下降却是有限的。这一理论的核心是消费者易于随收入的提高增加消费,但不易随收入的降低而减少消费,我们称之为"棘轮效应"。而周围人的消费习惯对消费者本人消费水平的影响称为"示范效应"。

(四) 生命周期理论

美国经济学家莫迪利安尼提出的生命周期消费理论强调了消费与个人生命周期阶段的关系,认为人们会在更长的时间范围内计划他们的生活消费开支,以达到他们在整个生命周期内消费的最佳配置,实现一生消费效用最大化。各个家庭的消费要取决于他们在整个生命周期内所获得的收入与财产,也就是说消费取决于家庭所处生命周期阶段。

假定人的一生分为三个阶段:青年时期、中年时期和老年时期。前两个阶段是工作时期,后面的一个阶段是非工作时期。一般来说,年轻人家庭收入偏低,消费可能会超过收入。但是他们有稳定的工作,他们的未来收入会增加。因此,人们在年轻的时候往往会把收入中的很大一部分用于消费,甚至贷款消费与购买房屋、汽车等耐用品。这时候储蓄很小甚至为零。进入中年,收入日益增加,这时的收入大于消费,因为一方面要偿还年轻时的负债,另一方面要把一部分收入储蓄起来用于养老。当他们进入老年期,基本没有收入,消费又会超过收入,此时的消费主要是靠过去积累的财产,而不是收入。

按照生命周期理论,理性的消费者总是期望自己的一生能够比较安定地生活,使一生的收入与消费相等。

假定某人从20岁开始工作,到60岁退休,预期80岁去世,这样,工作期限为40年,生命年限为60年,1岁到20岁由父母抚养,所以不计入工作年限和生命年限,若年收入为24 000元,则终生收入为24 000×40 = 960 000元,根据生命周期理论的假定,他们会计划在整个生命周期内均匀消费这960 000元,因而他的年消费应为

$$C = 24\ 000 \times 40/60 = 40/60 \times 24\ 000 = 2/3 \times 24\ 000 (元)$$

在这个例子中,这个人应该在工作的每一年里把收入的2/3用于消费,1/3用于储蓄。

根据前面的例子,家庭的消费函数可写成

$$C = aWR + cYL$$

其中:WR为财产收入,YL为劳动收入,a为财富的边际消费倾向,c为劳动收入的边际消费倾向。

根据这一理论,由于组成社会的各个家庭处在不同的生命周期阶段,所以,在人口构成没有发生重大变化的情况下,从长期来看边际消费倾向是稳定的,消费支出与可支配收入和实际国民生产总值之间存在一种稳定的关系。但是,如果一个社会的人口构成比例发生变化,则边际消费倾向也会发生变化,如果社会上年轻人和老年人的比例增大,则消费倾向就会提高,如果中年人的比例增大,则消费倾向会降低。所以,总储蓄和总消费会部分地依赖于人口的年龄分布,当有更多人处于储蓄年龄时净储蓄就会上升。除此之外,储蓄还受到其他一些因素的影响,当社会建立起健全的社会保障制度时,人们老年的生活会更有保障,储蓄就会减少;遗产税的高低也影响人们储蓄的积极性。

【案例3.2】

老年人的消费和储蓄

许多经济学家研究了老年人的消费和储蓄。他们的发现对生命周期模型提出了质疑。显而易见的是,老年人并没有像该模型所预言的那样有负储蓄。换言之,如果老年人努力要使自己其余年份的消费平稳,那么,他们并不会像模型预言的那么快地消耗自己的财产。对老年的负储蓄为什么没有模型预期的那么多有两种解释。每种解释都提出了进一步研究的方向。

第一个解释是,老年人关心未预期到的花费。产生于不确定性的额外储蓄称为预防性储蓄。老年人预防性储蓄的一个原因是寿命可能比预期的长,从而要为长于平均寿命的期限作点准备。另一个原因是生病以及支付大量医疗账单的可能性。老年人对这种不确定的反应是

更多地储蓄,以便更好地应付偶然事件。

预防性储蓄的解释并不能完全令人信服,因为老年人可以对这些主要风险进行保险,为了应付有关生命期限的不确定性,他们可以从保险公司购买年金。年金根据一笔固定收费提供领取者生前的一个收入流量。医疗支出的不确定性也大部分由免费医疗即政府的老年人保健计划和私人保险计划所消除了。

老年人没有负储蓄的第二种解释是他们想给子女留下遗产。经济学家提出了各种有关父母——子女关系与遗产动机的理论。

整体而言,有关老年人的研究表明,最简单的生命周期模型不能完全解释消费者的行为。毫无疑问,为退休作准备是储蓄的一种重要动机,但其他动机看来也是重要的,例如,预防性储蓄和遗产等。

资料来源:格里高利·曼昆,《宏观经济学》

(五) 持久性收入理论

持久收入理论是由美国著名经济学家米尔顿·弗里德曼提出来的。他认为居民消费不取决于现期收入的绝对水平,也不取决于现期收入和以前最高收入的关系,而是取决于居民的持久收入。持久收入理论将居民收入分为持久收入和暂时收入。持久收入是指在相当长时间里可以得到的收入,是一种长期平均的预期内得到的收入,一般用过去几年的平均收入来表示。暂时收入是指在短期内得到的收入,是一种暂时性偶然的收入,可能是正值(如意外获得的奖金),也可能是负值(如被盗等)。弗里德曼认为只有持久收入才能影响人们的消费。永久性收入可以根据所观察到的若干年收入的数值加权平均计算得出,距现在的时间越近,权数越大,反之越小。

由于消费是由可预期的持久性收入所决定的,那么,如果持久收入是一个常数的话,长期消费倾向就会很稳定。当经济衰退时,尽管收入减少了,但是人们还是按照持久收入消费,也就是收入减少而消费并没有减少,因此,衰退时期的消费倾向高于长期的平均消费倾向;相反,当经济繁荣时期,在收入水平提高的情况下,如消费仍是按持久收入进行的,则此时的消费倾向低于长期平均消费倾向。在持久收入的影响下,政府通过税收政策来影响总需求的政策,是不起作用的,这是因为减税后人们的收入会增加,但是人们并不会立即增加消费;反之,当增加税收的时候,人们的收入会减少,但是消费不会马上减少。

【知识库】

米尔顿·弗里德曼简介

弗里德曼生于纽约市一个工人阶级的犹太人家庭。他16岁前读完高中，凭奖学金入读罗格斯大学，1932年取得文学学士，翌年他到芝加哥大学修读硕士，1933年芝加哥大学硕士毕业。毕业后，他曾为新政工作以求糊口，批准了许多早期的新政措施以解决当时面临的艰难经济情况，尤其是新政的许多公共建设计划。辗转间他到哥伦比亚继续修读经济学，研究计量、制度及实践经济学。返回芝加哥后，被 Henry Schultz 聘任为研究助理，协助完成《需求理论及计算》论文。

1941～1943年，他出任美国财政部顾问，研究战时税务政策，曾支持凯恩斯主义的税赋政策，并且也确实协助推广了预扣所得税制度。1943～1945年在哥伦比亚大学参与 Harold Hotelling 及 W. Allen Wallis 的研究小组，为武器设计、战略及冶金实验分析数据。1945年，他与后来的诺贝尔经济学奖得主 George Stigler 一起到明尼苏达大学任职，1946年他获哥伦比亚大学颁发博士学位，随后回到芝加哥大学教授经济理论，期间再为国家经济研究局研究货币在商业周期的角色。这是他学术上的重大分水岭。

随着时间过去，弗里德曼对于经济政策的看法也逐渐转变，他在芝加哥大学成立货币及银行研究小组，在经济史论家 Anna Schwartz 的协助下，发表《美国货币史》一文。当时他挑战主张凯恩斯主义的著名经济学家观点，抨击他们忽略货币供应、金融政策对经济周期及通胀的重要性。他任职芝加哥大学经济系教授逾30年，力倡自由主义经济，并与学生们打造出著名的"芝加哥学派"。

在弗里德曼的领导下，多名芝加哥学派的成员获得诺贝尔经济学奖。他在1953～1954年间以访问学者的身份前往英国剑桥大学任教。从1977年开始弗里德曼也加入了斯坦福大学的胡佛研究所。弗里德曼在1988年获得了美国的国家科学奖章(National Medal of Science)。

1992年获诺贝尔经济奖的贝克尔形容弗里德曼可能是全球最为人认知的经济学家，"他能以最简单的语言表达最深奥的经济理论"。他亦是极出色的演说家，能随时即席演说，极富说服力。香港科技大学经济发展研究中心主任雷鼎鸣形容弗老思考快如闪电，据说辩论从未输过。"无人敢说辩赢了他，因与他辩论过已是无限光荣，没多少人能与他说上两分钟。"

弗里德曼处在学术世家。他妻子罗丝是经济学家，其妻兄长 Aaron Director 是芝加哥大学声望显赫的法律学教授。弗里德曼育有两名子女，包括女儿珍尼·弗里德曼及大卫·弗里德曼，大卫本身是无政府资本主义学说的重要学者。大卫的儿子 Patri 毕业于斯坦福大学，2006年时在 Google 任职。

弗里德曼于2006年11月16日在旧金山三藩市家中因心脏病发作以致衰竭逝世。

资料来源：MBA 知识库

第二节 储 蓄

一、储蓄

在收入中去掉用于消费的部分就是储蓄。消费是随着收入的增加而增加的,并且增加的比率是递减的,即边际消费倾向是递减的,进而我们可以知道储蓄也是随着收入的增加而增加的,并且增加的比率是递增的,即边际储蓄倾向递增。

二、储蓄函数

根据上面的叙述,我们可以看出储蓄函数是与收入相关的,函数可表示为 $S=S(Y)$。

根据表3.2,我们可以列出储蓄函数的数据。

表3.2 某家庭储蓄数据表　　　　　　　　　　单位:美元

	收入 (Y)	消费 (C)	储蓄 (S)	边际储蓄倾向 (MPS)	平均储蓄倾向 (APS)
A	9 000	9 110	−110		−0.01
B	10 000	10 000	0	0.11	0
C	11 000	10 850	150	0.15	0.01
D	12 000	11 600	400	0.25	0.03
E	13 000	12 240	760	0.36	0.06
F	14 000	12 830	1 170	0.41	0.08
G	15 000	13 360	1 640	0.47	0.11

通过前面的学习,我们了解到在两部门经济中,收入由消费和储蓄构成,所以储蓄函数可表示为:

$$S = Y - C = Y - (a + by) = -a + (1-b)Y$$

表达式中,a 表示自发性消费,b 表示边际消费倾向,$(1-b)$ 表示边际储蓄倾向,$(1-b)Y$ 表示由收入所引发的储蓄,所以,线性表达式的含义是储蓄等于收入引发的储蓄与自发性消费之差。前面我们已知消费函数 $C=300+0.75Y$,则储蓄函数 $S=Y-C=Y-(300+0.75Y)=-300+0.25Y$。根据储蓄函数的线性表达式,可得到储蓄函数曲线如图3.4。

如图3.4所示,横轴表示收入,纵轴表示储蓄,储蓄函数曲线与横轴的交点表示储蓄等于零,储蓄函数曲线在横轴上方表示储蓄大于零,储蓄函数曲线在横轴下方表示储蓄小于零。

从图中我们还可以得知,平均储蓄倾向小于边际储蓄倾向($APS<MPS$),通过公式我们可以验证该结论,$APS=S/Y=-a/Y+(1-b)$,而 $MPS=1-b$,平均储蓄倾向等于边际储蓄倾向减去 a/Y,所以平均储蓄倾向小于边际储蓄倾向;随着收入在增加 a/Y 趋近于零,所以随着收入的增加,平均储蓄倾向与边际储蓄倾向趋于相等。

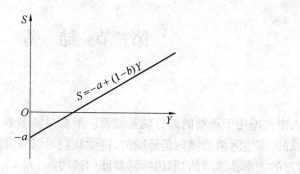

图 3.4　储蓄函数曲线

三、储蓄倾向

(一) 边际储蓄倾向

根据表 3.2 中的数据,可以看出边际储蓄倾向(MPS)和平均储蓄倾向(APS)都是递增的。边际储蓄倾向是指每增加一单位收入中用于储蓄的部分所占的比重,用 MPS 表示,可表示为

$$MPS = \Delta S/\Delta Y$$

当收入(Y)与储蓄(S)的增量都趋近于零的时,该公式可表示为

$$MPC = \lim_{\Delta Y \to 0} \frac{\Delta S}{\Delta Y} = dC/dY$$

边际储蓄倾向所表示的数学意义是,储蓄函数曲线上点的切线斜率。

(二) 平均储蓄倾向

平均储蓄倾向是指平均每一单位收入中用于储蓄部分所占的比重,用 APS 表示,用公式可表示为:

$$APS = S/Y$$

平均消费倾向所表示的数学意义是,储蓄函数曲线上的点与原点连线线段的斜率。

四、消费函数与储蓄函数的关系

消费函数是说明消费与收入之间的关系,储蓄函数是说明储蓄与收入之间的关系,二者的决定因素都是收入。可以看出消费函数与储蓄函数是互补的,也就是消费函数和储蓄函数只要确定其中一个,另一个就可以确定,这是由于收入等于消费函数与储蓄函数之和($Y = C + S$)。有关消费函数和储蓄函数的关系我们可以参见图 3.5。

消费函数曲线与 45°线相交于点 E,该点表示消费与收入相等,也就是全部收入都用于消费,此时储蓄为零,所以储蓄函数与横轴相交于点 F;在点 E 右侧,收入大于消费,此时储蓄大于零,所以储蓄函数曲线在横轴上方;在点 E 左侧,收入小于消费,此时储蓄小于零,所以储蓄

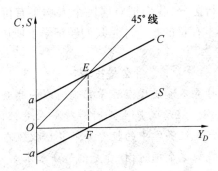

图 3.5 消费函数与储蓄函数的关系

函数曲线在横轴下方。

平均消费倾向与平均储蓄倾向之和等于 1。证明如下。

已知 $APC = C/Y, APS = S/Y$

那么 $APC + APS = C/Y + S/Y = (C+S)/Y$

因为 $C + S = Y$

所以 $APC + APS = 1$

边际消费倾向与边际储蓄倾向之和等于 1。证明如下。

已知 $MPC = \Delta C/\Delta Y, MPS = \Delta S/\Delta Y$

那么 $MPC + MPS = \Delta C/\Delta Y + \Delta S/\Delta Y = (\Delta C + \Delta S)/\Delta Y$

因为 $\Delta Y = \Delta C + \Delta S$

所以 $MPC + MPS = 1$

第三节 投 资

一、投资的含义及分类

(一) 投资的含义

投资是指增加或更换资本资产的支出,又称为资本形成,例如企业购买新厂房、生产线均称为投资,表示在一定时间内资本的增量。由此可见,投资是一个流量,而资本则是经济社会在某一时点上的资本总量,显然,资本属于存量。根据上面的分析,我们可以得出,投资是增加到资本存量上的资本流量。

经济学意义上的投资与我们平时所说的投资意义是不同的。我们日常用自己的收入去购买各种有价证券,获得收益,这从金融意义上来讲是投资,但是在经济学上或从整个社会的角度来看,并不是投资,为了进行区分,我们把对居民个人购买有价证券的投资行为称为"金融投资";对于能够增加社会资本存量的投资才是我们经济学上所讲的投资。

【案例3.3】

什么是投资?

初学宏观经济学的人有时弄不懂宏观经济学家如何以一些新颖而特殊的方式运用相似的词。一个例子是"投资"这个词。混淆的产生是因为对个人看来像投资的东西对整个经济来说并不是投资。一般规则是宏观经济学中的投资并不包括仅仅在不同个人之间重新配置资产的购买。当宏观经济学家用投资这个词时,投资是创造新资本。

我们来观察这两个事例:

(1)斯密为自己购买一所有100年历史的维多利亚式房子。

(2)琼斯为自己建造了一所全新的现代房子。

这里什么是总投资?是两所房子,一所房子,还是没有?

在一个宏观经济学家看来,这两个交易中只有琼斯的房子算作投资。斯密的交易并没有创造出新房子,它仅仅是对已有房子的重新配置。斯密的购买对斯密是投资,但对出售房子的人是负投资。与此相比,琼斯为经济增加了新房子,她的新房子算作投资。

同样,考虑这两件事:

(1)盖茨在纽约股票交易所购买了巴菲特500万美元的IBM股票。

(2)通用汽车公司向公众出售了1 000万美元的股票,并用收入建立了一个新汽车厂。

在这里,投资是1 000万美元。在第一个交易中,盖茨投资于IBM股票,而巴菲特是负投资。与此相比,通用汽车公司用经济中一部分物品和劳务产出来增加自己的资本存量,因此,它的新工厂算作投资。

资料来源:《经济学原理》格里高利·曼昆

(二)投资的分类

从不同角度考察,投资可划分为不同种类。

按投资与资本存量的关系,投资可分为重置投资、净投资与总投资。重置投资是指用来补偿资本设备损耗的投资,也就是折旧,这取决于原来的资本量、机器设备的使用期限及其构成。净投资是指为增加资本存量而进行的投资,就是净资本的形成或实际资本的净增加,其中不包括资本损耗。净投资的多少决定于国民收入水平与变化情况。总投资等于净投资与重置投资之和,是对原有资本存量的追加或扩大。总投资一般是正值,净投资可能是正值、零或负值,该情况由总资本大于、等于还是小于资本折旧来决定。例如,2008年末资本存量是9 000亿美元,2009年末资本总量为9 800亿美元,2009年新增投资是800亿美元,如果2009年生产过程中共损耗资本300亿美元,那么,2009年总投资为800亿美元,重置投资为300亿美元,净投资为500亿美元。

按投资的原因不同,投资可分为自发投资与引致投资。所谓自发性投资,是指不受国民收入或消费的影响而进行的投资,是独立于国民收入决定因素的投资,例如由于新发明、新技术、人口变动、战争等因素而引发的投资。引致投资是由于国民收入和消费的变动而引发的投资,宏观经济学中主要研究的就是引致投资。

按投资者是否参与经营,投资可分为直接投资与间接投资。投资者自身直接建立某种企业所进行的投资活动,如建工厂等,属于直接投资。而间接投资,是资本输出的一种方式,它的实现方法有两种:一种是投资者直接购买其他国家的政府或企业发行的债券,资金的使用由其他国家的政府或企业所决定,投资者只是获取利息;另一种是将资本借贷给其他国家的政府或企业,投资者按借贷协议获取收益。在间接投资中,投资者和被投资者具有债权关系。

按投资内容,投资可分为固定资产投资和存货投资。固定资产投资就是用来增加新厂房、新设备、非住宅建筑物及住宅建筑物的支出,所谓"固定"就是这些投资品将被长期使用。存货投资是指对已经生产出而没有销售出去的产品库存的增加,存货投资具有特殊的易变特性,波动剧烈,影响社会经济稳定。

(三)影响投资的因素

前面我们分析了实际利率对投资的影响,下面我们将分析影响投资的其他因素。

1. 预期收益

企业决定对某一项目进行投资,主要考虑的就是预期收益,影响预期收益主要有以下几个因素:

第一,对投资项目产出的预期。市场对产品的需求状况会影响产品价格的变化,如果企业预期产品的市场需求在未来会增加,就会增加投资,假定一定的产出量需要有一定的资本设备来提供,则预期市场需求增加多少,就会相应地要求增加多少投资。

第二,产品的成本。投资的预期收益在很大程度上取决于投资项目的成本,成本中最重要的组成部分就是工资,工资的高低直接影响利润。对于劳动力密集型的产业,工资上升显然会导致投资减少;而对于机器设备可以代替劳动力的投资项目,工资的上升又意味着多用设备比多用劳动力更划算,因而实际工资上升又等于投资的预期收益增加从而会增加投资。

由此可见,工资的变动对投资需求的影响具有不确定性。

2. 风险

投资与风险是伴生的,投资发生在现在,收益在未来,而未来是未知的、不确定的,从而风险就产生了。高收益往往伴随着高风险,如果收益不能够补偿风险可能带来的损失,那么企业就不愿意投资。风险主要来自于未来市场的走势、产品价格的变化、成本的变动、利率的变动及政府政策的变化等等。

3. 托宾"q"理论

"q"理论是由美国经济学家詹姆斯·托宾提出的,该理论是研究有关股票价格与企业投资之间关系的。他提出,企业的市场价值与其重置成本之比,可以作为衡量企业的投资是否可行的标准,这个比值称之为"q"。企业的市场价值也就是企业股票的市场价格总额,等于每股价格与总股数的乘积;企业的重置成本是指企业建造一个相同规模的企业所需的成本。当 $q>1$ 时,说明企业的市场价值大于重置成本,也就是建造新企业比买旧企业便宜,于是投资就会增加;当 $q<1$ 时,说明买旧企业的市场价值小于企业的重置成本,也就是买旧企业合算,那么投资就会减少。因此,q 越大,投资需求就越大,这一理论实际上是说明,股票价格上升,投资就会增加。

二、投资函数

投资的动机就是获得利润最大化,在作出投资决策时就必须要考虑两个因素:投资的预期利润率和资本市场的利率。这两个因素分别反映了投资的收益与成本,在预期利润率既定的情况下,利率越高说明获得相同收益所需成本越高,利率越低说明获得相同收入所需成本越低,投资就会增加。即使是自有资金也要考虑机会成本,在投资与放贷上做一选择。

由此可以看出,投资是利率的减函数,投资与利率之间的这种关系我们称之为投资函数,可以用如下形式来表示:$I=I(r)$。

投资函数的数学表达式为:$I=e-dr$,式中,e 表示自发性投资,也就是当利率为零时也会有的投资;$-dr$ 是投资中与利率相关的部分,"-"表示投资与利率之间负相关;d 称为投资需求的利率系数,用来说明投资对利率变化的敏感程度。

这里所考虑的利率是指实际利率,等于名义利率与通货膨胀率之差。

由于投资与利率之间反方向变化,投资需求曲线如图 3.6 所示,横轴表示投资,纵轴表示利率,所以投资需求曲线向右下方倾斜,投资需求曲线又称投资的边际效率曲线。下面我们将具体介绍投资的边际效率这一概念。

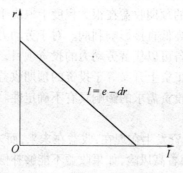

图 3.6 投资需求曲线

三、投资的边际效率

投资的边际效率是从资本的边际效率这一概念引来的,在说明资本的边际效率前,我们先来了解一下有关贴现率这一概念。

所谓贴现率,就是已知未来有一笔收益,在计算这笔收益的现值时所使用的利率。看下面的例子:

假定本金为 100 元,年利率 5%,那么

第 1 年本利和为:$100×(1+5\%) = 105$(元)

第 2 年本利和为:$105×(1+5\%) = 100×(1+5\%)^2 = 110.25$(元)

第 3 年本利和为:$110.25×(1+5\%) = 100×(1+5\%)^3 = 115.76$(元)

下面以 r 为利率,R_0 表示本金,R_1、R_2、R_3 分别表示第 1 年、第 2 年、第 3 年的本利和,则各年本利和为

$$R_1 = R_0(1+r)$$
$$R_2 = R_1(1+r) = R_0(1+r)^2$$
$$R_3 = R_2(1+r) = R_0(1+r)^3$$
$$\vdots$$
$$R_n = R_0(1+r)^n$$

现在假设已知本利和及利率,下面利用利率求本金,年利率仍为 5%,1 年后本利和为 105 元,利用公式 $R_1 = R_0(1+r)$ 可求得本金:

$$R_0 = R_1/(1+r) = 105/(1+5\%) = 100(元)$$

那么几年后的收益 R_n 的现值就是:$R_0 = R_n/(1+r)^n$。

下面来说资本的边际效率,资本的边际效率是凯恩斯提出的概念,是指资本的预期利润率,它实际是贴现率,用贴现率把投资期限内的预期收益折现,现值之和恰好等于资本品的供给价格。

假设 R 表示资本品的供给价格;$R_1,R_2,R_3,\cdots,R_n$ 分别表示第 $1,2,3,\cdots,n$ 年的预期收益;r 表示资本的边际效率。根据凯恩斯的定义,资本的边际效率公式应表示为如下形式:

$$R = R_1/(1+r) + R_2/(1+r)^2 + R_3/(1+r)^3 + \cdots + R_n/(1+r)^n$$

从资本的边际效率公式可知,资本的边际效率取决于资本品的供给价格和预期收益,当预期收益既定时,供给价格越大,资本的边际效率越小;而在资本的供给价格既定时,预期收益越大,资本的边际效率越大。

凯恩斯认为,资本的边际效率会随着投资的增加而不断下降,原因主要有两点:第一,当整个经济社会的投资增加时,资本品的需求会上升,从而引起资本品的价格上升,在预期收益不变的情况下,资本的边际效率必然下降;第二,随着投资的增加,生产规模会扩大,产品供给增加使产品价格下降,那么投资的预期收益也会下降。把由于资本品供给价格上升而引起资本的边际效率下降,下降后的资本的边际效率称之为投资的边际效率。

资本的边际效率是表示资本品供给价格不变时,投资和利率之间反方向变化的关系;而投资的边际效率是表示资本品的供给价格变化时,投资和利率之间反方向变化的关系。西方经

济学家认为,投资的边际效率更能真实地反映投资状况。

四、乘数原理与投资乘数

(一)乘数的概念与种类

乘数也可称为倍数,乘数理论是考察和分析在国民经济活动中某一因素或变量发生变化时,所引起的一系列连锁反应的状态和结果,也就是研究一个因素或变量的变化,对整个国民经济的影响。

在西方经济学史上,杜冈·巴拉诺夫斯基和维克赛尔最早提出了投资增加会增加国民收入的观点。1931年,英国经济学家卡恩在《国内投资与失业的关系》中最先提出了乘数的概念,他提出的乘数是就业乘数,即净投资所引起的全社会就业总量与净投资直接引起的最初就业量的比。凯恩斯在《通论》中提出了有关投资乘数的概念,有关投资乘数我们将在下面进行具体介绍。

乘数原理会发生在不同领域,除就业乘数和投资乘数外,还有政府购买乘数、转移支付乘数、税收乘数、平衡预算乘数、对外贸易乘数等等,也就是说构成国民收入的每个因素发生变化都会引起整个国民经济的变动,都体现了乘数原理的作用。

乘数根据变量的个数还分为单纯乘数和复合乘数。所谓单纯乘数是指只考察某一个因素或变量变化的连锁反应,如果是考察几个因素变动的相互作用的影响的乘数就称为复合乘数。

(二)投资乘数

我们首先看一个例子。假设一个经济社会中,投资增加100万美元,边际消费倾向是0.8,当用这100万美元来购买投资品时,投资品的生产部门就会增加100万美元的收入,形成了整个经济社会收入的第一次增加;因为边际消费倾向是0.8,那么增加的100万美元收入中就有80万美元(100×0.8)用来消费,消费品生产部门的收入增加80万美元,这样经济社会的收入第二次增加;同样,由于边际消费倾向为0.8,增加的80万美元的收入中有64万美元(80×0.8)用于消费,使经济社会的收入第三次增加,依此类推,如表3.3所示。

表3.3 增加100万美元投资导致的收入增加 　　　　单位:万美元

收入增加次数	每次收入增加数量	以 $b\Delta I$ 表示每次增量
第1次	100	ΔI
第2次	100×0.8=80	$b\Delta I$
第3次	100×0.8^2=64	$b^2\Delta I$
⋮	⋮	⋮
第n次	100×0.8^{n-1}	$b^{n-1}\Delta I$
收入总量增加	100+100×0.8+100×0.8^2+⋯+100×0.8^{n-1}+⋯	$\Delta I + b\Delta I + b^2\Delta I + \cdots$

$$\Delta Y = 100 + 100 \times 0.8 + 100 \times 0.8^2 + 100 \times 0.8^3 + \cdots =$$
$$100 \times (1 + 0.8 + 0.8^2 + 0.8^3 + \cdots) =$$
$$100 \times [1/(1-0.8)] = 100 \times 5 = 500(万美元)$$

从上面的计算我们可以看出,当投资增加 100 万美元时,由此产生的收入增量为 500 万美元,二者之比为 $K = \Delta Y / \Delta I = 5$,$K$ 就是我们要讨论的投资乘数。

凯恩斯给出如下定义,当总投资增加 ΔI 时,将引起国民收入成倍的增加,这个倍数就是投资乘数。根据上面的例子我们可以得出投资乘数的计算公式:$K = \dfrac{1}{1-MPC} = \dfrac{1}{MPS}$,投资乘数是 1 减边际消费倾向的倒数,或是边际储蓄倾向的倒数。从投资乘数的公式可得出,乘数的大小与边际消费倾向成正比,边际消费倾向越大,投资乘数越大;与边际储蓄倾向成反比,边际储蓄倾向越小,投资乘数越大。

当投资和收入的改变量都趋近于零时,投资乘数可写为:$K = dY/dI$。

由于乘数原理的存在,当投资增加时,国民收入会成倍的增加,当投资减少时,国民收入会成倍减少,所以投资乘数对国民经济的影响是具有两面性的。英国经济学家希克斯等人指出,投资乘数发挥作用的大小受以下几个因素的影响:第一,当生产部门用增加的收入偿还债务时,投资乘数就会缩小;第二,有闲置资源可利用时,投资增加才能使投资乘数发挥作用;第三,收入增加后,用购买消费品,而由于生产条件限制,消费品没有生产出来,此时,货币收入增加而实际收入不能同比例增加,乘数作用就会受到限制;第四,增加的收入要用于购买国外所生产的产品时,投资乘数将会缩小。

【案例 3.4】

一把"双刃的剑"

乘数反映了国民经济各部门之间存在着密切的联系。比如建筑业增加投资 100 万元,它不仅会使本部门收入增加,而且会在其他部门引起连锁反应,从而使这些部门的支出与收入也增加,在边际消费倾向为 80% 时,在乘数的作用下最终使国民收入增加 5 倍,使国民收入增加 500 万元。为什么会有这种倍数关系,让我们举一例来说明。

例如,你花了 50 元去买了 10 斤苹果,这样卖水果的小贩收到 50 元后,留下 20% 即 $50 \times 20\% = 10$ 元去储蓄,拿其余的 80% 即 $50 \times 80\% = 40$ 元去购买其他商品,这 40 元又会成为其他人的收益。假如这个小贩把 40 元用去购买蔬菜,这又使菜农收益增加了 40 元。菜农再 20% 即 $40 \times 20\% = 8$ 元去储蓄,其余 $40 \times 80\% = 32$ 去买大米,这样,卖大米的农户又会增加 32 的收益。如此连续循环下去,社会最后的收益上升到 250 元,其计算方法是:

$$50 + 50 \times 80\% + 50 \times 80\% \times 80\% + 50 \times 80\% \times 80\% \times 80\% \cdots =$$
$$50 \times (1 + 80\% + 80\% \times 80\% + 80\% \times 80\% \times 80\% = 50 \times [1/(1-80\%)] = 250 \ 元。$$

250元是最初需求增加量50元的5倍,这就是乘数效应的结果。但乘数的作用是双重的,如果上述例子的相反会使国民收入减少250元。即当自发总需求增加时,所引起的国民收入的增加要大于最初自发总需求的增加;当自发总需求减少时,所引起的国民收入的减少也要大于最初自发总需求的减少。所以,经济学家形象地把乘数称为一把"双刃的剑。"

资料来源:《宏观经济学案例》,来源网络

本章小结

1. 凯恩斯消费函数是指假定边际消费倾向介于0到1之间,平均消费倾向随着收入的上升而下降,并且消费只取决于当期收入。凯恩斯的消费理论只能解释人们的短期消费行为,而不能解释人们的长期消费行为。之后的一些经济学家将消费理论进行了修正和补充,主要有杜森贝利的相对收入理论、弗里德曼的持久性收入理论、莫迪利安的生命周期理论。

2. 投资需求是构成总支出的一个重要部分,投资决策是否可行主要取决于投资的预期收益与利率之间的比较,投资与利率之间呈反方向变化,除此之外投资还受到风险和股票价格影响,有关股票价格与投资之间的关系,托宾提出了"q"理论。

3. 乘数原理是宏观经济运行过程中极其重要的一个原理,当影响国民收入的任何一个因素发生变化时,都会引起国民收入的成倍变化,经济中的各个因素就是通过乘数原理来影响整个宏观经济的。

思考题

背景资料:

2007年7月,国家统计局报告:根据对全国31个省(区、市)6.8万户农村住户的抽样调查结果显示,上半年农民人均现金收入2 111元,扣除价格因素,实际增长13.3%,增速比去年同期提高1.4个百分点。这其中:

(1) 农民的工资性收入人均746元,同比增长19.3%。其中,农民务工收入人均658元,增长20.3%。在务工收入中,本地务工收入人均361元,增长18.5%;外出务工收入人均297元,增长22.6%。

(2) 农民出售农产品的收入人均884元,同比增长17.3%。其中,出售农业产品的收入人均497元,增长16.5%;出售林产品的收入人均25元,增长10.3%;出售牧业产品的收入人均331元,增长21%;出售渔业产品的收入人均31元,与去年同期基本持平。

(3) 农民家庭二、三产业生产经营收入人均304元,同比增长10.6%。其中,工业收入人均64元,增长12.3%;建筑业收入人均36元,增长16.8%;第三产业收入人均204元,增长9.1%。

(4) 农民的财产性收入人均57元,增长22.4%;转移性收入人均103元,增长21.9%。

我们的问题是:

1. 根据消费函数理论,试分析农民消费倾向的变化情况。
2. 根据相对收入理论,相对于城市居民收入而言,农民进城务工收入的增加会改变社会整体消费倾向吗?
3. 政府可出台哪些措施来进一步提高农民的收入水平?

【阅读资料】

未来我国居民消费的十大趋势

随着经济的快速发展和居民收入水平的不断提高,我国居民的消费不断升级换代,消费热点不断涌现。未来居民消费结构变化的总体趋势是:

1. 住房仍然是消费结构升级的重点。从国际经验看,小康阶段初期,住房消费将保持较长时期的增长。从购买力来看,高收入阶层的购买力最强,收入最高;从动态的生活富裕标准看,一部分高收入家庭将拥有多套住房,但高收入阶层在总人口中的比例最少。随着经济的快速发展和收入的快速提高,城市中的中产阶层将呈几何级数增长,成为不可忽视的社会主流消费群体。中产阶层的还贷能力和信用等级备受贷款银行青睐。贷款银行为一些虽没有多少积蓄,但对自己的知识水平与工作实力有绝对信心,又敢于超前消费的中产阶级购房提供了便利。随着城市化进程的加快,新增城镇人口同样需要一个安居场所,可见,平民阶层对住房的需求也是巨大的。

2. 汽车消费增长空间较大。随着汽车价格的下降,降低了消费者购买汽车的收入标准。同时,国家不断出台的鼓励轿车进入家庭的利好政策,又使得消费者对购车的支付提高。私人购车正日益成为轿车总需求的主要部分,从去年开始,国内所有主流轿车企业,都不再满足于传统产品的生产和销售,都不约而同地加快新车的推出,导致市场新车如同"赶集",一年内新车型推出的总数甚至超过了汽车市场发达的国家。同时消费者需求变化拉动企业尽力做好销售和售后服务。

3. 教育消费成为长期的消费热点。根据新增长理论,经济长期增长的关键因素是人力资本增长。随着科学技术的进步和社会生产力的发展,知识更新的速度越来越快,经济的发展要求人们不断提高自身的文化素质,人们对知识需求日益增强,居民越来越重视教育的投入,不断提高个人文化素质,除了对子女的教育消费支出不断增长以外,成人的教育费用也不断提高。教育消费将成为人们消费中经常性的较长期的热点,这是发展的必然趋势。未来居民储蓄将更多地用于教育消费。

4. 绿色消费将成为新世纪的消费主题。绿色消费是近年来随着环保运动的发展而兴起的一种更为理性的高层次的消费。随着居民收入水平和消费水平的不断提高以及世界绿色消费大潮的影响,居民的绿色消费意识日益增强,"绿色食品"、"绿色家电"甚至"绿色汽车"、"绿色住房"等纷纷出现并受到消费者的青睐。

5. 信息消费成为新的消费热点。信息消费典型体现了需求上升规律和经济全球化的要求。作为人类知识资源结晶的信息产品,其消费和生产都具备可持续发展的特点。家庭信息化是信息消费的重要方面。在信息化社会中,人们可以坐在家里处理办公室内的经济合同或其他公务,使过分集中的企业、机构分散化。多媒体终端结合了电话、电视、计算机和摄像机的多种功能,构成一个"家庭信息中心"。

6. 旅游消费将成为主要休闲消费方式。2003年,我国人均GDP已经超过1 000美元,按照国际经验,人均国内生产总值达到800~1 000美元时,表明已进入旅游发展的排浪式消费阶段。目前这种排浪式消费已开始在中国显现出来。2002年,我国国内旅游人数87 782万人次,比上年增长12%;国内旅游收入3 878亿元,增长10.1%;全年境外入境人数9 791万人次,增长10%;国际旅游外汇收入204亿美元,增长14.6%。

近年来兴起的生态旅游业能够满足人们日益增长的生态需要,所以,生态旅游已成为旅游业中增长最快的部分。

7. 服务消费支出将有较大增长空间。未来5~10年,以人为本的生活观念日益突出。居民能够享受到的社会公共服务和公共设施越来越多,这一范畴的消费也随之增加。其典型表现是服务性消费的快速发展。例如:快餐业尤其是送餐业的快速发展及家庭劳务社会化成为一种广泛的需求。随着经济的发展,社会分工越来越细,家政服务、家庭医生、家庭病房等开始走进千家万户。

8. 大量流动人口的存在扩大了租赁消费空间。大城市的积聚效应和规模效应吸引了越来越多的外来人口。大量流动人口的存在,将加速与流动性消费相适应的租赁业和二手市场的发展。外来民工以及简单就业人员消费的潜量较小,廉价衣服、旧家具、旧耐用消费品以及盒饭快餐等,会成为他们的主要消费内容。高知识阶层的滞留人员消费潜量较大,电脑、书报、娱乐场所、汽车以及公寓租赁会成为他们的主要消费内容。

9. 银色消费市场广阔。目前,中国的人口结构已经进入老龄化阶段。中国现有60岁以上的人口1.3亿,占人口总数的10.45%。由于计划生育政策和人口预期寿命延长的双重作用,人口老龄化的发展趋势愈来愈快。老年群体的生理和心理特征,决定了他们特有的消费模式,将会对整个社会的消费结构产生影响。例如,老年群体对医疗保健社区养老服务业需求旺盛等。

10. 个性化消费趋势日益突显。随着消费由必需品为主转变为非必需品为主,消费方式转变为享受型消费。享受消费具有表现自我的作用,所以它的根本特点是个性多元化。人们的生活水平越高,其消费需求的个性化就越明显。企业应开发能与他们产生共鸣的个性化商品。越来越多的消费者要求每件商品都要根据他们的需要而定做,每项服务都要根据他们的要求而单独提供。

资料来源:《经济学》网站

第四章
Chapter 4

货币需求与货币供给

【学习要点及目标】

除了前述的劳动市场和产品市场外,现实经济体中还存在着第三个市场即货币市场,这个对经济健康稳定运行至关重要的市场,正是本章的研究对象。货币市场的均衡也是由货币供给与货币需求两方面因素决定的。通过本章的学习要求学生熟练掌握货币需求理论和供给理论,为将来学习 IS-LM 模型做好理论准备。

【引导案例】

利率的变化是如何影响货币需求的?

1936年,凯恩斯出版了他的划时代巨著《就业、利息和货币通论》,书中提出了见解独到的货币理论。他认为,货币具有价值贮藏功能,不论是放在腰包里,还是锁进公司保险箱,都不会像储存粮食那样担心发霉烂掉,即使隔上三年五载,拿出来照样能花。货币用于交易,流动性也是最强。在这一点上,其他资产都望尘莫及。就是债券、股票等具有流动性的资产,也必须先将它们转换成货币才能购买商品和劳务。正因为如此,人们对货币情有独钟,生活中不可或缺。由于凯恩斯特别强调货币的流动性作用,因而他的货币理论又被称做流动性偏好理论。凯恩斯将人们持有货币的动机分为三类:一是交易动机,倘若你每月一日发工资,总不会在这一天把一个月的吃穿用的额度全都安排妥当,而是要留出一部分钱以便日常花销。二是预防动机,这也是生活常理,人难免有个小病大灾,倘若手头一个子儿没有,叫天天不应,叫地地不灵,保管碰上一回,便会乖乖改掉不留钱的毛病。三是投机动机,一年365天,发财机会随时都有。手里拿着钱,瞅准机会投进去,往往会发一笔意外之财。

> 由于具有流动性偏好,就产生了货币需求。但人们的货币需求,并非长年累月一成不变。影响货币需求的主要变量是利率。对不同的货币需求,利率的作用大不一样。众所周知,银行利率高了,储户拿到的利息就多,但利率再高,人们也不可能为了多得利息而不吃不喝,把钱都存进银行里。用经济学语言来说,就是交易动机产生的货币需求对利率的变化不敏感。同理,利率是升还是降,跟你生不生病没有必然关系。因此出于预防动机的货币需求也不会因利率调整而发生多大变化。交易动机和预防动机的货币需求究竟需要多少钱则取决于人们的收入。也就是说,人们会量入为出,根据自己的财力,留出日常花销和应急钱。但是,利率对投机需求的影响却非比寻常。人们持有货币,等待赚钱机会,是要付出机会成本的,其代价是损失银行利息。当银行利息很高时,利息损失就大,持币成本也就高,这时人们就会减少货币需求,多往银行存款。反之,当利率降低,持币成本减少,人们会更多地提现而去寻找其他的赚钱门路。利率如果一降再降,利息收入已微不足道,人们就有可能把存款全部取出来,捂紧钱袋,等待时机,从而导致投机性货币需求无限扩大,这时经济就进入了"流动性陷阱"。
>
> 摘自:上海金融报,2007.

第一节 货币需求

对社会而言,货币不是财富,而是提高效率的工具。因此社会对货币的需求有一个量的限制。而对于经济个体而言,货币是一种财富,从这个层面上来看,对货币的需求是无限的。货币、股票、债券、房地产等都是人们持有财富的形式,其中只有货币具有交易媒介的功能,因此人们愿意把财富的一部分以货币的形式持有,这就形成了对货币的需求。然而,经济学中的需求,是愿望与能力的结合。因此,人们对货币的需求,表现为在基于货币同其他财富在形态上的差别,保持一种机会成本最小,所得收益最大的货币数量。

一、货币需求的定义

货币需求是指:在一定的时间内,在一定的经济条件下,整个社会需要用于执行交易媒介、支付手段和价值贮藏的货币数量。

二、货币需求类型

流动性偏好指的是公众愿意用货币形式持有收入和财富的欲望和心理。凯恩斯认为,货币具有完全的流动性,而人们在心理上具有对流动性的偏好,即人们总是偏好将一定量的货币保持在手中,以应付日常的、临时的和投机的需求。因此,人们的货币需求就取决于人们心理上的"流动性偏好"。这种心理上的"流动性偏好"或人们的货币需求是由三个动机所决定的:第一是交易动机,即由于收入与支出的时间不一致,人们必须持有一部分货币在手中,以满足日常交易活动的需要;第二是预防动机,即人们为应付意外的、临时的或紧急需要的支出而持有的货币;第三是投机动机,即由于未来利率的不确定性,人们便根据对利率变动的预期,为了在有利的时机购买证券进行投机而持有的货币。三种动机对应的货币需求分别为交易需求、预防需求、投机需求。

(一)交易需求

人们为了交易而持有货币就会形成货币的交易需求。货币的交易需求产生于收入和支出的不同时间,如果某人在某一时刻收入的数量和他在同一时刻支出的数量完全相等,则他根本就没有必要为交易目的而保留货币。因此,交易需求首先取决于收入和支出的时间间隔,即时间间隔越长,交易需求就越大;反之亦然。如果假定收入和支出的时间间隔已定,则交易需求就取决于交易数量的大小,即它随着交易数量的增加而近乎同比例地增加。

从一个较长的时期来看,交易数量是影响交易需求的主要因素。这是因为,随着社会的发展,生产力的提高,整个社会生产的产品越来越多,特别是社会分工的越来越细,更多的产品需要通过交易才能进入消费领域,因而参与交易的商品也会相应增长。另一方面,尽管交易总量中包括了各种中间产品和其他活动的交易,但它与国民收入之间通常保持相对稳定的比例关系。因此,为了分析的方便起见,这里忽略收入和支出之间的时间间隔以及其他因素的作用,而主要考虑交易数量的作用;同时,在交易数量中,忽略中间产品及其他活动的交易,而主要考虑最终产品即国民收入的交易。这样,影响交易需求的最主要的因素就是国民收入水平。写成公式形式就是:

$$L_1 = K(Y)$$

其中,L_1 表示货币的交易需求。如果进一步假定,交易需求与收入的关系是线性的,则交易需求曲线将如图4.1。图中,纵轴 L_1 为交易需求,横轴 Y 为收入,交易需求随着收入的增加而增加,故交易需求曲线向右上方倾斜;另一方面,如果收入为零,则无需为交易目的而保留货币,交易需求也等于零,故交易需求曲线经过原点。

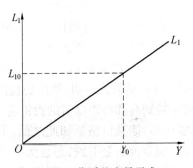

图 4.1 货币的交易需求

(二)预防需求

货币的预防性需求是指企业或个人为了应付突然发生的意外支出,或者捕捉一些突然出现的有利时机而愿意持有一部分货币。正如凯恩斯所一贯坚持的那样,未来是充满不确定性的,人们不可能把一切支出都计算好,并据此来决定持有多少货币,而总要在日常的支出计划之外,留出一部分货币,来应付诸如生病、原材料涨价之类的突发事件,或者捕捉一些意料之外的购买机会(如,商品降价等)。这部分货币需求就构成货币的预防性需求。根据凯恩斯的观点,货币的预防性需求也是同收入成正比的,因而其需求函数与交易需求函数相似。

(三) 投机需求

人们还需要持有一部分货币以便在适当的时机进行投机活动,这部分货币需求与人们持有的财富形式有关。人们持有货币可以方便地用于支付各种交易,即获得比较高的流动性。货币的投机性需求产生于未来利率的不确定性,为了能在将来有利的时机进行投机以获取更大的收益而持有的货币。在凯恩斯的《通论》中假定,人们只能在货币和债券两种资产之间进行选择。在任何时候货币的持有者可以在市场上将货币转换成债券,债券的持有者也可以在市场上将债券转换成货币。但持有债券是可以获得收益的,而持有货币只能获得流动性。如果某人预计将来利率不会上升而可能下降,则会购买债券;如果预计未来利率要高于现在,则宁愿暂时持有无息但安全的货币,而不愿购买有息但危险的债券。为什么呢?原因在于,债券价格与利率之间存在一种反方向变化的关系。任何购买债券的人都必须预计到利率在未来的变动。从货币转向债券的人,预料利率下降、债券价格上升,则认为现行利率是高的,现行债券价格是低的;而债券转向货币的人则相反,预料利率上升、债券价格下降,则认为现行利率是低的,现行债券价格是高的。如果财富持有者认为现行利率过高,则会预计它将会下降,因此就放弃货币购买债券,这样不仅目前享受到较高的利息收益,而且在将来利率下降、债券较高上升时获得资本收益。另一方面,如果财富持有者认为现行利率过低,则会预计它将会上升,于是放弃债券而持有货币,这是因为,当利率低时,由于放弃债券而放弃的利息较少,而如果持有债券则当利率上升、债券较高下跌时,资本损失就很大。因此,如果认为利率将要上涨,则目前持有闲置的货币最为稳妥。

综上所述,投机货币需求与利率的变化方向相反:利率高时,人们较少持有货币;利率低时,人们较多持有货币。投机需求函数可以用公式表示为

$$L_2 = h(r) \tag{4.1}$$

其中,L_2 表示投机需求,r 为利率。这一函数式表明,货币的投机性需求是利率的函数。

现在考虑两个极端情况:利率特别高和特别低时的投机需求。当利率特别高的时候,人们认为,利率已经如此之高,不可能再高,债券价格是如此之低,不可能再低,此时购买债券最有利可图。即使万一利率还要上升,债券价格会下跌,那也无关紧要,因为极高的利息收益完全可以补偿债券价格下跌的损失。因此,在极高利率水平上,购买债券是明智的,保存货币则很愚蠢,于是投机货币需求为零。另一种情况是,当利率特别低时,人们认为,利率如此之低,不会再低了,债券价格是如此之高,不可能再高,此时持有货币最为安全。如果购买债券则注定会吃亏,因为极低的利息收益根本无法弥补债券价格下降带来的资本损失。故人们把货币都尽量留在手头,这种状况凯恩斯称之为"流动性陷阱"(Liquidity Trap,亦称凯恩斯陷阱)。在

这种情况下，投机货币需求可以任意大，因此投资性货币需求曲线就成为一条水平线。

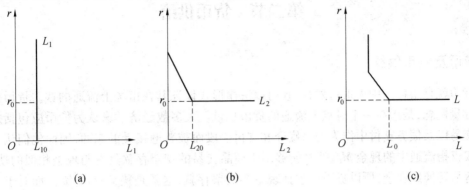

图 4.2　货币总需求

总的货币需求等于交易需求(包括了预防需求)加上投机需求，即
$$L(Y,r) = K(Y) + h(r) \tag{4.2}$$
其中，L 表示总的货币需求。总需求 L 的曲线如图 4.2(c)所示。图(c)是由图(a)的交易需求曲线和图(b)的投机需求曲线相加而来。图(a)的交易需求曲线却与图 4.1 不同，在图 4.1 中，交易需求表示为收入的函数，它向右上方倾斜；在这里，交易需求表示为利率的函数，但由于它与利率无关，故交易需求曲线为垂直线。无论利率如何变化，交易需求总不变。垂直线的位置，即交易需求的大小则由收入的大小决定，当收入水平提高，则垂直线右移。假定收入为 Y_0，则交易需求为 L_{10}，于是交易需求曲线在图 4.2(a)中的 L_{10} 点上垂直。给定一利率如 r_0，根据图(a)有交易需求 L_{10}，据图(b)有投机需求 L_{20}，故总的货币需求为 $L_0 = L_{10} + L_{20}$，对于每一利率水平，均可照此法求出货币总需求。实际上，由于交易需求曲线为垂直线，将图(b)的投机需求曲线向右移动 L_{10} 个单位即得图(c)的总货币需求曲线。但这只是对应于收入为 Y_0 时的货币需求曲线。

凯恩斯认为，传统货币数量论的一个重大缺陷就是忽略了货币的投机性需求。货币的投机性需求产生的关键在于未来利率的不确定性，而这又根源于货币经济的不确定性。在短期内，收入是相当稳定的，因此，决定货币需求的主要因素是利率的变动。由于利率的变动是经常的，所以经济社会对货币的需求是不稳定的，当利率提高时，货币需求会减少，即人们抛出货币，结果加快了货币流通速度；反之，当利率下降时，货币需求增加，人们就持有更多的货币，结果减缓了货币流通速度。因此，货币流通速度 V 或其倒数 K 都极不稳定，它们并非是传统货币数量论所设想的常数。这样，凯恩斯就将传统货币数量论中的 V 或 K 从假定为常数变换成取决于利率的变数，从而直接将利率列入货币需求的因素中去，这是凯恩斯对货币需求理论的最大发展。

第二节 货币供给

一、货币及货币供给

货币就是由各国中央银行发行,政府以法律形式保证其在市场上流通的钱。货币供给是一个存量概念,是指在一定时点上流通的货币总量。大多数经济学家认为货币应包括那些在商品交易以及债务支付中作为交易媒介和支付手段而被普遍接受的东西,因而他们认为货币不应仅仅指流通中的现金 M_0,那些能够用于商品交易的支票存款具有与现金相似的功能,而且很容易转换成现金,所以货币应包括现金和支票存款,这就是狭义货币 M_1。而对于金融机构的储蓄存款及其他短期流动资产,虽然不能作为交易媒介直接用于交易,但很容易变成现金,是潜在的购买力,所以这部分也应成为货币构成的一部分,从而产生了以流动性为标准,划分更为广义的货币概念层次,这就是广义的货币供给指标 M_2、M_3 等。现在大多数国家都接受这种划分的标准,各国的中央银行,也普遍采用多层次或多口径的方法来计算和定期公布不同层次的货币供给量。但由于各国金融工具和金融法规的不同,对货币供给量的指标的定义也不尽相同。综合各国的情况,货币供给量指标大致划分如下:

M_0 = 流通中现金(Currency,变称通货)

$M_1 = M_0$ + 活期存款(Saving Deposits,包括转账信用卡存款)

$M_2 = M_1$ + 定期存款(Time Deposits)

$M_3 = M_2$ + 其他短期流动资产(如国库券、银行承兑汇票、商业票据等) + 外汇存款

这只是一个粗略的划分,当然,各国具体的货币层次划分会比这稍微复杂一些。

【案例4.1】

2003年12月末,我国基础货币余额为5.23万亿元,广义货币供应量(M_2)余额为22.1万亿元,货币乘数为4.23。我国基础货币的投放主要有公开市场证券买卖、对金融机构贷款、外汇占款、有价证券及投资等渠道。20世纪90年代中期以前,中国人民银行投放基础货币的主渠道是对金融机构贷款,近年来主要是外汇占款。

一般而言,在货币乘数相对稳定的条件下,货币供应量与基础货币应保持同向运动。但在具体实践中,两者的运动有时并不完全一致。一是货币政策操作最终影响到货币供应量的变化有一段时间(时滞),如当中央银行观察到货币供应量增长偏快时,采取发行央行票据等公开市场操作收回基础货币,基础货币增长速度放慢,但由于政策发挥作用还需要一段时间,货币供应量可能还会保持一段时间的较高增长速度。二是货币乘数出现变化。当中央银行调整

法定存款准备金率或金融机构超额准备金率变动时,货币乘数会随之变化,同样数量的基础货币会派生出不同的货币供应量。

2003年9月,中国人民银行针对外汇占款投放基础货币快速增长的情况,上调存款准备金率一个百分点,金融机构在补足法定存款准备金的同时,为保持充足的流动性,将超额准备金率维持不变甚至提高,银行总存款准备金随之上升,基础货币总量有所增加。但由于货币乘数随准备金率的上升而缩小,基础货币扩张能力减弱,货币供应量由此逐步得到控制。

摘自:中国人民银行 http://www.pbc.gov.cn/

二、货币创造过程

银行创造货币是一个十分令人费解的问题。在一般人的感觉中,银行能够通过某种神秘的方式无中生有地创造货币,但真正了解这一货币创造过程的人却很少。我们将从存款准备金制度入手,逐步介绍银行的货币创造过程。

(一)法定存款准备金制度

部分存款准备金制度是为了防止商业银行受到挤兑的威胁而采取的一种安全性措施。商业银行和其他存款机构的业务,一方面是要吸收存款,另一方面是要将这部分存款贷放出去以获得更高的收益,否则如果将这部分存款留在商业银行内部,不但失去了投资获益的机会,而且必须向储户支付存款利息,这当然不利于商业银行的稳健经营。银行在每天营业时,既有大量储户提取存款,也有大量储户存入款项,假如两者恰好相等,或者存款大于提款,则银行无需保存任何存款准备金,因而可以把它吸收的存款全部贷放出去。一旦提款大于存款,而且商业银行没有足够的现金用于提现,则该银行就面临流动性危机,严重时会使银行倒闭。为了安全起见,各商业银行对于已吸收的存款,通常留存一定比例的准备金以用于提现,这种制度称为部分存款准备金制度。

各国中央银行为了防止银行因挤兑风潮而倒闭,也为了控制银行贷款的速度和数量,从而控制货币供给,都对商业银行和金融机构所吸收的存款,规定一个必须备有的准备金,称为"法定准备金"。每笔存款必须缴存的准备金占存款总额的比例称为"法定准备金率"。银行对存款备有的准备金通常采取两种形式,一是银行自己的库存现金,以应付零星提款的需要,二是将准备金存入中央银行。现在,银行的存款准备金大部分存入中央银行,只有少部分留存在自己的保险柜中。

在现实生活中,银行出于安全考虑,或者根据资金运用情况,例如手边资金暂时没有适当的贷放对象或投资机会,对于所吸收的存款,除了法定必须的准备金以外,有时还自愿持有一定量超额准备金,超额准备金占吸收存款的比率称为"超额准备金率"。

(二)存款创造过程

有了二级银行体制和部分存款准备金制度,多倍存款创造过程就得以展开。这里首先来考察一个最简单的支票存款多倍扩张的例子。假定支票存款的法定准备金率为20%，而且为了方便起见，我们假定：(1) 所有银行都将其超额准备金用于发放贷款或购买证券，而不持有任何超额准备金；(2) 没有现金从银行系统中漏出，即公众不从他们的存款账户上提取现金，或者提取现金用以支付之后，收款的一方又立即将它存入银行；(3) 没有从支票存款向定期存款或储蓄存款(两者合称非支票存款)的转化。

现在假定某人将向中央银行出售政府债券所得的 1 000 元现金(或支票)以支票存款形式存入 A 银行，从而使 A 银行的资产和支票存款负债都增加 1 000 元，用 T 形账户来表示(如表 4.1 所示)：

表 4.1　A 银行

资产	负债
准备金　+1 000	支票存款　+1 000

A 银行将 1 000 元中的 20% 用于法定准备金的提取，其余的 800 元按照假定全部发放贷款或购买债券。假定 A 银行发放 800 元的贷款，并且借款人用它来向某一供货单位购买产品，供货单位收到款项之后，将它以支票存款形式存入 B 银行，因此 A、B 两家银行的 T 形账户变为(如表 4.2 和表 4.3 所示)：

表 4.2　A 银行

资产	负债
准备金　+200	支票存款　+1 000
贷款　　+800	

表 4.3　B 银行

资产	负债
准备金　+800	支票存款　+800

如果 A 银行用 800 元超额准备金来购买证券，且证券的出售者将出售证券所得存入 B 银行，则除了 A 银行的 800 元贷款资产变为证券之外，其余均相同。

同样 B 银行根据 20% 的法定准备金率提取 160 元作为法定准备金存放于中央银行，其余的 640 元全部贷放出去，假定这贷放出去的 640 元最终以支票存款重新存入 C 银行，在 B、C 两家银行的 T 形账户(如表 4.4 和表 4.5 所示)：

表 4.4　B 银行

资产	负债
准备金　+160	支票存款　+800
贷款　　+640	

表 4.5 C 银行

资产	负债
准备金 +640	支票存款 +640

根据同样的道理,C 银行也可以把它多余的准备金贷放出去,从而形成 D 银行的支票存款。这一过程一直继续下去,直到整个银行系统都没有超额准备金存在。为了更清楚地看清所发生的一切,我们将这一过程用表 4.6 表示出来。

表 4.6 存款创造过程

银行	支票存款增加额	贷款增加额	准备金增加额
A	1 000	800	200
B	800	640	160
C	640	512	128
D	512	409.6	102.4
E	409.6	327.68	81.92
…	…	…	…

显然,各银行的支票存款增加额构成一个无穷递减等比数列,即 1 000,1 000×(1−20%), 1 000×(1−20%)^2,1 000×(1−20%)^3…根据无穷递缩等比数列的求和公式,可知整个银行系统的支票存款增加总额为:

1 000+1 000×(1−20%)+1 000×(1−20%)^2+1 000×(1−20%)^3+…=5 000

整个银行系统的存款准备金增加总额为:

1 000×20%+1 000×(1−20%)×20%+1 000×(1−20%)^2×20%+…=1 000

即初始的新增准备金都成为银行系统的法定存款准备金。

存款准备金率历次调整一览表

次数	时间	调整前	调整后	调整幅度（单位:百分点）
41	2012 年 2 月 24 日	(大型金融机构)21%	20.5%	0.5
		(中小金融机构)17.5%	17%	0.5
41	2011 年 12 月 05 日	(大型金融机构)21.5%	21%	0.5
		(中小金融机构)18%	17.5%	0.5
41	2011 年 06 月 20 日	(大型金融机构)21%	21.5%	0.5
		(中小金融机构)17.5%	18%	0.5
40	2011 年 05 月 18 日	(大型金融机构)20.5%	21%	0.5
		(中小金融机构)17.0%	17.5%	0.5
39	2011 年 04 月 21 日	(大型金融机构)20%	20.5%	0.5
		(中小金融机构)16.50%	17%	0.5

续

次数	时间	调整前	调整后	调整幅度（单位：百分点）
38	2011年03月25日	（大型金融机构）19.50% （中小金融机构）16.00%	20% 16.50%	0.5 0.5
37	2011年02月24日	（大型金融机构）19.00% （中小金融机构）15.50%	19.50% 16.00%	0.5 0.5
36	2011年01月20日	（大型金融机构）18.50% （中小金融机构）15.00%	19.00% 15.50%	0.5 0.5
36	2010年12月20日	（大型金融机构）18.00% （中小金融机构）14.50%	18.50% 15.00%	0.5 0.5
35	2010年11月29日	（大型金融机构）17.50% （中小金融机构）14.00%	18.00% 14.50%	0.5 0.5
34	2010年11月16日	（大型金融机构）17.00% （中小金融机构）13.50%	17.50% 14.00%	0.5 0.5
33	2010年5月10日	（大型金融机构）16.50% （中小金融机构）13.50%	17.00% 不调整	0.5 —
32	2010年2月25日	（大型金融机构）16.00% （中小金融机构）13.50%	16.50% 不调整	0.5 —
31	2010年1月18日	（大型金融机构）15.50% （中小金融机构）13.50%	16.00% 不调整	0.5 —
30	2008年12月25日	（大型金融机构）16.00% （中小金融机构）14.00%	15.50% 13.50%	−0.5 −0.5
29	2008年12月05日	（大型金融机构）17.00% （中小金融机构）16.00%	16.00% 14.00%	−1 −2
28	2008年10月15日	（大型金融机构）17.50% （中小金融机构）16.50%	17.00% 16.00%	−0.5 −0.5
27	2008年09月25日	（大型金融机构）17.50% （中小金融机构）17.50%	17.50% 16.50%	— −1
26	2008年06月07日	16.50%	17.50%	1
25	2008年05月20日	16%	16.50%	0.50
24	2008年04月25日	15.50%	16%	0.50
23	2008年03月18日	15%	15.50%	0.50
22	2008年01月25日	14.50%	15%	0.50
21	2007年12月25日	13.50%	14.50%	1
20	2007年11月26日	13%	13.50%	0.50
19	2007年10月25日	12.50%	13%	0.50

续

次数	时间	调整前	调整后	调整幅度（单位:百分点）
18	2007年09月25日	12%	12.50%	0.50
17	2007年08月15日	11.50%	12%	0.50
16	2007年06月05日	11%	11.50%	0.50
15	2007年05月15日	10.50%	11%	0.50
14	2007年04月16日	10%	10.50%	0.50
13	2007年02月25日	9.50%	10%	0.50
12	2007年01月15日	9%	9.50%	0.50
11	2006年11月15日	8.50%	9%	0.50
10	2006年08月15日	8%	8.50%	0.50
9	2006年07月5日	7.50%	8%	0.50
8	2004年04月25日	7%	7.50%	0.50
7	2003年09月21日	6%	7%	1
6	1999年11月21日	8%	6%	−2
5	1998年03月21日	13%	8%	−5
4	1988年09月	12%	13%	1
3	87年	10%	12%	2
2	85年	央行将法定存款准备金率统一调整为10%	−	−
1	84年	央行按存款种类规定法定存款准备金率，企业存款20%,农村存款25%,储蓄存款40%	−	−

*注:财务公司准备金率不与小型金融机构一致,调整后准备金率为12%。

(三) 货币乘数

了解了银行存款准备金制度以及银行创造货币的过程,我们就可以进一步从一般意义上讨论货币创造中的乘数问题。我们首先考察货币市场中的一个重要角色:大众的行为。大众在货币市场上可以做的事就是决定自己的钱财多少拿在手中作为通货,从上述银行的存款创造过程可知,商业银行的贷款数额在很大程度上是受准备金率控制的。

由于大众在货币市场上的活动是选择一个适当的通货储蓄率 c,在货币总量给定的情况下,我们通过 c 可以计算出通货 CU;商业银行的活动可以由准备金率 r 来描述,在给定存款 D 的情况下,准备金 RE 可以由 r 计算出来。通货和准备金都形成中央银行的负债,这是因为通货和准备金都是由中央银行发行的,所以中央银行就可以通过控制通货和准备金,即 $CU+RE$,来达到控制货币供应的目的。因此,我们通常把通货和准备金之和称为"基础货币",记作 M_b,即:

$$M_b = CU + RE$$

这样,中央银行与大众和商业银行的相互作用关系就可以通过通货储蓄率 c 和准备金率 r 表达出来:

$$D = \frac{M}{c+1} \tag{4.3}$$

此外,由基础货币公式和准备金率公式可知:

$$M_b = CU + RE = cD + rD = (c+r)D \tag{4.4}$$

所以:

$$D = \frac{M_b}{c+r} \tag{4.5}$$

可以解出货币总量与基础货币之间的下列关系,即:

$$M = \frac{c+1}{c+r} M_b \tag{4.6}$$

在这一公式中,由于 $\frac{c+1}{c+r}$ 是一个大于 1 的正数,所以当基础货币 M_b 有一个较小的变动时,就会引起货币总量 M 有一个较大的变动。这样,中央银行就可以通过调节较小的 M_b 来达到调整整个经济中的货币供应量 M 的目的。因此,我们把这一系数称为货币乘数(Monetary Base Multiplier),记作 mm,即:

$$mm = \frac{c+1}{c+r} \tag{4.7}$$

【案例 4.2】

关注我国货币乘数的变化

自 2008 年 9 月爆发国际金融危机以来,我国采取了适度宽松的货币政策,货币和信贷快速增长,经济呈 V 型复苏。影响货币和信贷增加的一个重要因素是货币乘数,它反映了基础货币的扩张能力,也反映了经济活跃程度,货币乘数的变化对每月新增货币和贷款起着重要的影响。

2009 年初,我国货币乘数开始反弹,1 月份上升到 3.83,2、3、4、5 月份进一步上升,分别为 4.04、4.269 7、4.349 3、4.465 4。因此,前几个月货币乘数的放大成为货币供应量和信贷增加的主要推动力,货币乘数上升反映了市场信心恢复,金融机构愿意增加贷款,投资者也愿意借款。从 2009 年 6 月份的央行资产负债表来看,货币供应量和新增存贷款的大幅度上升主要是由于基础货币和货币乘数上升共同作用的结果。6 月份我国基础货币是 123 929.74 亿元,比 5 月份增加了 1 151.83 亿元,广义货币乘数为 4.590 6,比 5 月份上升了 0.125 2。因此与上半年前几个月不同的是,6 月份货币供应量和新增贷款的激增是由于基础货币和货币乘数同时上升的结果,其中货币乘数上升起到至关重要的作用。

但 2009 年 9 月份货币乘数开始下降,为 4.388 1,为什么 9 月份货币乘数转向下降呢? 从央行的资产负债表可以看出,9 月份基础货币增加较大,比 8 月份增加了 8 870.57 亿元,是今年基础货币增加最多的月份,而货币供应量仅增加 8 706.39 亿元,小于基础货币增加,新增贷款增加 5 167 亿元,这说明新增基础货币并没有全部进入派生过程。也就是说,新增基础货币中的一部分资金没有进入银行体系派生扩张,而是作为超额准备金留在了中央银行的账户上,也就是说 9 月份的超额准备金率必然是上升的,这从第三季度的央行货币政策报告也得到了进一步证明。6 月末,金融机构超额准备金率为 1.55%,四大国有商业银行为 1.15%,股份制商业银行为 0.95%,农村信用社为 4.26%,而 9 月末,金融机构超额准备金率为 2.06%。其中,四大国有商业银行为 1.80%,股份制商业银行为 2.00%,农村信用社为 3.96%,超额准备金率开始上升。超额准备金率上升,货币乘数下降,货币扩张能力下降。实际上,货币乘数本身也是一个内生变量,货币乘数和基础货币是相互影响、相互作用的,9 月份基础货币增加,但新增基础货币并没有全部形成派生存款,即基础货币增加了,货币乘数下降了。

摘自:上海金融报,关注我国货币乘数的变化,2010.1

第三节 货币市场均衡

一、古典货币市场的均衡

研究货币需求问题主要是研究人们为什么要持有货币。货币从其形式上看,既不能吃,也不能穿,更不能像股票、债券那样能够给人们带来收益。那么为什么人们还宁愿放弃购买物品以满足消费需求,或放弃存入银行获得利息的机会,而要保留一定的货币在手中呢? 对于这个问题,从经济学研究的初期就引起了经济学家的兴趣。本节先介绍古典经济学中的货币需求理论。

(一)现金交易说

美国经济学家欧文·费雪(Irving Fisher)在他 1911 年出版的《货币的购买力》一书中,对古典的货币数量论进行了很好的概括。在本书中,他提出了著名的"交易方程式",即:

$$MV_T = PT$$

式中 M 代表在一定时期内经济中所流通的货币的平均量;V_T 代表货币的平均流通速度,也就是在一定时期内货币被从交易的一方支付给另一方的次数;P 代表所有交易商品或劳务的平均价格水平,T 是该时期内商品或劳务的交易总量,因此,PT 代表的是该时期内按市场价格计算的商品或劳务交易的总市场价值。

这里在计算 PT 的过程中应包括所有中间产品和最终产品的交易,而中间产品的交易量难以计算,由于中间产品的交易量与最终产品的交易量一般保持一相对稳定的比例,所以有时可以用最终产品的交易量来代替中间产品和最终产品的交易量总和,用名义国民收入来代替

原来的 PT，所以交易方程式通常被写成下面的形式：

$$MV = PY$$

式中的 Y 代表以不变价格表示的一年中生产的最终产品和劳务的总价值，也就是实际国民收入；P 代表一般物价水平（用价格指数表示），因此 PY 即为名义国民收入；V 为货币的收入流通速度，它代表一年中每1元钱用来购买的最终产品或劳务的平均次数。

为了说明交易方程 $MV=PY$ 的理论意义和实际应用价值，费雪分析了决定方程式中 M，V，P，Y 的各种因素以及方程式中各变量的变化情况：(1) M（流通中的货币数量）是由法定准备金率、银行的超额准备金数量、货币政策和借贷情况等条件决定的，特别是中央银行对其有较大的控制权，因此具有很强的外生性，可以看做是自变量。(2) V（货币流通速度）是由社会环境，如支付制度、个人习惯、技术发展状况（如交通运输和通信技术）以及人口密度等因素所决定的。由于这些因素在短期内是稳定的，在长期内变动也极慢，因此，V 在短期内是稳定的，故可视为不变的常数。(3) 在充分就业条件下，实际国民收入 Y 变动极小，故也可视为常数。这样，由于 V、Y 是常数，而 M 是自变量，因此可得出结论：货币数量 M 的变动导致物价 P 的同比例变动。货币数量的变动是因，物价水平的变动是果。由于存在这种因果关系的推论，恒等式 $MV=PY$ 便为物价水平的控制提供了理论上的依据。

根据交易方程 $MV=PY$ 不难得出货币需求的表达式。只要将等式两边同除以 V，就可得：

$$M = \frac{1}{V}PY$$

在货币市场均衡的情况下，货币存量 M 就等于人们所愿意持有的货币量，即货币需求 M_d。因此，可以得出：

$$M_d = \frac{1}{V}PY$$

这就是由传统货币数量论导出的货币需求函数。从中可以看出，货币需求取决于货币流通速度和名义国民收入。而根据货币数量论的观点，货币流通速度是一个相对稳定的量，所以货币需求就取决于名义国民收入，也就是为了满足交易需要而必须持有的货币量，故该交易方程式也被称为现金交易说。

但费雪的交易方程式也受到了不少的批评。因为，它缺乏经验证明。实证结果表明，实际的价格水平变动与货币存量的变动方向有可能不一致，也不一定存在同比例的变化关系。而且，其假定货币流通速度不变也不现实，在现实生活中，货币流通速度的稳定性较差，货币供给的变化为货币流通速度及实际产出的变化所抵销，并不会完全为价格变动所吸收。

（二）现金余额说

现金余额说是以马歇尔和庇古为首的英国剑桥大学经济学家创立的。庇古根据马歇尔的观点，于1917年写了《货币的价值》一文，马歇尔则于1923年写了《货币、信用与商业》一书。

他们都从另一角度研究货币数量和物价水平之间的关系。

剑桥经济学家不仅仅将交易水平和影响人们交易方式的制度作为研究货币需求的关键性决定因素,还探讨了在不同环境中人们愿意持有的货币数量。这样,在剑桥模型里,个人在持有货币的数量上具有一定的弹性,并不完全受他们是否使用信用卡购物等制度的约束。与此相对应,剑桥的理论没有排除利率对货币需求的影响。

剑桥经济学家认为,人们之所以持有货币,是由于货币具有以下两个属性:(1)交易的媒介。货币作为交易的媒介,人们用它来完成交易。剑桥的经济学家同意费雪的观点,即货币需求与交易水平相关(但并非完全相关),由交易引起的货币需求与名义收入成比例。(2)财富贮藏。货币的财富贮藏功能使得人们的财富水平也能够影响人们的货币需求。财富增加,则个人需通过持有更多数量的财产来贮藏,而货币也是财产的一种。因而财富增加,则对货币财产的需求也增加。由于剑桥经济学家认为名义财富与名义收入成比例,所以他们还认为货币需求中由财富引起的对货币的需求也与名义收入成比例。他们进一步认为,经济主体愿意持有的平均货币数量或现金余额,即人们对货币的需求 M_d 在名义国民收入 Y_n 中存在着一个稳定的比例 K,因此货币需求可以用公式表示为:

$$M_d = KY_n$$

由于名义国民收入是实际产量或实际收入 Y 与物价的乘积,即 $Y_n = PY$。因此上式又可以写成:

$$M_d = KPY$$

这就是剑桥学派建立的货币需求方程式,该方程式表示人们愿意持有的货币存量 M_d 与名义国民收入保持一个固定的或稳定的比例。式中 K 表示国民收入中以货币形式持有的比例,与现金交易方程相比,它是货币流通速度 V 的倒数。剑桥学派采用 K,而不采用 V,是与剑桥方程式强调货币需求有关的。因为研究 K,就要研究人们持有货币的动机,即研究决定人们货币需求的因素,因此,K 的引入开创了对货币需求理论的研究。如果 K、Y 都为常数,则物价水平与货币存量成同比例且同方向的变化。这就从另一方面得出了与费雪相同的结论。

但是现金余额说与现金交易说的货币需求方程式的内涵有较大的不同。首先,现金交易说看重货币的交易媒介功能,强调货币的支出,而现金余额说则强调货币的持有,即储藏功能。其次,现金余额说重视人们持有货币的动机,现金交易说则注重货币流通速度以及经济社会等制度因素。最后,现金交易说所指的货币数量是某一时期的货币流通量,是一个流量概念,而现金余额说所指的货币数量是某一时点人们手中所持有的货币存量,是一个存量概念。尽管存在上述的诸多区别,但现金交易说和现金余额说都是以传统的货币数量论为基础,因而都是属于传统的货币需求理论。

二、现代货币市场的均衡

货币市场的均衡是社会的货币供应量与客观经济对货币的需求量基本相适应,即货币需求＝货币供应。在现代商品经济条件下，一切经济活动都必须借助于货币的运动，社会需求都表现为拥有货币支付能力的需求，即需求都必须通过货币来实现。货币把整个商品世界有机地联系在一起，使它们相互依存、相互对应。整个社会再生产过程，就其表象而言，就是由各种性质不同的货币收支运动构成的不断流动的长河，货币的运动反映了整个商品世界的运动。因此货币供求的均衡，也可以说是由这些货币收支运动与它们所反映的国民收入及社会产品运动之间的相互协调一致。货币均衡有如下特征。

第一，货币均衡是一种状态，是货币供给与货币需求的基本适应，而不是指货币供给与货币需求在数量上的相等；

第二，货币均衡是一个动态过程。它并不要求在某一个时点上货币的供给与货币的需求完全相适应，它承认短期内货币供求不一致状态，但长期内货币供求之间应大体上是相互适应的。

第三，货币均衡在一定程度上反映了国民经济的平衡状况。在现代商品经济条件下，货币不仅是商品交换的媒介，而且是国民经济发展的内在要素。货币收入的运动制约或反映着社会生产的全过程，货币收支把整个经济过程有机地联系在一起，一定时期内的国民经济状况必然要通过货币的均衡状况反映出来。

本章小结

1. 由于货币需求的机会成本是利率，人们为什么愿意牺牲利率收入而将货币放在身边呢？这一问题引起了众多经济学家的兴趣。传统的货币数量学说理论注重人们的货币需求对交易的重要性，因此将研究重点放在货币的交易需求与价格变化之间的关系上。而凯恩斯则反对这种说法。凯恩斯认为，人们的货币需求取决于人们心理上的"流动性偏好"，货币需求是由三个动机所决定的：第一是交易动机，第二是预防动机，第三是投机动机。交易动机与预防动机是收入的函数，而投机动机则是利率的函数。凯恩斯认为，由于古典经济学忽略了货币的投机需求，因此不能把握货币需求的易变性。

2. 货币市场上的供求关系在很大程度上主要通过银行体系来实现。而银行体系则由大众、商业银行、中央银行和政府的相互作用而决定。大众对货币的需求决定通货储蓄率，商业银行的动作则受准备金率约束，中央银行则可以通过调节高能货币（买卖政府债券）来控制货币的供应。货币是可以被银行体系"创造"出来的。银行体系的这种创造货币的能力取决于通货储蓄率和准备金率，这两个比率是构成货币乘数的要素。通过货币乘数的作用而将中央银行的基础货币进行放大。

3. 现金交易说：美国经济学家欧文·费雪（Irving Fisher）在他1911年出版的《货币的购买力》一书中，对古典的货币数量论进行了很好的概括。在本书中，他提出了著名的"交易方程式"，即：$MV_T = PT$，式中 M 代表在一定时期内经济中所流通的货币的平均量；V_T 代表货币的平均流通速度，也就是在一定时期内货币被从交易的一方支付给另一方的次数；P 代表所有交易商品或劳务的平均价格水平,T是该时期内商品或劳务的交易总量,因此,PT代表的是该时期内按市场价格计算的商品或劳务交易的总市场价值。

4. 现金余额说是以马歇尔和庇古为首的英国剑桥大学经济学家创立的。庇古根据马歇尔的观点,与1917年写了《货币的价值》一文,马歇尔则于1923年写了《货币、信用与商业》一书。他们都从另一角度研究货币数量和物价水平之间的关系。

5. 现代货币市场的均衡是社会的货币供应量与客观经济对货币的需求量基本相适应,即货币需求=货币供应。

思考题

1. 人们为什么需求货币?凯恩斯的货币需求理论与古典学派的理论有何差异?
2. 下列活动中行为主体持有货币的主要动机是什么?
(1)借款5 000元从证券商处购买高收益债券。
(2)为出国度假,从支票存款账户上转了5 000元购买旅行支票。
(3)本地商场在某日将手头的现金持有量增加4倍。
(4)你去医院看病前从储蓄账户中划转2 500元到支票存款账户。
(5)在支票存款账户中存入200元支付水电费。
(6)兑现20 000元定期存单用以购买一幅名画。
3. 假定法定准备金率是0.12,没有超额准备,对现金的需求是1 000亿美元。试求:
(1)假定总准备金是400亿美元,货币供给是多少?
(2)若中央银行把总准备金率提到0.2,货币供给变动多少?(假定总准备金仍是400亿美元)。
(3)中央银行买进10亿美元政府债券(存款准备金率是0.12),货币供给如何变动?
4. 下列交易发生是否会改变M_1?如何改变?
(1)用支票购买10 000美元国债。
(2)从储蓄账户中提款购买10 000美元国债。
(3)用支票支付600美元房租,房东又将这600美元存入自己的活期存款账户。
(4)用支票支付600美元房租,房东把600美元塞在垫子下面。
(5)如果你捡到100美元然后存到自己储蓄账户里。
(6)从银行借款10 000美元用于购车,车商又将这10 000美元支票存入银行。

【阅读资料】

中央银行的相对独立性

各个国家由于政治、经济、自然条件和历史的差异,导致中央银行所享有的独立性程度上有很大差别。有一些国家,中央银行是政府的一个部门,如意大利;而在另一些国家,中央银行则基本上是独立的,如德国和美国。在美国,任期 14 年的美联储主席、理事由总统任命;而且如果总统不满意他们的决策,也不能撤回这一任命,这样的制定结构保证了美联储具有高度的独立性。表 1 列出了美国、德国和日本三国的中央银行独立性的比较。

许多研究者研究了制度设计对货币政策的影响。他们考察了不同国家的法律,以构建一个中央银行独立指数。这个指数综合了各种特点,例如银行领导人的任职年限、政府官员对银行理事会的影响,以及政府与中央银行之间接触的频繁程度。然后这些研究者考察了中央银行独立性与宏观经济状况之间的关系。

表 1 美国、德国和日本中央银行独立性比较

	日本银行	德意志联邦银行	美联储
货币政策工具的控制	部分	全部	全部
货币稳定的法律优先权	无	有	无
委员会成员的任期	5 年	8	14 年
能否由政府解散	能	不能	不能
接受政府指示	可以	不	不
对政府提供贷款	可以	禁止	不能
预算需经政府同意	是	不	不
接受政府监督	是(大藏省)	很少	是(国会)
审　计	大藏省	独立	独立

资料来源:刘从戎:《美、日、德三国中央银行地位的比较》,《财经问题研究》1996 年第 8 期,第 46 页。

第五章
Chapter 5

总需求决定模型

【学习要点及目标】

上一章已经谈到,现代宏观经济分析中将总需求放在一个十分重要的地位上。在介绍了总需求的两个重要变量:消费和投资之后,我们将在本章进一步分析总需求的变动是如何影响国民收入与国民产出的。同时,我们将上一章介绍的均衡模型拓展,引入总需求中的另两个变量:政府支出和进出口因素,从而形成一个完整的国民收入决定理论框架。

【引导案例】

虽然2009年我国经济在全球率先实现企稳回升,但经济回升的基础依然脆弱,国民经济内循环的大格局和制度基础尚未形成,外部环境复杂多变。如果应对不当,2010年下半年经济增长有可能重新调头向下,甚至滑入滞涨或萧条通道。在总供给和总需求中,当务之急是有效增加总需求。只有总需求增加了,现有产能才会流动起来,循环起来,通过增量来稀释和淘汰存量,实现结构调整。否则,在不增加总需求的情况下,增量投资会导致产能过剩,强制性消除落后产能不仅成本巨大,短期内还会影响就业和社会稳定,甚至拖消费的后腿。可以说,如果不从根本上增加社会需求,加快国民经济循环,一味地改善供给质量是没有出路的,脱离了总需求的结构调整也是没有出路的。可以断定,如果年内外部需求没有实质性增长,过度关注短期问题的政策局限性对国民经济持续健康发展造成的不利影响将更加严重。要使中国经济在不依靠外力的情况下,彻底恢复持续快速发展,必须立足当前,着眼长远,真正把政策着力点放在消除制约内需增长的体制机制障碍上,即提高居民消费水平和快速推进人口城市化上,进一步讲,政策着力点应该放在调节国民收入和破解城乡二元结构上。不下大决心、大气力深化改革,这些问题不可能得到有效解决,宏观调控政策也很难在短期内走出困境。

(资料来源:2010.2.3 中国证券报)

第一节　总需求与充分就业

一、总需求决定就业水平

在过去半个多世纪中，关于国民产出的决定理论存在着两种相互对立的观点。一种是以萨伊定律为核心的古典经济理论，这种理论强调竞争性市场的价格调节作用，认为通过提高或降低产品市场或要素市场的价格可以消除市场供需双方存在着的供不应求或供过于求，达到供需的平衡。在西方经济学术史的大部分时期，这种古典理论占据了支配地位。另一种是凯恩斯理论。

20世纪30年代全球爆发的严重而持久的经济大萧条，宣告了古典经济理论的失败。人们意识到纯粹的市场机制实际上对解决经济周期性危机的能力十分薄弱。1936年凯恩斯出版了其代表作《就业、利息和货币通论》一书，从理论上抨击了古典经济理论的观点。凯恩斯认为，古典经济理论所有的假设条件在现实经济生活中实际上是不存在的，从宏观经济角度看，价格的变动是滞后的，工资是刚性的，依靠价格调节已经难以使宏观经济达到理想中的供需平衡，因此必须重新建立新的宏观经济学体系。从那以后，凯恩斯主义经济学在西方宏观经济学中占据了牢不可破的主导地位。

法国经济学家萨伊(J. B. Say,1767—1832)于1803年出版的《政治经济学概论》一书中提出了一个著名的论点：供给会创造出自己的需求。这一理论命题的涵义是：任何产品的生产，除了满足生产者自身的需求外，其余部分总是用来交换其他产品，从而形成了某一产品对其他产品的需求。如果交换是以货币为媒介的，那么任何参与生产活动的生产要素所有者的收入，除去自身的消费外，其剩余部分都会用于储蓄，并且任何储蓄的数量都会由于人们对非自己生产产品的需求而将储蓄全部转化为投资。大卫·李嘉图曾经进一步论证到：任何人从事生产都是为了消费或出售，任何人出售产品的目的都是为了购买对他直接有用或有助于未来生产的某种别的商品。他认为，需求是无限的，只要资本还能带来某些利润，资本的使用也是无限的。他认为，由于需求只受生产的限制，所以任何数量的资本在一个国家都不会得不到利用。

以萨伊定律为基础的理论所得出的一个重要推论就是：尽管由于商品生产与商品消费的结构不尽一致，部分商品的过剩和部分商品的生产不足会同时存在，但所有商品都生产过剩的经济危机是不可能发生的。萨伊定律之所以在20世纪30年代以前一百多年被众多经济学家所接受，是因为这一定律与当时的经济背景是相吻合的。这一定律的存在实际上有三个重要的假设前提条件，如果这三个前提条件不复存在，那么萨伊定律也必然失灵。

萨伊定律的第一个前提条件是：投资恒等于储蓄($I \equiv S$)。这一命题实际上涉及古典经济理论中的利率理论。自亚当·斯密以来，利率是如何决定的这一问题，在各个流派的经济学家中的看法基本上是一致的,那就是资本的利率是由资本供给(储蓄)和资本需求(投资)共同决定的。这一观点在马歇尔于1890年出版的《经济学原理》一书中有过完整的表述。如图5.1所示,纵轴代表利率,横轴代表储蓄与投资,S代表资本的供给曲线,它表示与任一利率相对应的储蓄者愿意提供的资本。利率越高,储蓄者愿意提供的资本越多。I代表资本的需求曲线,它也与每一利率相对应,投资者根据利率的高低愿意借入资本的数量。资本需求曲线与利率呈反比关系,利率越低,投资者愿意借入的资本就越多。这一理论的基本假设条件是:储蓄与投资都是利率的函数。正如商品市场上的价格波动使商品的供给与需求趋于平衡,在资本市场上,通过供求不平衡而引致的利率的升降,也会使储蓄与投资趋于平衡。

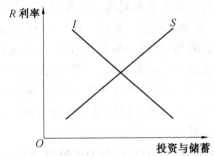

图5.1 资本的供给(储蓄)与需求(投资)与利率的决定

萨伊定律的第二个前提条件是:劳动市场的均衡可以由工资率进行调整。古典微观经济分析中的工资理论证明,当商品供给与需求达到平衡时,其就业水平就可以达到充分就业。如图5.2所示,L_s代表劳动的供给曲线,它表示实际工资(W/P)越高,劳动者愿意提供的劳动就越多。L_d表示厂商对劳动的需求曲线,这一曲线描述劳动的边际产品,它表示劳动的边际产品随就业量增加而递减。只要实际工资低于已就业的劳动的边际产品,厂商增加所雇佣的劳动力总是有利可图的。这一模型的假设条件是,要素市场是完全竞争的,工资会随着劳动的供需状况上下波动。这样,随着货币工资的涨跌,总会有一个实际工资,使劳动力愿意提供的就业量恰好等于厂商愿意雇佣的人数。在图5.2中,与实际工资$(W/P)^*$相对应的就业为ON^*,

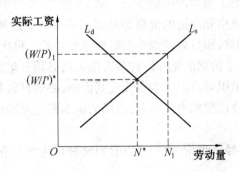

图5.2 劳动市场的均衡

表示劳动的总供给与总需求均衡时的就业量,这个就业量被认为是充分就业,因为它表示愿意按实际工资就业的人都已经就业。如果事实上还有一些人没能就业,即图 5.2 中从 ON^* 至 ON_1 的那部分劳动力的失业则被认为是"自愿失业",因为他们所要求的实际工资已经超出了他们的边际生产力,所以不可能为厂商所雇佣。

萨伊定律的第三个前提条件是:货币呈"中性"状态。这一前提条件是从第一个条件中推导出来的。储蓄必然全部转化为投资这个命题,实际上是指人们以货币形式取得的收入总是要花费掉的,这种花费不是用于消费,就是用于投资,而不会把货币作为资产的一种形式贮存在身边。因此,萨伊定律实际上对货币的职能作了这样一个假定,即货币的职能只有两种,价值尺度和交换媒介,货币不具有价值贮藏的职能。这种假定是与古典经济学的价值理论与货币理论互不相干的"两分法"(Dichtomy)相一致的。所谓两分法,是指在考察商品的价值和生产要素价值的决定因素时,商品的均衡价格(价值)和商品的均衡产量是决定商品和生产要素的决定因素。在这方面,货币实际上只起着价值尺度和交换媒介的作用,而对商品的价值决定不具有任何作用。货币供应量的多寡及其增减变化,既不影响商品供需量,不影响商品的供需结构,也不影响商品的交换比率。货币及其供应量只能决定商品价格的名称及其商品的绝对水平。这一特征被称为货币"中性"。

凯恩斯理论是在人们普遍感到古典理论已经不能解释现实经济,认为必须对古典理论进行彻底的评价和修正的时候产生的。1936 年凯恩斯出版了《就业、利息和货币通论》一书。这一著作的出版不仅选择了最合适的时机,而且还提出了一整套以全新观点系统阐述宏观经济运行的理论体系,在经济学界形成了强烈的理论冲击波。因此,凯恩斯理论的诞生被称为"凯恩斯革命"。凯恩斯认为,从短期看,工资和价格并不像古典经济理论所认为的那样具有弹性,现实经济生活中工资和价格实际上是不易变动的。凯恩斯将这种呆滞的工资和价格称为"工资刚性"和"价格粘性"。产生这种粘性价格和刚性工资的原因有很多。首先,在多数行业中,工人是根据长期合同工作的,一般的合同期为 3 年。在合同生效期间,工人的货币工资就是合同中规定的工资。而合同一旦签订生效在短期内是不会随意改变的。其次,为限制垄断和恶意竞争,政府实际上控制了很多产品的价格。如 20 世纪 70 年代中期,美国的电话服务、天然气、石油、水、电、铁路、航空和海运的价格都是固定不变的。这种价格的变化只有在成本发生重大变动时才会得到调整,而且即使调整期时滞也会很长。再次,由大公司或经济组织规定价格在很大程度上也增加了价格的粘性。许多跨国公司必须召集大型会议才能决定重要的价格变动,类似石油输出国组织等跨国机构要改变其价格,必须召集各成员国进行协调。正因为如此,市场价格的变动就会比想象中慢得多,市场的供求变化要经过多种程序才能反映到价格上来。

比较凯恩斯理论与古典经济理论,我们可以看到两种理论至少在以下四方面存在着重大差异:

第一,古典经济理论假定,货币工资会根据劳动市场的供求状况进行自动调节,因此具有弹性的工资率会导致充分就业。凯恩斯则认为,工资是呈刚性的,并且会在一定时期内保持固定不变。

第二,古典经济理论认为,储蓄是利率的函数,即 $S = S(r)$,由于储蓄被定义为收入扣除消费以后的余额,因此这一函数实际上暗含着另一假定,即消费也是利率的函数,即 $C = C(r)$。再加上投资是利率的函数,即 $I = I(r)$,因此利率成为人们计划储蓄与计划投资相一致的最重要的变量。凯恩斯则引入了消费函数这一崭新的概念,认为消费倾向主要取决于收入而非利率,其推论是储蓄也取决于收入,储蓄与投资相等的趋势是通过收入的变化实现的。

第三,马歇尔认为,利率的决定取决于资本的供求,而资本的供求是利率的函数。凯恩斯则认为,利率是由货币的供求决定的,从而建立了新的利率理论。

第四,由于利率的高低是由货币供求决定的,因此货币供应量的变化会通过利率的变化导致投资的变化,进一步导致国民收入的变化。因此,货币供应量的变化,通过利率这一中介,影响到经济中的价格水平,也影响到实际国民收入的数量和结构的变化。因此,货币不再呈"中性"。

不同的理论体系导致不同的经济政策。由于古典经济理论崇尚市场机制的自发调节作用,因此反对政府对经济运行的任何干预。古典经济理论认为,由于市场机制能够通过自身的稳定器达到充分就业的均衡,因此政府的宏观经济政策不仅对产出水平和就业水平不会有影响,反而会引起价格水平的波动。古典经济学家认为,即使在萧条时期,政府的任何支出增加中会产生"挤出"私人投资的效应。而凯恩斯理论则认为,由于价格的滞后性,市场经济从不平衡到平衡将是一个非常缓慢的过程,并且会伴随着经济的剧烈波动。而且,实践也证明,由市场供求力量自发调节的经济,往往不一定是充分就业的经济,这一经济会始终在失业和通货膨胀之间徘徊。在这种情况下,必须由政府实施相应的宏观经济政策,将经济推向充分就业的水平。根据这一理论,政府可以利用财政政策,通过增加政府支出或减少税收以刺激需求,从而提高产出水平,减少失业。也可以通过压缩政府开支或增加税收以抑制过旺的需求,从而降低产出水平,以消除通货膨胀。而且,在萧条时期,政府开支的增加会通过乘数效应刺激更多的私人投资,不会起挤出私人投资的作用。同样,政府也可以通过运用货币政策影响经济的产出水平。增加货币供给,可以降低利率,以提高投资需求,从而促使产出水平的提高。而减少货币供给,利率就会上升,这样就可以压缩投资需求,以抑制通货膨胀。

凯恩斯理论对战后西方各国经济的恢复、增长和稳定起到了十分积极的作用。然而,进入 20 世纪 70 年代后,尤其是两次石油危机后,凯恩斯提倡的政府干预经济的政策开始显现出弊端,那就是由于政府的过度干预,形成了过高的财政赤字,从而导致通货膨胀持续高涨。同时,这种持续的通胀还伴随着经济增长的停滞和失业率的上升,这就是 20 世纪 80 年代欧美国家出现的"滞胀"现象。在这种情况下,许多"后凯恩斯主义者"开始吸纳古典经济理论中的优点,对凯恩斯理论进行改造,形成了目前众多的经济学流派。尽管如此,现代宏观经济学的国民产出决定理论仍然是以凯恩斯理论为基础的。

二、总需求与充分就业的关系

在19世纪20年代已出现了有效需求的概念。1820年,英国经济学家马尔萨斯发表《政治经济学原理》,提出由于社会有效需求不足,资本主义存在产生经济危机的可能。1936年,凯恩斯发表《就业、利息和货币通论》,重提有效需求不足,并建立起比较完整的有效需求不足理论。

1929年爆发世界经济危机,传统的关于资本主义社会可以借助市场自动调节机制达到充分就业的说教破产,以凯恩斯为代表的一些经济学家不得不承认,资本主义社会经常存在就业不足,因而经常处于萧条状态。凯恩斯提出有效需求不足理论以试图解释这种现象。根据凯恩斯的观点,有效需求是总供给与总需求相等从而处于均衡状态的社会总需求,它包括消费需求(消费支出)和投资需求(投资支出),并决定社会就业量和国民收入的大小。有效需求并不一定能保证达到充分就业的国民收入,影响有效需求的主要是三个心理因素和货币供应:①消费倾向,即消费支出对收入的比率。人们的消费随收入的增加而增加,但不如收入增加的多,即边际消费倾向是递减的,收入越增加,收入与消费之间的差距越大。②对资本资产未来收益的预期,它决定资本边际效率(增加一笔投资预期可得到的利润率,资本边际效率是递减的)。③流动性偏好,即人们用货币形式保持自己的收入和财富的愿望强度。这种流动偏好可以出于交易动机(应付日常支出)、谨慎动机(应付意外支出)和投机动机(捕捉投资机会),并决定对货币的需求量,又影响利率。凯恩斯认为,现代资本主义社会中,在国民收入增加时,由于边际消费倾向递减,收入和消费之间的差距扩大,储蓄增加,从而发生消费需求不足。这时需要投资增加以弥补差距,抵消储蓄。但由于企业家对投资前景缺乏信心(由于第二和第三心理因素),投资支出往往不能弥补差距,储蓄不能全部转化为投资,从而也使投资需求不足。消费需求和投资需求的不足使就业量在未达到充分就业之前就停止增加甚至趋于下降,形成大量失业。当经济繁荣达到一定阶段,投资诱惑力减弱,企业家对投资的未来收益缺乏信心,引起资本边际效率突然崩溃时,经济危机就爆发了。根据有效需求不足理论,凯恩斯主张加强国家对经济的干预,用增加公共支出、降低利率、刺激投资和消费的政策,提高有效需求,实现充分就业。充分就业指包含劳动在内的一切生产要素都能以愿意接受的价格参与生产活动的状态。如果非自愿失业已经消除,失业仅限于摩擦失业和自愿失业的话,就认为实现了充分就业。一般认为充分就业不是百分之百就业,充分就业并不排除像摩擦失业这样的情况存在。大多数经济学家认为存在4%~6%的失业率是正常的,此时社会经济处于充分就业状态。

充分就业就是指在一定的货币工资水平下所有愿意工作的人都可以得到就业的一种经济状况。充分就业是由英国经济学家凯恩斯于1936年在其著作《就业、利息和货币通论》中提出的概念。凯恩斯认为,充分就业是由有效需求决定的。如果有效需求不足,从而造成非自愿性失业,社会就不能实现充分就业。充分就业与某些失业现象的存在并不矛盾,如摩擦性失业和自愿性失业,这两种失业都是正常的,只有非自愿失业才是真正的失业。只有非自愿性失业消失,社会才算实现了充分就业。充分就业是社会经济增长的一个十分重要的条件。要实现充分就业,政府必须加强经济干预,力求达到或维持总需求的增长速度和一国经济生产能力的扩张速度的均衡。

【案例5.1】

大学生就业难的问题

首先,"供求矛盾"是导致高校毕业生就业难的重要原因。在"供需见面,双向选择"的高校毕业生就业制度下,毕业生作为人力资源提供方通过就业市场择业,用人单位作为需求方在就业市场中选拔毕业生。只有供求相一致,才能实现均衡,否则则会失衡,导致"就业难"。"供求矛盾"的表现主要有:毕业生的专业结构、知识结构、综合素质、学历层次,甚至就读院校等不适应市场需求;毕业生的择业倾向与技能等不适应市场需要;毕业生的择业期望值与用人单位要求不一致等,这些矛盾的存在,导致了非自愿的摩擦性和结构性失业。

其次,市场缺陷也是大学毕业生就业难的成因之一。市场发育不充分、不完善,市场化程度低;围绕高校、地区、行业存在不少就业市场,但是未形成较统一的大市场,导致毕业生和用人单位搜寻成本较高;市场规则不统一,部分市场甚至秩序混乱等,导致就业市场的不完全竞争、不完全信息和较高成本,影响就业。当前买方市场中的不完全竞争会导致两种现象:一是部分用人单位的人才高消费,二是一些毕业生被迫退出市场,形成周期性失业。市场信息不完全会导致摩擦性失业或结构性失业;市场进入和运行成本较高则可能会导致一定程度上的周期性失业。用人单位招不到满意的毕业生,毕业生找不到满意的单位,是市场不完善、信息渠道不畅通的直接体现。

此外,就业难还有一些其他方面的原因。例如,人事户籍制度改革的滞后,制约了人力资源的充分流动。虽然这种现象随着人事代理等中介服务措施的出现得到了一定缓解,但是距离由毕业生就业障碍转变为就业动力还有不小差距。

摘自:《学理论》,2009年第32期

第二节　总需求的决定

一、两部门经济的总需求的决定

两部门经济中总需求与总供给组成部分中的任何一项,都会对国民收入产生影响。如果假定投资为自发投资,即投资是一个固定的量,不随收入的变动而变动,或者说投资 I 是一个常数,则可以分别依据消费函数与储蓄函数来求得均衡国民收入。

(一)消费与均衡国民收入的决定

由于收入恒等式为 $Y = C + I$,$C = \alpha + \beta Y$,将这两个方程联立并求解,就得到均衡收入

$$Y = \frac{\alpha + I}{1 - \beta} \tag{5.1}$$

如果已知消费函数与投资,便可求出均衡的国民收入。例如,消费函数为 $C = 600 + 0.8Y$,自发投资为 200 亿美元,则均衡收入:

$$Y = \frac{600 + 200}{1 - 0.8} = 4\,000$$

表 5.1 也说明了消费函数 $C = 600 + 0.8Y$ 和自发投资为 200 亿美元时的均衡收入决定情况。

表 5.1   单位:亿美元

收入 Y	消费 C	储蓄 S	投资 I
1 000	1 400	-400	200
2 000	2 200	-200	200
3 000	3 000	0	200
4 000	3 800	200	200
5 000	4 600	400	200
6 000	5 400	600	200
7 000	6 200	800	200

上表数据表明,$Y = 4\,000$ 亿美元时,$C = 3\,800$ 亿美元,$I = 200$ 亿美元,$Y = C + I = 3\,800$ 亿美元 + 200 亿美元 = 4 000 亿美元,说明 4 000 亿美元是均衡收入。在收入小于 4 000 亿美元时,C 与 I 之和都大于相应的总供给,这意味着企业的产量小于市场需求。于是,企业增加雇佣工人的数量,增加生产,使均衡收入增加。相反,收入大于 4 000 亿美元时,C 与 I 之和都小于相应的总供给,这意味着企业的产量比市场需求多,产生了存货投资,这会迫使企业解雇一部分工人,减少生产,使均衡收入减少。两种不同情况变化的结果都是产量正好等于需求量,即总供求相等,收入达到均衡水平。

均衡收入的决定还可用图 5.3 来表示。

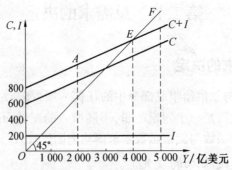

图 5.3 消费加投资决定国民收入

图中的横轴表示收入,纵轴表示消费、投资。消费曲线 C 上加投资曲线 I 就得到总支出曲线 $C+I$,因投资为自发投资,自发投资总等于 200 亿美元,故总支出曲线 $C+I$ 与消费曲线 C 是平行的,两条曲线在任何收入水平上的垂直距离都等于自发投资 200 亿美元。总支出曲线与 45°线相交于 E 点,E 点为均衡点,E 点决定的收入是均衡收入 4 000 亿美元。如果经济处于总支出曲线 E 点之外的其他点上,就出现了总供求不相等的情况,这会引起生产的扩大或收缩,直至回到均衡点。比如,A 点的总需求为 2 400 亿美元,比总供给 2 000 亿美元多出 400 亿美元,这会使得国民收入增加,直到达到均衡的 4 000 亿美元为止。F 点的总需求为 4 800 亿美元,比总供给 5 000 亿美元少 200 亿美元,国民收入就会减少,直到达到均衡的 4 000 亿美元为止。

(二)储蓄与均衡国民收入的决定

由于 $Y = C + I, Y = C + S$,得 $I = Y - C = S$

而 $S = -\alpha + (1 - \beta)Y$

将以上两个方程联立并求解,就得到均衡收入

$$Y = \frac{\alpha + I}{1 - \beta}$$

上例中,$C = 600 + 0.8Y, S = -600 + (1 - 0.8)Y = -600 + 0.2Y, I = 200$,令 $I = S$,即 $200 = -600 + 0.2Y$,得 $Y = 4 000$ 亿美元。这一结果在表 5.1 也体现出来,即 $Y = 4 000$ 亿美元时,投资 I 与储蓄 S 正好相等,从而实现了均衡。可以看到,这一结果与使用消费决定均衡收入的方法得到的结果是一样的。

储蓄与均衡国民收入的决定也可以用图 5.4 表示。

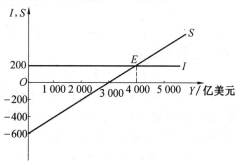

图 5.4 储蓄与投资相等决定国民收入

图中的横轴表示收入,纵轴表示投资、储蓄。S 为储蓄曲线,由于储蓄随收入增多而增多,故储蓄曲线向右上方倾斜。I 代表投资曲线,由于投资为自发投资,自发投资又不随收入变化而变化,其值总等于 200 亿美元,故投资曲线是一条平行线。储蓄曲线与投资曲线相交于 E 点,E 点为 $I = S$ 的均衡点,由 E 点决定的收入是均衡收入,即 4 000 亿美元。如果实际产量小于均衡收入,比如实际产量为 2 000 亿美元,此时的投资大于储蓄,社会总需求大于总供给,产品供不应求,存货投资为负,企业就会扩大生产,社会收入水平就会增加,直至均衡水平。反

之,实际产量大于均衡收入,比如实际产量为5 000亿美元,此时的投资小于储蓄,社会总需求小于总供给,产品过剩,产生了非计划存货投资,企业就会缩小生产,社会收入水平因此而减少,直至均衡水平。只要投资与储蓄不相等,社会收入就处于非均衡状态,经过调整,最终达到均衡收入水平。

由于消费函数与储蓄函数的互补关系,无论使用哪种函数决定收入的方法,最后得到的均衡收入的结果都是相同的。

可以将分别使用消费函数决定国民收入的方法与使用储蓄函数决定国民收入的方法在一个图中表示出来。试一试自己能否画出。

二、三部门经济的总需求的决定

(1)三部门经济中,从总支出即总需求的角度看,国民收入由消费、投资、政府购买支出构成,从总收入即总供给的角度看,国民收入由消费、储蓄、税收组成。因此,三部门经济的国民收入均衡条件是消费、投资、政府购买支出之和等于消费、储蓄、税收之和,即

$$C + I + G = C + S + T$$

消去等号两边的 c,便得到三部门经济的国民收入均衡条件:

$$I + G = S + T \tag{5.2}$$

(2)不同税收形式下的收入决定。税收可以分为定量税与比例税两种,定量税是不随收入变动而变动的税收,比例税则是与收入变动相关的税收,定量税与比例税对均衡收入产生不同的影响。

先看定量税的情况。

假定有消费函数 $C = 1\,000 + 0.8Y_d$, Y_d 为可支配收入,定量税 $T = 50$,投资 $I = 100$,政府购买性支出 $G = 150$,以上数字的单位均为亿美元。

根据以上条件可得 $Y_d = Y - T = Y - 50$

又由于 $S = -\alpha + (1-\beta)Y_d = -1\,000 + (1-0.8)(Y-50) = 0.2Y - 1\,010$

将已知和已求出的变量代入经济均衡的公式 $I+G=S+T$ 中,即

$100 + 150 = (0.2Y - 1\,010) + 50$,求解,得出均衡收入

$$Y = 6\,050 \text{ 亿美元}$$

如果其他条件不变,税收形式由定量税改为比例税,税率为0.25,则税收 $T = 0.25Y$,可支配收入 $Y_d = Y - T = Y - 0.25Y = 0.75Y$,相应地,储蓄 $S = -\alpha + (1-\beta)Y_d = -1\,000 + (1-0.8) \times 0.75Y = 0.15Y - 1\,000$

此时也将已知和已求出的变量代入经济均衡的公式 $I+G=S+T$ 中,即 $100+150 = 0.15Y - 1\,000 + 0.25Y$,求解,得出均衡收入

$$Y = 3\,125 \text{ 亿美元}$$

从以上的例子中可以得出如下结论:定量税下的均衡收入大于比例税下的均衡收入。

三、四部门经济总需求的决定

四部门经济是开放经济,国家之间通过对外贸易等形式与其他国家建立了经济联系。所以,一个国家均衡的国民收入不仅决定于国内的消费、投资、政府购买支出,还决定于其净出口,即:

$$Y=C+I+G+(X-M) \quad (5.3)$$

把上式中的各个组成部分进行分解

$$C = \alpha + \beta y_d$$

$Y_d = Y - T + TR$,其中,T 为总税收,TR 为政府转移支付

$T = T_0 + tY$,其中 T_0 为定量税,tY 为比例税收量

$I = \bar{i}$——假定投资既定

$G = \bar{g}$——假定政府购买既定

$TR = \overline{TR}$——假定政府转移支付既定

$X = \bar{x}$——假定出口既定

$M = m_0 + \theta_Y$,式中:m_0 为自发进口,即不受国民收入变化影响的进口,θ 为边际进口倾向,$\theta = \dfrac{\Delta M}{\Delta Y}$,$\theta_Y$ 为引致进口。

经整理,得到四部门经济的均衡的国民收入:

$$Y = \frac{1}{1-\beta(1-T)+\theta}(\alpha + \bar{i} + \bar{g} - \beta T_0 + \beta TR + \bar{x} - m_0)$$

【案例5.2】
投资、消费、出口,三驾马车协调拉动经济增长

福建省政府工作报告提出2009年要实现经济增长10%的目标。在外部环境严峻、经济下行压力加大的背景下,实现经济10%的增长,有利于扩大就业、改善民生,更好地服务全国发展大局。通过拉动投资、消费、出口,夯实农业基础,加大民生投入,这个目标是可以实现的。2009年,福建10%的增长目标怎么实现?按照跟进要紧、运作要活、工作有序、发展有效的要求,努力加大投资力度,积极扩大消费需求,千方百计持续出口增长,更好实现内需为主和积极利用外需的共同拉动,形成了内外需协调拉动经济增长的格局。

首先,努力加大投资力度。安排省重点项目526个,总投资11 193亿元,年度投资1 470亿元,完成全社会固定资产投资6 060亿元,增长15%。努力发挥政府投资拉动作用,吸引更多的社会投资,加强经济社会发展薄弱环节,增强发展后劲。

其次,积极扩大消费需求。落实扩大消费的政策,实现社会消费品零售总额增长15%,居民消费价格总水平涨幅控制在4%左右。

加强外经贸企业融资服务,扩大信用保险和保单融资规模;鼓励进口重要资源、先进技术设备和关键零部件;抓好大项目定向招商,精心组织重大商贸活动,发挥各类特殊监管区的综合政策优势,强化涉外部门、审批机构、经办人员的服务意识,持续提升利用外资水平;推进闽港闽澳合作项目的落实,积极吸引侨力侨智侨资。

(资料来源:福建日报)

第三节　国民收入核算中的恒等关系

一、两部门经济的收入流量循环模型与恒等关系

首先,在封闭条件下,假定全社会只有企业和居民两个经济主体,国民生产总值就是这两个主体生产的国内生产总值,也是社会的总供给,包括社会消费供给和社会储蓄投资供给。若用 Ys 代表社会总供给,C 代表社会消费供给,S 代表社会储蓄投资供给,则

$$Ys = C + S \tag{5.4}$$

社会总需求包括社会投资需求和社会消费需求。若用 Yd 代表社会总需求,I 代表社会投资需求,C 代表社会消费需求,则

$$Yd = I + C \tag{5.5}$$

若要实现社会总供给和社会总需求的平衡,就必须使 $Ys = Yd$,即 $C+S=I+C$,由(5.4)与(5.5)得出 $S = I$。在上述理论假设中,社会总供给与国内生产总值相等。社会总供给中只包括消费供给和储蓄投资供给,总需求中只包括消费需求和投资需求,储蓄投资供给等于投资需求,因为社会消费供给等于社会消费需求。所以,储蓄投资供给等于投资需求是实现社会总供给和社会总需求的平衡条件。这个平衡条件要求国内必须有能使储蓄顺利转化为投资的健全机制,投资和消费必须有物质保障。这种最一般的平衡条件,是一种理论的抽象。它的出现是极少见的。因为现实经济生活比这种理论抽象要丰富、复杂得多。比如消费储蓄转化为投资,有没有相应的投资物质条件,社会消费供给会不会出现过剩等。在现实生活中,社会总供给完全等于社会总需求的情况是极其偶然的。一般情况下,只要供求差率[(社会总供给-社会总需求)/社会总供给]保持在±5%左右,应当看作为社会总供求基本平衡。

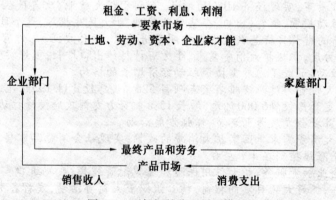

图5.5　两部门的收入循环模型

【案例5.3】
节俭与美德

勤劳、勇敢、智慧、诚信，都被说成是中国人的美德。

要勤俭节约，就得杜绝奢侈。所以，浪费有时被说成是"极大的犯罪"。如果是浪费他人的财物，公众的东西，当然是要受到谴责的，有时这真的是犯罪。但是，如果是浪费自己的东西呢？按照我们的美德要求，也不行。平常大家所说反对浪费，主要还是反对这种意义上的浪费。所以，所谓勤俭光荣、浪费可耻，是在道德层面上进行评判。

2003年的时候，陕西一位先生，请朋友吃饭，花了36万元。这个事立即成为全国人民讨论的热门话题。有不少人认为这样做太过分了，吃一顿饭花这么多钱，不像话。问题是，这位先生的行为，动了谁的奶酪呢？侵害了谁的利益呢？想了半天，好像也想不出来。

自己花大价钱请人吃饭的这位先生，他有的是钱，他所追求的已经不再是更多的钱，而是别人的尊重，是面子，也许还有一掷千金的快感。所以，他花钱请人吃饭，他的面子挣足了，获得了花钱的快感。

吃这顿天价饭的人，吃到了很久就想吃而一直没能享受到的美味，满足了自己的口腹之欲；饭馆的老板，一顿饭就卖了几十万元，抵得上几天、十几天的流水了；老板高兴了，饭馆的员工也会跟着沾光的，说不定会有红包，得点小费；税务部门呢，你卖得多，税收就水涨船高，税务部门收的税多了，自然也高兴；一顿饭几十万元，肯定有不少贵重原料，比如燕窝、鲍鱼、鱼翅之类，卖这些东西的人，一下子就卖出去很多，赚了钱，肯定是高兴啦。要知道，燕窝、鲍鱼、鱼翅虽然是有钱人才享用的东西，但是，卖这些东西的人可不是什么有钱人，他们跟卖蔬菜、水果的小贩没有什么分别。花钱请人吃饭的人，实际上是帮了这些穷人的忙，促进消费很重要。再来看看朴素。朴素本身也并非美德，只是自己对生活的一种谨慎有余的安排罢了。对于个人，也许是必须的。比如，你一个月就挣几百元，发了工资，就立即去高档餐厅大吃大喝一顿，把钱都花光，第二天的日子可怎么过？但是，朴素对别人和社会并没有什么好处。你一个人朴素还好，如果大家都朴素，谁还敢生产，遍地都将是失业大军。节俭，说到底，是把生活控制在最低限度的心态。很多人都认为，艰苦的生活，甚至苦难，都是生活的必须，是一种财富。据说这样可以磨炼人的意志。其实，痛苦和苦难，并非生活之必要，不要没事找事。别稍微奢侈一点，就觉得是犯罪，只要自己有权这样做，只要这样做可以快乐，就不要有什么心理负担。还是那句话，人们愿意买东西，保持一个社会的总需求是极其重要的。中国当前正面临这样的时刻，2008年四季度以来，由于金融危机的冲击，中国经济增速渐次回落，就业形势严峻，大学生找工作异常艰难，2 000多万农民工失去工作岗位。为此，管理层出台了一系列拉动内需的政策，鼓励民众消费，家电下乡、购车补贴、发放消费券、降低房贷利率、成立消费贷款机构等刺激手段持续出台，就怕老百姓储蓄，不消费。可惜，因为收入分配过于向公共部门倾斜，居民收入增长缓慢，人们的消费热情还是没有明显升温。现在，如果再发扬节俭的"优良作风"，再不舍得花钱，经济就危险了。现在，我们也许该给奢侈赢回一点名声了。

(资料来源：王福重，《写给中国人的经济学》，机械工业出版社，2010.1)

二、三部门经济的收入流量循环模型与恒等关系

若把社会总供给和总需求的主体扩展到政府,由两个主体变成三个主体,政府的财政收支就是影响社会总供求平衡的重要因素。财政收入包括企业上缴的利润和事业费收入、税收收入、统一集中使用的折旧基金、政府借的债务收入和其他收入。若用 T 代表政府的财政收入。政府财政支出包括固定资产投资、流动资金投资、国家物资储备、文教科研卫生事业费开支、行政办公费用、国防费用开支和其他支出,若用 G 代表政府的财政支出,在这种情况下,社会总供给和总需求的平衡公式可以表示为:

$$S + C + T = C + I + G \tag{5.4}$$

这就是说,如果 $S=I$,则 $Ti=G$,即政府财政收支平衡是社会总供给和总需求平衡的基本条件。如果 $S>I$ 或 $S<I$,就是说, $S + T > G + I$ 或 $S + T < G + I$,在这种条件下就需要用 Ti 与 Gp 的差额来加以弥补,即国家政府通过扩张或紧缩财政的办法来实现社会总供给和总需求的基本平衡。

还有就是要将银行对经济活动的参与考虑进来。银行作为信贷中心,其资金的来源无非是吸收居民、企业存款和财政余额存款,而银行的贷款对象也是居民、企业和政府,所以银行的供求行为已经包含在前面的供求平衡公式中。但是,在我国市场经济还不发达的条件下,社会上有相当一部分资金不经过银行的信贷活动,即进行所谓的"体外循环",而且对社会总供给和总需求又有较大的影响,这就必须加以分析,把上述平衡的公式修改为

$$(C + S) + SQ = (C + I) + St \tag{5.5}$$

在平衡公式中, SQ 代表信贷存款, St 代表信贷投资需求和消费需求。若把上述平衡式移项整理,就得出

$$(C + S) = (C + I) + (St - SQ) \tag{5.6}$$

公式中的 $(St - SQ)$ 表示在银行参与下新形成的社会投资需求和社会消费需求。

上述平衡公式的含义是,原有的社会总供给等于原有的社会总需求加上经过信贷收支相抵后新形成的社会需求。它可能是正值,也可能是负值。若是负值,说明原来的社会总供给大于总需求,需要通过信贷扩张手段,实现社会总供求的平衡。若是正值,说明原来的社会总供给小于总需求,需要通过信贷收缩手段,实现社会总供求的平衡。从这里可以看出,信贷的扩张和收缩是调节社会总供求平衡的重要手段之一。综合考虑企业、居民、政府、银行经济行为的总供求平衡条件在分析社会总供求平衡的一般条件时,我们把政府、银行的经济行为都抽去了,现在把政府、银行的活动一同加进来进行分析,则社会总供给和总需求的平衡条件公式是:

$$C + S + T + SQ = C + I + G + St \tag{5.7}$$

将上述公式移项整理后可得出:

$$[(C + I) - (C + S)] + (G - T) + (St - SQ) = 0 \tag{5.8}$$

这个公式表明,社会总供给和总需求的平衡,既可以通过财政收支平衡、信贷收支平衡来调节,也可以通过财政、信贷的综合平衡来调节。但必须指出的是,上述的平衡条件都是研究

总量平衡的,不管用哪一种手段,都必须以实物总量供求比例合理和结构合理为前提。如果物品的总量和结构不能与价值总量平衡相一致,仅仅求得价值量的供求总平衡,仍不能保证经济持续、快速和健康的发展。

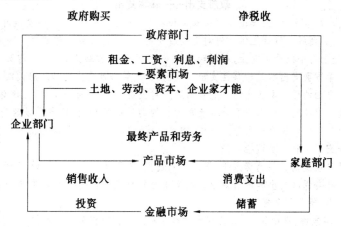

图5.6 三部门的收入循环模型

四、政府购买对总需求的影响

政府购买是指政府对商品和劳务的购买,政府购买是一种实质性的支出,有着商品和劳务的实际交易,因而直接形成社会的需求和购买力,是国民收入的一个重要组成部分。在社会支出不足从而导致有效需求不足的情况下,政府要是扩大对商品和劳务的需求,扩大政府购买,就能够刺激经济,使总需求增加。

五、政府转移支付对总需求的影响

转移支付,又称无偿支出,它主要是指各级政府之间为解决财政失衡而通过一定的形式和途径转移财政资金的活动,是用以补充公共物品而提供的一种无偿支出,是政府财政资金的单方面的无偿转移,体现的是非市场性的分配关系。政府的转移支付大都具有福利支出的性质,如社会保险福利津贴、抚恤金、养老金、失业补助、救济金以及各种补助费等;此外,农产品价格补贴也是政府的转移支付。由于政府的转移支付实际上是把国家的财政收入还给个人,所以有的西方经济学家称之为负税收。通常在萧条来临时,总收入下降,失业增加,政府拨付的社会福利支出也必然增加。这样,可以增强购买力,提高有效需求水平,从而可以抑制或缓解萧条。当经济中出现过度需求时,政府减少转移支付量,可以抑制总需求水平的升高。

六、政府税收对总需求的影响

宏观经济中,政府的作用是双向的:在政府购买增加总需求的同时,政府税收减少了人们的收入。降低税率、减少税收引起社会总需求增加和国民产出的增长。在需求不足时可通过减税来抑制经济衰退,在需求过旺时可通过增税来抑制通货膨胀。

> 【知识库】
>
> **政府支出——转移支出**
>
> 对于转移性支出的含义,我国理论界存在着多种理解:一种是狭义观点,认为是中央政府对地方政府的下拨支出,或相邻两级政府的上级政府对下级政府的下拨支出;第二种是广义观点,认为凡是政府间财力的转移,无论上对下或是下对上,都是转移性支出;还有一种观点认为,除购买支出以外的,表现为政府资金无偿的单方面支出都是转移性支出。我们认为,转移性支出是指政府间或政府与企业、居民个人间所发生的单方面的无偿财政支出。它包括政府对企业、个人的转移支出,上级财政对下级财政的各种专项拨款以及没有指定用途以平衡地区差别为目的的一般性补助,还有下级政府对上级政府的资金上缴以及同级政府间财政资金转移等。其中,中央政府对地方政府的补助支出是主要的,它是中央政府调节财政收入分配的一种宏观调控手段。
>
> 转移性支出既可以提高公共消费水平,促进文明进步,又可以调节收入分配,还可以促进供求平衡,影响资源配置等。社会保障支出和政府财政补贴支出是转移性支出的两个最重要的项目,其他转移性支出还包括援外支出、债务利息支出等。
>
> 资料来源:卢中原,财政转移支付和政府间事权财权关系研究,中国财经出版社,2009.1

七、四部门经济的收入流量循环模型与恒等关系

最后,市场经济是开放的经济系统,在封闭条件下,分析社会总供给和总需求平衡关系,对加入国际进出口贸易同样是适用的。如果国际间的经济往来长时期存在着较大数量的顺差和逆差,也会影响到国内总供求的平衡关系。我们以 X 代表出口量,以 M 代表进口量,则社会总供求平衡条件的公式为

$$C + S + T + SQ + M = C + I + G + St + X \tag{5.9}$$

将公式移项整理可得出

$$X - M = (C + S + T + SQ) - (C + I + G + St) \tag{5.10}$$

这个平衡式的含义是国际贸易的进出口差额等于国内总供求的差额。

再看资本的流入和流出对社会总供求的影响。若以 KI 代表资本输入,KX 代表资本流出。则社会总供求平衡条件的公式是

$$C + S + Gi + SQ + M + KX = C + I + G + St + X + KI$$

将该公式移项整理后得出

$$(X - M) + (KI - KX) = (C + S + T + SQ) - (C + I + G + St) \tag{5.11}$$

这个等式的含义是国际收支的差额等于国内总供求的差额。在这个等式中可能出现:

$$X - M = 0 \quad KI - KX = 0$$
$$(X - M) + (KI - KX) = (X + KI) - (M + KX) = 0$$

这个平衡关系的含义是,进出口贸易平衡,资本流出流入平衡,国际收支平衡,国内总供求也平衡。如果在较长时期内国际收支不平衡,国内的总供求平衡也会受到破坏。当然,也不排

除出现下列情况。

$$(X - M) + (KI - KX) > 0$$
$$(X - M) + (KI - KX) < 0$$

如果国际收支是顺差,国内是总供给大于总需求,用国际顺差弥补国内的供求差,实现社会总供求的平衡;如果是逆差,国内是总供给小于总需求,用国际逆差来弥补国内的供求差,实现社会总供求的平衡。这种情况短时期内是可能的,也是允许的,但长期靠国际收支的差额来调节国内的社会总供求是靠不住的。我国是一个社会主义大国,社会总供求平衡必须立足于国内。因此,扩大进出口贸易和经济交流,必须坚持国际收支平衡的原则,通过进出口来调节国内总供求平衡的结构。

以上各种供求平衡条件的理论分析,是为社会主义市场经济的社会总供求平衡确定一个理想的目标,为宏观经济管理提供理论依据。

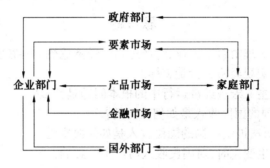

图 5.7 四部门的收入循环模型

本章小结

1. 萨伊定律代表了凯恩斯之前的经济自由主义经济学家对宏观经济运行的认识。它认为"供给自行创造需求",否认生产过剩的经济危机的存在。1936 年凯恩斯出版了其代表作《就业、利息和货币通论》一书,从理论上抨击了古典经济理论的观点。凯恩斯认为,古典经济理论所有的假设条件在现实经济生活中实际上是不存在的,从宏观经济角度看,价格的变动是滞后的,工资是刚性的,依靠价格调节已经难以使宏观经济达到理想中的供需平衡,因此必须重新建立新的宏观经济学体系

2. 凯恩斯提出有效需求不足理论以试图解释失业现象。根据凯恩斯的观点,有效需求是总供给与总需求相等从而处于均衡状态的社会总需求,它包括消费需求(消费支出)和投资需求(投资支出),并决定社会就业量和国民收入的大小。有效需求并不一定能保证达到充分就业的国民收入,影响有效需求的主要是 3 个心理因素和货币供应:①消费倾向;②对资本资产未来收益的预期;③流动性偏好。凯恩斯所提出和回答的根本性问题是,导致资本主义经济无法实现充分就业的有效需求不足问题,因此凯恩斯的理论也被称为国民收入决定理论,或者称为有效需求原理。

3. 两部门经济的总需求的决定。两部门经济中总需求与总供给组成部分中的任何一项变动,都会对国民收入产生影响。如果假定投资为自发投资,即投资是一个固定的量,不随收入的变动而变动,或者说投资 i 是一个常数,则可以分别依据消费函数与储蓄函数来求得均衡国民收入。

4. 三部门经济的总需求的决定。三部门经济中,从总支出即总需求的角度看,国民收入由消费、投资、政府购买支出构成,从总收入即总供给的角度看,国民收入由消费、储蓄、税收组成。因此,三部门经济的国民收入均衡条件是消费、投资、政府购买支出之和等于消费、储蓄、税收之和。

5. 四部门经济总需求的决定。四部门经济是开放经济,国家之间通过对外贸易等形式与其他国家建立了经济联系。所以,一个国家均衡的国民收入不仅决定于国内的消费、投资、政府购买支出,还决定于其净出口即:$Y = C + g + (X - m)$。

思考题

1. 萨伊定律根据什么理由否定失业、生产过剩的经济危机的存在?
2. 凯恩斯主义认为宏观经济运行是怎样的?
3. 凯恩斯认为资本主义宏观经济运行中的根本问题是什么?
4. 用45°线说明一国的国民收入是如何决定的?
5. 用储蓄-投资分析法说明一国的国民收入是如何决定的?
6. 当政府的支出发生变化时,对国民收入所产生的影响?

【阅读资料】
为什么从1996年以来的经济衰退到2002年有了新的转机?

我国自1996年经济实现了软着陆以来,由于国有企业改革,下岗职工人数剧增,大部分产品出现供大于求的局面。东南亚金融危机使我国出口增幅迅速下降,我国出现了连续多年的通货紧缩。直到2002年,这一局面开始有了新的转机。为什么呢?究其原因有以下四个:

第一,自1996年以来,我国经济一直以7%的速度增长,到2002年已经增长了近40%,这一增长消化了1993～1995年我国投资的高速增长所造成的生产过剩。在这一期间我国居民的收入水平和实际购买力都出现了大幅度的上升。1996年我国社会消费品零售总额24 644亿元,而2002年我国社会消费品零售总额已经达到40 911亿元,比1996年增长了66.2%。

第二,机器设备都有一定的折旧期,超过这个折旧期,企业就会更新设备,进入新一轮的投资期。新的投资热必然会集中反映到对钢材需求的大幅增长,从而推动钢铁工业投资的迅速增长。2001年以来,我国钢铁工业新一轮投资势已燎原。2002年,钢铁工业固定资产投资704亿元,比上年增长45.9%;到2003年上半年,钢铁工业完成投资同比增长133.8%。

第三,加入WTO以来,我国出口出现了大幅度的上升。2001年进出口总额达到5 089亿美元,比上年同比增长7.5%,其中出口总额2 662亿美元,增长6.8%;2002年进出口总额达到6 208亿美元,比上年同比增长21.5%,其中,出口总额3 256亿美元,增长34.6%;2004年进出口总额达到11 548亿美元,比上年增长35.7%,其中,出口5 934亿美元,增长35.4%。

第四,生活水平的上升孕育了我国经济中新的经济增长点,如这两年出现的居民购房热、购车热和旅游热。2003年我国房地产开发比上年增加了29.7%,部分大城市的房地产投资的增幅已经超过了53%。2003年1~11月份全国累计生产轿车180.62万辆,比上年同期增长81.4%。国内旅游达到3878.36亿人民币,增长10%,国外来华旅游为203.85亿美元,增长14.6%,两项合计,旅游总收入为5 570.3亿元人民币。

由于以上原因,我国自2002年以来进入了新一轮的经济增长期。

资料来源:曹家和,宏观经济学,北方交通大学出版社,2006.1

Chapter 6 第六章

IS-LM 模型

【学习要点及目标】

本章将实物经济与金融经济结合起来,考察产品市场与货币市场同时均衡时国民收入的决定,从而使国民收入决定理论更加接近实际。

通过本章的学习,应掌握经济学意义上的投资的概念;掌握 IS 曲线与产品市场的均衡及其经济含义;理解货币需求、货币供给及其利息率的决定;掌握 LM 曲线与货币市场的均衡及其经济含义;了解产品市场和货币市场一般均衡的基本思想;了解产品市场与货币市场的非均衡及其调整。具体考核的知识点有:投资函数、IS 曲线及其经济含义、货币需求的动机与货币需求函数、利息率的决定、LM 曲线及其经济含义、IS-LM 模型的均衡与非均衡状态及其调整。

【引导案例】

住房需求是投资

在许多人的观念中购买住房是一种消费,与购买冰箱、彩电、汽车一样。在经济学家看来,购买住房实际是一种投资行为,即投资于不动产。

为什么购买住房不是消费而是投资呢?我们先从这种购买行为的目的来看。消费是为了获得效用。例如,购买冰箱、彩电、汽车等都是为了使满足程度更大,消费不会增值,但投资是为了获得利润,或称投资收益。在发达的市场经济中,人们购买房子不是为了居住或得到享受(如果仅仅为了居住可以租房子),而是作为一种投资得到收益。住房的收益有两个来源。一是租金收入(自己居住时所少交的房租也是自己的租金收入),二是房产本身的增值。土地总是有限的,因此,从总趋势来看,房产是升值的。正因为这样,许多人把购买住房作为一种收益大而风险小的不动产投资。

> 把住房作为消费还是投资在经济学家看来是十分重要的。因为决定消费与投资的因素是不同的。在各种决定消费的因素中最重要的是收入,但在决定投资的各种因素中最重要的是利率。因为利率影响净收益率。只有利率下降,收益率提高,人们才会投资,而且只要净收益率高,就愿意借钱投资,因此,要刺激投资就要降低利率。如果经济政策的目标是刺激人们购买住房,关键不是增加收入,而是降低利率。
>
> 资料来源:廖志标. 和讯博客. 2005.

IS-LM 模型最初是由英国经济学家 J·希克斯(1904—1989 年)在 1937 年发表的《凯恩斯先生与古典学派》一文中提出的,1948 年美国经济学家 A·汉森(1887—1975 年)在《货币理论与财政政策》以及 1953 年在《凯恩斯学说指南》中对这一模型作了解释,因此,这一模型又被称为"希克斯—汉森模型",通称修正凯恩斯模型。此外,对这一模型作出解释、补充与发展的还有 F·莫迪尼安尼在 1944 年发表《流动偏好与利息和货币理论》,克莱因在 1947 年写的《凯恩斯革命》,以及萨缪尔森在 1948 年写的《收入决定的简单数学表述》等。

IS-LM 模型是凯恩斯宏观经济学的核心,凯恩斯主义的全部理论与政策分析都是围绕这一模型而展开的。

图 6.1 可以说明 IS-LM 模型的结构。该图表明,IS-LM 模型强调了产品市场与货币市场之间的联系。在产品市场上,国民收入决定总需求,总需求又决定了产量与国民收入,产品市场又受财政政策的影响。在货币市场上,货币的供给和需求决定了利率,而利率的高低又会影响对证券的需求和供给。而且收入的高低对货币和证券等金融资产的供求也有重要影响。较高的收入将增加货币及证券的需求,从而提高利率,而较高的利率又会减少支出,支出的减少又会降低收入。现代凯恩斯主义认为,货币政策对利率也有直接影

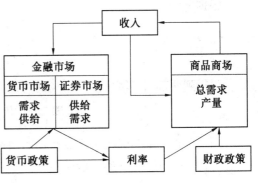

图 6.1 IS-LM 模型的结构

响,例如,中央银行可以通过调整再贴现率和改变公开市场业务操作等手段直接影响利率,使利率维持在适当的水平。总之,利率、支出和收入是由产品市场和货币市场共同决定的,也就是说,产品市场和货币市场的同时均衡决定了总需求、利率和国民收入,这是 IS-LM 模型的核心。在接下来的两节中,我们将对产品市场与 IS 曲线和货币市场与 LM 曲线进行分别的介绍,最后将两个市场中的两条曲线放在一起来共同研究 IS-LM 模型。

第一节 产品市场的均衡与 IS 曲线

在前面的章节我们已经学习过投资函数,在本章我们将放宽假设,将投资看作一个变量来

进行研究,将投资函数运用到 IS 曲线的推导中,下面我们来介绍一下 IS 曲线的含义、图形及具体的推导过程和 IS 曲线的移动。

一、IS 曲线

(一)IS 曲线的含义

要使产品市场达到均衡,则所有生产出来的商品都必须被买走;同时,整个社会的总需求都要能被厂商的总供给所满足。所谓产品市场均衡,是指产品市场中总需求等于总供给时各个经济变量的状态。

将投资看成是利率的函数后,产品市场均衡的条件就可以用 IS 曲线来说明。IS 曲线表示产品市场达到均衡时,利率 r 与国民收入 Y 之间的反向变动关系。它是一个表示产品市场均衡的模型。由于 IS 曲线描述的是与任一给定的利息率相对应的当投资等于储蓄时会有的国民收入,故又称"储蓄-投资"曲线。在每一利率所决定的投资量上,会决定一种收入水平,这一收入水平在给定的储蓄函数下,使储蓄与投资相等。曲线上的点是投资等于储蓄的收入和利率的各种组合点。

根据

$$Y = C + I$$
$$C = \alpha + \beta Y$$
$$I = e - dr$$

可得到两部门经济中产品市场的均衡方程,即两部门经济的 IS 曲线为

$$Y = \frac{\alpha + e - dr}{1 - \beta} \text{ 或 } r = \frac{\alpha + e}{d} - \frac{1 - \beta}{d}Y$$

同理可得三部门经济中产品市场的均衡方程,即三部门经济的 IS 曲线为

$$Y = \frac{\alpha + G + e - \beta T_0 + \beta TR - dr}{1 - \beta(1 - t)} \text{ 或 } r = \frac{\alpha + G + e - \beta T_0 + \beta TR}{d} - \frac{1 - \beta(1 - t)}{d}Y$$

例题 1 已知消费函数 $C = 200 + 0.8Y$,投资函数 $I = 300 - 5r$;求 IS 曲线的方程。

解 IS 曲线的方程为:

$$Y = \frac{\alpha + e - dr}{1 - \beta} = \frac{200 + 300 - 5r}{1 - 0.8} = 2\,500 - 25r \text{ 或是 } r = 100 - 0.04Y$$

(二)IS 曲线的图形

当投资作为利率的减函数即 $I = e - dr$ 时,则两部门经济中均衡国民收入决定公式变为 $Y = \frac{\alpha + e - dr}{1 - \beta}$。该式表明,均衡收入与利率之间存在反向变动关系。若画出一个坐标系,则可得到一条反映利率和收入间相互关系的曲线,这条曲线上任何一点都代表一定的利率和收入的组合,在此组合下,投资和储蓄都相等,从而产品市场上供求达到了平衡。处于 IS 曲线上的任何一点都表示 $I = S$,即产品市场实现了均衡。而 IS 曲线外所有收入与利率的组合点都不

能使投资与储蓄相等,从而都是非均衡点,即产品市场没有实现均衡。位于 IS 曲线左方的收入和利率的组合,都是投资大于储蓄的非均衡组合,只有位于 IS 曲线上的收入和利率的组合,才是投资等于储蓄的均衡组合。

IS 曲线(如图 6.2 所示)向右下方倾斜。它表明,在产品市场上,总产出与利率之间存在着反向变化的关系,即利率提高时总产出水平趋于下降,利率降低时总产出水平趋于增加。这是因为,投资随利率反方向变化,而国民收入则随投资同方向变化,所以利率越高投资越少,从而国民收入的均衡值越小,反之,利息率越低国民收入的均衡值越大。

对 IS 曲线的经济含义可以解释如下:

(1) IS 曲线是一条描述产品市场达到宏观均衡,即 $I=S$ 时,总产出与利率之间关系的曲线。

(2)在产品市场上,总产出与利率之间存在着反向变化的关系,即利率提高时总产出水平趋于减少,利率降低时总产出水平趋于增加。

(3)处于 IS 曲线上的任何点位都表示 $I=S$,即产品市场实现了宏观均衡。反之,偏离 IS 曲线的任何点位都表示 $I \neq S$,即产品市场没有实现宏观均衡(如图 6.3 所示)。

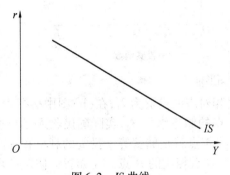

图 6.2　IS 曲线

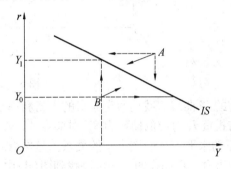

图 6.3　IS 曲线非均衡状态调整

(4)如果某一点位处于 IS 曲线的右边,表示 $I<S$,即现行的利率水平过高,从而导致投资规模小于储蓄规模。如果某一点位处于 IS 曲线的左边,表示 $I>S$,即现行的利率水平过低,从而导致投资规模大于储蓄规模。

(三) IS 曲线的推导

IS 曲线是从投资与利率的关系(投资函数)、储蓄与收入的关系(储蓄函数)以及储蓄与投资的关系(储蓄等于投资)中,利用四个象限图形推导出来的。如图 6.4 所示。

(a)图中向右下倾斜的为投资函数,纵轴表示利率 r,横轴表示投资量 I。(c)图中向左下倾斜的为储蓄函数,(b)图为储蓄等于投资的工具图,也代表产品市场的均衡,纵轴表示储蓄 S,横轴仍表示投资 I。在 45°线上的任意点都是储蓄与投资的均衡点,因此也就是总供求的均衡点。由(a)、(b)、(c)这三个图我们就可以推导出维持产品市场均衡的国民收入与利率所形成的组合,并将其在图 6.4 中标出来,最后再将这些点连接起来,就可以找到代表产品市场均

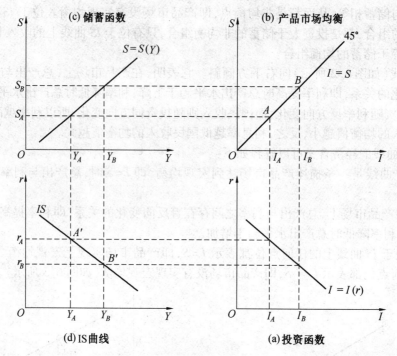

图 6.4 *IS* 曲线的图形推导

衡的 *IS* 曲线。我们假定原来的市场利率是 r_A，与之相对应的投资为 I_A，在(b)图中根据 45°线与投资 I_A 对应的储蓄为 S_A，对应点 A。若想达到 A 点的储蓄水平 S_A，实际国民收入必须达到 Y_A 的水平，即(c)图表示的关系。显然，在图(d)中的 A′点就是储蓄等于投资的利率和总产量的组合。用同样的方法可以找到图(d)中与图(b)中 B 点相应的 B′点。比如我们假定市场利率下降到 r_B，于是投资需求由 I_A 增加到 I_B，如(a)图。在(b)图中，根据 45°线，当投资需求增加到 I_B 时，储蓄则由 S_A 增加到 S_B。在(c)图中，当国民收入为 Y_B 时，储蓄为 S_B，此数量正好符合(b)图中维持产品市场和货币市场均衡时所需要的储蓄量。然后，把利率 r_B 与最后得到的市场均衡时的国民收入 Y_B 同时画在(d)图中，就可以得到 B′点，这是另一组能维持产品市场均衡的国民收入和利率的组合。我们把 A′与 B′点连接起来，就是 *IS* 曲线。可见，*IS* 曲线是产品市场均衡状态的一幅简单图象，它表示的是：与任一给定的利率相对应的国民收入水平，在这样的水平上，投资恰好等于储蓄，因此这条曲线称 *IS* 曲线。

IS 曲线斜率的经济意义：总产出对利率变动的敏感程度。斜率绝对值越大(斜率越小)，*IS* 曲线越陡峭，总产出对利率变动的反应越迟钝。反之，斜率绝对值越小(斜率越大)，*IS* 曲线越平缓，总产出对利率变动的反应越敏感。

影响 *IS* 曲线斜率的因素。由于利率下降意味着一个较高的投资水平，从而达到一个较高的储蓄和收入水平，因此，*IS* 曲线是一条斜率为负的曲线。两部门经济中 *IS* 曲线斜率为

$-\frac{1-\beta}{d}$,三部门经济中 IS 曲线斜率为 $-\frac{1-\beta(1-t)}{d}$。

在两部门经济中,IS 曲线的斜率绝对值为 $(1-\beta)/d$,既取决于边际消费倾向 β,也取决于投资对利率的变动系数 d。当边际消费倾向提高或投资对于利率的变动系数变大时,会使 IS 曲线变得较平坦;反之,当边际消费倾向降低或投资对于利率的变动系数变小时,会使 IS 曲线变得较为陡峭。

在三部门经济及比例税条件下,IS 曲线的斜率绝对值为 $[1-\beta(1-t)]/d$,因而该值除了取决于边际消费倾向 β 和投资对于利率的变动系数 d 之外,也取决于边际税率 t。在其他条件不变的情况下,边际税率 t 上升,IS 曲线变得较为陡峭;反之,边际税率 t 下降,IS 曲线变得较为平坦。

在上述影响 IS 曲线斜率的因素中,主要因素是投资对利率的敏感程度 d,因为边际消费倾向 β 较稳定,税率 t 也不会轻易变动。

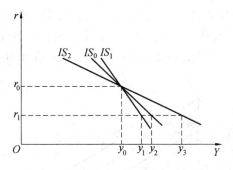

图 6.5　IS 曲线斜率变化

二、IS 曲线的移动

IS 曲线表示的是利率变化引起的均衡国民收入的变化。如果利率以外的因素导致了国民收入的变动,就会引起 IS 曲线的移动。而在开放经济条件下,还要包括进出口的变动。总之,一切自发支出量的变动都会引起 IS 曲线的移动。如果利率没有变化,由外生经济变量冲击导致总产出增加,可以视作原有的 IS 曲线在水平方向上向右移动;如果利率没有变化,由外生经济变量冲击导致总产出减少,可以视作原有的 IS 曲线在水平方向上向左移动。

1. 自主投资 e 的变动

如果由于种种原因(如投资的边际效率增加,或出现了技术革新,或企业家对经济前景预期乐观等),在同样的利率水平上投资需求增加了(即 e 增加了),从而国民收入也增加了,于是 IS 曲线就会向右移动,移动的量等于 $\Delta e \cdot k$。反之,如果投资需求下降,则 IS 曲线向左移动。

2. 自发消费的变动

在其他条件不变的情况下,如果自主消费 α 增加了,就会导致国民收入的增加,从而使 IS 曲线向右移动,其移动量等于 $\Delta \alpha \cdot k$;如果 α 减少了,IS 曲线会向左移动。

3. 政府购买 G 的变动

在三部门经济中，IS 曲线是根据国民收入均衡的条件从 $I+G=S+T$ 的等式推导出来的，因此，不仅投资曲线和储蓄曲线移动会使 IS 曲线移动，而且 I、G、S、T 中任何一条曲线的移动或几条曲线同时移动，都会引起 IS 曲线移动，如果考虑到开放经济情况，则引起 IS 曲线移动因素还要包括进出口的变动。总之，一切自发支出量变动、都会使 IS 曲线移动。增加政府购买性支出，在自发支出量变动的作用中等于增加投资支出，因此，会使 IS 曲线向右平行移动，IS 曲线移动的幅度取决于两个因素：政府支出增量和支出乘数的大小，即均衡收入增加量 $\Delta Y = K_G \cdot \Delta G$。减少政府购买 G，则会使 IS 曲线左移。

4. 转移支付 TR 与自发税收 T_0 的变动

政府转移支付 TR 减少，或是自发税收 T_0 增加时，会使 IS 曲线截距减小，但是斜率不变，这时 IS 曲线向左下方平行移动；相反，在其他条件不变的情况下，政府转移支付 TR 增加，或是自发税收 T_0 减少时，IS 曲线右移。如图 6.6 所示。

增加政府支出和减少税收，都属于增加总需求的扩张性财政政策，会使 IS 曲线向右上方移动；减少政府支出和增加税收，都属于降低总需求的紧缩性财政政策，会使 IS 曲线向左下方移动。实际上，西方经济学家作出 IS 曲线的目的之一，就在于分析财政政策如何影响国民收入的变动。

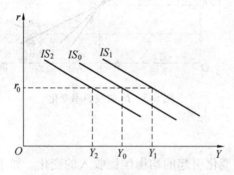

图 6.6 IS 曲线的移动

第二节 货币市场的均衡与 LM 曲线

在第四章我们已经学过有关货币供给的分类、货币需求的三个动机及货币需求函数，本节我们将运用货币需求函数和供给函数来共同研究货币市场的均衡，从而推导出 LM 曲线。

一、LM 曲线

（一）LM 曲线的含义

LM 曲线是一条描述货币市场达到宏观均衡即 $L=m$ 时，总产出与利率之间关系的曲线。

在货币市场上,总产出与利率之间存在着正向变化的关系,即利率提高时总产出水平趋于增加,利率降低时总产出水平趋于减少。

$$L = m$$
$$L = kY - hr$$
$$r = kY/h - m/h$$

用 P 代表价格总水平,则实际货币供应量 m 与名义货币供应量 M 的关系为 $m = M/P$,这就是 LM 曲线的方程式。

例题 2 已知货币供应量 $M = 300$,货币需求量 $L = 0.2Y - 5r$,求 LM 曲线的方程。

解 根据 LM 曲线的方程可得 $r = kY/h - m/h$,将 $M = 300$,$L = 0.2Y - 5r$ 带入方程,可得 LM 曲线的方程为:$r = -60 + 0.04Y$

(二)LM 曲线的图形

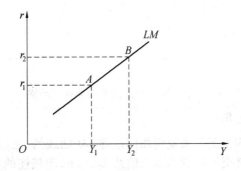

图 6.7 LM 曲线

LM 曲线表示在名义货币供给 M 和价格水平 P 保持不变的情况下,货币市场均衡时,利率和国民收入组合点的轨迹。在宏观经济学中,用横轴代表收入,用纵轴代表利率。由于 r 和 h 都是大于零的常数,所以 LM 曲线的斜率是正值,LM 曲线是一条向右上方倾斜的曲线,如图 6.7 所示。

由于存在投机动机,利率越高,货币需求越低,要保持货币需求与给定的货币供给相等时的均衡状态,就需要提高产出或收入水平,通过交易动机增加货币需求,以抵消利率提高时降低货币需求的影响。由于产出与利率具有正向关系,因而 LM 线向右上方倾斜。例如,从图 6.7 中我们可以看出,货币市场均衡时,国民收入与利率之间呈现正向关系,即当利率上升时,国民收入也会增加;反之,当利率下降时,国民收入也会减少。图中 LM 线上的 A 点表示 r_1 与 Y_1 是满足货币市场均衡条件的利率与产出组合。当利率上升到 r_2 时,投机动机使货币需求下降,需要产出上升到 Y_2,并通过与收入相联系的交易动机对货币需求的影响,使货币需求与外生给定的货币供给相等,从而维持货币市场的均衡。

LM 曲线的经济含义:

(1)LM 曲线是一条描述货币市场达到宏观均衡,即 $L = M$ 时,总产出与利率之间关系的曲线。

(2)在货币市场上,总产出与利率之间存在着正向变化的关系,即利率提高时总产出水平趋于增加,利率降低时总产出水平趋于减少。

(3)处于 LM 曲线上的任何点位都表示 $L=m$,即货币市场实现了宏观均衡。反之,偏离 LM 曲线的任何点位都表示 $L\neq m$,即货币市场没有实现宏观均衡。如图 6.8 所示:如果某一点位处于 LM 曲线的右边,如 A 点,表示 $L>m$,即现行的利率水平过低,从而导致货币需求大于货币供应。如果某一点位处于 LM 曲线的左边,如 B 点,表示 $L<m$,即现行的利率水平过高,从而导致货币需求小于货币供给。

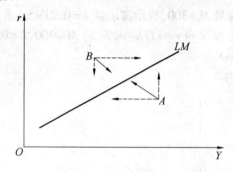

图 6.8　LM 曲线非均衡状态调整

(三)LM 曲线的推导

我们可以采用以下四个图形来说明如何推导 LM 曲线的,见图 6.9。在图 6.9 中的(a)图中向右上方倾斜的曲线是交易性货币需求曲线 L_1。(b)图描述的是货币市场均衡,即 $m=L_1+L_2$。(c)图中向右下方倾斜的曲线是投机性货币需求曲线 L_2。(d)图中向右上方倾斜的曲线是 LM 曲线。用(a)、(b)、(c)三个图形,我们就可以找出维持货币市场均衡的国民收入与利率所形成的组合,并将其在图中的(d)图标出,最后再将这些点连接起来,就可以得到代表货币市场均衡的 LM 曲线。

我们假定原来的市场利率是 r_0。在利率为 r_0 下,投机性货币需求为 L_{20},如(c)图。在(b)图中,由于实际货币供给量 m 是固定的,当投机性货币需求为 L_{20} 时,交易性货币需求为 L_{10}。在(a)图中,当国民收入为 Y_0 时,交易性货币需求为 L_{10},此数量正好符合(b)图中维持货币市场均衡所需要的数量。然后,把原始的利率 r_0 与最后得到的市场均衡时的国民收入 Y_0,同时画在(d)图中,就可以得到 $A(Y_0,r_0)$ 点,它表示一组能维持货币市场均衡的国民收入与利率的组合。我们可以用同样的方法找出第二个点。比如,我们假定市场利率上升到 r_1,于是投机性货币需求由 L_{20} 减少到 L_{21},如图(c),在(b)图中,由于实际货币供给量 m 是固定的,当投机性货币需求减少到 L_{21} 时,交易性货币需求则由 L_{10} 增加到 L_{11}。在(a)图中,当国民收入为 Y_1 时,交易性货币需求为 L_{11},此数量刚好符合图中维持货币市场均衡所需要的数量。然后,把原始的利率 r_0 与最后得到的市场均衡时的国民收入 Y_1,同时画在(d)图中,就可以得到 $B(Y_1,r_1)$ 点,这是另外一组能维持货币市场均衡的国民收入与利率的组合。我们将 A、B 两点联结起来,就可以得到 LM 曲线。

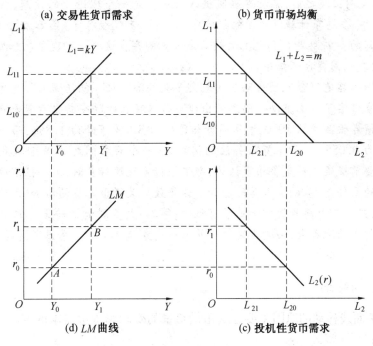

图 6.9 LM 曲线的图形推导

LM 曲线的斜率为 k/h，取决于货币的投机需求和交易需求的斜率，从 LM 曲线的代数表达式中可见，若 k 为定值，h 越大，即货币需求对利率变动越敏感，LM 越平缓；若 h 为定值，k 越大，即货币需求对收入变动越敏感，则 LM 越陡峭。

西方学者一般认为，货币的交易需求函数一般比较稳定，因而，LM 曲线的斜率主要取决于货币的投机需求函数。出于投机动机的货币需求是利率的减函数。

【案例6.1】

流动性陷阱与日本案例

流动性陷阱通常被认为是这样的一种情形：货币供应量的增加没有带来利率下降，而仅仅表现为闲置持币余额的增加。在正常条件下，货币供应量的增加会导致债券价格上升。人们会试图用持有的多余现金购买资产，从而使利率下降。在凯恩斯所描述的流动性陷阱中，人们确信目前的债券价格过高，以后可能下跌，利率也相应太低，今后还会升高。人们因此认为，现在购买债券无疑会造成资本损失，还是应该选择持有现金。其结果是，货币供应量的增加仅仅是闲置持币余额上升，而对利率没有产生影响……流动性陷阱意味着货币政策在这种情况下不起作用。货币供应的增加既然对利率无法产生作用，也就不能影响投资和总需求。

在日本案例出现之前,流动性陷阱被认为仅仅是一个理论上的设想,在现实世界中并不存在。1994年,多恩布什和费希尔的经济学教科书《宏观经济学》第6版出版。在这本书中,他们是这样写的:"凯恩斯自己也无法确认是否真的存在这样一种现象(流动性陷阱)。在60年后的今天,我们同样也不知道。"

日本案例明显地符合流动性陷阱的绝大多数经济特征。包括保罗·克鲁格曼在内的一些著名经济学家证实了日本流动性陷阱的出现。日本现在的隔夜拆借存款利率只有0.02%,10年期的政府债券收益率从1990年9月开始已经由8.7%下降为1.8%,而一些短期政府债券的收益率仅为0.055%。学术界最关注的问题是:一个存在问题的银行体系是否是形成流动性陷阱的必要前提条件?克鲁格曼认为,即使银行系统运行良好,流动性陷阱也可能出现。在流动性陷阱的条件下,基础货币量的增加不会导致广义货币总量的增加,因为:第一,公众将大量持有现金,广义货币总量的增加是很有限的;第二,大量现金将转化为储备;第三,银行将增加作为基础货币的准备金,而减少贷款。并不一定意味着银行体系出了问题。

资料来源:中新网,2004.3。

二、LM 曲线的移动

影响 LM 曲线移动的原因主要是货币供给量的变动和货币需求的变动。具体地说,有以下三种情况:

(1)货币投机需求曲线移动,会使 LM 曲线发生方向相反的移动。(k、h 不变)即如果投机需求曲线右移(即投机需求增加),而其他情况不变,则会使 LM 曲线左移,原因是同样利率水平上现在投机需求量增加了,交易需求量必减少,从而使国民收入水平下降了。

(2)货币交易需求曲线移动,会使 LM 曲线发生同方向变动。(k、h 不变)即如果交易需求曲线右移(即交易需求减少)而其他情况不变,则会使 LM 曲线也右移,原因是完成同样的交易量所需要的货币量减少了,也就是,原来一笔交易变成现在能完成更多国民收入的交易了。

需要指出的是,上述 LM 曲线移动的两种情况是在货币的投机需求曲线和交易需求曲线斜率不变时发生的,即 h 和 k 之值都不变时发生的。如果 h 和 k 变动则会使 LM 曲线发生转动而非移动,如 h 值由小变大即货币需求对利率的敏感度逐渐增强,则会使 LM 曲线逐渐变得平缓,即发生顺时针方向转动;反之,则会发生逆时针方向转动。如果 k 值由小变大,即货币需求对收入的敏感度逐渐增强,则会使 LM 曲线逐渐变陡,发生逆时针方向转动;反之则顺时针转动。

(3)货币供给量变动将使 LM 曲线发生同方向变动,即货币供给增加,LM 曲线右移。原因是在货币需求不变时(包括投机需求和交易需求),货币供给增加,必使利率下降,这样刺激了投资和消费,使国民收入增加。货币供给减少,LM 曲线左移。

当物价水平一定,名义货币供给增加时,实际货币供给 M/P 就会上升,导致利息率下降。利息率的下降一方面引起投机性的货币需求 L_2 上升,另一方面会造成投资 $I(r)$ 增加,总支出 AE 增加和均衡国民收入 Y 的增加,收入 Y 的增加又会引起交易货币需求 L_1 的增加。L_1 和 L_2

的相继增加提高了货币总需求,直到货币总需求赶上已经增加了的实际货币供给,与其重新相等。这时,双重均衡重新实现,但均衡利息率的水平下降了,均衡实际国民收入水平提高了。当名义货币供给不变,而物价水平发生变化时,同样也会引起 LM 曲线移动。即名义货币供给不变,物价水平上升,LM 曲线左移;物价水平下降,LM 曲线右移。

通常情况下,政府扩大货币供给属于增加总需求的膨胀性货币政策,减少货币供给属于减少总需求的紧缩性货币政策。政府通过有效的货币政策影响国民收入的变动。

如果利率没有变化,由外生经济变量冲击导致总产出增加,可以视作原有的 LM 曲线在水平方向上向右移动。如果利率没有变化,由外生经济变量冲击导致总产出减少,可以视作原有的 LM 曲线在水平方向上向左移动。

注意:当价格水平 $P=1$ 时,或者说不变时,名义货币供给就可以代表实际货币供给,因为 $m=M/P=M$,可是,如果价格水平不等于1,或者说变动时,名义货币供给就不能代表实际货币供给。$P>1$ 时,货币的实际供给小于名义供给,$P<1$ 时,货币的实际供给大于名义供给。因此,当名义货币供给量不变时,价格水平如果下降,意味着实际货币供给增加,这会使 LM 曲线向右移动。相反,如果价格水平上升,LM 曲线向左移动。认识这一点,对于认识总需求曲线的推导很有意义。

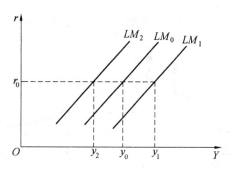

图 6.10　LM 曲线的移动

在使 LM 曲线移动的三个因素中,特别要重视货币供给量变动这个因素。因为货币供给量是国家货币当局可以根据需要而调整的,通过这种调整来调节利率和国民收入,正是货币政策的内容。

三、完整的 LM 曲线

1. 凯恩斯区域

当利率降得很低时,货币的投机需求将成为无限的,这就是"凯恩斯陷阱"或"流动偏好陷阱",由于在这一极低的利率水平上(如2%),货币投机需求量已成为无限的,因此货币的投机需求曲线成为一条水平线,这会使 LM 曲线也成为水平的。

当 h 无穷大时,LM 曲线的斜率为0。当利率很低时,货币的投机需求将为无限,即为凯恩斯陷阱或流动偏好陷阱。如图6.11所示,当利率降到r_1时,第四象限中货币投机需求曲线成为一条水平线,因而LM曲线上也相应有一段水平状态的区域,这一区域称为"凯恩斯区域",也称"萧条区域"。理由是,如果利率一旦降到很低的水平,政府实行扩张性货币政策,增加货币供给,不能降低利率,也不能增加收入,因而货币政策在这时无效。相反,扩张性财政政策使IS曲线向右移动,收入水平会在利率不发生变化情况下提高,因而财政政策有很大效果。凯恩斯认为20世纪30年代大萧条时期西方国家的经济就是这种情况,因而LM曲线呈水平状,这个区域也因此而得名为"凯恩斯区域"或"萧条区域"。

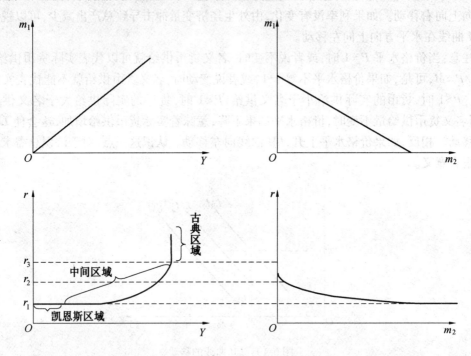

图6.11 LM曲线的三个区域

2. 古典区域

当$h=0$时,LM曲线的斜率为无穷大。如果利率上升到很高水平时,如图6.11中的水平r_3,货币的投机需求量将等于零,这时候人们除了为完成交易还必须持有一部分货币(即交易需求),再不会为投机而持有货币。由于货币的投机需求等于零,因此,图中的货币投机需求曲线表现为从利率为r_3以上是一条与纵轴相重合的垂直线,不管利率再上升到r_3以上多高,货币投机需求量都是零,人们手持货币量都是交易需求量。这样,LM曲线从利率为r_3开始,就成为一段垂直线。

这时如实行扩张性财政政策使IS曲线向右上移动,只会提高利率而不会使收入增加,但如果实行使LM曲线右移的扩张性货币政策,则不但会降低利率,还会提高收入水平。因此这时候财政政策无效而货币政策有效,这符合"古典学派"以及基本上以"古典学派"理论为基础的货币主义者的观点。因而 LM 曲线呈垂直状态的这一区域被称为"古典区域"。

3. 中间区域

古典区域和凯恩斯区域之间的 LM 曲线是中间区域,LM 曲线的斜率在古典区域为无穷大,在凯恩斯区域为零,在中间区域则为正值。LM 曲线的斜率是 k/h,h 是货币需求关于利率变动的系数,当 $h=0$ 时,k/h 为无穷大。因此,LM 曲线在古典区域是一条垂直线,当 h 为无穷大时,k/h 为零。因此,LM 曲线在凯恩斯区域是一条水平线,而当 h 介于零和无穷大之间的任何值时,由于在一般情况下总是正值,因此 h 为正。

第三节 IS-LM 分析

【案例6.2】

中国的 IS-LM 模型

IS-LM 模型的假定:需求决定产出(社会需要多少产品,厂商就愿意生产多少),改革开放前,中国经济严重供给不足,不能用该模型来分析中国经济。随着改革开放的发展,中国经济逐渐显示出需求约束性特征的背景下,就有必要建立中国的 IS-LM 模型。

根据统计资料测算,我国居民的消费函数为: $C=412.839+0.4538Y$;投资函数为: $I=-725.5516+0.4264Y-19.5494r$;货币需求函数为: $L=0.4939Y-104.2760r$。则可以推算出 IS 曲线: $y=1312.4325-60.6808r+2.8788G$;LM 曲线: $y=20.247M+211.1276r$。若将政府支出和货币供应看作固定常数,则可以大致画出中国的 IS-LM 模型。(如图6.12所示)

从图6.12可以看出:(1) IS 曲线较陡。较陡的 IS 很大程度上是由于投资对利率变化反映不灵敏导致的;(2) LM 曲线较平坦。较平坦的 LM 是货币需求对利率变动较敏感导致的。

资料来源:曾宪久.中国的 IS-LM 模型与货币政策传导,经济学家,2001.

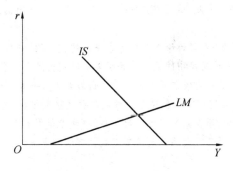

图6.12 中国的 IS-LM 曲线

凯恩斯在《就业、利息和货币通论》中说明了总收入决定于与总供给相等的总有效需求，而有效需求决定于消费支出和投资支出，由于消费倾向在短期是稳定的，因而有效需求主要决定于投资引诱。投资量又决定于资本边际效率和利率的比较。若资本边际效率为一定，则投资决定于利率，利率决定于货币数量和流动性偏好即货币需求。货币需求由货币的交易需求（包括预防需求）和投机需求构成；交易货币需求决定于收入水平，而投机需求决定于利率水平。可见，在商品市场上，要决定收入，必须先决定利率，否则投资水平无法确定；而利率是在货币市场上决定的，在货币市场上，如果不先确定一个特定的收入水平，利率又无法确定，而收入水平又是在商品市场上决定的，因此利率的决定又依赖于商品市场。这样，凯恩斯的理论就陷入了循环推论：利率通过投资影响收入，而收入通过货币需求又影响利率；或者反过来说，收入依赖于利率，而利率又依赖于收入。凯恩斯的后继者发现了这一循环推论的错误，并把商品市场和货币市场结合起来，建立了一个商品市场和货币市场的一般均衡模型，即 IS–LM 模型，以解决循环推论的问题。

在简单国民收入决定模型一章中我们作了一系列简化的假设。例如，假设投资是外生变量，只存在产品市场等。因此，该模型不能用来分析复杂的宏观经济活动。而在本章中我们将减少假设条件，利用 IS–LM 模型对凯恩斯的收入模型作全面的补充和发展，提供一个真正用来分析西方现代宏观经济运行机制并从中得出可操作性的政策含义的理论框架。

【知识库】

约翰·希克斯(John R. Hicks)，当代英国著名经济学家(1904—1989)，牛津博士，任教于伦敦经济学院，1972 年同美国经济学家肯尼思·阿罗一起获得诺贝尔经济学奖。瑞典皇家科学院称赞他们在一般均衡理论和福利经济学方面做出了开创性的研究成果。然而，希克斯在经济史研究上的贡献也是应引起人们注意的。

希克斯在经济史领域内的研究，集中反映在他于 1969 年出版的《经济史理论》一书中。和熊彼特一样，希克斯感兴趣的是提出一种可以用于解释人类社会经济史的经济理论，而不是专门去研究某一时期的某一类具体的经济史课题。因此，他同熊彼特一样，可以被称为杰出的经济史理论家，而不是经济史专家。

希克斯把经济史分为两类：一类讨论的是生活水平问题，包括的内容是，生活水平如何随时间而变化；某一社会的全体居民或全体居民中的某一阶级在某一时期内达到了什么样的水平以及如何把它与另一社会的全体居民或其中某一阶级在同一时期内达到的生活水平进行比较等等。另一类经济史所研究的是"经济人"的出现，这些"经济人"创造了这种或那种经济制度(包括资本主义制度和社会主义制度)。在这两类经济史研究中，希克斯的兴趣在后一种。"我希望引起人们注意的是'经济人'到底是怎样出现的这一问题。"因为这种研究关系到经济制度或经济活动方式的演变。

资料来源：MBA 百科

一、IS-LM 模型的提出与发展

1936 年凯恩斯发表了他的划时代著作《就业、利息和货币通论》,简称《通论》。在这本著作中,凯恩斯说明了:(1)总收入决定于与总供给相等的总有效需求;(2)有效需求决定于消费支出和投资支出;由于消费倾向在短期是稳定的,因而有效需求主要决定于投资引诱;(3)投资量又决定于资本边际效率和利率的比较,若资本边际效率为一定,则投资决定于利率;(4)利率决定于货币数量和流动性偏好即货币需求;(5)货币需求由货币的交易需求(包括预防需求)和投机需求构成。交易货币需求决定于收入水平,而投机需求决定于利率水平。可见,在商品市场上,要决定收入,必须先决定利率,否则投资水平无法确定;而利率是在货币市场上决定的,在货币市场上,如果不先确定一个特定的收入水平,利率又无法确定,而收入水平又是在商品市场上决定的,因此利率的决定又依赖于商品市场。这样,凯恩斯的理论就陷入了循环推论:利率通过投资影响收入,而收入通过货币需求又影响利率;或者反过来说,收入依赖于利率,而利率又依赖于收入。为了解决循环推理的矛盾,凯恩斯的后继者把产品市场和货币市场结合起来,建立了一个产品市场和货币市场的一般均衡模型,即 IS-LM 模型,通过产品市场均衡与货币市场均衡这两者之间的相互作用,得出两个市场同时达到均衡状态时会有的国民收入和利率水平。

在分析货币市场的均衡时,我们曾强调利息率是由货币数量决定的,而不是由实际投资与实际储蓄决定的,但这并不意味着利息率与实际投资和实际储蓄无关。由于实际投资是利息率的函数,而实际储蓄又是收入的函数,从而利息率的变动会使实际投资发生变动,进而影响收入水平和实际储蓄。另一方面,由于货币的交易需求是收入的函数,从而收入的变动会影响到货币需求,在货币供给不变的条件下,货币需求的变动又会影响利息率。由此就出现了这样一个问题,即商品市场的均衡可以确定均衡收入水平,但无法确定均衡利息率水平;货币市场的均衡可以确定均衡利息率水平,但无法确定均衡收入水平。IS-LM 曲线正是为了解决这一问题而提出的。

二、宏观经济的均衡状态

(一)均衡的决定

从前面的分析中已经知道,IS 曲线由投资函数和储蓄函数决定,在 IS 曲线上,有一系列利率与相应国民收入的组合可以使产品市场均衡;外生的实际货币供给和货币的灵活偏好(即货币需求)决定 LM 曲线,在 LM 曲线上,又有一系列利率与相应国民收入的组合可以使货币市场均衡。但能够使商品市场和货币市场同时保持均衡的利率和国民收入却只有一个。这一均衡利率和均衡国民收入可以在 IS 曲线和 LM 曲线的交点上求得,其数值可以通过 IS 和 LM 的联立方程得到。可以通过图 6.13 来说明这一问题。

如图 6.13 所示,IS 曲线与 LM 曲线相交于 E 点。E 点表示,产品市场的供求与货币市场的供求,在相互作用下两个市场同时达到均衡状态时可行的国民收入为 Y^*,利息率 r^*。因为 E 点既是 IS 曲线上的一点,也是 LM 曲线上的一点,因而表示在该点产品市场与货币市场同时达到均衡。

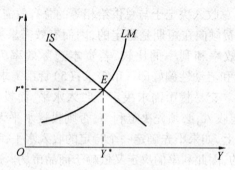

图 6.13　均衡收入与均衡利率的变动

例题 3　已知 IS 曲线的方程为 $r = 100 - 0.04Y$,LM 曲线的方程为 $r = -60 + 0.04Y$;求均衡的产出水平和利率水平及其图象。

解　将 IS 曲线与 LM 曲线联立,可解方程得 $Y = 2\,000$;$r = 20$。

(二) 均衡的变动

在 IS-LM 模型中,只有两个内生变量 r 和 Y,影响产品市场和货币市场均衡的其他经济变量就只能当作外生变量来处理,它们的变化将引起 IS 曲线或(和)LM 曲线的移动,改变这些变量就会改变 IS 曲线与 LM 线的交点——双重均衡点,从而改变使货币市场与产品市场共同均衡的利息率水平 r 和国民收入水平 Y。这就是说,通过操纵一些可以人为控制的经济变量可以达到同时操纵两个市场均衡状态的目的。

1. LM 曲线的移动对均衡的影响

IS 曲线不变,LM 曲线水平方向左右移动,均衡状态也将随之变动。影响 LM 曲线变动的外生变量主要有两个:名义货币供给量 M 和一般价格水平 P。如图 6.14 所示,当 IS 曲线不变而 LM 曲线向右移动时,则收入提高,利率下降。这是因为,LM 曲线右移,或者是因为货币供给不变而货币需求下降,或者是因为货币需求不变,货币供给增加。在 IS 曲线不变,即产品供求情况没有变化的情况下,LM 曲线右移都意味着货币市场上供过于求,这必然导致利率下降。利率下降刺激消费和投资,从而使收入增加。相反,当 LM 曲线向左上方移动时,则会使利率上升,收入下降。

(1) 名义货币供给变动。在物价水平一定时,名义货币供给量的增加会引起 LM 曲线右移,使均衡的利率下降,均衡的国民收入提高。而名义货币供给量的降低则会引起 LM 曲线的左移,使均衡的利率上升,均衡的国民收入降低。

(2) 价格水平变动。既然实际货币供给是名义货币供给 M 与一般价格水平的商,那么当

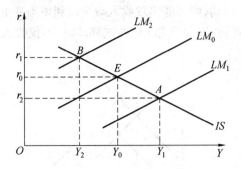

图 6.14　LM 曲线移动对均衡利率与收入的影响

名义货币供给一定时,价格 P 上升,就会引起实际货币供给 m 的减少,从而导致 LM 曲线的左移,使均衡的利率上升,均衡的国民收入降低。而当一般价格水平下降时,则会引起实际货币供给 m 增加,从而引起 LM 曲线的右移,使均衡的利率下降,均衡的国民收入提高。

2. IS 曲线移动对均衡的影响

在其他条件一定的情况下,LM 曲线不变,IS 曲线水平方向左右移动,均衡状态将随之变动。

如图 6.15 所示,当 LM 曲线不变而 IS 曲线向右上方移动时,则不仅收入提高,利率也上升。这是因为 IS 曲线右移是由于投资、消费或政府支出增加(上面分析的只是政府支出增加),简言之就是总支出增加,总支出增加使生产和收入增加,收入增加了,对货币交易需求增加。由于货币供给不变(假定 LM 不变),因此,人们只能出售有价证券来获取从事交易增加所需货币,这就会使证券价格下降,即利率上升。

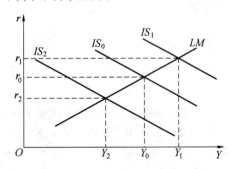

图 6.15　IS 曲线移动对均衡利率与收入的影响

3. 两条曲线同时移动

如果 IS 曲线和 LM 曲线同时移动,收入和利率的变动情况,则由 IS 和 LM 如何同时移动而定。如果 IS 曲线向右上移动,LM 曲线同时向右下移动,则可能出现收入增加而利率不变的情况,这就是所谓扩张性的财政政策和货币政策相结合可能出现的情况。而如果 IS 曲线向左下移动，LM 曲线同时向左上移动，则可能出现收入减少而利率不变的情况。

如图 6.16 所示可以看到，IS 曲线和 LM 曲线移动时，不仅收入会变动，利率也会变动。

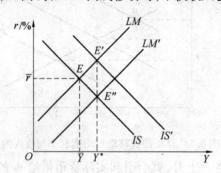

图 6.16 均衡收入和均衡利率的变动

三、宏观经济的非均衡状态

（一）一个市场均衡，另一个市场不均衡

一个市场均衡，另一个市场不均衡是指所研究的点在某一条曲线上，而不在另一条曲线上的情况，即如图 6.17 所示的 A、D 点在 IS 曲线上，B、C 点在 LM 曲线上。

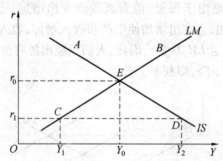

图 6.17 一个市场均衡，另一个市场不均衡的 $IS-LM$ 模型

A 点　$I=S$　$L<M$　　B 点　$I<S$　$L=M$
C 点　$I>S$　$L=M$　　D 点　$I=S$　$L>M$

当经济处于失衡点 C 时，货币市场均衡，产品市场不均衡。此时的利率为 r_1，收入为 y_1，对应于 r_1 的利率，$r_1<r_0$，投资 $>$ 储蓄，则生产和收入都会增加，从而人们对货币的交易需求增加，投机需求下降，导致利率上升，C 点向 E 点靠拢；当经济处于失衡点 D 时，产品市场均衡，货币市场不均衡，货币需求 $>$ 货币供给，而 $I=S$，导致利率上升，D 点向 E 点靠拢。

（二）两个市场同时不均衡

如图 6.18 所示，可以将非均衡的区域分成四个。例如 Ⅱ 区域，位于 IS 曲线的右边，表示产品市场上总供给大于总需求,Ⅱ区域的点将水平向 IS 曲线移动;同时,Ⅱ区域的点又位于 LM 曲线的下边,表示货币的需求大于货币的供给,利息率将会上升,这意味着Ⅱ区域的点将垂直向上移动;两种力量同时作用的结果将使得Ⅱ区域的点沿着两个力量作用下向中间方向移动。同理可以分析Ⅰ,Ⅲ和Ⅳ区域内的点。

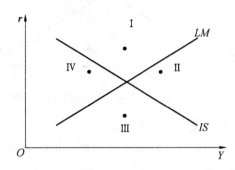

Ⅰ点　$I<S$　$L<M$　　Ⅱ点　$I<S$　$L>M$
Ⅲ点　$I>S$　$L>M$　　Ⅳ点　$I>S$　$L<M$
图 6.18　两个市场都不均衡的 IS-LM 模型

表 6.1　产品市场和货币市场的非均衡

区域	产品市场	货币市场
Ⅰ	$I<S$,有超额产品供给	$L<M$,有超额货币供给
Ⅱ	$I<S$,有超额产品供给	$L>M$,有超额货币需求
Ⅲ	$I>S$,有超额产品需求	$L>M$,有超额货币需求
Ⅳ	$I>S$,有超额产品需求	$L<M$,有超额货币供给

四、宏观经济非均衡状态的调整

(一)宏观经济非均衡状态的自我调整

产品市场和货币市场同时处于均衡状态是一种特例,不均衡是一种常见的现象。当一个经济处于失衡状态时,市场机制会自动进行调节。可以用图 6.19 来说明这个调节过程。如在图中的 A 点处于产品市场非均衡、货币市场均衡的状态,这时可以通过调整自身的利率和收入使产品市场与货币市场上的不均衡状态向两个市场的共同均衡点 C 移动。其他点依此类推,其原理如图 6.17 所示。

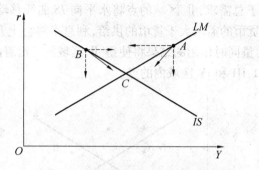

图 6.19　宏观经济非均衡状态的自我调整

(二) 宏观经济非均衡状态的政府调控

IS 和 LM 曲线的交点上同时实现了产品市场和货币市场的均衡。然而,这一均衡不一定是充分就业的均衡。凯恩斯主义者认为,当国民经济处于失业率高或出现通货膨胀时,政府才有必要对经济进行干预。干预的目标是使均衡的国民收入(Y)水平尽可能保持在即无失业也无通货膨胀的水平上。政府主要利用财政政策和货币政策对经济进行调节。这种调节将使 LM 曲线和 IS 曲线发生移动。如图 6.20 所示,IS 曲线和 LM 曲线交点 E 所决定的均衡收入和利率是 y' 和 r',但充分就业的收入则是 y^*,均衡收入低于充分就业收入。在这种情况下,仅靠市场的自发调节,无法实现充分就业的均衡,这就需要依靠国家用财政政策或货币政策进行调节。财政政策是政府变动支出和税收来调节国民收入,如果政府增加支出,或降低税收,或二者双管齐下,IS 曲线就会向右上移动。当 IS 上移到 IS' 时和 LM 线相交于 E' 点,就会达到充分就业的收入水平。货币政策是政府货币当局(中央银行)用变动货币供应量办法来改变利率和收入,当中央银行增加货币供给时,LM 曲线向右下方移动。如果移动到 LM_1 时和 IS 曲线相交于 E',也会达到充分就业的收入水平。当然,国家也可以同时改变税收(t)、政府支出(g)和货币供给量(M)来同时改变 IS 曲线和 LM 的位置。使二者相交于 y^* 垂直线上,以实现充分就业。

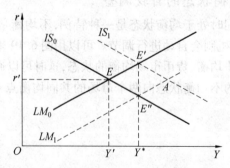

图 6.20　宏观经济非均衡状态的政府调控

第四节 凯恩斯理论的基本框架

【知识库】

约翰·梅纳德·凯恩斯(John Maynard Keynes, 1883—1946),英国经济学家,因开创了所谓经济学的"凯恩斯革命"而著称于世。他是本世纪最具影响力的经济学家,他创立的宏观经济学与弗洛伊德所创的精神分析法和爱因斯坦发现的相对论一起并称为20世纪人类知识界的三大革命。

凯恩斯1883年6月5日生于英格兰的剑桥,14岁获奖学金入伊顿公学(Eton College)主修数学,曾获托姆林奖金(Tomline Prize)。毕业后,获数学及古典文学奖学金入学剑桥大学国王学院。1905年毕业,获剑桥文学硕士学位。之后又滞留剑桥一年,从师马歇尔和庇古攻读经济学。1908年辞去印度事务部职务,回剑桥任经济学讲师至1915年。其间1909年以一篇概率论论文入选剑桥大学国王学院院士,另以一篇关于指数的论文获亚当·斯密奖。概率论论文后稍经补充,于1921年以《概率论》(A Treatise on Probability)为书名出版。1919年初作为英国财政部首席代表出席巴黎和会。因其深厚学术造诣,曾长期担任《经济学杂志》主编和英国皇家经济学会会长,1929年被选为英国科学院院士,1942年晋封为勋爵,1946年剑桥大学授予其科学博士学位。

1929年经济危机爆发后,他感觉到传统的经济理论不符合现实,必须加以突破,于是便有了1936年的《就业、利息和货币通论》(简称《通论》),《通论》在经济学理论上有了很大的突破。

第一,突破了传统的就业均衡理论,建立了一种以存在失业为特点的经济均衡理论。

第二,把国民收入作为宏观经济学研究的中心问题。

第三,用总供给与总需求的均衡来分析国民收入的决定。

第四,建立了以总需求为核心的宏观经济学体系。

第五,对实物经济和货币进行分析的货币理论。

第六,批判了"萨伊法则",反对放任自流的经济政策,明确提出国家直接干预经济的主张。

除《通论》外,凯恩斯另外两部重要的经济理论著作是《论货币改革》(A Tract on Monetary Reform)和《货币论》(A Treatise on Money)。这两部著作是其研究货币理论的代表作,但均未能脱出古典货币数量论的窠臼。

古典经济学家和新古典经济学家都赞同放任自流的经济政策,而凯恩斯却反对这些,提倡国家直接干预经济。他论证了国家直接干预经济的必要性,提出了比较具体的目标;他的这种以财政政策和货币政策为核心的思想后来成为整个宏观经济学的核心,甚至可以说后来的宏观经济学都是建立在凯恩斯的《通论》的基础之上的。

毫无疑问,凯恩斯是一个伟大的经济学家,他敢于打破旧思想的束缚,承认有非自愿失业的存在,首次提出国家干预经济的主张,对整个宏观经济学的贡献是极大的。

资料来源:MBA智库百科

凯恩斯以前的主导经济理论是马歇尔为代表的新古典学派自由放任经济学说,又称传统经济学。这种学说是建立在"自由市场、自由经营、自由竞争、自动调节、自动均衡"的五大原则基础上的,其核心是"自动均衡"理论。认为在自由竞争的条件下,经济都能通过价格机制自动达到均衡;商品的价格波动能使商品供求均衡;资本的价格——利率的变动能使储蓄与投资趋于均衡;劳动力的价格——工资的涨跌能使劳工市场供求平衡,实现充分就业。因此,一切人为的干预,特别是政府干预都是多余的,什么也不管的政府是最会管理的政府,应该信守自由竞争、自动调节、自由放任的经济原则,政府对经济的干预只会破坏这种自动调节机制,反而引起经济的动荡或失衡。

凯恩斯主义的理论体系是以解决就业问题为中心的,而就业理论的逻辑起点是有效需求原理。其基本观点是:社会的就业量取决于有效需求。凯恩斯的就业理论是以实现充分就业为目标的,他的逻辑起点是"有效需求原理"。他首先批驳了以往的"经典学派"根据萨伊定律对于充分就业均衡所作的错误假设,指出现实经济生活中不仅存在着"自愿失业"、"摩擦失业",而且还存在着"非自愿失业"。这种小于充分就业的均衡是经常存在的,造成这一情况的原因在于"有效需求不足"。所谓有效需求,按照凯恩斯的解释,是指商品的总供给价格和总需求价格达到均衡时的总需求。即"总需求函数与总供给函数相交点之值"。总就业决定于总需求,失业是由总需求不足造成的。有效需求表现为收入的消费,当就业增加时,收入也随之增加,而且社会实际收入增加时,消费也会增加,但不如收入增加得快,因此经常引起需求不足。当总需求价格大于总供给价格时,社会对商品的需求超过商品的供给,资本家就会增雇工人,扩大生产;反之,总需求价格小于总供给价格时,就会出现供过于求的状况,资本家或者被迫降价出售商品,或让一部分商品滞销,因无法实现其最低利润而裁减雇员,收缩生产。因此,就业量取决于总供给与总需求的均衡点,由于在短期内,生产成本和正常利润波动不大,因而资本家愿意供给的产量不会有很大变动,总供给基本是稳定的。这样,就业量实际上取决于总需求,这个与总供给相均衡的总需求就是有效需求。

有效需求包含两个方面的内容,即对消费物的需求和对投资物的需求,那么只要找到影响这两个方面需求的变动因素,就可以找到有效需求不足的原因所在,于是凯恩斯转向三大心理规律的分析。

【知识库】

有效需求(Effective Demand)

有效需求是指预期可给雇主(企业)带来最大利润量的社会总需求,亦即与社会总供给相等从而处于均衡状态的社会总需求。

在19世纪20年代已出现有效需求的概念。1820年,英国经济学家马尔萨斯发表《政治经济学原理》,提出由于社会有效需求不足,资本主义存在产生经济危机的可能。1936年,凯恩斯发表《就业、利息和货币通论》,重提有效需求不足,并建立起比较完整的有效需求不足理论。

1929年爆发世界经济危机,传统的关于资本主义社会可以借助市场自动调节机制达到充分就业的说教破产,以凯恩斯为代表的一些经济学家不得不承认,资本主义社会经常存在就业不足,因而经常处于萧条状态。凯恩斯提出有效需求不足理论以试图解释这种现象。根据凯恩斯的观点,有效需求是总供给与总需求相等从而处于均衡状态的社会总需求,它包括消费需求(消费支出)和投资需求(投资支出),并决定社会就业量和国民收入的大小。有效需求并不一定能保证达到充分就业的国民收入,影响有效需求的主要有3个心理因素和货币供应:①消费倾向。②对资本资产未来收益的预期。③流动偏好。凯恩斯认为,现代资本主义社会中,在国民收入增加时,由于边际消费倾向递减,收入和消费之间的差距扩大,储蓄增加,从而发生消费需求不足。这时需要有投资增加以弥补差距,抵消储蓄。但由于企业家对投资前景缺乏信心(由于第二和第三心理因素),投资支出往往不能弥补差距,储蓄不能全部转化为投资,从而也使投资需求不足。消费需求和投资需求的不足使就业量在未达到充分就业之前就停止增加甚至趋于下降,形成大量失业。当经济繁荣达到一定阶段,投资诱力减弱,企业家对投资的未来收益缺乏信心,引起资本边际效率突然崩溃时,经济危机就爆发了。

资料来源:MBA智库百科.

凯恩斯进一步认为,由消费需求和投资需求构成的有效需求,其大小主要取决于消费倾向、资本边际效率、流动偏好三大基本心理因素以及货币数量。消费倾向是指消费在收入中所占的比例,它决定消费需求。一般来说,随着收入的增加,消费的增加往往赶不上收入的增加,呈现出"边际消费倾向递减"的规律,于是引起消费需求不足。投资需求是由资本边际效率和利息率这两个因素的对比关系所决定。资本边际效率,是指增加一笔投资所预期可得到的利润率,它会随着投资的增加而降低,从长期看,呈现"资本边际效率递减"的规律,从而减少投资的诱惑力。由于人们投资与否的前提条件是资本边际效率大于利率(此时才有利可图),当资本边际效率递减时,若利率能同比下降,才能保证投资不减,因此,利率就成为决定投资需求的关键因素。

凯恩斯认为,利息率取决于流动偏好和货币数量,流动偏好是指人们愿意用货币形式保持自己的收入或财富这样一种心理因素,它决定了货币需求。在一定的货币供应量下,人们对货币的流动偏好越强,利息率就越高,而高利率将阻碍投资。这样在资本边际效率递减和存在流动偏好两个因素的作用下,使得投资需求不足。消费需求不足和投资需求不足将产生大量的失业,形成生产过剩的经济危机。因此解决失业和复兴经济的最好办法是政府干预经济,采取赤字财政政策和膨胀性的货币政策来扩大政府开支,降低利息率,从而刺激消费,增加投资,以提高有效需求,实现充分就业。

总之,凯恩斯认为,由于存在"消费倾向、资本边际效率、流动偏好三大基本心理规律",从而既引起消费需求不足,又引起投资需求不足,使得总需求小于总供给,形成有效需求不足,导致了生产过剩的经济危机和失业,这是无法通过市场价格机制调节的。他进一步否定了通过利率的自动调节必然使储蓄全部转化为投资的理论,认为利率并不是取决于储蓄与投资,而是取决于流动偏好(货币的需求)和货币数量(货币的供给),储蓄与投资只能通过总收入的变化来达到平衡。不仅如此,他还否定了传统经济学认为可以保证充分就业的工资理论,认为传统理论忽视了实际工资与货币工资的区别,货币工资具有刚性,仅靠伸缩性的工资政策是不可能维持充分就业的。他承认资本主义社会除了自愿失业和摩擦性失业外,还存在着"非自愿失业",原因就是有效需求不足,所以资本主义经济经常出现小于充分就业状态下的均衡。这样,凯恩斯在背叛传统经济理论的同时,开创了总量分析的宏观经济学。

简言之,凯恩斯理论的基本框架可以概括如下。

(1)国民收入决定于消费和投资。

(2)消费由消费倾向和收入决定。消费倾向包括平均消费倾向和边际消费倾向。边际消费倾向大于0,而小于1,因此,收入增加时,消费也增加。但在增加的收入中,用来增加消费的部分所占比例可能越来越小,用于增加储蓄部分所占比例越来越大。

(3)消费倾向比较稳定。国民收入波动主要来自投资的变动。投资的增加或减少会通过投资乘数引起国民收入的多倍增加或减少。投资乘数与边际消费倾向有关。由于边际消费倾向大于0而小于1,因此,投资乘数大于1。

(4)投资由利率和资本边际效率决定,投资与利率成反方向变动关系,与资本边际效率成正方向变动关系。

(5)利率决定于流动偏好与货币数量。流动偏好是货币需求,由 L_1 和 L_2 构成,其中 L_1 来自交易动机和谨慎动机,L_2 来自投机动机。货币数量 m 是货币供给,由满足交易动机和谨慎动机的货币和满足投机动机的货币组成。

(6)资本边际效率由预期收益和资本资产的供给价格(或者说重置成本)决定。凯恩斯认为,形成资本主义经济萧条的根源是由于消费需求和投资需求所构成的总需求不足以实现充分就业。消费需求不足是由于边际消费倾向小于1,即人们不会把增加的收入全用来增加消费,而投资需求不足来自资本边际效率在长期内递减。为解决有效需求不足,必须发挥政府作用,用财政政策和货币政策来实现充分就业。财政政策就是政府增加支出或减少税收以增加总需求,通过乘数原理引起收入多倍增加。货币政策是增加货币供给量以降低利率,刺激投资从而增加收入。由于存在"流动性陷阱",因此货币政策效果有限,增加收入要靠财政政策。

本章小结

1. 从产品市场均衡的条件出发,可以得到一条反映利率和收入相互关系的曲线,即 IS 曲线。自主消费、自主投资、政府收支等因素的变动都会引起 IS 曲线移动。

2. 利率是由货币市场上的需求与供给所决定的。根据货币市场的均衡条件,可以推导出满足货币市场均衡条件下国民收入和利率组合点的轨迹,即 LM 曲线。使 LM 曲线移动的因素主要是名义货币供给和价格水平。

3. IS–LM 模型是凯恩斯宏观经济学的核心。IS 曲线和 LM 曲线交点的国民收入和利率组合能够同时使产品市场和货币市场实现均衡。各种影响两曲线位置因素的变化,都会导致均衡国民收入和均衡利率发生变动。

思考题

1. 简述流动性偏好、凯恩斯陷阱的含义。
2. 凯恩斯理论是如何解释20世纪30年代发生在西方国家的经济大萧条的?
3. 试述 IS-LM 模型的基本内容。
4. 试述凯恩斯的基本理论框架。
5. 试用本章学习的经济学知识分析以下案例:

2007年以来,我国固定资产投资延续高增长趋势。1~5月份,我国城镇固定资产投资32 045亿元,同比增长25.9%。尽管增幅低于2003年开始的投资启动以来的27.4%平均增速,但是投资增速仍然大大高于消费增速,投资消费比例关系失衡的局面难以扭转,并且投资增幅随时存在反弹的压力。一方面,产业链较长的房地产投资呈反弹走势,1~5月份完成投资额7 214亿元,同比增长27.5%,增幅较去年全年加快了5.7个百分点。另一方面,在电力等能源供给约束缓解的情况下,高耗能产业出现快速反弹,前5个月大多数高耗能产品的产量增长幅度都在20%以上,其中钢材产量1.96亿吨,同比增长20%;铁合金643.9万吨,同比增长38.8%;氧化铝761.6万吨,增长55.4%;焦炭1.28亿吨,增长21.7%;电石560.6万吨,增长27.2%。1~5月份,钢铁、电解铝和水泥等重点调控行业的投资增长速度加快反弹。

我们的问题是:

(1)从上面这段资料来看,引起投资增速过大的原因是什么?
(2)投资过快增加的后果将会如何?
(3)从投资和利率的关系来看,政府应如何抑制投资增速过快?

6. 试讨论你打算用什么方式买房?

目前想要买房的人们,通常需要借款,公积金往往不够而组合贷款手续又比较麻烦,因此,大多数人的买房选择按揭,那么你需要作出几个决定。首先是贷款期限,在我们房产市场上有5~30年不等,贷款期限越短月付利息就越多,一般15年是30年的1倍。如在15~30年让你做出选择,那么你选择哪一种贷款呢?

【阅读资料】

萨伊定律(Say's Law),也称作萨伊市场定律(Say's Law Of Market),一种自19世纪初流行至今的经济思想。萨伊定律主要说明,在资本主义的经济社会一般不会发生任何生产过剩的危机,更不可能出现就业不足。定律得名自19世纪的法国经济学家——让·巴蒂斯特·萨伊(Jean Baptiste Say),不过萨伊并非最早提出定律内容的人,真正提出相关概念的是英国的经济学家、历史学家詹姆斯·穆勒(James Mill)。虽然当今经济学教科书已将其内容删去,然而还有不少微观或宏观经济理论还是依据萨伊定律而做出结论的。

1. 萨伊定律的主要内容

萨伊定律的核心思想是"供给创造其自身的需求"。这一结论隐含的假定是，循环流程可以自动地处于充分就业的均衡状态。它包含三个要点：

(1) 产品生产本身能创造自己的需求；

(2) 由于市场经济的自我调节作用，不可能产生遍及国民经济所有部门的普遍性生产过剩，而只能在国民经济的个别部门出现供求失衡的现象，而且即使有也是暂时的；

(3) 货币仅仅是流通的媒介，商品的买和卖不会脱节。

根据萨伊定律，在一个完全自由的市场经济中，由于供给会创造自己的需求，因而社会的总需求始终等于总供给。

2. 定律的应用

萨伊定律的应用主宰整个古典学派的思想和主流的经济思想，直到凯恩斯的《通论》出版，萨伊定律的影响力才稍微减退。

资料来源：百度知道.

第七章
Chapter 7

AD-AS 模型

【学习要点及目标】

本章要求学生理解总需求和总供给的概念,在此基础上掌握总需求-总供给模型,并能用此模型解释国民经济过热、萧条、滞胀等经济现象。本章难点以及重点包括以下几部分:总需求的概念;总需求曲线的定义、推导、斜率和平移;短期总生产函数和曲线;劳动力需求曲线、劳动力供给曲线和劳动力市场的均衡;古典和凯恩斯主义的总供给曲线,总供给-总需求模型。要解释通货膨胀、失业、经济周期这些重要问题,则须建立一个宏观经济模型:总需求-总供给模型,它着重说明总产出(收入)和价格水平之间的关系以及它们各自的决定。AD-AS 模型不仅是宏观经济学中的重要分析工具,而且也是理解宏观经济中一些重大问题的基础。

【引导案例】

"蜜蜂寓言"的启示

20 世纪 30 年代,资本主义世界爆发了一场空前的大危机。经济的大萧条使 3 000 多万人失业,三分之一的工厂停产,金融秩序一片混乱,整个经济倒退到一战以前的水平。在经济大危机中,产品积压,工人失业,生活困难,绝大多数人感到前途悲观。持续的经济衰退和普遍失业,使传统的经济学遇到了严峻的挑战。一直关注美国罗斯福新政的英国经济学者约翰·梅纳特·凯恩斯,从一则古老的寓言中得到了启示:从前有一群蜜蜂过着挥霍、奢华的生活,整个蜂群兴旺发达,百业昌盛。后来,它们改变了原有的生活习惯,崇尚节俭朴素,结果社会凋散,经济衰落,以致被敌手打败。凯恩斯从这则寓言中悟出了需求的重要性,并建立了以需求为中心的国民收入决定理论,并在此基础上引发了经济学上著名的"凯恩斯革命"。这场革命的结果就是建立了现代宏观经济学。

过去有一句老话"新三年、旧三年,缝缝补补又三年"。如果真是如此节约,我们的纺织行业就会面临着纺织品卖不出去,工人下岗,收入降低,从而影响整个社会消费。因此节俭对个人来说可能是一种美德,在有的时候我们还要提倡,但对整个社会来说就不是美德,而是一种退步。因为大家都节俭,储蓄增加,如果这部分储蓄不能及时转化为投资形成新的消费力量,那就会减少社会需求,对国民经济活动造成一种紧缩的压力,导致经济萧条。国民收入也因此下降,就业减少。尤其是在经济萧条时期,这种节俭更会加剧萧条,形成恶性循环。

资料来源:梁小民.《大众经济学——宏观经济学纵横谈》.生活、读书、新知三联书店,2002.

宏观经济学中最重要的问题之一就是总体价格水平的确定,而第五章、第六章有关宏观经济问题的讨论,都是在价格水平固定不变的假定下进行的,这一假定允许我们不必考虑价格水平变化的复杂性。本章将要论述的总需求-总供给模型则取消了价格水平固定不变的假定,着重说明可变的价格对商品市场和货币市场的作用。AD是指总需求,AS是指总供给。在宏观经济学中,总需求函数(曲线)和总供给函数(曲线)不像微观经济学中供求曲线那么简单,而是隐含着复杂的内涵,特别是AS曲线及总供给理论是当代宏观经济学中最有争议的领域之一。20世纪70年代以来,滞胀并存的出现和社会经济的不断发展,越来越多地暴露出传统凯恩斯经济学仅仅关注总需求问题的缺陷和弊端。西方经济学界转而加强了对总供给理论的研究,并构成宏观经济学的重要组成部分。目前,总供给曲线和总需求曲线经常用来研究产量变动以及价格水平和通货膨胀率的决定,成为宏观经济学的重要分析工具,也是理解宏观经济学中的一些重大问题的基础。在本章中我们将分别介绍总需求曲线与总供给曲线,最后将总需求和总供给结合起来研究$AD—AS$模型。

第一节 总需求函数与 AD 曲线

【案例7.1】 谁推动了20世纪90年代美国的总需求?

克林顿总统把1996年美国经济的明显回升和活跃归功于自己,但分析家则认为应主要归功于消费者。

在1996年的大部分时间里,美国人慷慨地将货币支出于住房、汽车、电冰箱和外出吃饭,这使得在1月份时看来有停止危险的经济扩张又得以持续下去。在这一过程中,消费者基本上没理会过分扩大支出的警示信号。经济学家说,在星期五公布惊人强劲的数据中,消费者的无节制支出是主要力量。劳工部估算,经济创造了23.9万个就业机会,远远大于预期的水平。使这个月成为连续第5个月强有力的就业增加。现在的失业率为5.3%,是6年来的最低水平,而且经济增长如此迅速,以致美国人又开始担心通货膨胀。

在各个行业中,就业增加最大的是零售业,它在6月份增加了7.5万个就业机会,其中有将近一半是餐饮业创造的。在汽车、中间商、加油站、旅馆和出售建筑材料及家具的商店中,工作岗位的增加也是强劲的。但是,消费者这种无节制的支出方式能够持续多长时间,仍然是一个有争议的问题,而且,当联邦储备委员会的决策者在决定是否要提高利率,以便使经济的加速不至于引起通货膨胀加剧时,这也是个至关重要的问题。

一些经济学家认为,消费者已经积累了如此巨大的债务,以致他们被迫在随后的几年里放慢支出,这会引起经济增长放慢。在1996年第一季度,信用卡逾期不能付款的情况已达到1981年以来的最高水平,而且个人破产从1995年前3个月以来已达到15%。

大多数经济学家还一致认为,1996年支出迅速增加主要是由暂时的因素引起的,如低利率、高于预期水平的退税以及汽车制造商的回扣等。而现在这些因素已经改变或不存在。

确定消费者支出过程中的一个无法预料的事是股票市场,股票市场使较多消费者感到可以有持续的高涨。经济学家多年来一直在解决股票市场投资的获益能在多大程度上引起消费者支出更多这个问题,而且,他们仍然没有得出一个一致的答案。但是,他们说近年来的牛市给消费者更多地支出提供了某种刺激。

资料来源:美国.曼昆.《经济学原理》,梁小民,译. 北京大学出版社,2009.

一、总需求函数

总需求(Aggregate Demand)是经济社会对商品与服务的需求总量,在宏观经济学中,总需求是指整个社会的有效需求,它不仅指整个社会对物品和劳务需求的愿望,而且指该社会对这些物品和劳务的支付能力。因此,总需求实际上就是经济社会的总支出。由总支出的构成可知,在封闭经济条件下,总需求由经济社会的消费需求、投资需求和政府需求构成。在四部门经济中,总需求由消费需求、投资需求、政府需求和净出口需求构成。如果不考虑国外需求,在价格、收入和其他经济变量的既定条件下,总需求即为家庭部门、企业部门和政府将要支出的数量。实际上,上述因素不可能既定不变,价格水平、人们收入、对未来的预期等因素成为推动总需求的力量。

除此之外,还包括诸如税收、政府购买或货币供给等政策变量。

按照总需求的定义,用 AD 代表总需求,总需求由以下四个部分构成:

$$AD = C + I + G + NX$$

式中,C 代表消费需求,是指国内居民对产品和服务的需求;I 代表投资需求,是指企业购买资本品的需求;G 表示政府需求,是指政府采购产品和服务的需求;NX 代表净出口需求,是指外国购买本国产品和服务的净需求,因而,总需求衡量的是经济中各种主体的总支出,总需求的四个构成部分实际上也是总支出的四个组成部分。

总需求函数(Aggregate Demand Function)是指产量(收入)和与一般价格水平之间的关系。

它表示在某个特定的价格水平下,经济社会需要多高水平的收入。它一般同产品市场与货币市场有关,可以从产品市场与货币市场的同时均衡中得到。以两部门的经济为例,这时 IS 曲线的方程为

$$S(y) = I(r) \tag{7.1}$$

LM 曲线的方程为

$$M/P = L_1(y) + L_2(r) \tag{7.2}$$

在上面两个方程中,如果把 y 和 r 当作未知数,而把其他变量,特别是 P 当作参数来对这两个方程联立求解,则所求得的 y 的解式一般包含 P 这一变量。该解式表示了不同价格(P)与不同的总需求量(Y)之间的函数关系,即总需求函数。用函数关系加以说明,假设式(7.1)和(7.2)中,

$$S(y) = -\alpha + \beta y$$
$$I(r) = e - dr$$
$$L_1(y) = ky$$
$$L_2(r) = -hr$$

将上述函数代入式(7.1)和(7.2)中,可求出 y 与 P 之间关系的解式,即为总需求函数。

二、总需求曲线

把总需求函数画成曲线就是总需求曲线。总需求曲线(Aggregate Demand Curve)表明了在产品市场和货币市场同时实现均衡时国民收入与价格水平的结合,描述了与每一物价总水平相适应的均衡支出或国民收入的关系的图形,它以价格水平为纵坐标,产出水平为横坐标,总需求函数的几何表示被称为总需求曲线。总需求曲线可由下述方法导出:从同时满足产品市场和货币市场的均衡条件出发,寻求国民收入与价格水平的关系。

在 IS-LM 模型中,假设其他条件都不变,唯一变动的是价格水平。价格水平的变动并不影响产品市场的均衡,即不影响 IS 曲线。但是,价格水平的变动却要影响货币市场的均衡,即要影响 LM 曲线。这是因为,LM 曲线中所说的货币供给量是实际货币供给量,如果以 M 代表名义货币供给量,M/P 就是实际货币供给量。当名义货币供给量不变,而价格水平变动时,实际货币供给量就会发生变动。实际货币量的变动会影响货币市场的均衡,引起利率的变动,而利率的变动就会影响总需求变动。

此外,由于总需求曲线描述了与每一价格水平相对应的均衡的支出或收入,因此,总需求曲线可以从简单收入决定模型中推导出来。

现在从简单收入决定模型中推导总需求曲线。如图 7.1 所示,以两个部门为例,我们研究价格水平变化对总支出(投资支出和消费支出)的影响。如果价格水平上升,一方面,人们需要更多的货币从事交易,如果货币供给没有变化,价格上升使货币需求增加时,利率就会上升。利率上升,使投资水平下降,因而总支出水平和收入水平下降。在宏观经济学中,将价格

水平变动引起利率同方向变动,进而使投资和产出水平反方向变动的情况,称为利率效应。另一方面,价格水平越高,商品和劳务越贵,所需交易的现金就越多,支票的金额就越大。可见货币的名义需求是价格水平的增函数。其次,价格水平上升,并使人们的名义收入增加,名义收入增加会使人们进入更高的纳税档次,从而使人们的税负增加,可支配收入下降,进而使人们的消费水平下降。此外,价格水平上升,使人们所持有的货币及其他以货币固定价值的资产的实际价值降低,人们会变得相对的贫穷,于是人们的消费水平就相应地减少,这种效应称为实际余额效应。

如图 7.1 所示,当价格水平为 P_0 时,均衡的总支出或收入为 y_0,于是在(b)图中就得到与价格 P_0 相对应的 y_0,即(b)图中的 A 点。A 点即为需求曲线上的一点。当价格水平发生变动,例如,从 P_0 上升到 P_1 时,根据上述说明,在构成总支出的其他因素不发生变动的情况下,价格上升将导致消费支出和投资支出下降,从而使总支出水平下降,表现在(a)图中,总支出从 AE_0 下降到 AE_1,从而使均衡的收入从 Y_0 下降为 Y_1,于是又得到了(b)图中的 B 点,B 点也是总需求曲线上的一点。将 A、B 等这类的点用曲线连接起来,便得到(b)图中的总需求曲线 AD。从(b)图中可以看出,总需求曲线是向右下方倾斜的,价格水平越高,总需求量或者说均衡总支出水平越低。

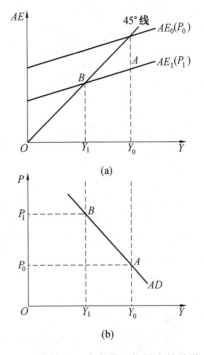

图 7.1 从简单收入决定模型推导出的总需求曲线

总需求曲线反映的是产品市场和货币市场同时处于均衡时,价格水平和产出水平的关系。在 $IS-LM$ 模型中,一般价格水平被假定为是一个常数。在价格水平固定不变且货币供给为已知时,IS 曲线和 LM 曲线的交点决定均衡的收入(产量)水平。因而,也能用如图 7.2 所示来说明怎样根据 $IS-LM$ 图形推导总需求曲线。

图 7.2 分左右两个部分。左图为 $IS-LM$ 图;右图表示产出水平和需求总量之间的关系,即总需求曲线。当价格 P 的数值为 P_1 时,此时的 LM 曲线 $LM(P_1)$ 与 IS 曲线相交于 E_1,E_1 点所表示的国民收入和利率顺次为 Y_1 和 r_1。将 P_1 和 Y_1 标在右图中便得到总需求曲线上的一点 D_1。现在,假设 P 由 P_1 下降到 P_2,由于 P 的下降,LM 曲线移动到 $LM(P_2)$ 的位置,它与 IS 曲线的交点为 E_2。E_2 点所表示的收入和利率顺次为 Y_2 和 r_2。对应于左图中的点 E_2,又可在右图中找到 D_2。按照同样的程序,随着 P 的变化,LM 曲线和 IS 曲线可以有许多交点,每一个交点都标志着一个特定的 Y 和 r。于是就有许多 P 与 y 的组合,从而构成了右图中的一系列点。把这些点连在一起所得到的曲线便是总需求曲线 AD。

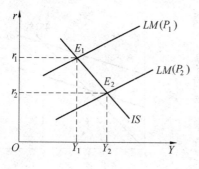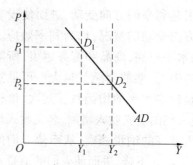

图 7.2 总需求曲线的推导

从以上关于总需求曲线的推导中看到,总需求曲线表示社会的需求总量与价格水平之间的相反方向的关系。即总需求曲线是向右下方倾斜的。向右下方倾斜的总需求曲线表示,价格水平越高,需求总量越小;价格水平越低,需求总量越大。

在两部门经济中,总需求曲线向右下方倾斜的原因是消费支出和投资支出随着价格总水平上升而减少。

在既定的收入条件下,价格总水平提高使得个人持有的财富可以购买到的消费品数量下降,从而消费减少。反之,当价格总水平下降时,人们所持有财富的实际价值升高,人们会变得较为富有,从而增加消费。价格总水平与经济中的消费支出成反方向变动关系。

此外,随着价格总水平的提高,利息率上升,投资减少,即价格总水平提高使得投资支出减少。相反,当价格总水平下降时,实际货币供给量增加,从而利息率下降,引起厂商的投资增加,即价格总水平下降使得经济中的投资支出增加。因此,价格总水平与投资支出成反方向变动关系。

受以上两个方面的影响,当价格总水平提高时,消费支出和投资支出同时减少,从而社会总支出水平下降;反之,当价格总水平下降时,消费和投资支出同时增加,从而社会总支出水平提高。也就是说,总支出水平随着价格总水平的上升而下降,即总需求曲线是一条向下倾斜的曲线。

根据前面关于 IS 曲线和 LM 曲线的讨论得知,IS 曲线和 LM 曲线的移动分别与财政政策和货币政策的变化相关。无论是 IS 曲线右移还是 LM 曲线右移,分别代表扩张性的财政政策和扩张性的货币政策。此处,结合 AD 曲线仅对扩张性的财政政策的效果加以说明。

在图 7.3 的左图中,IS 曲线和 LM 曲线对应于一定的货币数量和价格水平 P_0。均衡点在右图的 AD 曲线中有与之对应的 E 点。现在增加政府支出,其结果是 IS 曲线向右移动到 IS'。在原来的价格水平下 P_0,新的均衡点为 E',此时,利率提高,收入增加。

在图 7.3 的右图中,也画出对应的 E' 点,E' 点是新的总需求曲线 AD' 上的一点,AD' 曲线反映了增加政府支出对经济的影响。可见,在一个既定的价格水平下,政府支出的增加也就意味着总需求的增加。

总需求曲线不仅在允许价格变动的条件下概括了前面所述的 IS-LM 模型,而且较为直观

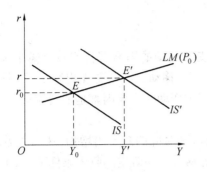 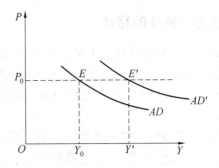

图 7.3 扩张性财政政策对总需求曲线的影响

地说明了本书前面所述的财政政策和货币政策都是旨在影响总需求的所谓需求管理政策。

总需求曲线只是给出了价格水平和以收入水平来表达的总需求水平之间的关系,并不能决定价格水平和均衡的总需求水平。为了说明整个经济价格水平和总产出水平是如何决定的,宏观经济学需要引出另一个分析工具,即总供给曲线。

【知识库】

如何正确理解均衡概念

均衡概念也许是经济学中最难以把握的概念之一。其实,我们在日常生活中是很熟悉这一概念的,就如我们看到一个静止物那样。在经济学中,均衡意味着对市场起作用的不同力量处于一种平衡状态,从而使购买者和供应商之间在价格和数量方面的想法达到一致。价格太低意味着各种力量尚未达到平衡,即吸引需求的因素比吸引供给的因素更有力,因而存在超额需求或短缺。在微观经济学中我们学到,竞争市场是一种形成均衡的有效机制,如果价格太低,需求者会通过争购来哄抬价格,从而使价格上升,直至达到均衡水平。

然而,均衡的概念也具有诡辩性。以下这种论断很有代表性:"不要同我谈什么供给与需求的均衡。例如,石油的供给总是等于石油的需求,你找不出二者的差异"。是的,如果从会计的角度看,这句话是有道理的。石油生产商记录的销售量总是恰好等于石油消费者记录的购买量。但是这种算术结论并不能否定供给和需求规律。更为重要的是,如果我们没有理解经济均衡的实质,我们就无法理解不同力量影响市场的方式。

在经济学中,我们对能够出清市场的销售量,即均衡数量很感兴趣。我们还想知道消费者愿意购买的数量与生产者愿意销售的数量恰好相等的价格水平。只有在这一水平上,买者和卖者才会同时达到满足。也只有在这一价格水平上,价格和数量才不会有变动的趋势。因此,只有当我们了解了供求均衡时,我们才能理解这样一些悖论:移民也许不会降低移入城市的工资,因而会提高整体福利;土地税不会提高租金;以及收成不好反而提高了农民的收入等。

资料来源:黄德林.《西方经济学》案例分析.2003.

三、总需求曲线的移动

在一个特定的价格总水平下,任何引起总支出变动的因素都将导致总需求 $AD=C+I+G+NX$ 曲线的移动。总支出增加,总需求曲线向右上方移动;反之,总支出减少,总需求曲线向左下方移动。具体地说,在三部门经济中引起总需求变动的主要因素是消费需求、投资需求和政府支出。

首先,消费者的需求增加(C),每一价格总水平对应的总支出增加,从而总需求曲线向右上方移动;反之,需求减少,总需求曲线向左下方移动。在既定的收入条件下,由于消费与储蓄成反方向变动,因而储蓄增加使得总需求下降,从而总需求曲线向左下方移动,而储蓄减少,总需求曲线向右上方移动。

其次,投资(I),增加导致总支出增加,从而使得总需求曲线向右上方移动;反之,投资减少,总需求曲线向左下方移动。另一方面,当货币供给量增加时,利息率下降,从而投资增加,总需求曲线向右上方移动;反之,货币供给量减少,总需求曲线向左下方移动。

最后,政府购买(G)增加,经济中的总需求曲线向右上方移动;政府购买减少,总需求曲线向左下方移动。

从理论分析中得出这样的结论:

第一,一定的价格变动引起国民收入变动程度,取决于总需求曲线 AD 的斜率。AD 的斜率越大,一定的价格水平变动所引起国民收入的变动越小;AD 的斜率越小,一定的价格水平变动所引起的国民收入变动越大。

第二,一定的价格变动引起国民收入变动程度,也取决于总需求曲线的截距。AD 在横轴上的截距越大,即离原点越远,一定的价格水平所引起国民收入的变动越大;反之,AD 在横轴上的截距越小,则所引起国民收入变动越小。

此外,总需求曲线是由 IS-LM 模型推导出来的,因此,IS 曲线、LM 曲线的移动会引起总需求曲线发生移动。而财政政策的变动会引起 IS 曲线的移动,货币政策的变动则会引起 LM 曲线的移动,因而财政政策和货币政策的变动会引起总需求曲线的变动。当物价水平不变时,仍有许多影响总需求曲线的因素,可以把这些因素总结为表7.1。

以上各种因素对总需求的影响会使总需求曲线的位置移动。

以上只是就一般而言的总需求曲线位置的移动。我们知道,财政政策的变动会改变 IS 曲线的位置,货币政策的变动会改变 LM 曲线的位置,因此,总需求曲线位置的决定与变动就要受财政政策与货币政策的影响。下面再分别说明财政政策与货币政策是如何决定总需求曲线位置移动的。

表7.1 影响总需求曲线的因素

引起总需求增加的因素	引起总需求减少的因素
利率下降	利率上升
预期的通货膨胀率上升	预期的通货膨胀率下降
汇率下降	汇率上升
预期的未来利润增加	预期的未来利润减少
货币量增加	货币量减少
总财产增加	总财产减少
政府对物品与劳务的支出增加	政府对物品与劳务的支出减少
税收减少或转移支付增加	税收增加或转移支付减少
国外收入增加	国外收入减少
人口增加	人口减少

（一）财政政策对总需求曲线的影响

财政政策影响产品市场而不影响货币市场，从而也就不影响 LM 曲线的位置。但财政政策影响产品市场的均衡，因而财政政策的变动会使 IS 曲线发生移动，而 LM 曲线则保持不变。也就是说，财政政策通过使 IS 曲线的位置发生移动而使总需求曲线的位置发生移动。

假设其他条件不变，扩张性财政政策会使 IS 曲线向右边平行移动，在价格水平不变的情况下，总需求曲线也会向右边平行移动。同样，政府的紧缩性财政政策则会使 IS 曲线向左边平行移动，进而使总需求曲线向左边平行移动。如图 7.4 所示。

（二）货币政策对总需求曲线的影响

货币政策影响货币市场而不影响产品市场，从而也就不影响 IS 曲线的位置。但货币政策影响货币市场的均衡，因而货币政策的变动会使 LM 曲线发生移动，而 IS 曲线则保持不变。也就是说，货币政策通过使 LM 曲线的位置发生移动而使总需求曲线的位置发生移动。

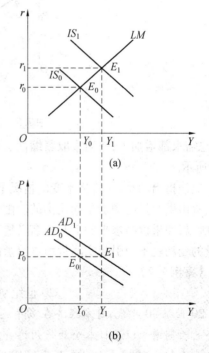

图 7.4 财政政策对总需求曲线的影响

假设其他条件不变，扩张性货币政策会使 LM 曲线向右边平行移动，在价格水平不变的情况下，总需求曲线也会向右边平行移动。同样，紧缩性货币政策则会使 LM 曲线向左边平行移动，进而使总需求曲线向左边平行移动。这说明，当采取扩张性货币政策时，在每一价格水平

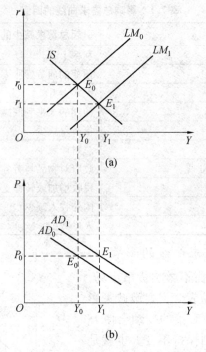

图 7.5 货币政策对总需求的影响

上,总需求都增加了;而当采取紧缩性货币政策时,在每一价格水平上,总需求都减少了。如图 7.5 所示。

应该指出的是,在价格不变的情况下,名义货币供给量增加所引起的总需求曲线的移动与名义货币供给量的增加是同比例的。由于实际货币供给量度取决于名义货币供给量和价格水平,所以,如果价格水平的上升与名义货币供给量和价格的增加是同比例的,那么,名义货币供给量的变动就不会引起实际货币供给量的变动。

【案例7.2】

20 世纪 90 年代日本经济的衰退

20 世纪 90 年代,日本经济在多年迅速增长和极度繁荣之后经历了长期衰退。由于日本经济的长期增长以及日本企业采用终身雇佣制度等因素,日本历史上的失业率是极低的,但这次失业率却从 1990 年的 2% 上升到 1998 年的 4%。在 1990 年以前的 20 年中,日本的工业生产翻了一番,但 1998 年和 1990 年 GDP 仍然一样,实际 GDP 停滞,有时甚至还下降。

在政府治理持续性经济衰退过程中,日本经济出现了典型的零利率、负通货的经济局面。1995 年 9 月,为了促进经济复苏,日本中央银行采取了把贴现率降到 0.5% 的超低利率政策;1999 年 2 月,中央银行为进一步减轻企业利率负担和刺激国内消费,在维持贴现率不变的情况下,将短期利率0.25%降到0.15%;同年3月份以后,日本央行大规模发行超出市场需求的货币,促使市场利率基本降到了"零"。同期,日本的消费物价指数自1999年第三季度开始低于上年同期水平,1999年全年物价水平与上年持平,2000年负增长0.4%,2001年负增长0.9%。日本为摆脱经济衰退采取了不少政策措施,但收效甚微。

第二节 总供给函数与AS曲线

【案例7.3】

奥运给我国经济带来什么?

1984年,美国商界奇才尤伯罗斯创造性地将奥运和商业紧密结合起来,使当年的洛杉矶奥运会成为"第一次赚钱的奥运会"。打那以后,原本都是"赔本赚吆喝"的奥运会迸发出一种"镶金边儿的日子变成钱"的超能力。于是,"奥运经济"这个概念出现了。

2001年7月13日,北京申奥代表团在莫斯科进行最后的陈述。申奥形象大使、著名运动员邓亚萍在陈述报告中说:"在悉尼火炬接力的时候,有一个小男孩向我走来,当他摸到火炬的时候,他的眼睛一下子亮了,我能感觉到在那个时候,他的一生发生了变化……"有人将邓亚萍的这句话归纳为:奥运能够改变人的一生。更有人据此引申道:奥运不仅能够改变一个人,也能改变一个企业,改变一个城市,乃至改变一个国家!

2008年,第29届奥运会在北京举行。越来越多的中国人感受到奥运会离中国是那么的近。而奥运经济,在我们的社会生活中已经变得无处不在。

一份权威报告表明,1984年洛杉矶奥运会为南加利福尼亚地区带来了32.9亿美元的收益;1992年巴塞罗那奥运会给这个地区带来了260.48亿美元的经济效益;1996年亚特兰大奥运会为佐治亚州带来了51亿美元的总效益;2000年悉尼奥运会给澳大利亚和新南威尔士州带来了63亿美元的收益。

那么,奥运给中国经济带来什么?从总需求理论来理解为什么现在举办奥运会能够赚钱?我国举办奥运会给中国经济带来什么好处?

资料来源:黄德林.《西方经济学》案例分析.2003.

一、总供给函数

总供给(Aggregate Supply)是经济社会的总产量(或总产出),它描述了经济社会的基本资源用于生产时可能有的产量。一般而言,总供给主要是由生产性投入(最重要的是劳动与资本)的数量和这些投入组合的效率(即社会的技术)决定的。总供给函数(Aggregate Supply Function)是指总供给(或总产出)和价格水平之间的关系。在以价格为纵坐标,总产出(或总收入)为横坐标的坐标系中,总供给函数的几何表示就是总供给曲线。

二、总供给曲线

总供给曲线(Aggregate Supply Curve)表明了价格与产量的结合,即在某种价格水平时整个社会的厂商所愿意供给的产品总量。所有厂商所愿意供给的产品总量取决于它们在提供这些产品时所得到的价格,以及它们在生产这些产品时所必须支付的劳动与其他生产要素的费用。因此,总供给曲线反映了要素市场(特别是劳动市场)与产品市场的状态。总供给曲线是在产品市场和货币市场的基础上引入劳动力市场,进而基于工资、价格、就业量之间的联系而确立的。为了导出总供给曲线,有必要对劳动市场加以说明。在研究劳动市场时,通常使用生产函数来表示投入与产出之间的技术关系。生产函数有微观与宏观之分,本章的宏观生产函数又称总量生产函数,它表示总量投入和总产出之间的关系。各派经济学家对总供给有不同的分析。这里,我们只从说明总需求-总供给模型的角度,对总供给曲线进行简单说明。

(一)凯恩斯主义总供给曲线

凯恩斯主义总供给曲线是一条水平的总供给曲线,这表明,在既定的价格水平时,厂商愿意供给社会所需求的任何数量产品。凯恩斯的总供给曲线如图 7.6 所示。从图中可以看出,此时总供给曲线 AS 是一条水平线。水平的总供给曲线表明,在现行的价格水平下,企业愿意供给任何有需求的产品数量。之所以存在这种情况是因为凯恩斯认为当社会上存在较为严重的失业时,厂商可以在现行工资水平之下得到它们所需要的任何数量的劳动力。当仅仅把工资作为生产成本时,这就意味着生产成本不会随产量的变动而变动,从而价格水平也就不会随产量的变动而变动。厂商愿意在现行价格之下供给任何数量的产品。隐含在凯恩斯主义总供给曲线背后的思想是,由于存在着大量失业,企业可以在现行工资下获得他们需要的任意数量的劳动力,他们生产的平均成本因此被假定为不随产量水平的变化而变化。这样,在现行价格水平上,企业愿意供给任意所需求的产品数量。

应该指出的是,这种情况仅仅存在于失业较为严重时,例如,1930 年前后大危机时期的情况,因此它仅仅是一种特例。凯恩斯提出这种观点与他的理论产生于1930 年大危机时期和运用了短期分析方法是相关的。

(二)古典总供给曲线

如果说凯恩斯主义总供给曲线显示的是一种极端情形,那么图 7.7 所给出的所谓古典总供给曲线则是另外一种极端情形。古典学派假定货币工资 W 和价格水平 P 可以自由变动,所以劳动市场总可以迅速达到均衡,Y_f 则是潜在产出。

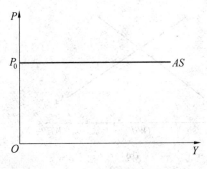

图 7.6 凯恩斯总供给曲线

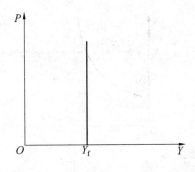

图 7.7 古典总供给曲线

可以看出,古典总供给曲线是一条位于充分就业产量水平上的垂线。这表明,无论价格水平如何变动,总供给量都是固定不变的。

古典总供给曲线基于下面的假定:货币工资具有完全的弹缩性,它随劳动供求关系的变化而变化。当劳动市场存在超额劳动供给时,货币工资就会下降。反之,当劳动市场存在超额劳动需求时,货币工资就会提高。简单地说,在古典总供给理论的假定下,劳动市场的运行毫无摩擦,总能维护劳动力的充分就业。既然在劳动市场,在工资的灵活调整下充分就业的状态总能被维持,因此,无论价格水平如何变化,经济中的产量总是与劳动力充分就业下的产量即潜在产量相对应,这也就是说,因为全部劳动力都得到了就业,即使价格水平再上升,产量也无法增加,即国民收入已经实现了充分就业,无法再增加了。故而总供给曲线是一条与价格水平无关的垂直线。

从长期来看,经济是可以实现充分就业的,因此,古典总供给曲线也称为长期总供给曲线。但在短期中,经济并不一定总处于充分就业状态,因此,这种古典总供给曲线也是一种特例。

值得指出的是,虽然垂直的总供给曲线所依赖的假设,即货币工资具有完全的伸缩性受到凯恩斯及其追随者们的指责,但现在大多数西方学者都认为,这条垂直的总供给曲线可以作为长期的总供给曲线。于是,垂直的总供给曲线在宏观经济学中又被称为长期总供给曲线。下面用图 7.8 来说明长期总供给曲线较严格的推导。

假定使劳动市场达到均衡时的价格水平和货币工资分别为 P_0 和 W_0,相应地,均衡的实际工资为 $(W/P)_f$,按照"古典"经济理论的说法,此时均衡的就业量就是充分就业下的就业量 N_f。将 N_f 代入生产函数,在(a)图中就可得到产出量 Y_f,这一产量正是前面所说的充分就业产量。由于产量度 Y_f 对应于价格水平 P_0,从而在(d)图中可以得到点 $J(Y_f, P_f)$。

如果价格水平从 P_0 下降到 P_1,在货币工资可变的假定下,货币工资将不能维持在原来的 W_0 水平上,因为在货币工资为 W_0 时,价格水平的下降使得实际工资提高。这将导致对劳动的过剩供给,而可变的货币工资因劳动的过剩供给将会下降。因为工人们为了得到工作而互相竞争。于是,在图 7.8 的(c)图中,货币工资曲线将从 W_0 上升到 W_2。为了使得劳动市场恢

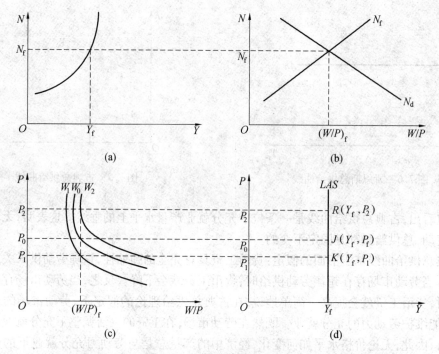

图7.8 长期总供给曲线推导

复均衡,货币工资的这种下降同价格水平的下降是成比例的。因此,以前存在的实际工资 $(W/P)_f$ 得以维持不变。在这一实际工资的基础上,就业量仍等于 N_f,从而 Y 仍等于 Y_f,在图 7.8 中的(d)图,可得到点 $K(Y_f, P_1)$。

类似地,如果价格水平从 P_0 上升到 P_2,则有伸缩性的货币工资就会从 W_0 上升到 W_2,以使劳动市场恢复均衡,这时就业量仍为充分就业下的就业量 N_f,从而相应的产量也就是充分就业下的产量 Y_f,于是在图 7.8 的(d)图中又得到点 $R(Y_f, P_2)$。

用同样的方法,可以考察低于 P_1 和高于 P_2 的其他所有价格水平的情况。在每一价格水平上,有伸缩性的货币工资都会调整到充分就业的实际工资确定时为止。因此,对任何价格水平,产量都是充分就业的产量。将图7.8中(d)图的各点连接起来,便可得到一条位于潜在产量或充分就业产量 Y_f 上的垂线 LAS,这就是长期总供给曲线。

以上两种特殊的总供给曲线的差别在于所根据的假设不同。凯恩斯主义总供给曲线所根据的假设是,当存在失业时,工资变动不大或根本不能变(即工资具有刚性),从而失业会持续一段时期。古典总供给曲线所根据的假设是,工资具有完全的弹性,可以适应劳动供求关系的变动而迅速变动,从而通过工资的调节可以使劳动市场总处于充分就业的均衡状态。这两种情况实际上都不多见,所以,正常的总供给曲线介于这两种特例之间,是一条向右上方倾斜的线。

(三) 正常的总供给曲线

对于总供给,西方学者大都同意存在总供给曲线的说法,但是对于总供给曲线的形状,却有着不同的看法。水平的总供给曲线和垂直的总供给曲线都被认为是极端的情形。很多经济学家认为,在短期现实的总供给曲线更多地表现为是向右上方倾斜的曲线。

总供给水平与价格水平同方向变动反映了产品市场与要素市场的状况。具体来说,当物品市场上价格上升时,厂商可以为生产要素支付更高的报酬,从而就可以使用更多的生产要素,生产更多的产品。

三、总供给曲线的移动

与总需求曲线的移动相比,使总供给曲线移动的因素相对来说比较复杂,这里只能作简要的说明。

导致总供给曲线移动的因素主要有以下几个方面:

第一,自然的和人为的灾祸。例如,地震或战争会极大地减少经济的总供给,使得总供给曲线向左上方移动。

第二,技术变动。引起总供给曲线移动的一个重要原因是技术的变化。技术变动通常是正向,即技术水平倾向于提高,所以技术变动的影响一般使得总供给曲线向右移动。

第三,工资率等要素价格的变动。当工资下降时,对于任一给定的价格总水平,厂商愿意供给更多的产品,因而降低工资将使总供给曲线向右下方移动;反之,工资上升,总供给曲线向左上方移动。

此外,进口商品价格的变化也会引起总供给曲线的移动。如果厂商以进口商品作为原料,那么进口商品的价格变化时,厂商的成本就会发生变动,从而愿意生产的数量也会变动。

总之,生产技术水平提高或生产成本下降,经济的总供给增加,总供给曲线向右下方移动;反之,生产技术水平下降或生产成本提高,经济的总供给减少,总供给曲线向左上方移动。

此外,当总需求变动,即总需求曲线移动时,总供给曲线的斜率不同,所引起的价格与国民收入的变动情况也就不同。因此,在运用总需求-总供给模型分析问题时,总供给曲线的斜率大小是很重要的。总供给曲线的斜率反映了总供给量对价格变动的反应程度。总供给曲线的斜率大(即总供给曲线较为陡峭),说明总供给量对价格变动的反应小。总供给曲线的斜率小(即总供给曲线较为平坦),说明总供给量对价格变动的反应大。

总供给曲线的斜率取决于多种因素,例如,生产技术、生产要素的供给与价格等。对这些因素这里就不多谈了。

【案例7.4】

总供给与供给冲击、滞胀

中东盛产石油,却是世界上最不稳定的地区之一。依据《油气杂志》2001年的统计,沙特的石油储量占整个世界石油储量的35%,而伊拉克的石油储量则为151.11亿吨,超过了美国、独联体国家和欧洲的总和。

在20世纪的前几十年里,中东地区的石油资源一直被美孚、埃克森、壳牌等人称"七姊妹"的西方七大石油公司所垄断。从1945年起,中东各国逐渐掌握了本国的石油资源,各国经济也依靠石油逐渐发展起来。与此同时,中东国家也开始利用西方对石油的依赖,将石油作为意识形态武器来使用。

在20世纪70年代,爆发了再次石油危机,给世界经济带来了巨大的冲击。第一次石油危机发生于1973~1974年。1973年10月第四次中东战争爆发,为打击以色列及其支持者,石油输出国组织(OPEC)的阿拉伯成员国当年12月宣布收回原油标价权,并将其基准原油价格从每桶3.011美元提高到10.651美元,使油价猛然上涨了两倍多,从而触发了第二次世界大战之后最严重的全球经济危机。在这场危机中,美国的工业生产下降了14%,日本工业生产下降了20%以上,所有工业化国家的经济增长都明显放慢。

第二次石油危机发生于1979~1980年。1978年底,世界第二大石油出口国伊朗的政局发生剧烈变化,石油产量受到影响,从每天580万桶骤降到100万桶以下,打破了当时全球原油市场上供求关系的脆弱平衡。油价在1979年开始暴涨,从每桶13美元猛增至34美元,导致了第二次石油危机的出现。受石油价格上升影响,美国经济受到剧烈的供给冲击,造成高通货膨胀和高失业率并存的情况,即滞胀。1978~1982年石油价格变动与美国通胀率和失业率的关系如表1所示。此次危机成为20世纪70年代末西方全面经济衰退的一个主要诱因。

表1　1978~1982年石油价格变动与美国通胀率和失业率

年份	石油价格变动(%)	通货膨胀率(CPI,%)	失业率(%)
1978	9.4	7.7	6.1
1979	25.4	11.3	5.8
1980	47.8	13.5	7.0
1981	44.4	10.3	7.5
1982	-8.7	6.1	9.5

数据来源:曼昆:《宏观经济学》(第四版),中国人民大学出版社2000年版,第230页。

在经历了两次石油危机之后,西方国家纷纷采取行动加强产业调整,建立石油储备。例如,美国于20世纪70年代公布了《能源政策与保护法》,日本与德国也公布了《石油储备法》和《石油及石油制品储备法》。与此同时,各国还纷纷投资研究、建设替代能源。瑞典的卡尔博格公司于1973年率先开展了水煤浆的研究。20世纪90年代,风力发电以每年26%的速度增长,太阳能也大量进入工业领域。

第三节 总需求与总供给的均衡（AD-AS 模型）

将总需求与总供给结合在一起，考察价格变化的原因以及社会经济如何实现总需求与总供给的均衡。

一、经济萧条与繁荣分析

西方主流学派经济学家试图用总供给曲线和总需求曲线来解释宏观经济波动。他们把向右上方倾斜的总供给曲线称为短期总供给曲线，把垂直的总供给曲线称为长期总供给曲线。根据长期总供给曲线、短期总供给曲线以及其与总需求曲线的相互关系对经济波动作出如下的解释。

从短期总供给曲线不变，总需求曲线变动来看，总需求水平的高低决定了一国经济的萧条和繁荣状态下的均衡水平，如图 7.9 所示。

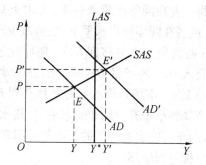

图 7.9 经济萧条与繁荣分析

在图中，Y^* 为充分就业条件下的国民收入，在此点垂直的曲线 LAS 就是长期总供给曲线。SAS 为短期总供给曲线，AD 为总需求曲线。假设经济的初始均衡状态为 E 点，即 AD 与 SAS 的交点，这时国民收入为 OY，价格水平为 OP，显而易见，国民收入 OY 小于充分就业的产量 Y^*。这意味着国民经济处于萧条状态。但是，如果政府采取刺激总需求的财政政策，则 AD 曲线会向右方移动。在商品、货币和劳动市场经过一系列调整后，经济会移动到新的短期均衡点，比如随着 AD 曲线的右移会使 SAS，LAS，AD 三条曲线相交于同一点，即达到充分就业的均衡点。如果在政府采取扩张性宏观经济政策的同时，市场上另有强烈刺激总需求扩张的因素，则 AD 曲线有可能移动到充分就业的 Y^* 的长期总供给曲线右方的某一点与 SAS 曲线相交于 E' 点，这时，均衡的国民收入为 OY'，大于 OY^* 点。表示经济处于过热的状态。这说明引起国民经济由 E 点移动到 E' 点的原因是需求的变动方面。这时市场价格上升到 OP' 点，出现了通货膨胀与经济增长同时出现的状况。总之，经济的总需求的扩张可以使社会就业水平和总产出水平提高，但经济扩张一旦超过潜在的充分就业的国民收入时，则会产生经济过热和通货膨胀压力。

二、经济滞胀分析

下面考察总供给曲线变动，即需求曲线不变条件下的市场价格和国民收入的变动。在短期内，如果 AD 不变，SAS 曲线发生位移，则会产生市场价格与国民收入反方向的运动。如果 SAS 的水平下降，则 SAS 向左移动到 SAS'，市场价格会上升，而国民收入则下降，产生经济发展停滞和通货膨胀共生的"滞胀"现象。如图 7.10 所示。

图 7.10 中 LAS 为长期总供给曲线，AD 为总需求曲线，这两条曲线不发生位置的移动。但是，短期总供给曲线可能由于投入的生产要素价格发生变动而发生位置的移动，比如：农业歉收，外汇市场的波动，石油价格的上涨等。

由于生产要素投入的价格（或成本）的上升，使得企业在同等产量条件下，要求更高的物价水平，或者在同等价格水平下，被迫减少产量。从而 SAS 曲线向左上方移到 SAS′，使原先超出潜在国民收入 OY^* 的产量 OY' 减少至 OY。均衡点由 E 移动至 E'，市场物价水平由 P 移动到 P'。结果是

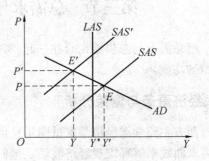

图 7.10 经济滞胀分析

生产降到小于充分就业的水平，价格水平则提高到高于充分就业时的水平，出现"滞胀"。显然，由于影响宏观经济的某些外部因素的作用，使总供给状况恶化，使政府原先的宏观经济政策目标遭到破坏。

【案例 7.3】

中国总供给与总需求的变化

中国自改革开放 10 年以后，总供给与总需求的关系开始发生变化。长期绝对的短缺已开始让位于一定时段上短缺与过剩共存，或不同时段上短缺与过剩的交替。从 20 世纪 80 年代中期开始，曾有过部分农产品过剩的情况。进入 20 世纪 90 年代后，短缺经济特征越来越不明显，多年的经济高速增长已使供给能力大大提高，过剩现象开始明显出现。1990 年，中国市场出现第一次普遍意义上的生产过剩，同时也宣告了短缺经济时代的终结。20 世纪 90 年代中期以后，就国民经济发展而言，需求已经与供给同时成为中国经济发展的两大推动力，单纯靠提高供给来保障生活的阶段已经过去了。

从 1998 年开始，中国经济出现了明显的过剩经济特征，总供求之间的结构性失衡更为突出。主要表现在：

一是商品供给结构与需求结构失调。面对市场需求变化，供给出现结构性开工不足和库存积压。例如，最为典型的是 1998 年，兵器工业开工率只有 45%，航天工业只有 35%，发电设备能力利用率为 66%。库存积压矛盾十分突出。

二是资金需求结构与资金供给结构严重不对称。1996 年非国有经济的生产总量只占全社会信贷资金的 20% 左右，以后尽管有所上升，但非国有经济的非国民待遇一直得不到很好的改观。银行有钱不敢贷，企业在等米下锅，表现出一种非常奇特的资金结构性矛盾。从表面上看，其原因主要是，因企业资信度不好，银行不敢贷款；或是企业有项目，但企业与银行对项目的评价不同，银行宁紧勿松而不愿贷款。但从本质上看，这种资金供求的矛盾，实质上是一种体制性矛盾。

在转轨经济中,总供求互相适应的应变机制尚不健全,还缺乏自我调节功能。供给不适应需求,有正常和不正常两种情况。一般而言,需求变化速度快于供给,需求是超前的、多变的,这时的供给滞后,这是正常的。但我国供给不能灵活适应需求变化有着浓厚的体制因素,具体表现:(1)需求的市场化、货币化进程大大地快于供给的市场化、货币化进程,从而导致供给不能适应需求的灵活变化,产品不能适应市场需求,企业不能在市场上创造出需求。(2)投资体制缺乏约束力,不少项目是盲目投资、重复建设,在投资决策时市场需求没有前瞻性预测,企业还未投产就已先天过剩。不少以现代化企业著称的上市公司也会反复出现这类问题。(3)企业没有建立按市场需求调整生产的管理机制和运作机制,自我发展能力差,新产品开发能力低。

形成灵活的供给机制将是困难的,既有存量的刚性问题,又有增量的盲目性问题。从根本上说,国有企业改制不完成,就难以形成与市场经济相适应的、灵活的总供给机制。

资料来源:吕炜.体制性约束、经济失衡与财政政策——解析1998年以来的中国转轨经济.2001.

三、长期均衡分析

上述的萧条状态、繁荣状态和滞胀状态都被认为是短期存在的状态。根据西方学者解释,在短期内,例如在几个月或在一两年内,企业所使用的生产要素的价格相对不变,因而总供给曲线向右上方延伸。在长期内,一切价格都能自由地涨落,经济具有达到充分就业的趋势,因而总供给曲线成为垂线。

如图7.11所示,图中的 LAS 是长期总供给曲线,它和潜在产量线完全重合,当总需求曲线为 AD 时,总需求曲线和长期总供给曲线的交点 E 决定的产量为 Y,价格水平为 P。当总需求增加使总需求曲线从 AD 向上移动到 AD' 时,总需求曲线和长期总供给曲线的交点 E' 决定的产量为 Y',价格水平为 P',由于 $Y=Y^*$,所以在长期中总需求的增加只是提高了价格水平,而不会改变产量或收入。

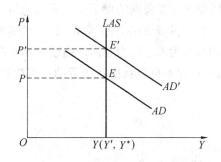

图7.11 长期均衡分析

因此,主流学派认为总供给-总需求分析可以用来解释萧条状态、繁荣状态和滞胀状态的短期收入和价格水平的决定,也可以用来解释充分就业状态的长期收入和价格水平的决定。

相应地,在政策主张上,主流学派经济学家认为,虽然资本主义经济在长期内可以处于充分就业的均衡状态,但短期内的萧条和过度繁荣是不可避免的,仍然可以给社会带来损失。因此,有必要执行凯恩斯主义的经济政策,以减轻经济萧条和过度繁荣所带来的经济波动,使经济持续处于稳定的充分就业状态。

第四节 总需求与总供给曲线移动的效应

一、总需求曲线移动的效应

假定总供给曲线 AS 不变,总需求曲线 AD 移动的效应根据总供给曲线的三个区间的特性不同而不同。

1. 凯恩斯情形

在总供给曲线的凯恩斯区间,AS 曲线是价格总水平不变条件下的水平线。如果初始均衡点位于 E_1 点,那么任何可以使 AD 曲线移动的因素,都不能影响价格总水平,但却能显著影响国民收入量的变化。例如当总需求曲线从 AD_1 移动到 AD_2 时,达到新均衡点 E_2,国民收入从 Y_1 增加到 Y_2,但价格水平不变,仍保持在 P_1 的水平上,如图 7.12 所示。

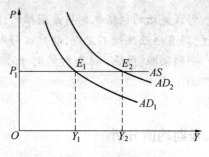

图 7.12 凯恩斯情形

2. 古典情形

在古典情形下,总供给曲线 AS 是在充分就业的国民收入水平上的垂线,表明无论价格水平如何变动,总供给量都为 Y_f,因此在古典情形下可以得出与凯恩斯情形下完全不同的结论。

自主投资支出增加、储蓄减少、消费增加都会导致 AD 曲线向右移动,如图 7.13 所示。最初均衡点为 E_1 点,当总需求曲线从 AD_1 向右移动到 AD_2 时,在 P_1 价格总水平上的总需求增加了,但厂商不可能获得新增劳动力来生产更多的产量,即产品供给对新增的需求无法作出反应。

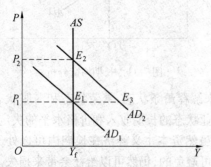

图 7.13 古典情形下的总支出增加

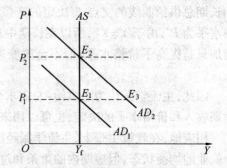

图 7.14 古典情形下的货币扩张

由于厂商试图在供不应求的劳动市场上雇用更多的工人,他们抬高了工资和生产成本,因而,必须为他们的产品索取更高的价格。因此,对产品需求的增加会导致更高的价格,却不能提高产量。随着价格总水平的提高,会使总需求沿着 AD_2 线从 E_3 开始减少,直至达到新的均衡点 E_2 为止。在 E_2 点,均衡的价格水平为 P_2,均衡的国民收入不变,仍为 Y_f。

如图 7.14 所示是古典情形下名义货币扩张(货币总供给增加)的效应。图中的 E_1 点为初始的充分就业均衡点,AD_1 与 AS 在此点相交。现在假定名义货币存量增加了,相应地,总需求曲线 AD_1 向右移动到 AD_2。假如价格能够固定,经济均衡点会移动至 E_3,但是在产量固定不变的条件下,总需求的增加导致了对产品的超额需求,厂商们对劳动力需求的竞争推动了工资和成本的上涨,价格也随之上涨,直到产品的超额需求消失为止。这时,经济在 AS 曲线与新的总需求曲线 AD_2 相交的 E_2 点达到新的均衡。由此可见,只有当总需求再次与充分就业的供给量相等的时候,价格上升的压力才会消失。

在经济均衡从 E_1 点移动到 E_2 点的调整过程中,没有产量的变化而只有价格水平的变化,价格与名义货币量以同一比例上升。从图 7.14 中可以看到,作为对名义货币增加的反应,AD 曲线会向上移动一段与货币增加比例相同的距离。因此,在 E_2 点上,实际货币存量 M/P 恢复到其初始水平。在 E_2 点,名义货币和价格总水平都变动了同一比例,均衡产量则维持不变。由此可以得出古典模型的一个重要结论:在古典供给条件下,名义货币的增加将促使价格水平上升同一比例而利率和实际产出维持不变。货币存量变动只导致价格水平的变化而实际产量与就业量不变的情况,被称为货币中性。

3. 正常情形

在正常情形下,总供给曲线是向右上方倾斜的曲线,总需求的变动引起国民收入与价格水平的同方向变动,如图 7.15 所示。

在图中,AS 与 AD_0 相交于 E_0 点,决定了国民收入为 Y_0,价格水平为 P_0。当总需求增加,AD_0 右移到 AD_1 与 AS 相交于 E_1,决定了新的国民收入为 Y_1,价格总水平为 P_1,这表明总需求增加使国民收入由 Y_0 增加到 Y_1,使价格总水平由 P_0 上升为 P_1。相反,当总需求减少,AD 曲线从 AD_0 左移到 AD_2 并与 AS 相交于 E_2,决定了国民收入为 Y_2,价格总水平为 P_2,这表明总需求减少使国民收入由 Y_0 减少到 Y_2,使价格总水平由 P_0 下降为 P_2。

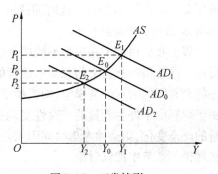

图 7.15 正常情形

二、总供给曲线移动的效应

除了总需求移动的效应外,我们还可以考察长期总供给曲线移动的效应。我们在前面已经对短期总供给曲线的移动及其影响进行了初步的介绍,这里我们将进一步展开讨论。

如图 7.16 所示的是经济中投资增加而造成生产能力扩大的情形。这时,长期总供给曲线向右移动,即从 AS_0 移动到 AS_1。如果经济最初运行在总供给曲线的陡峭部分,且总需求是缺乏弹性的,图 7.16 中的 AD_1,那么总供给的增加意味着新的均衡价格将低于初始价格水平。如果经济最初运行在总供给曲线的平坦部分,图 7.16 中的 AD_0,则总供给曲线移动的效果不明显。这是因为总供给曲线的平坦部分表示经济中尚存在着过剩的生产能力,新追加的生产能力对于生产的均衡数量和均衡价格的影响微乎其微。

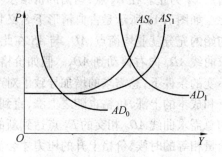

图 7.16 生产能力增加的效应

但是,如果经济体遇到投入品价格突然上涨所形成的供给冲击(Supply Shock),总供给曲线就会向左上方移动(如图 7.17 所示)。20 世纪 70 年代初的石油危机对全球经济的冲击就是最为典型的一例。在这种成本推动通货膨胀的冲击下,厂商即使生产与以前相同的产量,但由于成本的大幅度提高,他们必须通过提高产品的价格才能弥补成本上升所造成的损失。从图中可以看出,这时即使经济还处于过剩期,但价格水平也会上升。

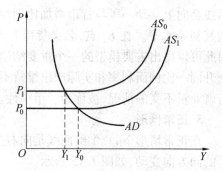

图 7.17 投入品价格上涨的冲击

以上我们讨论了在三种不同的总供给曲线条件下总需求曲线的演变情形,从中我们可以得出不同总供给状态下的总需求政策的有效性。本章所讨论的总供给与总需求模型是一种静态的和封闭的宏观经济模型,即模型中并不加入时间因素,因此它只限于解释均衡状态,或者用于解释由于外生变量的一次性变动而引起的内生变量(如价格水平)的变动。如要解释变量的动态变化,则必须考虑时间因素。有关价格随时间因素变化的问题,我们将在有关通货膨胀理论的章节中加以讨论。

本章小结

1. 总供给和总需求模型是用来表明产出与价格两者之间均衡水平的决定。总供给曲线 AS 表明,在各个价格水平上,企业愿意供给的实际产出数量。总需求曲线 AD 表示在各个价格水平上,消费和资本市场处于均衡时的产出水平。总需求曲线可以由简单的收入决定模型导出。

2. 总供给曲线可以分为三种状态:凯恩斯情形、古典情形和常规情形。凯恩斯总供给曲线是水平的,它意味着企业在现有价格水平上愿意供给所需数量的商品。古典总供给曲线是垂直的,它表示的是充分就业条件下的总供给状态。常规形态的总供给曲线是向右上方倾斜的,它表明随着价格的上升,厂商所提供的供给数量会不断提高。

3. 总需求的扩张(如实施扩张性财政政策或货币政策等)会使 AD 曲线向右上方移动。在凯恩斯供给条件下,总需求的扩张会导致总供给的增加,但不会引致价格的上升。在古典供给条件下,总需求的上升只能引致价格的上涨。

思考题

1. 总供给曲线与总需求曲线描述的是什么?
2. 为什么古典总供给曲线是垂直的。在古典情形下,保证劳动力充分就业的机制是什么?
3. 为什么凯恩斯总供给曲线是水平的。与古典总供给曲线相比,你认为哪一种解释更有说服力?
4. 案例分析:2007 年 7 月 19 日,国家统计局发布了当年上半年经济运行情况的各项数据。据初步核算,上半年国内生产总值(GDP)为 106 768 亿元,同比增长 11.5%,比上年同期加快了 0.5 个百分点。投资增速继续在高位运行,上半年全社会固定资产投资 54 168 亿元,同比增长 25.9%,增速比上年同期回落 3.9 个百分点。上半年,居民消费价格(CPI)同比上涨 3.2%,涨幅比上年同期上升 1.9 个百分点;其中 6 月份同比上涨 4.4%,环比上涨 0.4%。对外贸易实现较快增长,上半年进出口总额 9 809 亿美元,同比增长 23.3%,比上年同期回落 0.1 个百分点;其中,出口 5 467 亿美元,增长 27.6%;进口 4 342 亿美元,增长 18.2%。进出口相抵,顺差达 1 125 亿美元,比上年同期增加 511 亿美元。上半年社会消费品零售总额 42 044 亿元,同比增长 15.4%,增幅为 1997 年以来的新高。我们的问题是:

(1)从投资对总需求的影响看,2007 年社会总需求(AD)的状况如何?
(2)2007 年的社会总供给(AS)状况如何?
(3)画出总需求和总供给曲线的变动图,请你判断一下 2007 年经济的总体态势如何?

【阅读资料1】

为什么日本在20世纪90年代表现得如此之差？

日本从1960年以来平均每年的经济增长率约为6.0%，但是从1992年开始，平均增长率只有1.0%。这个问题一直引起全球的关注，为什么日本在20世纪90年代经济增长如此缓慢？大多数经济学家在以下两方面得到共识：

第一个原因是20世纪90年代早期日本股票市场的崩溃。1990年到1992年间，日本的股票价格下降了一半，市值大量蒸发，土地和房地产价格也巨幅下挫。截止到1997年，商业用地的价格仅为1990年的55%。

第二个原因是股票和土地价格的崩溃对日本银行产生了极大的影响。因为许多银行都将贷款给了股票和房地产的购买者。当股票和房地产价格崩溃时，这些借款人大部分不能清偿贷款。有人估计，1997年日本最大的20家银行资产负债表上的坏账总额约占日本GDP的4%左右。账面上有如此多的坏账，使银行不得不彻底削减对企业的任何贷款。

但对以上两个原因是如何造成这么低的经济增长率这一问题目前仍然存在着很多争议，并且一直是人们研究的主题。

大多数经济学家把注意力放在了股票和房地产价格下降的影响以及银行贷款下降对总需求的影响上面。价格的巨幅下跌减少了消费者的财富，从而导致他们减少支出。对于很多企业来讲，银行贷款的减少意味着不能为投资进行融资，其结果是总需求曲线的不断移动，导致了低经济增长和通货紧缩。出于这种判断，经济学家建议应同时采用扩张性货币政策和扩张性财政政策，而事实上日本政府也确实这样做了。从下表可以看到，日本央行把利率从1992年的4.5%降低到了1998年的0.7%；政府从1992年的1.5%的预算盈余变成了1998年6.1%的预算赤字。

日本宏观经济变量，1992~1998年

	1992	1993	1994	1995	1996	1997	1998
产出增长(%)	1.0	0.3	0.6	1.5	3.9	0.8	-2.6
通货膨胀*(%)	1.7	0.6	0.2	-0.6	-0.5	0.6	0.7
预算盈余(%)	1.5	-1.6	-2.3	-3.6	-4.3	-3.3	-6.1
短期利率(占GDP百分比)	4.5	3.0	2.2	1.2	0.6	0.6	0.7

注：通货膨胀：GDP缩减指数的平均变化率。

资料来源：OECD(Economic Outlook December)，1998.

另外一些经济学家认为，这只是问题的一部分。他们指出，尽管利率非常低、预算赤字非常大，产出在1998年实际上还是下降了。他们认为银行系统的问题导致了总供给曲线的反向移动，糟糕的银行系统与石油价格的上涨或生产率的下降非常相似：它增加了生产成本并减少了均衡产出。这些经济学家认为，日本的问题不能单靠提高总需求来解决，银行系统必须进行重新整顿：一些银行应该关闭；另一些银行资产负债表上的坏账必须由好的资产取代，比如政府债券。一旦做好了这些事情，银行系统就可以重新发挥作用，日本经济就能复苏。

资料来源：王洛林，余永定，李薇.《20世纪90年代的日本经济》.2010.

第八章
Chapter 8

失业与通货膨胀理论

【学习要点及目标】

失业和通货膨胀是宏观经济学研究的主要问题,通过本章的教学,旨在学生掌握通货膨胀的含义及衡量标准、分类、形成原因,掌握失业的概念及分类。重点掌握失业与通货膨胀的关系。

本章的重点有失业和失业率、失业的分类,通货膨胀的定义及成因,难点在于失业与通货膨胀的关系,即菲利普斯曲线。

【引导案例】

新京报2010年2月10日报道 1月的系列宏观数据将在本周揭晓,CPI数据将影响我国的货币政策。昨天在悉尼出席澳洲央行组织的讨论会间隙,中国人民银行行长周小川表示,通货膨胀已经显现,虽然仍处于低位,但中国必须对目前的形势保持警惕。此外他还指出中国银行业放贷的步伐稳定。

2月11日,国家统计局公布了1月经济数据,各方预计1月CPI同比增幅基本维持上月水平,输入型通胀因素可能起到决定作用。各方对CPI的预测区间集中在1.7%~1.9%之间,较去年12月基本持平,预计上半年将保持上行。

国金证券分析师王晓辉认为,之前的货币投放将促使需求持续增长,在一定程度上增加了通胀的风险。不过由于国际国内过剩产能的存在,2010年的通胀风险仍然可控。但值得警惕的是,随着中国和世界经济的回升,闲置产能将逐渐减少;而如果货币政策不及时正常化将导致总需求过度增长,从而增加长期通胀风险。

他预计,年内可能加息和上调存款准备金的次数不会很多,预计还有两次存款准备金调整,两次加息。天相投资研究报告指出,当CPI累计涨幅超过基准存款利率(2.25%)后,央行可能出台"对称加息"政策,央行很可能在第2季度初首次"加息"。

事实上,从去年第4季度起,央行就开始着手通胀预期的管理。1月央行调高银行准备金率,并对一些银行实行惩罚性的准备金要求。近期国务院、央行和银监会均反复强调,要平滑信贷投放,避免季度之间、月度之间大起大落。

严格的监管,致使过度房贷的银行迫不得已在1月下旬抓紧时间转让信贷资产,加紧回收旧贷款甚至暂停新贷款。

渤海证券宏观策略部张雷认为,全年季度之间3∶3∶2∶2的新增信贷分布较为平衡。以此计算,1季度新增贷款将保持在2.3万亿左右,初步预计1、2和3月新增贷款将保持在1.5万亿、2 500亿和5 000亿左右,2、3月份信贷将会非常紧张。

王晓辉表示,从目前政府对信贷的控制来看,预计第1季度信贷增量控制在3万亿以下的可能性较大,这意味着均衡信贷的目标能够初步实现。同时,这将使得货币供给增速大大降低,从而遏制住总需求失控的风险。

资料来源:苏曼丽.新京报,2010.1.

第一节 失 业

失业是宏观经济中最普遍和最重要的问题,并且是宏观政策制定者和公众关注的焦点。因为它是一个国家宏观经济运行好坏的指示器。对整个社会而言,失业意味着人力资源的浪费,如果能够更充分地利用这部分生产要素,那么整个社会的产出水平将得到很大的提高。对失业者而言,失业意味着生活质量的下降和人格尊严的丧失,所以失业也是一个重要的社会问题。由此可见,失业对一国的经济发展和社会稳定都有巨大的影响。

失业的原因是复杂多样的。有的是工作变动或毕业暂时待业等正常现象;有的是持续失业几个月以上而找不到工作。本节将对失业的含义及其衡量作出具体解释。

一、失业的含义及其衡量

(一)失业的含义

弄清失业的定义很重要,它对统计失业程度会产生重要影响。失业(Unemploymen)是指有劳动能力的人正在积极寻找工作却尚未找到的一种状态。根据劳动统计概念,劳动人口分为两类:就业者和失业者统称为劳动力,没有工作也不愿意找工作的称为非劳动力。目前国际上对就业者的定义是,在调查周内至少有1个小时的付酬工作或在家族企业中每周工作最低15小时的无酬劳动者。从统计上来讲,失业者必须满足三个标准:一是他没有工作;二是有工作能力并愿意工作;三是在调查周的前4周内积极寻找过工作。失业率就是失业人数除以劳动力人数。

（二）失业的测定

在了解失业的概念和类型后，我们需要知道如何来测定失业，目的是为了衡量一个经济社会的劳动力资源的使用状况。

1. 劳动力范畴的分类

劳动力是人的劳动能力，即人在劳动过程中所运用的体力和智力的总和。在劳动经济学中劳动力又特指在一定的年龄范围内，具有劳动能力和劳动要求，愿意参加付酬的市场性劳动的全部人口。

我国对劳动力范畴的统计分类是参考各市场经济国家的统计分类，建立适应我国劳动力市场发展状况的劳动力统计体系，目前我国的劳动力范畴还在不断变化中。劳动力资源的范围是：在劳动年龄内（16周岁以上），有劳动能力，实际参加社会劳动和未参加社会劳动的人员。劳动力资源又划分为：经济活动人口和非经济活动人口。劳动力资源不包括在押犯人、在劳动年龄内丧失劳动能力的人员及16岁以下实际参加社会劳动的人员。

2. 失业率

美国劳工统计局关于美国失业率的统计方式是将全国总人口分为三大类：第一类人口由三部分人组成：(1)未满16岁的人；(2)现役军人；(3)精神病人及劳教人员等。第二类人口是非劳动力，指由于某种原因而未能加入就业行列的潜在成年劳动者，主要要包括以下几部分人：(1)操持家务者；(2)在校学习者；(3)老年退休者；(4)病残者。第三类人口是劳动力。由两部分人口组成：(1)就业者，其中又分为工作中和非工作中两种情况，工作中指正在工作岗位上；非工作中是指在职中的请假、休假以及临时无工作的人。(2)失业者。其中又分为被解雇者、自愿离职者、再次求业者和首次求业者几种情况。被解雇者是曾属于就业人口而被他人所解雇者；自愿离职者是曾属就业人口而自动退出就业行业者，例如寻找其他条件更好、收入更高工作的人；再次求业者是指原属第一、第二类人口曾有过工作经历而再次寻求工作的人，与自愿离职者的区别在于：自愿离职者原属第一类人口中的就业者；首次求业者是指原属第一、第二类人口而首次寻求工作的人，例如刚成年的青年等。失业率等于失业人口与劳动力总人数的比值，这里失业人口是指第三类人口中的那部分被解雇者、自愿离职者、再次求业者和初次求业者。

3. 劳动力参与率

劳动力参与率是加入劳动力的人数占劳动年龄人口的百分比。计算公式为：

劳动年龄人口的劳动力参与率＝劳动力/劳动年龄人口×100%

年龄别(性别)劳动力参与率＝某年龄(性别)劳动力/该年龄(性别)人口×100%

这一指标在研究确定一个国家人力资源规模和构成因素以及预测未来劳动力供给时起重要作用，它也是计算男女人口的预期工作寿命和进入、退出经济活动的比率的基本数据，同时这些数据也为社会保障制度的财务计划制定提供依据。

4. 我国失业统计的局限性

我国关于劳动就业的统计开始于建国初期,当时政府搜集劳动力就业信息的目的主要是用于制定国民经济发展计划,由于当时的特殊历史背景,使我国关于失业的统计并不能客观地反映经济运行中实际的劳动就业状况。主要表现在:(1)统计口径狭窄。我国统计的失业人口指有非农户口,在一定劳动年龄内(男50岁以下,女45岁以下),有劳动能力,没有工作并且要求就业,并在当地就业服务机构进行求职登记的人。我国失业人口不考虑农村人口和非国有企业,只考查国有企业。(2)失业与就业概念交叉。第一,存在"隐性就业"的情况,即登记失业者中有相当部分人员正在打工或从事其他有酬的临时工作,并不是真正的失业者。第二,国有企业中的下岗或内退人员仍做从业人员统计。第三,国有企业中存在大量的冗余人口,他们多处于隐性失业或就业不足状态。第四,农村中有大量隐性失业人员。所以,原有的失业统计指标很难真实地反映现在的劳动力就业状况,我国需要建立符合我国当前劳动力就业现状的失业指标体系。

(三)充分就业和自然失业率

充分就业是宏观经济政策的首要目标。广义上充分就业是指一切生产要素(包括劳动)都有机会以自己愿意的报酬参加生产的状态。这是凯恩斯在《就业、利息和货币通论》中提到的概念,在经济学界有关充分就业的说法主要有以下几种。凯恩斯认为,消除了"非自愿失业",仅存在摩擦性失业和自愿失业,就实现了充分就业。还有一些经济学家认为,空位总数与寻业人口总和相等即实现了充分就业。

货币学派的代表人物弗里德曼提出,一个经济社会的失业率等于自然失业率时也就实现了充分就业。所谓自然失业率是指在没有货币因素干扰的情况下,让劳动市场和商品市场的自发供求力量起作用时,总供给和总需求处于均衡状态下的失业率。

二、失业的类型

经济学家根据失业的特征和引发失业的原因,将各种类型的失业加以区分。失业可以分为以下三种类型:摩擦性失业、结构性失业和周期性失业。

(一)摩擦性失业

摩擦性失业(Frictional Unemployment)是因为劳动力市场运行机制不完善或因经济变动过程中工作转换而产生的失业。摩擦性失业是由国家经济制度的动态结构造成的。在这种经济现象中,由于产业结构等方面的不断变化,原有的工作不断消失,新的工作不断产生,而工人在交换工作时需要时间,因而就产生了相应的临时性失业,即摩擦性失业。它的规模取决于失业工人和他寻找工作碰到一起时所遇到的结构上的困难,这种结构上的困难,主要是由于人们对职业市场的信息掌握不完全、雇主与寻找工作的人信息不对称所导致的:一方面雇主那里存在职位空缺,另一方面存在与此数量相对应的正在寻找工作的失业者,而要使工作与劳动力之间相匹配是需要时间的,从而产生了劳动力的流动过程。在一个变化的经济体中,由于多种因素的影响企业和家庭需要的产品类型是不断变化的,从而引起某些行业的发展变化,进而影响该行业对劳动力的需求:当消费者对某种商品的偏好下降,会引起该行业的衰退,产生过剩的劳动力;而一些新兴行业则需要大量增加劳动力。由于流动成本、职业技能、个人特长和居住地等原因会使劳动力从一个职业或一个行业流向另一个职业或另一个行业产生困难,从而造成暂时性失业。例如,人们搬到一个新城市后需要寻找工作,一个人由于某种职业不够理想而想寻找其他职业所引起的暂时性失业。大学毕业生寻找一个工作时需要花费一段时间,从而导致一时性失业,妇女在生完孩子后可能需要重新寻找工作等。这些在劳动力流动过程中造成的失业,以及意向新加入劳动力队伍或重新加入劳动力队伍过程中的失业均属于摩擦性失业。

摩擦性失业主要有以下显著特点:一是涉及人员广,摩擦性失业影响了所有人口群体、行业和地区中的大多数人,一些流动性大的行业像零售业或建筑业的摩擦性失业大一些;二是失业期限短,这个从失业到再次找到工作的时间一般都少于1个月;三是不可避免性,摩擦性失业在任何时期都是存在的,并随着经济结构的变化加快而呈增大的趋势;四是具有利益性,摩擦性失业会带来经济成本以外,还会带来一些经济利益——对于单个工人来讲,失业可以给他带来在更大范围搜寻工作的机会;对整个经济而言,劳动力流动会使劳动力在各地区和各行业之间实现更有效的配置,那么摩擦性失业在某种程度上来讲是必要的。

根据摩擦性失业的特点及引起摩擦性失业的原因,减少摩擦性失业应采取以下措施:一个显著的办法是增加劳动力的流动性和多提供有关就业机会的情报,同时加强就业指导;另外可以通过允许劳动者在有限时期内休假而不是要求辞退的办法来减少摩擦性失业。

【案例8.1】

失业保障与就业率

许多研究考察了失业保障对寻找工作的影响。大多数有说服力的研究用了有关失业者个人经历的数据,而不是经济中失业率的数据。个人数据往往得出了惊人的结果,这些结果为几种不同的解释大开方便之门。

一项研究跟踪那些失去领失业保险津贴资格的个别个人的经历。这种研究发现,当失业工人要失去领取津贴的资格时,他们更可能找新工作。特别是,当一个人的津贴用完时,他(或她)找到一份新工作的可能性提高了两倍。一种可能的解释是,失去津贴提高了失业工人找工作的努力程度。另一种可能性是,没有津贴的工人可能接受由于工资低或工作条件差而少人问津的工作。

另一种关于经济刺激如何影响寻找工作的证据来自1985年在伊利诺伊州所进行的实验。该实验随机选择了一些失业保障的申请者,如果他们能在11周内找到工作,每个人给予500美元奖金。随着把这个组工人与另一个受控的不提供刺激的小组进行对比,提供500美元奖金的小组工人平均失业持续时间为17周,与此相比,受控小组为18.3周。因此,奖金使平均失业时间减少了7%,这表明,他们更努力地去找工作了。这个实验清楚地说明,失业保障制度所提供的激励影响就业率。

资料来源:【美】多恩布什、费希尔、斯塔兹.《宏观经济学》(第七版).

(二)结构性失业

经济产业的每一次变动都要求劳动力的供应能迅速适应这种变动,但劳动力市场的结构特征却与社会对劳动力的需求不相吻合,即工作类型与寻找工作的人不匹配,由此而导致的失业被称为"结构性失业"(Structural Unemployment)。结构性失业的产生必须同时具备两个条件:必要条件是经济变动使劳动力的需求结构发生了变化;充分条件是种种条件的限制导致劳动力的供给结构无法满足需求结构的变化。满足不了需求结构变化的那部分劳动者便成了失业人员,得不到满足的工作岗位则成了空位,这就构成了结构性失业的重要特征:失业和空位并存。在经济发展过程中,有些部门发展迅速,而有些部门正在收缩,有些地区正在开发,而有些地区经济正在衰落,这也足以引起一部分人失去工作。有的公司对年龄、性别和外来人口的歧视也会造成结构性失业。比如,在经济增长过程中,技术进步的必然趋势是生产中越来越广泛地采用了资本、技术密集性技术,越来越先进的设备替代了工人的劳动,这样,对劳动需求的相对减小就会使失业增加。此外,在经济增长过程中,资本品相对价格下降和劳动力价格相对上升也加剧了机器取代工人的趋势。属于这种失业的工人都是文化技术水平低,不能适应现代化技术要求的工人。这种失业也是为经济进步必须付出的代价。而寻找工作的人是没有受过高等教育或是缺乏工作经验的劳动者,此时就会产生结构性失业。由于劳动力市场流动性障碍也会引起结构性失业,比如沿海地区有工作空缺,而寻找工作的人在内地,这样结构性失业也会产生。

结构性失业与技术性失业有其共同点,就是技术进步排挤工人,但是国际竞争、缺乏培训、消费者偏好改变和政府政策对产业结构的影响等因素都可能引起结构性失业。摩擦性失业和结构性失业都是职位空缺与失业并存,但是结构性失业更强调空缺职位所需的劳动技能与失业工人所具备的劳动技能不符,或空缺职位所在地和工人居住地不是同一地区,或失业工人无力支付培训费和迁移费,所以尽管工人掌握了空缺职位的信息,但是仍无法填补职位空缺,失业仍然存在。同时摩擦性失业是短期的,而结构性失业是长期的,这主要是由寻找工作所需时间决定的。

结构性失业的特点概括起来主要有以下两点:失业时间比摩擦性失业的时间长;失业者主要是普通劳动者,他们缺乏劳动力市场上所需劳动技能,或者居住地缺乏吸引力从而就业机会少。根据这些特点,政府应多提供培训项目,使技能更新与技术发展同步,另外,应加强劳动力市场的信息传递,指导求职人员及时了解劳动力市场各类人员的供求状况并做好供求状况的预测工作。

(三)周期性失业

周期性失业(Cyclical Unemployment)又称为需求不足型失业,是由于总需求不足而引起的短期失业,它一般出现在经济周期的萧条阶段。这种失业与经济的周期性波动是相联系的。在复苏和繁荣阶段,各厂商争先扩充生产,就业人数普遍增加。在衰退和谷底阶段,由于社会需求不足，各厂商又纷纷压缩生产，大量裁减雇员，使失业人数激增。周期性失业对各行业的影响程度受需求的收入弹性影响，需求的收入弹性越大的行业受周期性失业影响越严重，也就是人们收入下降会使人们的需求下降很多，由此引起的失业情况会比较严重。

凯恩斯认为，就业水平取决于国内生产总值，国内生产总值在短期内取决于总需求。当总需求不足，国内生产总值达不到充分就业水平时失业就必然产生。凯恩斯用紧缩性缺口的概念来解释这种失业产生的原因。紧缩性缺口指实际总需求小于充分就业总需求时，实际总需求与充分就业总需求之间的差额。凯恩斯把总需求分为消费需求与投资需求。他认为，决定消费需求的因素是国内生产总值水平与边际消费倾向，决定投资需求的是预期的未来利润率（即资本边际效率）与利率水平。在国内生产总值既定的情况下，消费需求取决于边际消费倾向。由于边际消费倾向递减，因而消费需求不足。投资是为了获得最大纯利润，而这一利润取决于投资预期的利润率（即资本边际效率）与为了投资而贷款时所支付的利息率。凯恩斯用资本边际效率递减规律说明了预期的利润率是下降的，又说明了由于货币需求（即心理上的流动偏好）的存在，利息率的下降有一定的限度，这样预期利润率与利息率越来越接近，投资需求也是不足的。消费需求的不足与投资需求的不足造成了总需求的不足，从而引起了非自愿失业，即周期性失业的存在。在总需求-总供给模型中，当实现了宏观经济均衡时，存在三种状态：充分就业均衡、小于充分就业均衡以及大于充分就业均衡。引起周期性失业的正是小于充分就业的均衡，即紧缩性缺口。而新古典学派认为，工资水平是有弹性的，它可以调节劳动力市场上的供求关系，在有效需求不足时，劳动者之间的竞争会使实际工资下降，从而使劳动供给减少，对劳动需求增加，由此看来这种失业是可以消除的，所以新古典学派不承认周期性失业的存在。

周期性失业的原因主要是整体经济水平的衰退；由于它是可以避免的，因而周期性失业也是人们最不想看见的。20世纪30年代经济大萧条时期的失业就完全属于周期性失业。每一个工人都从事着他们一直从事的工作，因此不存在摩擦性失业。与人们更倾向于手持货币而不是消费，企业被迫削减产出导致的失业相比，结构性失业同样极不明显。

与结构性失业、摩擦性失业等失业状况不同，周期性失业的失业人口众多且分布广泛，是经济发展最严峻的局面，通常需要较长时间才能有所恢复。在中国经济仍处于高速发展的阶段中，中国目前及未来几十年出现严重经济衰退和周期性失业的机率很低。减少周期性失业最直接的办法就是国家运用宏观经济政策来确保持续健康稳定的经济增长率。

【案例 8.2】

30 年来首遇周期性失业

2009 年突如其来的国际金融危机使得中国的就业形势显得严峻。《第一财经日报》采访的多位就业专家表示,2009 年政府必须在就业政策上做出更大调整,以避免社会稳定受到影响。

"这是中国改革开放 30 年来第一次真正遇到周期性失业,每个人都将在这场经济衰退中受到洗礼。"中国人民大学劳动人事学院院长曾湘泉说,无论是个人、企业还是政府,应对周期性失业的准备都是不足的。

2009 年需要安排就业的人数将达 2 400 万人,其中应届大学毕业生为 611 万,此外,还有由于企业不景气返乡的农民工。"新增就业岗位"成为 2009 年摆在政府面前的一个难题。

2009 年的中国经济所面临的最大挑战,并非来自金融领域的流动性紧缺,而是就业不足,这已经引起中央的高度重视。胡锦涛总书记在沈阳调研时专程到人力资源市场考察,强调"就业是民生之本",温家宝总理在北京航空航天大学和学生座谈时,也表示了对大学生就业问题的关注。

人力资源和社会保障部部长尹蔚民年前透露,中央经济工作会议已经明确了 2009 年就业工作的目标任务,即:城镇新增就业 900 万人,下岗失业人员就业 500 万人,就业困难人员实现就业 100 万人,城镇登记失业率控制在 4.6% 以内。

周期性失业的首要表现是就业岗位减少,经济增长对就业的拉动效应趋弱。曾湘泉表示,在这种形势下,广开就业门路,鼓励灵活就业是必须采取的措施。

最根本措施的是降低自谋职业的门槛,对于初创企业和微型企业给予税收信贷方面的支持,减少城管对于摆摊设点者的处理等。此外,社保的扶持也非常重要,"虽然政策规定灵活就业者可以参加社会保险,但高达 20% 的费率让这些人望而却步。今年政府应该考虑进一步降低他们的参保费率,以稳定他们的就业。"

据智联招聘首席运营官赵鹏介绍,2007 年、2008 年、2009 年这三年,总计近 2 000 万大学生走出校园,积压下来的、正在出现的、即将出现的大学生就业将直接影响到成千上万个家庭。

赵鹏建议,面对金融危机,企业、大学和政府应当联合起来为大学生提供实习机会。具体的分工为:政府提供实习期间的工资和福利,企业提供实习岗位,中介组织搭建平台,大学加强对毕业生的组织引导。这样可以在受金融危机影响期间能够有效创造就业岗位,帮助大学生获得工作经验,解决他们的实际困难,同时也可以帮助企业获得一定劳动力,减低成本。

曾湘泉表示,目前解决就业问题一个最简单,也是最直接的思路就是通过财政增加预算,创造直接安置的就业岗位。"但这个岗位必须是一个有效的岗位,大学生去了之后有事情可做,不仅仅是短期内安置他们而造成未来的隐形失业。"

资料来源:第一财经日报.

（四）季节性失业

季节性失业（Seasonal Unemployment）是由于某些部门的间歇性生产特征而造成的失业。例如，有些行业或部门对劳动力的需求随季节的变动而波动，如受气候、产品的式样、劳务与商品的消费需求等季节性因素的影响，使得某些行业出现劳动力的闲置，从而产生失业，主要表现在农业部门或建筑部门，或一些加工业如制糖业。季节性失业是一种正常性的失业。它通过影响某些产业的生产或影响某些消费需求而影响劳动力需求。

季节性失业具有地域性强、行业差别大、规律性和持续期有限的特点。由于季节性雇员就业时间有限，收入会受到影响，同时也不利于劳动力资源的有效利用。根据季节性失业的特点，为了减轻季节性失业的不利影响应鼓励季节性失业人员在淡季灵活就业。

（五）自愿失业与非自愿失业

自愿失业（Voluntary Unemployment）是指工人所要求得到的实际工资高于其边际生产率，或不愿接受现行的工作条件而未被雇佣而形成的失业。在西方这种失业不被看成是真正的失业。1936 年由英国经济学家凯恩斯在其著作《就业、利息和货币通论》中提出了非自愿失业的概念。非自愿失业（Involuntary Unemployment）是指工人愿意接受现行工资水平与工作条件，但仍找不到工作而形成的失业。

凯恩斯认为，如果"商品"的价格较货币工资稍微上涨，劳动者愿意在当时的货币工资下提供劳动供给，而在同一时间的总劳动需求都大于现在的就业量，那么就有非自愿失业的存在。非自愿性失业的根本原因是有效需求不足，只要存在有效需要不足，工人即使愿意接受降低的工资，仍然不会有雇主雇佣他们。因此，要消除非自愿性失业，关键在于提高有效需求，非自愿性失业是凯恩斯对传统失业理论的重要补充，也是凯恩斯《就业、利息和货币通论》直接研究的对象。凯恩斯认为，只有消除了非自愿性失业，才能真正实现充分就业。我们前面所介绍的几种失业均属于非自愿失业。

三、失业的原因

前面我们了解了失业的几种类型，那么是什么原因引起失业呢？下面我们就来分析这个问题。在分析失业类型时，我们已经介绍了各种失业的原因。这里我们要介绍的是 20 世纪 80 年代以来新凯恩斯主义的观点。凯恩斯在《通论》中用货币工资刚性来说明失业的原因。新凯恩斯主义经济学家继承了工资刚性的观点，进而论述了形成工资刚性的原因，同时提出了工资粘性的概念。工资粘性就是指工资不能随着有效需求的变化作出及时的调整，工资上升比较容易而下降却比较困难。

工资粘性形成的原因主要有以下四点：第一，劳动固定合同论。某些有强大工会组织的企业，工资是由劳资双方谈判而确定下来的，一些合同到期的企业工资，因为受到未到期企业工资的影响，所签合同的工资不易变动。还有一个原因是劳资双方谈判工资的调整时需要付出很大代价,因此双方通常都不愿轻易变动工资;第二,隐含合同论。隐含合同论是指企业与工人间没有正式的工资合同,但是劳资双方有把工资相对稳定的协议。美国经济学家奥肯称之为"看不见的握手"。这种协议能够达成是由于劳资双方对市场风险的态度不同,企业对风险是中性的,企业有众多的股东,只要有一定水平的平均利润,那么对风险就不是很在乎。而工人工作是相对固定了,希望有一份稳定的收入,所以工人对风险是厌恶的。因此,在协商工资的时候,劳资双方可以达成一种默契,使实际工资不随经济波动而波动,把风险从工人工资中转移到企业利润中,而工人愿意接受低于市场均衡的工资水平,当作风险转移的代价,这就是隐性合同形成的原因,这样也就形成了工资粘性;第三,失业滞后论。这种理论认为,工资调整在很大程度上取决于在职人员而不是失业工人,而且长期失业者对工资调整计划没有影响。在职者一般可以受到企业工会保护,同时还可以受到各种劳资转换成本的保护,这样在职人员就比失业工人和临时工享有优先就业权。什么是劳资转换成本呢?所谓劳资转换成本就是企业雇佣新工人必须付出的代价,包括雇佣、培训、谈判等一切费用。由于劳资转换成本的存在,企业不愿意用新工人代替原有工人,即便是新工人工资较低。因此,在职人员的工资并不会因为存在大量失业人员而下降,从而形成工资粘性;第四,效率工资率。该理论强调工资的激励作用,企业的劳动生产率取决于企业支付给工人的工资。为了保持较高的劳动生产率,企业愿意对工人支付高于工资效率的工资。

粘性工资理论表明,在劳动市场上存在工资粘性,因此当社会有效需求减少时,劳动需求也会减少,社会或企业不可能通过降低工资的办法来减少失业,这样必然导致失业。

四、失业的影响

失业作为市场经济国家普遍存在的一种现象,不仅为各国政府所重视,而且为整个社会所关注。失业不仅影响失业者本人及其家庭,而且对整个社会经济的方方面面都会带来影响。失业的影响具有两面性。

从积极影响来看,它体现了市场经济中效率优先的原则;有利于企业提高竞争力,促进社会经济发展;失业劳动力满足了第三产业发展的需要推动了产业结构的转换;有利于劳动力人口的迁移流动,从而完善动态、健全的劳动力市场;失业危机引发的竞争有利于劳动力素质的提高。

但是,失业也有其消极的一面,失业同时需要付出高昂的经济成本和非经济成本,给失业者以及全社会带来巨大的精神和体能的压力,并由此引发一系列的社会经济问题,影响和威胁社会稳定,主要表现为以下五个方面:

第一,会带来产出的损失。失业给社会造成的损失主要是总产出的减少,这种损失的多少取决于失业率的高低。美国著名的经济学家阿瑟·奥肯发现了周期波动中经济增长率和失业率之间的经验关系,即当实际GDP增长相对于潜在GDP增长(美国一般将之定义为3%)下降2%时,失业率上升大约1%;当实际GDP增长相对于潜在GDP增长上升2%时,失业率下降大约1%,这条经验法则以其发现者为名,称之为奥肯定律。潜在GDP这个概念是奥肯首先提出的,它是指在保持价格相对稳定情况下,一国经济所生产的最大产值。潜在GDP也称充分就业GDP。

可以用以下公式描述这个定理:

失业率变动百分比 = −1/2×(GDP变动百分比−3%)

根据这个公式,当实际GDP的平均增长率为3%时,失业率保持不变。当经济扩张快于3%时,失业率下降的幅度等于经济增长率的一半。例如,如果GDP到第二年度增长5%(高出正常水平2%),奥肯定律预期失业率下降1%。当GDP下降,或增长不到3%时,失业率上升。例如,如果GDP到第二年度下降1%,奥肯定律预期失业率上升2%。奥肯定律曾经相当准确地预测失业率。例如,美国1979~1982年经济滞胀时期,GDP没有增长,而潜在GDP每年增长3%,3年共增长9%。根据奥肯定律,实际GDP增长比潜在GDP增长低2%,失业率会上升1个百分点。当实际GDP增长比潜在GDP增长低9%时,失业率会上升4.5%。已知1979年失业率为5.8%,则1982年失业率应为10.3%(5.8% + 4.5%)。根据官方统计,1982年实际失业率为9.7%,与预测的失业率10.3%相当接近。

奥肯定律的一个重要结论是:为防止失业率上升,实际GDP增长必须与潜在GDP增长同样快。如果想要使失业率下降,实际GDP增长必须快于潜在GDP增长。

需要注意的是,奥肯所提出经济增长与失业率之间的具体数量关系只是对美国经济所做的描述,而且是特定一段历史时期的描述,不仅其他国家未必与之相同,而且今日美国的经济也未必仍然依照原有轨迹继续运行。因此,奥肯定律的意义在于揭示了经济增长与就业增长之间的关系,而不在于其所提供的具体数值。

第二,会导致人力资本流失和劳动力资源浪费。在现代生产状况下,劳动力不仅能在一天生产出超过自身所拥有的和所消耗的价值,而且,随着每一项新的科学发现和新的技术发明,劳动力每天的产出超过该天费用的余额也在不断增长。劳动力的这种特性,决定了对人力资源必须充分开发利用。如果有劳动能力的人吃了饭没事干,不仅不能创造财富,而且要消耗社会财富,是一种巨大的浪费,目前我国各种形态的闲置劳动力有2亿左右,每个劳动力一年创造的国内生产总值按1万元计算,则如果有充分的就业岗位,我国每年就可多创造2万亿元的国内生产总值。

第三,失业会使贫困加剧。据世界银行的专家估计,在至少有一个人失业的家庭中,其贫困率几乎是全国平均水平的2倍。可见,失业是城市贫困不容忽视的原因。数据显示,失业者陷于贫困的机会是一般人口的6倍。2004年我国城市人口贫困发生率为6%~8%,过去20多年,城市贫困并没有因为经济高速增长而有所减轻,相反还表现出日益加重的迹象。更严重的是,失业导致的教育匮乏等,使得失业者及其家庭陷入"贫困恶性循环"。

第四,失业导致分配不公。对于劳动者个人而言,劳动力作为一种具有时效性的资源,会随着时间的推移而消失,失业期间劳动力的浪费使得劳动者丧失了部分参与国民收入正常分配的机会。不仅如此,在失业期间,由于劳动者缺乏工作机会,不但浪费现有的工作技能,而且由于脱离工作岗位,无法积累新的工作技能,结果又丧失了在未来劳动力市场上的竞争力,进而永久性地丧失获得较高就业收入的机会。长此以往的恶性循环使得一部分劳动者被排斥在正常的经济活动之外,失去了主要的生活收入来源,使社会分配不公的问题更加突出,贫富差距悬殊的现象越来越严重。

第五,失业降低了社会福利。失业对劳动者最直接的影响就是使其收入减少,从而导致其生活水平下降,个人效用降低,再加上失业下岗的心理压力,易产生不平情绪,而这种情绪的大量积聚,必会在一定程度上影响其身心健康,带来一系列的不良后果。

第二节　通货膨胀

通货膨胀是宏观经济运行中常常出现的一种现象,也是宏观经济运行中的一种病态,而抑制通货膨胀,保持物价稳定,是宏观经济政策的四个目标之一。因此,这一节我们将介绍通货膨胀理论,主要从通货膨胀的成因,通货膨胀的经济效应和政府应对通货膨胀的对策以及通货膨胀与失业的关系等方面来讨论。

【知识库】

自由银币运动,1896 年的大选与《欧兹国历险记》

物价水平未预期到的变动引起的财富再分配往往是政治动乱的根源,19 世纪末的自由银币运动证明了这一点。从 1880 年到 1896 年,美国的物价水平下降了 23%。这种通货紧缩对债权人是好事,这些债权人主要是东北部的银行家。但对债务人是坏事,这些债务人主要是南部和西部的农民。所提出的解决这个问题的一个方法是用复本位取代金本位,在复本位之下,黄金和白银都可以铸造铸币。向复本位变动可以增加货币供给并制止通货紧缩。

银币问题主宰了 1896 年的总统大选。共和党候选人威廉·麦金莱以保持金本位来竞选。民主党候选人威廉·杰尼斯·布赖恩支持复本位。在一次著名的演讲中,布赖恩宣称,"你不应该把这顶满是荆棘的皇冠硬扣在劳动者头上,你不应该用金十字架来残害自己的同胞。"毫不奇怪,麦金莱是保守的东部地区的候选人,而布赖恩是南部和西部人民党的候选人。

虽然共和党赢得了 1896 年大选,而且,美国保持了金本位,但自由银币的倡导者也得了他们最终想要的东西:通货膨胀。在大选前后,阿拉斯加、澳大利亚和南非发现了黄金。此外,黄金冶炼者也发明了氰化法,这有助于从矿石中提炼出更多黄金。这些发展使货币供给增加,物价上升。从 1896～1910 年,物价水平上升了 35%。

资料来源:[美]N·格里高利·曼昆.《宏观经济学》.

一、通货膨胀的定义和衡量

(一)通货膨胀的定义

通货膨胀这个术语和概念源于美国南北战争时期(1862~1865年)不兑现纸币的发行。当时,为筹集战争经费,美国除征收租税和募集公债以外,大量发行了一种不能兑现的绿背纸币(Green Back),使得通货与社会需求量失去联系而出现贬值,引起价格上涨,好像空气吹入布袋里似地膨胀起来一样,于是出现了通货膨胀(Inflation)一词。

对于通货膨胀,经济学界存在各种各样的观点:

美国经济学家斯蒂格利茨认为:"所有价格普遍地向上攀升就是经济学家所说的通货膨胀。"

美国经济学家杰弗里·萨克斯、费利普·拉雷恩认为:"通货膨胀则是既定期间内总体价格水平变化的百分比。"

萨缪尔森·诺德豪斯认为:"通货膨胀即意味着各种物价在一般水平上发生上涨。"

阿克利则认为:"通货膨胀定义为平均物价或一般物价水平的持续的、剧烈的上涨。"

哈耶克指出:"通货膨胀一词的原意和真意是指货币数量的过度增长,这种增长会合乎规律地导致物价的上涨。"

弗里德曼认为:"物价的普通上涨就叫通货膨胀","无论何时何地大规模地通货膨胀总是个货币现象。"

高叔康编著的《经济学新辞典》(台湾版)在通货膨胀词条上写到:"一般的所谓通货膨胀是指货币数量的增加,而商品生产并不随这增加而发生的现象,即是货币数量比商品数量相对的过剩,惹起货币价值下落,物价高涨,汇率低落。"

从上述概念来看通货膨胀总是同物价上涨和货币贬值紧密联系在一起的。在西方经济学中普遍使用的定义是:通货膨胀是指一般物价水平的持续的和显著的上涨。这个概念我们应该如此理解:第一,把商品和服务的价格作为考察对象,目的在于与股票、债券以及其他金融资产的价格相区别;第二,强调"货币价格",即通货膨胀分析中关注的是商品、服务与货币的关系;第三,通货膨胀所关注的是普遍的物价水平波动,而不仅仅是地区性的或某类商品及服务的价格波动,并且这种波动是显著的;第四,通货膨胀是指价格的持续上涨,并非偶然,而是一个具有上涨趋向的过程。

(二)通货膨胀的度量

在宏观经济分析中,一般物价水平指的是各类商品和劳务的价格加总的平均数,用物价指数表示。物价指数就是衡量通货膨胀的指标。主要采取三个指数。

消费物价指数(CPI)。又称零售物价指数、生活费用指数。它是表示城市居民直接消费的一定种类和数量消费品价格水平变动程度的指标。它反映居民货币收入购买力的升降和商品与劳务价格变动对居民生活费用的影响,是人们最关心的指数。从消费者价格指数的结果可以看出一个普通家庭购买具有代表性的一组商品时,在今天要比在过去某一时间多花费多少。人们有选择地选取的一组(相对固定)商品和劳务,然后比较它们按当期价格购买的花费和按基期价格购买的花费。CPI 的计算公式是:

$CPI=$(一组固定商品按当期价格计算的价值)/(一组固定商品按基期价格计算的价值)$\times 100\%$

一般说来当 $CPI>3\%$ 的增幅时我们称为通货膨胀;而当 $CPI>5\%$ 的增幅时,我们把他称为严重的通货膨胀。

按照国际通行做法,我国 CPI 的调查内容包括食品、烟酒及用品、衣着、家庭设备用品及服务、医疗保健及个人用品、交通和通信、娱乐教育文化用品及服务、居住八大类 263 个基本分类约 700 个规格品种的商品和服务项目。编制 CPI 所用权重是依据全国 12 万户城乡居民家庭调查资料中的消费支出构成确定的。目前,CPI 调查范围涉及全国 31 个省(区、市)500 多个市县 50 000 多个调查网点。国家统计局直属的全国调查系统采取定人、定时、定点的直接调查方式,由近 3 000 名专职物价调查员到不同类型、不同规模的农贸市场和商店现场采集价格资料。对于与居民生活密切相关、价格变动比较频繁的商品,至少每五天调查一次价格,保证了 CPI 的及时性和准确性。

批发物价指数(WPI)。它是表示不同时期批发市场上多种商品价格平均变化程度的指标。批发价格有:生产企业向批发商出售商品的价格、批发商对零售商的批发价格、生产企业之间出售商品价格、生产企业或批发商出口商品的价格等,主要反映生产企业销售商品价格变动情况。

生产者物价指数(PPI)。生产者物价指数主要的目的是衡量各种商品在不同的生产阶段的价格变化情形。PPI 是衡量工业企业产品出厂价格变动趋势和变动程度的指数,是反映某一时期生产领域价格变动情况的重要经济指标,也是制定有关经济政策和国民经济核算的重要依据。目前,我国 PPI 的调查产品有 4 000 多种(含规格品达 9 500 多种),覆盖全部 39 个工业行业大类,涉及调查种类 186 个。根据价格传导规律,PPI 对 CPI 有一定的影响。PPI 反映生产环节价格水平,CPI 反映消费环节的价格水平。整体价格水平的波动一般首先出现在生产领域,然后通过产业链向下游产业扩散,最后波及消费品。

GDP 平减指数。又称 GDP 折算指数,它是指国内生产总值按当年价格计算的价值与对其按固定价格(以某年的基期)计算的价值的比率,即名义国民生产总值对实际国民生产总值的比率。公式为

$$GDP \text{ 平减指数} = 名义 GDP / 实际 GDP \times 100\%$$

如果用生产商品和劳务的当期价格来计算的最终产品和劳务的价值,称为名义 GDP。用人为规定的基年的价格来计值的最终产品和劳务的价值,称为实际 GDP。实际 GDP 衡量的产品和劳务的价值就只会因为真实数量的变化而变化,而不会因为价格的变化而变化。可以按平减指数(或折算指数)衡量从基期到计算期物价水平的变化程度,即通货膨胀率。如某国当

年的名义 GDP 为 3 000 亿元,而按基期价格计算的实际 GDP 为 2 500 亿元,则平减指数为:3 000/2 500×100% =120%,通货膨胀率为 120% -100% =20%。

二、通货膨胀的分类

西方经济学家按照不同的标准,划分不同类型的通货膨胀

(一)按物价上涨速度不同

根据一般物价水平上涨速度的差异,可以把通货膨胀划分为爬行通货膨胀、温和的通货膨胀、奔腾式通货膨胀、超级通货膨胀四种类型。

1. 爬行通货膨胀

爬行通货膨胀又称潜行通货膨胀。一般认为,每年一般物价水平上涨率在 1% ~3%(有的认为 1% ~5%),不会导致通货膨胀预期出现。如在 20 世纪 50 年代,美国、英国和日本的物价水平每年上涨保持在 1% ~3%,这是典型的爬行通货膨胀。

2. 温和的通货膨胀

温和通货膨胀有时同爬行通货膨胀不能截然分开,每年一般物价上涨 3% ~6% 或 3% ~10% 之间,看做是温和的通货膨胀。当今世界许多国家属于这种通货膨胀类型。有些西方经济学家认为温和的通货膨胀和爬行的通货膨胀这种缓慢而逐步上升的价格对经济和收入的增长有积极的刺激作用。

3. 奔腾式通货膨胀

奔腾式通货膨胀,又称飞奔的通货膨胀,在较长时期所发生的一般物价水平以较大幅度的上涨称作是奔腾式通货膨胀,物价上涨幅度在 10% ~100%。如 20 世纪 50 ~70 年代拉美的某些国家。

4. 超级通货膨胀

超级通货膨胀又称恶性通货膨胀,流通中货币数量的增长速度大大超过货币流通速度,货币迅速贬值,物价上涨率呈现加速度状态。年物价上涨率超过 100%。在经济史上,第一次世界大战后的德国、奥地利,第二次世界大战后的匈牙利、中国、希腊等国都发生过超级通货膨胀。

【案例8.3】

"津巴布韦式"的恶性通胀

2008 年 4 月 4 日,津巴布韦中央储备银行宣布,从即日起发行面额为 5 000 万津元的纸币,以缓解目前该国市面上的现金短缺问题。目前津巴布韦的通货膨胀率高达 100 000%,物价在一年间上涨了 1 000 倍!

津巴布韦央行为了缓解现金短缺而狂发纸币,更大规模的纸币发行造成更高的通货膨胀,更高的通货膨胀迫使人们将银行存款套现、通过购买商品来保护财产价值,从而加剧现金短缺。在增发纸币和通货膨胀的相互作用之下,经济体逐渐滑向深渊。

津巴布韦的恶性通货膨胀已经是多年沉疴、积重难返。在20世纪80年代,津巴布韦曾经是非洲最富裕的国家之一,被称为非洲的"菜篮子"和"米袋子"。从2000年起,总统穆加贝开始推行土地改革。这一改革的目的是为了让黑人获得更加公平的土地分配。在津巴布韦宣布独立20年后的2000年,占总人口1%的白人农场主仍然控制着70%最肥沃的土地。但是,随着政府的土改政策日趋强硬,在白人农场主和黑人之间爆发了严重的暴力冲突,引发了英美为首的西方国家的经济制裁,导致外国资本大量撤出,使得该国政治、经济和社会生活日趋混乱。

如果津巴布韦政府正视这一问题,采取正确的政策组合来应对上述状况,恶性通货膨胀本不会出现。然而,拥有伦敦大学经济学士学位的穆加贝总统却选择了一条明显违背货币经济学规律的道路,那就是通过增发货币、扩大政府开支来掩盖国内出现的一系列问题,从而陷入了增发货币和通货膨胀之间的恶性循环。

资料来源:http://www.cnemag.com.cn

【知识库】

国民党统治时期的恶性通货膨胀

1935年的法币改革为国民党政府推行通货膨胀政策铺平了道路。由于国民党政府过分依赖增发货币来为巨额的政府预算赤字融资,在从1935年法币开始走上中国历史舞台至1949年的短短十几年间,法币经历了一个持续而且不断加速的贬值,最后完全形同废纸,且看100元法币购买力:

1937年,可买大牛两头;

1941年,可买猪一头;

1945年,可买鱼一条;

1946年,可买鸡蛋一个;

1947年,可买油条1/5根;

1948年,可买大米两粒。

其贬值速度简直超乎人们的想象。如此严重的通货膨胀有着深刻的政治和经济背景。首先,连年的战争使得南京政府陷入了严重的财政危机。1945年以后,国民党政府更是疯狂扩大财政支出以支持急剧增加的内战军费开支,而巨额的财政赤字在当时条件下只能用发行货币来弥补。其次,连年的战争使得本来就匮乏的物资供给更加不足,社会总需求超过了总供给,导致了物价的飞升。再次,国统区在内战的失败中不断缩小,致使法币以及后来的金圆券、银圆券的流通范围不断缩小,这又加快了货币流通速度,加重了日益恶化的通货膨胀。最后,法币从诞生之日起便不断贬值,使得老百姓有很高的通货膨胀预期,1945年后,国民党在国内战场上的节节败退更使老百姓丧失了对法币的信任。

1946年春,由于物价上升加剧,时任行政院院长的宋子文决定采取抛售黄金的办法稳定物价和币值。这一措施曾在抗战时期使用过,并收到了一定效果。但是这一次却不灵了。手上掌握巨额游资的官僚资本家根本不相信物价能够稳定下来,因此他们趁机大做黄金投机生意,在市场上大量买进黄金。这种投机行为导致了黄金价格的急速上升。金价与物价相互刺激,进一步促进了物价的直线上升。当黄金的抛售满足不了投机者的需要时,出现了黄金抢购风潮。到1947年2月10日,中央银行不得不停止黄金的出售。供给的中断造成金价的暴涨,从而带动物价上涨,全国市场一片混乱,社会出现骚乱。南京政府于2月16日公布了《经济紧急措施方案》,黄金政策由自由买卖转变为绝对冻结。

抛售黄金的改革失败后,南京政府采取了"经济紧急措施",加强金融管制。但由于军费开支居高不下,物价上涨的浪潮持续不断,法币的印刷成本已经超过其自身所代表的价值,失去了正常货币的一切职能,给人民群众带来的只是恐慌和不满。蒋介石采纳了财政部长王云五的金圆券改革方案,于1948年8月19日发布了《财政经济紧急处分令》,宣布以中央银行所存黄金和证券作保,发行金圆券来代替法币。以300万元法币折合金圆1元,金圆的含金量为纯金0.222 17克,发行总额以20亿为限,并限期收兑换成金圆,但南京政府既没有规定金圆券兑换金圆的办法,也没有规定其兑换外汇的办法,因此金圆券的含金量实际上是一种虚值,没有任何意义。借助于政治高压的强制手段,金圆券得以推行。但财政赤字的进一步扩大使得金圆券的发行很快突破了20亿元的上限,此时美国已经关上援助的大门,蒋介石集团只能把军事开支的来源都压在增发的货币上,国统区很快变成了金圆券的世界。从1948年8月到1949年5月,前后不到9个月时间,金圆券的发行额就增加了30多万倍,金圆券的购买力跌至原来的500多万分之一。金圆券改革不到1年便以失败告终。

1949年7月4日,国民党政府又推出了银圆券的改革,在广州发行所谓可无限制兑现的"银圆券",银圆券1元折合金圆券5亿元。但是中国的老百姓此时已经对国民党政府的任何改革都没有兴趣了。

资料来源:《金融学教学案例》,浙江大学出版社

(二)按对物价影响的差异

按照对不同商品的价格影响的大小加以区分,存在着两种通货膨胀的类型。

1. 平衡的通货膨胀

平衡的通货膨胀是指在市场上每种商品和劳务的价格都按照同一比例上涨。包括生产要素以及各种劳动的价格,如工资率、租金、利率等。这种情况在现实经济生活中很少见,由于所有商品和劳务价格按相同速度上涨,对整个经济活动基本没有什么严重的影响。

2. 非平衡的通货膨胀

非平衡的通货膨胀是指市场上每种商品和劳务的价格上升的比例并不完全相同。在经济的运行过程中,影响商品和劳务价格的因素在不断变化,变化的程度与速度也不一样,所以就出现了各种商品和劳务价格上涨比例不同的非平衡的通货膨胀。一般情况是,农产品价格上涨的幅度大于工业品价格上涨的幅度,消费品价格上涨幅度大于工资提高的幅度。通货膨胀绝大部分是属于这种类型,很少会出现平衡的通货膨胀。

(三)按通货膨胀成因的不同

通货膨胀产生的原因和机制是非常复杂的问题。可以按照供给与需求总量的关系,国民经济结构变化的差异,划分通货膨胀类型。

1. 需求拉动型通货膨胀

也称需求型通货膨胀。当经济社会中的总需求大于总供给时，会使一般物价水平上涨，就会引发需求拉动型的通货膨胀。

2. 成本推进型通货膨胀

也称供给型通货膨胀或卖方通货膨胀。是指由于生产商品和劳务的成本增加，而引起物价水平的上涨。

3. 供求混合型通货膨胀

任何通货膨胀的发生都不会是单一原因引起的，很难说清是需求拉动，还是成本推动，往往是供求双方共同作用的结果。

4. 结构性通货膨胀

结构性通货膨胀，主要是由于某些商品供求关系失调，或某些经济部门发展不平衡等经济结构因素变动引起的。

（四）按物价上涨表现形式不同

经济活动中，物价水平上涨在不同程度与不同范围反映出来，据此，可以把通货膨胀分为三种。

1. 公开性通货膨胀

通货膨胀完全由一般物价水平上涨反映出来，物价上涨率就是通货膨胀率。

在正常市场经济状态下，通货膨胀都是公开性的。在高度集中的计划经济中，国家严格控制物价，即使经济中出现了引起物价上涨的因素，商品价格的上涨也是由国家调节的，最终由国家编制的零售物价指数上涨而表现出来。因此，有的学者把这种物价水平上涨或公开性通货膨胀称为"计划性"通货膨胀。

2. 隐蔽性通货膨胀

在社会经济生活中，有时一般物价水平已经上涨，但是并没有在官方物价指数变化中完全表现出来，这种通货膨胀被称为隐蔽性通货膨胀。一般由于官方物价指数编制的构成方面的缺陷，会使官方物价指数没有充分和准确地反映物价水平的变动情况，所以官方物价指数反映的物价上涨率有时会低于实际发生的物价上涨率。

3. 抑制性通货膨胀

匈牙利经济学家科尔内在《短缺经济学》中论述了该种通货膨胀，在社会经济中存在着通货膨胀压力或缺口时，由于政府严格管制，商品价格无法上涨，因而在现行价格水平条件下，商品会出现短缺，这种状况称为抑制性通货膨胀。

（五）按人民对物价上涨的预期不同

在日常生活中，人们经常会对物价水平作出预测或预期，预期对人们经济行为有重要影响。按照人们对物价上涨预期程度的不同，通货膨胀可分两种：

1. 未预期到的通货膨胀

即一般物价水平上涨的速度出乎人们预料之外,或者人们根本没想到价格会狂涨,这种情况称为未预期到的通货膨胀。如,国际市场上石油价格突然上涨,引起国内相关商品价格的上涨;或者在长期价格不变情况下,突然出现的价格上涨。如次贷危机对国际经济的影响等。

2. 预期到的通货膨胀

这是一种可以预期或者已经预期到的通货膨胀。在经济运行中,一般物价水平年复一年地按某一幅度上涨,好像物理学中运动着的物体有惯性一样,因此又称惯性的通货膨胀。

三、通货膨胀的原因

关于通货膨胀的原因,经济学家提出了三种解释:一个方面为货币数量论的解释,这种解释强调货币在通货膨胀过程中的重要性;第二个方面是用总需求与总供给来解释,包括从需求的角度和供给的角度的解释;第三个方面是从经济结构因素变动的角度来说明通货膨胀的原因。

(一)货币供给说

货币数量论的经济学家认为通货膨胀的产生是由于货币供给的迅速增加引起的。这一理论如下面这个方程所示:

$$MV = PY$$

式中,M 为货币供给量;V 为货币流通速度,它被定义为名义收入与货币量之比,即一定时期(如1年)平均1元钱用于购买最终产品与劳务的次数;P 为价格水平;Y 为实际收入水平。MV 反映的是经济中的总支出,PY 为名义收入水平由于经济中对商品和劳务的总销售价值,因而得到该方程。由该方程可以得到如下关系式

$$\pi = m - y + v$$

式中,π 为通货膨胀率;m 为货币增长率;v 为流通速度变化率;y 为产量增长率。根据该方程,通货膨胀来源于三个方面,即货币流通速度的变化、货币增长和产量增长。如果货币流通速度不变且收入处于其潜在的水平上,则显然可以得出,通货膨胀的产生主要是货币供给增加的结果,货币供给的增加是通货膨胀的基本原因。

(二)需求拉上说

需求拉上说是用经济体系存在对商品和劳务的过度需求来解释通货膨胀形成的原因。当总供给和总需求处于不平衡状态时,过多的需求会拉动价格上涨。需求拉动通货膨胀理论把通货膨胀原因解释为"过多的货币追求过少的商品"。

图 8.1 中,横轴 y 表示总产量(国民收入),纵轴 P 表示一般价格水平。AD 为总需求曲线,AS 为总供给曲线。总需求曲线表示整个经济社会的需求总量与价格水平之间的关系,全社会需求总量是由消费需求、投资需求、政府需求和国外需求四部分构成。总供给曲线表示整

个经济社会供给总量与价格水平之间的关系,它是由在一定条件下社会所生产的商品总量和劳务总量构成的。总供给曲线 AS 起初呈水平状,即当总产量较低时,总需求的增加不会引起价格水平的上涨。在图8.1中,产量从零增加到 Y_1,价格水平始终稳定。总需求曲线 AD_1 与总供给曲线 AS 的交点 E_1 决定的价格水平为 P_1,总产量水平为 Y_1。当总产量达到 Y_1 以后,图中总需求曲线 AD 继续提高时,总供给曲线 AS 便开始逐渐开始向右上方倾斜,价格水平逐渐上涨。总需求曲线 AD_2

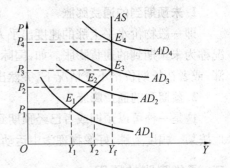

图8.1 需求拉动通货膨胀

与总供给曲线 AS 的交点决定的价格水平为 P_2,总产量为 Y_2。当总产量达到最大,即为充分就业的产量 Y_f 时,整个社会的经济资源全部得到利用。图中总需求曲线 AD_3 同总供给曲线 AS 的交点 E_3 决定价格水平为 P_3,总产量水平为 Y_f。在达到充分就业的产量 Y_f 以后,如果总需求继续增加,总供给就不再增加,因而总供给曲线 AS 呈垂直状。这时总需求的增加只会引起价格水平的上涨,当图中总需求曲线从 AD_3 提高到 AD_4 时,它与总供给曲线的交点所决定的总产量并没有变化,仍然为 Y_f,但是价格水平已经从 P_3 涨到 P_4。这就是需求拉动通货膨胀。

能对物价水平产生需求拉上作用的包括两个方面:实际因素和货币因素。实际因素主要是消费和投资,其中主要是投资。当投资需求增加时总供给与总需求的均衡被打破,物价水平就会上升。从货币因素考虑,引起需求拉上通货膨胀的途径主要有两个方面:一方面由于物价上涨,引起货币需求大大减少,在货币供给不增加的条件下,原有的货币存量就会过多;另一方面在货币需求不变时,货币供给增加过快。这两方面都会使利率发生变化,从而引起投资需求的变动,进而使总需求发生变化。需求拉上通货膨胀大多数是由货币供给增长过快所引起的。货币供给过多和投资需求过多所造成的供不应求对物价水平上涨的效果是相同的,往往需要追加货币供给的支持,而增加货币供给又会刺激需求过旺的投资。

(三)成本推动说

成本推动通货膨胀,又称成本通货膨胀或供给通货膨胀,是指在没有超额需求的情况下由于供给方面成本的提高所引起的一般价格水平持续和显著的上涨。成本推进的通货膨胀的理论基础是生产费用论,从20世纪50年代逐渐流行,称为"新通货膨胀理论"。根据构成生产成本总额的各部分在引起一般物价水平上涨过程中的作用不同,又可分为以下两种。

(1)工资推进的通货膨胀。工资推进的通货膨胀是指不完全竞争的劳动市场的工会组织,迫使雇主提高工资,工资增长率超过劳动生产率增长率,致使生产成本提高,引起一般物价水平的上涨。西方学者认为,工资提高和价格上涨之间存在一定关系:工资提高引起价格上涨,价格上涨引起工资提高,这样就形成了工资与价格之间的螺旋式上升运动,即所谓"工资-价格螺旋上升式通货膨胀"。需要进一步指出的是,工资的提高未必导致工资推进型通货膨胀,只有货币工资率的增长超过劳动生产率的增长,并且是工会作用的结果,才称之为工资推进型的通货膨胀;反之如果是市场对劳动力需求过度而引起工资上涨,则是需求拉上的通货膨胀。

(2)利润推进的通货膨胀。利润推进通货膨胀是指垄断企业和寡头企业利用市场势力谋取过高利润所导致的一般价格水平的上涨。在完全竞争市场上,商品价格由市场上的供求关系决定,任何企业和消费者都不能改变价格,只是市场价格的接受者;而在垄断和寡头市场上,为了攫取高额利润,垄断企业和寡头可以控制价格,使价格上涨的速度高于生产成本增加的速度,导致价格水平的上涨。在总需求曲线不变的情况下,工资推动通货膨胀和利润推动通货膨胀都可以用图8.2来说明:

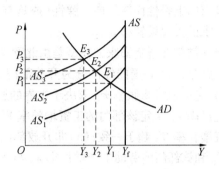

图 8.2 成本推动通货膨胀

图中,总需求是既定的,不发生变动,变动只出现在供给方面。当总供给曲线为 AS_1 时,这一总供给曲线和总需求曲线 AD 的交点 E_1 决定的总产量为 Y_1,价格水平为 P_1;当总供给曲线由于成本提高而移到 AS_2 时,总供给曲线与总需求曲线的交点 E_2 决定的总产量为 Y_2,价格水平为 P_2。这时,总产量下降而价格水平上升。当总供给曲线由于成本进一步提高而移动到 AS_3 时,总供给曲线和总需求曲线的交点 E_3 决定的总产量为 Y_3,价格水平为 P_3。这时的总产量进一步下降,而价格水平进一步上涨。

在开放经济中,进出口的变化会对国内生产成本造成影响,引起国内一般物价水平上涨,可分为进口性通货膨胀和出口性通货膨胀。所谓进口性通货膨胀是指由于进口产品价格上升,引起使用进口产品的企业生产成本提高,导致国内一般物价水平的上涨。出口性通货膨胀,则是由于出口生产部门的边际成本上升,使国内市场商品供给不足,导致国内一般物价水平上涨。

通货膨胀的发生不能单纯由需求拉动或成本推动来解释,而应当同时从需求和供给两个方面及两者相互作用来说明通货膨胀,于是有学者提出了从供给和需求两个方面及其相互影响说明通货膨胀的理论,即混合通货膨胀理论。例如,需求过度会引起物价上涨,会促使工会要求提高工资,进而转为成本推进的因素。另外,通货膨胀也可能从成本方面开始,如由于工会的压力而提高工资等。但是如果不存在需求和货币收入的增加,这种通货膨胀的过程也不会持久下去,因为工资上升会使失业增加而产量减少,结果将会使"成本推进"的通货膨胀过程终止。由此可见,只有两者共同作用才会产生一个持续性的通货膨胀。

(四)结构性通货膨胀

结构性通货膨胀是从经济结构、部门结构来分析物价总水平的持续上涨。各经济部门劳动生产率提高速度不同,发展状况也不同,并且各部门与世界市场关系的密切程度也不同。现在经济结构的上述特点决定了生产要素很难从一个部门转移到另一个部门。

美国经济学家查理·舒尔茨认为,造成结构性通货膨胀有三个主要原因:一是工资和价格具有向上弹性而缺乏向下弹性(或具有刚性);二是经济资源缺乏流动性;三是短期内出现的需求的大规模转移。

结构性通货膨胀的模型是由北欧学派提出的,以实行开放经济的小国作为探讨背景,基本思路是:(1)一国的经济分为开放部门 E 和非开放部门 S;(2)开放部门产品接受世界市场价格,它的通货膨胀率 π_E 取决于世界的通货膨胀率 π_W;(3)开放部门的通货膨胀率 π_E 和劳动生产率 λ_E 决定该部门的工资增长率 W_E;(4)开放部门的工资增长率 W_E 影响非开放部门的工资增长率 W_S 趋于一致;(5)非开放部门的产品按成本加稳定利润定价,从而它的工资增长率 W_S 和该部门的劳动生产增长率 λ_S 与 λ_E 之差,决定这个部门的通货膨胀率 π_S。

开放部门的通货膨胀率 π_E 和非开放部门的通货膨胀率 π_S,按其各自在国民经济中的比重加权,共同决定国内的通货膨胀率 π。其模型如下:

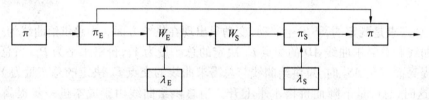

图 8.3 通货膨胀率的决定模型

四、通货膨胀的影响

通货膨胀是一个到处扩散其影响的经济过程,它不但影响经济生活本身,还会影响整个社会,所以通货膨胀的影响主要包括两个方面:一是对经济生活的影响;二是对社会的影响。

(一)通货膨胀的经济效应

通货膨胀的经济效应主要表现为以下五个方面。

1. 通货膨胀的再分配效应

在发生均衡的和可预期的通货膨胀的时候,所有的商品与劳务价格生产要素价格都按相同比例发生变动,人们的时间货币收入和财富的市场价值也按相同比例上升。这时,不管一般物价水平怎样变动,实际并不会影响收入和财富分配。但是现实的通货膨胀都是非均衡的,因此对人们的收入和财富会产生不同的影响,即对收入和财富起着再分配的作用。先要明确两个概念:货币收入和实际收入,所谓货币收入是指一个人所获得的货币数量,而实际收入则是一个消费者用他的货币收入所能买到的物品和劳务的数量。

首先,通货膨胀不利于固定货币收入者。所谓固定收入者,就是那些领取救济金、退休金的人,还有白领阶层、公共雇员以及靠福利和其他转移支付维持生活的人。对于固定收入的人,当货币收入不变时,物价上涨时实际收入就会下降,生活水平也会相应地下降。相反,靠变动收入维持生活的人,则会在通货膨胀中受益,因为他们的货币收入上涨要比价格水平上涨得早。

其次,通货膨胀对储蓄者不利。随着价格水平的上升,会使存款的实际价值或购买力下降。同样,像保险金、养老金及其他固定价值的证券财产等,在通货膨胀中都会贬值。

再次,通货膨胀对债权人不利。债权人收到的是名义货币价值,当通货膨胀发生的时候,实际货币就会减少。

综合上述,通货膨胀的收入分配和财富分配效应表现在:会使货币收入和财富从固定收入者手中转移到非固定收入者手中,从消费者手中转移到生产者手中,从债权人手中转移到债务人手中。在通货膨胀时期,工资和薪金的增长慢于并小于物价水平的上升,实际工资下降,利润增加,工资收入者受损失,利润收入者得益。通货膨胀对领取租金、利息、退休金等固定收入的人们来说,要降低他们的实际收入,使其收入和财富都减少。通货膨胀使债权人和债务人之间发生收入再分配,债权人要受到损失,而债务人却会获得利益。同时,通货膨胀对储蓄者不利而对股票持有者比较有利。

2. 通货膨胀的资源配置效应

在通货膨胀过程中,各种商品和生产要素的价格上涨幅度不同,可以改变各种商品和生产要素的相对价格,引起相对价格体系的变动,最终会使原来的资源配置状况和方式发生变动。这种变动是好是坏要看具体情况来分析。第一,经济资源配置的正效应。在一定时期和条件下,通货膨胀引起的相对价格变化,会使经济资源配置不合理状态转向合理或趋近最优状态。例如,美国在20世纪50年代,人力资源分配在教育方面少,教师缺乏。在20世纪60年代通货膨胀时,国家采取措施,使教师的货币收入增长率超过物价上涨率,教师生活改善与提高,从而吸引不少知识分子从教,使人力资源的配置更为合理。第二,经济资源配置的负效应。在一定时期和条件下,由通货膨胀引起的相对价格变化,不仅没有改善资源配置,反而使资源配置恶化,从而导致社会经济生活不稳定。在通货膨胀过程中,往往会使许多资源从生产领域转移到更有利可图的非生产领域,使社会生产下降,社会经济遭受损失。第三,经济资源配置的正负混合效应。在通货膨胀过程中,相对价格关系发生变化,会使有些部门资源配置改善并趋于合理,而另外一些部门资源配置趋于恶化,更加不合理。

3. 通货膨胀的产量效应

产量效应或产出效应是指通货膨胀对整个经济领域生产和就业所产生的实际影响。价格水平的变化对国民经济的产出水平的影响主要考虑下面三种情况。

(1)在未预期到的通货膨胀情况下,物价上涨率高于工资增长率,生产者可以从中获取较多的利润,产量和就业会增加,这就是需求拉上的通货膨胀的刺激。许多经济学家认为温和的或爬行的需求拉上通货膨胀对产出和就业有积极影响就是源于通货膨胀对产出才有的这种正效应。当经济复苏时,总需求会增加,造成一定程度需求拉上的通货膨胀。这种情况下,产品价格比工资和其他要素价格上涨得要快,由此企业利润会增加,利润增加会刺激企业扩大生产,从而使失业减少、产出增加。通货膨胀要发生积极作用需要具备三个条件。

一是社会经济活动中要存在大量闲置资源,并具有在部门间的流动性。这是产量正效应的物质基础和条件。二是通货膨胀或物价上涨必须是未预期的。如果是预期到的,物价上涨率与工资增长率一样,生产者得不到额外利润,产量与就业也不会增加。三是必须在温和通货膨胀条件下,才能有产量正效应。恶性通货膨胀会破坏社会经济生活,生产下降,失业增加。

(2)由通货膨胀引起的产出和就业的下降,即成本推进通货膨胀引致失业。假设在原有产出水平下,已经实现了充分就业和物价稳定,而此时若发生成本推进型通货膨胀,那么原来的产出水平下能购买的实际产品的数量将会减少。

(3)超级通货膨胀导致经济崩溃。第一,随着价格持续上升,企业和居民会产生通货膨胀的预期,这样,人们为了不让自己的储蓄和现在的收入贬值,宁愿在价格上升前把钱花掉,从而产生过度消费,使储蓄和投资减少,进而使经济增长率下降。第二,发生通货膨胀后生活费用会上升,劳动者会要求提高工资,使增加的工资能抵消价格水平的上升,并且可以补偿下次工资调整前可以预料到通货膨胀带来的损失。这样企业增加生产和扩大就业的积极性就会降低。第三,在通货膨胀率上升的情况下,企业会希望增加存货,希望在今后按高价出售来增加利润,除此之外,企业还希望增加新设备。然而,这样企业会需要大量资金,银行利率也会上升,企业的贷款成本会不断增加,银行也会在适当时候减少对企业的贷款,企业会被迫减少存货,生产就会收缩。第四,当出现恶性通货膨胀时,人们会丧失对货币的信心,不愿意去从事财富的生产和经营,而是会尽快把钱花出去,或进行投机活动,这样将导致市场经济无法再正常运行。

4. 通货膨胀的"非效率"效应

通货膨胀的"非效率"效应是指通货膨胀对经济效益带来不利的影响,会降低经济效益。不同类型的通货膨胀会产生不同"非效率"效应,这里仅介绍公开性通货膨胀产生的"非效率"效应。它产生的"非效率"效应主要有。

(1)正常的经济秩序、活动原则和经济核算遭到破坏而失去有效性。任何社会经济活动都是以物价水平基本稳定为前提的,企业之间的合同、各种制度以及税收、会计、核算等在通货膨胀时都要发生重要变化,需要不断地重新修订和完善,造成经济效率损失。

(2)影响社会储蓄。通货膨胀发生后,人们会减少储蓄或提取存款,增加消费。通货膨胀带来价格变动频繁,有的会囤积各种商品,价格上涨后再出售,谋取差价,这会加剧经济生活的不稳定和物价水平的上涨,严重影响经济效益。

(3)削弱和破坏市场机制对经济活动的调节功能。在通货膨胀状况下,价格变化又大又快,不能获取准确信息,增加不确定性与风险,造成了价格机制的功能无法正常发挥作用,社会经济生活出现混乱,对社会经济效率带来灾难性的影响。

(4)阻碍技术革新和科学技术进步。在通货膨胀时,生产要素价格也会上涨,造成企业技术革新的成本增加;在实行累进税制情况下,通货膨胀下的企业及个人实际纳税负担加重,使企业未分配利润减少,造成资金短缺,影响技术发展;通货膨胀还会造成相对价格体系变化,进行技术革新也难以评估。这些都阻碍了社会的技术革新和科学技术的进步。

5.对外贸易和国际收支效应

当一个国家出现通货膨胀时,国内一般物价水平会不断上涨,货币在不断贬值,会使原来的汇率发生变化,不得不降低本国货币对外国货币的比值。这样,通货膨胀引起汇率变化,必然影响对外贸易和国际收支,产生对外贸易和国际收支效应。

根据瑞典经济学卡塞尔的"购买力平价说",作为交易媒介的货币在国内价值的稳定,就是对商品购买力的稳定。若在一定时期内,两个国家货币购买力都具有稳定性,则两国货币之间可建立稳定的比价关系,即稳定的汇率。一国国内货币数量过多,国内商品价格上涨,表明该国货币购买力下降;反之,货币购买力上升。货币购买力的变化,就会引起两国货币比价的变化。在自由的开放经济中,通货膨胀首先会引起国内总需求的上升,如达到充分就业时,要增加进口,对外贸易可能出现逆差,引起国际收支不平衡。但是,发生通货膨胀时,国内物价上涨又使汇率下降,又通过出口增加和进口减少,使对外贸易转向顺差,最后会恢复国际收支均衡。这就是通货膨胀的国际收支调节机制发挥作用的过程。在现实经济生活中,出现通货膨胀时,一国的物价上涨与货币贬值,同货币对外贬值或汇率下降幅度不同时,这样会引起外汇倾销,外汇倾销又会导致各国之间展开"外汇战"。

(二)通货膨胀的社会影响

一个国家出现通货膨胀,除了严重影响经济活动外,对社会的各个方面也会带来严重影响。通货膨胀会严重危害社会心理,使公众在心理上会产生恐惧感,担心受到损失,总感到物价上涨太快,而自己收入增加太慢,一部分人实际生活水平下降,对社会和政府产生不满情绪。

在通货膨胀环境里,公众会认为由于通货膨胀应当多获得各种收入。而由于物价普遍上涨,购买商品和劳务而多支付的货币是没有道理的,虽然收入多了,也会觉得物价太高,从而引起各阶层都对社会现实不满。

通货膨胀的出现对各个部门的影响程度不同,有一些部门生产能力下降,失业增加,给社会带来了巨大的浪费。同时失业增加还会引起人口流动增加,使犯罪增加,增加社会的不稳定因素。

西方经济学家及政府认为,通货膨胀给经济造成的影响本身并不严重,真正严重的是收入再分配所导致的政治后果。特别是在恶性通货膨胀条件下,社会财富的再分配可能引起社会各阶层的冲突和对立,生产和就业会出现停滞和混乱局面,引起社会不安定。

五、中国的通货膨胀

自2007年起,特别到2008年上半年,通货膨胀率节节攀升。众所周知,我国改革开放前的20世纪50年代到70年代,曾长期实行低物价和低工资制度。20世纪90年代中期以来的近十年,物价基本稳定,但是近年来通货膨胀率为什么会发生大幅度变化呢?原因主要有以下几点。

(一)国际输入的因素

近两年来价格上涨有着深刻的国际背景。由于世界经济已连续4年保持5%以上的增长,特别是中国、印度、巴西等发展中大国经济快速增长,使全球初级产品需求量迅速扩大。加上美元持续大幅贬值,进一步推动了国际市场石油、煤炭、农产品、铁矿石及金属等基础性产品价格持续大幅上涨。

国际市场商品价格的大幅度上涨,直接导致我国进口价格总水平一路走高。2007年,我国进口商品价格同比上升6.5%,比2006年提高3.3个百分点。其中,消费品进口价格上升7.5%,比2006年提高4.7个百分点;中间品进口价格上升了7.7%,比2006年提高0.6个百分点。2008年1~6月,进口商品价格进一步上涨18.9%。从主要进口商品看,未锻造的铜及铜材、铁矿砂、成品油、钢材、原油进口价格涨幅较大。

进口商品价格的大幅走高,一方面直接导致国内消费品价格水平上升,另一方面也推高了我国企业的生产经营成本。据初步测算,2001年以来,我国进口商品价格对工业品出厂价格和消费品价格的影响均有约1个月时滞,进口价格每上升1个百分点,导致消费价格上升0.3个百分点,影响工业品出厂价格上涨0.44个百分点。

(二)部分商品供求不平衡的因素

从主要农产品市场供求情况看,供需矛盾比较突出的主要集中在:生猪(猪肉)、大豆、食用植物油、稻谷(特别是粳稻)、棉花等。

油料供应的减少,直接导致食用植物油价格快速上涨。2007年和2008年1~7月,油脂类价格分别上涨26.7%和40.0%,对消费价格总水平涨幅的影响程度分别为7.5%和7.0%。

从主要基础原材料供求情况看,供求矛盾比较突出的主要有原油(成品油)、原煤、铁矿石等。近几年,我国原油产量增长持续低于消费增长。2005年、2006年和2007年产量分别增长3.1%、1.9%和1.0%,而消费量分别增长4.7%、7.2%和5.5%。我国原油的对外依存度1995年仅19.7%,2000年则升到36.8%,而2004年以来均在40%以上。尽管国内成品油价格在一定程度上仍受政策约束,但从历史数据看,国际市场原油价格的变动,对国内市场原油价格仍有较大的影响。初步测算,进口原油价格每上升1%,将影响国内成品油价格上涨约0.3%。

我国煤炭资源相对丰富,但需求增长更快,导致新增产能不足,煤炭供应日趋紧张。2003~2007年,我国原煤产量年增速分别为18.4%、15.7%、10.7%、7.6%和6.9%,呈下降趋势。2007年8~12月,月均增速大幅回落至6.8%,导致了今年以来的"煤荒"局面,引起煤炭价格出现持续大幅上涨。

2004~2007年,我国铁矿石的自给率仅约60%,加上近年来钢产量持续大幅增长,导致铁矿石进口量快速上升。2005~2007年我国铁矿砂及其精矿进口量分别增长32.3%、18.5%和

17.4%。经测算,2005 年以来,进口铁矿石价格每上升 1%,将影响国内钢材价格上升 0.3%。

(三)成本持续上升的因素

生产要素价格上涨是成本上升的重要方面。劳动力成本上升较快。2000~2007 年职工实际工资年均增长 12.3%。与此同时,近年来中央陆续出台了一系列有关就业、工资分配、社会保障、劳动者权益等方面的重大政策措施,如建立健全最低工资制度、贯彻实施《劳动合同法》及建立健全社保体系等,延续多年的"低工资、低保障、低福利"的局面有了较大的改观,相应地,企业用工成本也逐步提高,土地使用成本逐步加大。2004~2007 年,土地交易价格持续攀升,4 年分别上涨 10.1%、9.1%、5.8% 和 12.3%,累计涨幅达到 42.6%。其中工业仓储用地、商业旅游娱乐用地价格分别上涨 19.8% 和 43.2%。2008 年 1~6 月,土地交易价格又上涨 13.7%。

基础原材料价格出现快速上涨。原材料、燃料、动力购进价格从 2007 年 7 月开始上涨速度逐月加快,2008 年 7 月份达到 15.4%,为 1995 年 6 月以来涨幅最高的月份。2008 年 1~7 月累计所调查的九大类购进产品价格全线上涨。其中,燃料动力类、黑色金属材料类涨幅较高,分别上涨 30.1% 和 26.9%,建材类和农副产品类购进价格上涨 11.4% 和 9.1%。

工业品出厂价格 2008 年 7 月份达到 10.0%,也为 1995 年 12 月以来涨幅最高的月份。

近年来,农业生产资料价格上涨明显加快。2004~2007 年,农业生产资料价格累计上涨 31.0%。2008 年 1~6 月同比涨幅进一步上升至 20.7%,其中畜产品价格上涨 65.8%,化肥价格上涨 26.5%,饲料价格上涨 17.3%,农用机油价格上涨 9.2%。

环境治理和节能减排投入的加大。长期以来,传统经济发展模式造成了对资源和生态环境的严重"透支",局部地区生态破坏和环境污染状况严重。近年来,各级政府高度重视节能减排工作,一系列节能减排的政策措施相继出台,环境执法监督也逐步加强。对企业而言,也将提高相应生产经营的成本。

(四)结构调整的因素

城镇化快速发展,带动农产品和食品的需求较快增长。近年来,随着城镇化进程的加快,我国人口数量和结构发生了显著的变化。2003~2007 年,总人口累计净增 3 676 万人,其中城镇人口净增 9 167 万人,乡村人口减少 5 491 万人。特别是大量农民外出务工,由过去的农产品生产者转变成了消费者,带动了粮食和猪肉等农产品的需求扩大。2003~2006 年,平均每年有 685 万多农村劳动力外出务工,4 年累计达 2 740 多万人,占农村劳动力总量的 20% 以上。

消费升级换代。随着城乡居民收入水平的提高,食用油、肉类、奶类、蛋类及水产类的消费量不断上升。2007 年与 1995 年相比,城市、农村居民人均食用植物油消费量分别增加 2.5 千克和 1.7 千克,人均肉类消费量分别增加 8.1 千克和 5.4 千克。其中,猪肉分别增加 1 千克和 3 千克。水产品、禽蛋和奶类消费也快速增加。由于 1 单位肉禽蛋奶等的生产需要多单位粮食作为饲料,由此相应增加了对玉米、谷物等农产品的需求量,并拉动其价格上扬。特别是随着居民消费结构整体上由温饱向发展型、享受型过渡,居民用于住、行等方面的支出比重明显提高,小汽车百户拥有量大大提高。由于石油供应短缺,替代的生物燃料增长迅速,进一步加剧了主要农产品的供应紧张状况。

工农产品的比价效应。与工业产品价格上涨较快不同,多年来农产品价格变动较小,工、农产品价格"落差"日趋扩大。以2002年的价格为参照,2003~2006年,燃料动力价格、黑色金属材料价格、有色金属材料价格涨幅4年累计分别为51.6%、37.3%和88.6%,农业生产资料价格累计上涨23.3%,其中氮肥价格累计上涨了25.5%,而同期农产品生产价格仅上涨21.2%。再以生猪和饲料价格为例,同样以2002年价格为基准,2003~2006年,生猪价格4年里仅上涨2.6%,而饲料价格4年上涨24.8%。由此可见,猪肉等主要农产品价格的上涨,确实带有一定的恢复性和必然性。

(五)流动性过剩的因素

通货膨胀归根到底是一种货币现象。2001年以来,世界主要经济体为刺激经济增长,持续维持低利率水平,加上各种金融产品不断丰富,导致全球货币供应宽裕。在国内,近年来持续快速增长的贸易顺差以及外商直接投资(FDI),人民币升值的预期,多种因素推动了外汇储备量的大量增加,导致基础货币投放量快速增长和流动性过剩局面的出现。

货币供应量过多。各层次货币供应量增速持续居于高位。2000~2007年 M_0、M_1、M_2 年均分别增长10.7%、16.2%、16.4%,广义货币 M_2 增长持续快于实体经济增长。除2004年和2007年外,广义货币 M_2 增长率均高于GDP名义增长率,2000~2007年平均高出2.9个百分点。M_2 与GDP的比值不断上升,由2000年的1.357上升为2007年的1.619。

银行体系资金过多。银行存款大于贷款的差额日趋扩大。2007年末,银行存贷款差额高达12.8万亿元,比2000年的2.4万亿元扩大了4.3倍,表明银行可运用的资金规模相当大,大量资金滞留于银行间市场。

流动性的持续过剩,意味着相对过多的货币追逐相对较少的商品与服务,必将推动物价的上涨。

以上情况表明,近两年来价格上涨是由多种因素叠加引起的。既有国际因素,又有国内因素;既有成本推动因素,又有需求拉动因素;既有总量的因素,又有结构的因素;加之较为复杂的国内外环境,控制价格上涨的任务十分艰巨。

一是此轮价格是在全球通胀的大背景下发生的。去年以来,不论是新兴国家还是发达国家,价格涨幅都在快速升高,许多国家如印度、泰国、韩国等出现接近或超过过去10年的通胀水平。全球平均通胀率由2007年1季度的2.5%,逐季上升至2008年2季度的4.7%。6月为5.5%,为13年来最高水平。欧元区15国通胀率今年6月份达4.0%,为16年来最高水平。美国CPI涨幅从2007年4季度开始已经超过4%,且逐月上升。发展中国家涨势更加明显。由2007年1季度的5.7%上升至2008年2季度的9.0%。其中,俄罗斯由7.7%上升至

14.7%,巴西从3.0%升至5.6%,越南从6.5%上升到24.5%。据IMF统计,目前有50多个国家的物价出现两位数的上涨。

二是一些价格上涨的背后,反映的是城乡关系、工农关系的深刻调整,是农业发展长期滞后、基础薄弱的体现。如猪肉、油料等农产品价格上涨,一方面反映了生产供应的不足,另一方面也体现了工农比价从"不协调"向"协调"调整的客观要求,具有补偿性上涨的特点。还有一些则反映的是国际、国内利益关系、基础产业与其他产业间关系,劳资关系,人与自然的关系等的进一步调整要求。由于我国要素市场和原材料市场价格改革的滞后,我国农产品、能源、基础材料的价格远低于国际市场价格,基础产业和其他产业的比价关系极其不合理,需要通过改革进行调整。从这个意义上看,资源性产品价格升高、环保成本、土地成本上扬及劳动力成本提高等,也具有一定的客观必然性。

第三节 通货膨胀与失业

西方经济学对失业与通货膨胀的关系有许多分析,例如,弗里德曼的失业与通货膨胀相互加强论,哈耶克的货币发行权论,托宾的劳动市场均衡和失调论,加尔布雷斯的二元系统论等,但最主要的是菲利普斯曲线分析。

一、菲利普斯曲线的产生

凯恩斯主义的向上倾斜的总供给曲线的形态表明,在没有达到充分就业而又接近充分就业时,提高总需求水平,会提高总产量和就业水平,也会导致物价上涨。此时物价水平与就业之间的关系,西方经济学家通过菲利普斯曲线来解释。

菲利普斯曲线是由新西兰统计学家威廉·菲利普斯(A. W. Phillips)于1958年在《1861~1957年英国失业和货币工资变动率之间的关系》一文中最先提出的。他根据英国1861~1957年近百年失业率和货币工资增长率之间交替关系的曲线进行研究,这条曲线表明货币工资增长率与失业率之间是一种负相关的关系。这种关系可以表示为

$$\Delta W_t = f(U_t)$$

式中,ΔW_t表示t时期的货币工资增长率,U_T表示t时期的失业率。把这种关系用曲线的形式反映出来就是菲利普斯曲线。

如图8.4,横轴U表示失业率,纵轴$\Delta W/W$表示工资增长率。PC是菲利普斯曲线,表示失业率与工资增长率之间的替代关系,U低,$\Delta W/W$高;U高,$\Delta W/W$低,在失业率为U_1时,工资增长率为$(\Delta W/W)_1$。这时经济繁荣,失业率低而工资增长率高。失业率为U_2时,工资增长率为$(\Delta W/W)_2$,这时经济衰退,失业率高而工资增长率低。PC与横轴相交时,失业率很高,而货币工资稳定不变,工资增长率为零。PC处于横轴下方时,失业率极高,而工资增长率为负数,即货币工资降低。

西方经济学家认为,菲利普斯曲线的原意虽然直接表明失业率和货币工资增长率之间的关系,但是,也可以间接表明失业率和通货膨胀率之间的关系。所以,菲利普斯曲线也是分析通货膨胀原因的一种理论。利用菲利普斯曲线说明通货膨胀同失业率和工资增长率的关系,如图8.5所示。图中,横轴 $U(\%)$ 表示失业率,右纵轴 $\Delta W/W(\%)$ 表示工资增长率,左纵轴 $\Delta P/P(\%)$ 表示通货膨胀率。PC 是菲利普斯曲线,右纵轴和左纵轴之差等于劳动生产率的增长率。

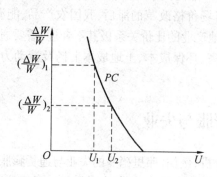

图8.4 菲利普斯曲线

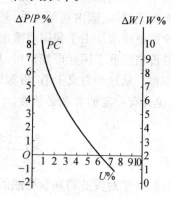

图8.5 通货膨胀率与失业率的交替关系

【案例8.4】

前美联储主席沃尔克反通货膨胀的代价

20世纪70年代末80年代初美联储主席为反通货膨胀所付出的代价说明了菲利普斯曲线的存在。

20世纪70年代,滞胀一直困扰着美国。1979年夏,通货膨胀率高达14%,失业率高达6%,经济增长率不到1.5%。在这种形势下,沃尔克被卡特任命为美联储主席。沃尔克上台后把自己的中心任务定为反通货膨胀。他把贴现率提高到12%,货币量减少,但到1980年2月通货膨胀率仍高达14.9%。与此同时,失业率高达10%。沃尔克顶住各方面压力,继续实施这种紧缩政策,终于在1984年使通货膨胀率降至4%,开始了20世纪80年代的繁荣。

沃尔克反通货膨胀的最终胜利是以高失业为代价的。经济学家把通货膨胀率减少了1%的过程中每年国内生产总值减少的百分比称为牺牲率。国内生产总值减少必然引起失业加剧。这充分说明通货膨胀与失业之间在短期内存在交替关系,实现低通货膨胀在一定时期内以高失业为代价。

经济学家把牺牲率确定为5%,即通货膨胀每年降1%,每年的国内生产总值减少5%,沃尔克把1980年10%的通货膨胀率降低至1984年的4%,按此推理,每年减少的国内生产总值应为30%。实际上,国内生产总值的降低并没有这么严重。其原因在于沃尔克坚定不移的反通货膨胀决心使人们对通货膨胀的预期降低,从而菲利普斯曲线向下移动。这样,反通货膨胀的代价就小了。但代价仍然是有的,美国这一时期经历了自20世纪30年代以来最严重的衰退,失业率达到10%。

反通货膨胀付出的代价证明了短期菲利普斯曲线的存在,也说明了维持物价稳定的重要性。

资料来源:梁小民.《西方经济学》案例.

二、菲利普斯曲线的解释及其发展

从菲利普斯曲线可以得出以下几个结论：

第一，通货膨胀是由于工资成本推动所引起的，这就是成本推进型的通货膨胀，从而可以把工资增长率与通货膨胀率联系起来。

第二，承认通货膨胀与失业存在交替的关系，否定了凯恩斯关于失业与通货膨胀不会并存的观点。

第三，当失业率为自然失业率时，通货膨胀率为零。因此，可以把自然失业率定义为通货膨胀率为零的失业率。

第四，为宏观经济政策的制定提供理论依据，可以运用扩张性宏观经济政策，通过较高的失业率换取较低的失业率；也可以用紧缩性宏观经济政策，通过较高的失业率来换取较低的通货膨胀率。

菲利普斯曲线的理论解释可以归结为两个方面：成本推进和需求拉上。从成本推进来看，由于某些原因使货币需求的增加，以致对产品需求增加，产品需求增加就会需要增加相应的劳动力，这样工会会要求增加工资，于是就引起了物价上涨、工资提高、就业减少，出现物价—工资—物价相互推进的通货膨胀。从需求拉上来看，货币工资增长率取决于劳动力市场对劳动的超额需求，无论是企业计划雇佣的劳动力人数大于还是小于劳动力的计划供给数量，都会使工资和就业发生相应的变化，导致菲利普斯曲线的变化。

由于实际经济运行中，失业率和通货膨胀率的关系已发生了变化，传统的菲利普斯曲线已不能解释新的经济现象，菲利普斯曲线本身就需要发展。根据货币学派和理性预期学派的观点，如果引进适应性预期的概念，并且考虑到人们在短期内无法进行调整，只能在长期中逐步调整，那么菲利普斯曲线就会出现三种情况：第一种情况，菲利普斯曲线向右移动，这表明需要用更高的通货膨胀率来换取一定的失业率，抑或是用更高的失业率来换取一定的通货膨胀率；第二种情况，菲利普斯曲线变成一条垂线，表明通货膨胀率与失业率之间不再是此消彼长的关系，也就是无论通货膨胀率发生怎样的变化，失业率都不会发生变化，即失业将无法消除；第三种情况，菲利普斯曲线成为一条向右上方倾斜的曲线，表明通货膨胀与失业同方向变化，当经济社会出现高失业率和高通货膨胀率并存的时候，也就是出现了滞胀，这是对原有菲利普斯曲线的否定，因此这又被称为菲利普斯曲线的恶化。

本章小结

1. 失业是指有劳动能力的人正在积极寻找工作却尚未找到的一种状态。经济学家根据失业的特征和引发失业的原因，将各种类型的失业加以区分。

2. 通货膨胀是指一般物价水平持续普遍的上涨，通货膨胀通常用消费物价指数、批发物价指数、生产者价格指数及 GDP 平减指数来衡量；通货膨胀根据不同的标准可以划分不同类型，重点是按其成因分类:成本推进型通货膨胀、需求拉上型通货膨胀、结构性通货膨胀等;通货膨胀发生后会对经济和社会造成一定的影响,这种影响可能是积极的也可能是消极的,这主要取决于通货膨胀率的高低。

3. 失业和通货膨胀是反方向变化的,这种关系是用菲利普斯曲线来表示的。

思考题

1. 讨论下列变化将如何影响市场失业率,并评论一下这些变化的副作用。
(1)取消工会。
(2)降低企业的劳动监督成本。
(3)增加失业救济金。
(4)取消最低工资标准。

2. 加尔文·柯立芝说过"通货膨胀就是政府拒绝付款。"他这句话是什么意思?你是否同意这一观点,请说明理由。预期到的通货膨胀和未预期到的通货膨胀在这里的效应有何不同?

3. 被比尔·克林顿任命为联邦储备副主席的经济学家艾伦·布林德曾经写过下面一段话:

达到美国和其他工业国家所经历的低而温和的通货膨胀率看来应该是非常合适的,重感冒总比社会癌症好……作为理性的个人决不愿意为了治疗头痛而做手术。但是,作为一个集体,我们在常规上是用经济上相等的手术(高失业)来治疗通货膨胀这种感冒。

你认为布林德这句话的意思是什么?布林德所倡导的观点的政策含义是什么?你是否同意,原因是什么?

【阅读资料】

中国转型时期的就业与失业问题

失业问题一直是困扰各国政府的重要问题。由于不同国家所处的发展阶段不同,所以各国在对待失业问题上所采取的政策也不同。发达国家的市场机制比较健全,所以政策重点会放在如何促进经济增长上。而中国作为一个发展中的大国,既存在总量问题又存在结构性问题,同时还要面临健全社会保障制度的问题。基于这样的背景,中国的失业问题具有其独具的特点。

中国目前失业的原因主要有以下几点:第一,我国人口总量大。我国是世界上劳动力资源最为丰富的国家,约占世界劳动力总量的$\frac{1}{4}$以上。根据世界银行统计,1980年中国劳动力为5.39亿人,约占世界劳动力总量的26.4%,相当于中等收入国家劳动力总量的1.05倍,相当于高收入国家的1.46倍;1995年中国劳动力为7.09亿人,约占世界劳动力总量的26.3%,相当于中等收入国家的1.03倍,相当于高收入国家的1.64倍。到1999年,我国劳动年龄人口占世界比重的22.4%,比印度高6%,是日本的10多倍,俄罗斯的8倍以上,美国的5倍左右(以上数据来自世界银行1997年世界发展指标)。据国家统计局预测,我国15~64岁人口,1995年为80 727万人,2000年为85 841万人,2010年为96 799万人,2020年将达到99 696万人,比1995年增加近 2 亿人,约增长 23.5%[以上数据来自中国人口统计年鉴(1997)]。上述数字表明我国人口规模之大导致我国劳动力供给量过大,超过了劳动力的需求。第二,劳动力素质差别大。2000 年我国文盲人口比例为 6.7%,与 1982 年相比已下降 16.1%;具有初中文化程度的劳动力比例上升了 17%,达到总人口的 1/3;高中毕业的劳动力达到 11.1%;平均受教育年限为 7.11 年[以上数据来自中国统计摘要(2001)]。根据国外学者研究,1990 年发展中国家 15 岁以上人口平均受教育年限为 4.43 年,中东和北非地区为 4.47 年,东亚和太平洋地区为 6.08 年,南亚地区为 3.85 年。我国 1995 全国 15 岁以上人口平均教育年限为 6.09 年。从以上数据中可以得出如下结论:我国劳动力文化程度高于发展中国家的平均水平,但仍低于发达国家。第三,年龄结构。我国就业人口的年龄结构构成比较年轻,同是 60 岁以上老年人的劳动参与率过高,人为的增加了就业压力。第四,经济转型的后果。改革开放以来,我国开始了由计划经济向市场经济的转型,转型导致国有企业大量职工下岗,同时非国有经济无法吸收大量的国有企业下岗职工,这就必然导致失业率的上升。转型后,我国工业化路线是资本密集型产业,使各行业的资本有机构成不断提高,技术进步使劳动生产率不断提高的同时会使劳动力大量被淘汰,加剧了失业。

我国正处于转型的关键时期,失业问题是否能够得到有效的解决,关系到我国经济是否能够持续健康快速的发展。第一,拉动内需,扩大就业。我国目前各种失业状况并存,但主要是由于劳动力总量大于就业岗位总量的总量过剩性失业,国家可以通过扩大投资、增加政府支出的方法,来促进基础设施的建设,起到拉动内需的作用,从而扩大就业。同时要刺激居民的消费需求,增加城乡居民的货币收入,提高他们的购买力,创造新的消费需求。通过上述政策可以促进经济总量的增长和就业规模的扩大。第二,建立相应的就业培训制度。我国的失业者中有很大一部分是国有企业的下岗职工,可以通过培训来提高劳动者的素质或技能,同时可以缓和再就业的压力。第三,加快社保体系的建设。社保制度不完善会阻碍劳动力的流动,制约城市再就业率的提高。所以,应该建立覆盖全社会的社保体系,降低劳动力转移成本。

资料来源:曾湘泉.《劳动经济学》,复旦大学出版社.

第九章 Chapter 9

经济周期与经济增长理论

【学习要点及目标】

了解经济周期的含义、特征以及分类,了解乘数-加速数模型的一般原理;掌握经济周期的产生原因;了解经济增长的含义、特征并掌握经济增长的源泉。

【引导案例】

2009年度经济述评:"V字"是怎样炼成的

V在英语里是"胜利"这个单词的第一个字母,人们在表达信心和良好祝愿时,常做V字手势。2009年在应对百年罕见的国际金融危机中,中国经济率先走出了一条漂亮的V字反转曲线。在国际经济一片凄风惨雨的大环境下,中国经济为什么能够收获一个大大的V字,成为世界经济复苏的一枝报春花呢?

一要归功于中国经济本身所具有的良好韧性和发展潜力。国际金融危机虽然对中国经济的外部需求造成了不利影响,但中国经济发展的韧劲很足。由于处在经济起飞的特殊阶段,工业化、城镇化、市场化和国际化都是支撑中国经济快速发展的巨大驱动力量,改革和结构调整也为中国经济的可持续增长打开了发展的巨大空间。因此,即使遭受了国际金融危机的严重冲击,中国经济的深厚发展潜力和支持中国经济快速增长的有利因素并没有发生根本性的实质改变。

二要归功于政府的反危机措施。在中国经济的基本面处于良好稳健的情况下,由于国际金融危机的冲击,中国经济突然失速,证明市场一度失灵。党中央国务院果断决策,采取了一揽子反危机的措施,包括启动4万亿投资,实施十大产业振兴规划等,按照出手快、出拳重、措施准、工作实的总体方针,在关键的时刻、关键的领域和关键的环节发挥了极其重要的作用。

三要归功于结构调整的整体效果。2009年,我国在成功实现保八目标的同时,经济结构的战略性调整也取得了明显成效。首先是需求结构的调整,通过扩内需的各项有效措施,使国民经济的总需求仍然保持了较为强劲的增长。在区域结构上,西部地区的经济增长快于中部地区,中部地区快于东部地区;全社会投资增速中西部地区明显快于东部地区;在消费品零售市场,农村增长快于城市。在收入分配的结构上,居民收入的增长快于GDP的增长,这是多年来的首次。这些结构上的变化,为国民经济应对国际金融危机的冲击,保持平稳较快发展提供了巨大的空间。

　　四要归功于国人逐渐暖起来的信心。当国际金融危机在全世界迅速蔓延深化并对我国形成严重冲击时,国人的信心受到了严重损伤。随着中央一揽子反危机的措施快速有力出台,经济迅速企稳回暖,国人的信心也逐渐温暖起来。信心作为一个重要元素,一改年初的不振状况,成为经济迅速扭转增速下滑趋势并快速回升的正乘数因素。

　　上述四个方面,在2009年底形成了良性循环,从而使中国经济在十分困难的国际经济环境下率先走出危机影响,实现总体回升向好,并炼成了一个大写的V字!

来源:中国信息报,2010,1.

第一节　经济周期概述

一、经济周期的定义与特征

(一)经济周期的定义

　　在经济学中,经济周期(Business Cycle)指的是总体经济运行中不规则的经济扩张与经济紧缩交替更迭反复出现的波动现象。对于经济周期的定义,经济学家有着不同的解释。一些经济学家将经济周期的定义建立在实际产出GDP或总产量的绝对量的变动基础上,认为经济周期是指实际产出GDP上升和下降的交替过程。另一些经济学家则将经济周期的定义建立在经济增长率变化的基础上,认为经济周期是指经济增长率上升和下降的交替过程。根据这一定义,衰退不一定表现为GDP绝对量的下降,只要GDP的增长率下降,即使GDP增长率仍为正数,也可以称之为衰退,因此,在经济中存在着增长性衰退。

　　美国经济学家伯恩斯和米切尔在《衡量经济周期》一书中为经济周期给出了一个经典性定义:"经济周期是指主要按企业来组织经济活动的国家所出现的总体经济活动的一种波动。一个周期由几乎同时在许多经济活动中所发生的扩张,随之而来的同样普遍的衰退、收缩以及与下一个周期扩张阶段相连的复苏所组成。这种变化的顺序反复出现,但并不是定期发生。经济周期的持续时间在1年以上到10年或20年。"这一定义受到多数经济学家的认可,并被美国研究经济周期的权威机构(NBER,国民经济研究局)作为确定经济周期波峰与谷底的标准。

如图 9.1 所示,横轴代表时间 t,纵轴代表实际产出即实际 GDP,图中呈波浪式起伏的曲线表示实际 GDP 随时间推移而变化,即顺序经过四个阶段呈周期性的连续变化。当实际经济运行轨迹大于经济发展趋势(图 t_1-t_3)时产生正国民产出缺口,反之(图 t_3-t_5)产生负国民产出缺口,一个波峰或波谷到另一个波峰或波谷为一个经济周期。

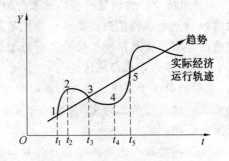

图 9.1　经济周期波动模式

（二）经济周期的特征

1. 总体经济活动

经济周期被定义为总体经济活动(Aggregate Economic Activity)的波动,而不是某一个具体的经济变量的波动,如实际 GDP。尽管实际 GDP 是测度总体经济活动最近似的单个指标,但是,经济活动的其他指标如就业、价格水平和金融市场变量,对理解经济周期也是非常重要的。

2. 衰退和扩张

图 9.1 表示的是典型的经济周期。图中虚线表示总体经济总是处于充分就业时的潜在国民产出的增长路径,实线表示实际经济活动的上升和下降。在经济分析中,过去常常把经济周期划分为四个阶段:衰退、萧条、复苏和繁荣。衰退阶段是由繁荣转向萧条的过渡阶段,复苏阶段是由萧条转向繁荣的过渡阶段。现在一般把经济周期划分为两个阶段:衰退(Contraction)和扩张(Expansion)。总体经济活动的下降称为衰退,如果下降比较严重,就称为萧条。总体经济活动的上升称为扩张。经济周期两个阶段相互交替的转折点,分别称为波峰和谷底。在经济到达波峰之后,经济开始下降;在经济到达谷底之后,经济开始增长。一般来说,我们把总体经济从一个谷底到下一个谷底的时间内所经历的扩张和紧随其后的衰退,或者,总体经济从一个波峰到下一个波峰的时间内所经历的衰退和紧随其后的扩张,称为一个经济周期。

3. 一致性

经济周期是指总体经济活动的波动,并不是指几个部门或仅仅几个经济变量的波动,相反,扩张或衰退总是同时在许多经济活动中发生。因此,要完整地反映整个经济的活动周期,就必须包括较多的经济指标。尽管在经济中,一些产业或行业对经济周期较其他产业或行业更为敏感,但是在许多产业,产出和就业都倾向于在衰退期下降,在扩张期增加。其他变量,如价格水平、政府支出、投资、市场利率等变量,在经济周期中一般也具有一定的规律性,即一致性。

4. 循环性

经济学家常常将经济周期称为"经济循环",因为按照严格的定义,周期是指有规律的、可预测的现象,或者说有固定的时间间隔。而我们定义的经济周期,并非周期性发生,即不是按照某一规律或某一时间间隔发生的,也并不总是持续一个固定的时间长度。但是,经济周期却是循环发生的,即循环性(Recurrent)。它总是按照"扩张—波峰—衰退—谷底"这一标准形态周而复始地出现。因此,我们可以说经济周期实际上并不具有周期性,但具有循环性。

5. 持续性

经济周期的时间长短存在着较大的差别,有的经济周期可能不到1年,有的则长达几年甚至数十年。但是,一旦经济衰退产生,总体经济将维持衰退一段时期,或者1年或者时间更长;类似地,一旦扩张开始,经济倾向于持续一段时期。这种衰退之后的进一步衰退的倾向,以及增长之后进一步增长的倾向,称为经济周期的持续性(Persistence)。

【案例9.1】

道琼斯指数预测全球经济已开始复苏

道琼斯指数日前在纽约发布了知名经济界人士对2010年全球经济的预测,新兴经济体和发达国家都将从过去两年波及全球的经济衰退中复苏,美元对其他主要国际货币汇率即将回升,证券市场股价也将上扬,全球各主要证券市场股指可望增长10%。

纽约梅隆银行货币策略高级专家麦克·沃福克认为,美元虽然在2010年上半年对主要国际货币汇率走低,但随着经济形势的好转,美联储和各国央行可能实施紧缩的货币政策而上调其货币利率,下半年美元的汇率将会随之一路走强,并随美联储美元基础利率的上升而攀升;经济增长前景欠佳和负利率将使日元和英镑汇率走势疲软。

美国国家政策分析中心宏观经济研究员鲍勃·麦克迪尔认为,美联储的银行注资计划和美国财政部的不良资产救助计划对扭转美国经济衰退、刺激经济已经起到了积极的作用。

曾多年担任德累斯顿银行纽约投行部总监和高级市场经济学家的独立经济学家凯文·洛根认为,世界范围内工业产值和贸易量的上升,标志着全球经济已经开始反弹。各国分别上调其2010年经济增长目标,国际货币基金组织也把2010年全球GDP增长预测值从2%改为4%。欧洲和美国的经济进入2010年以来就表现出快速复苏的势头,但金融机构仍未恢复应有的稳健,去杠杆化和逐步退出的政府刺激经济政策等因素将使其经济增长维持在相对平缓的状态,公众对经济的可持续增长性仍然不乏疑虑。

来源:经济日报,2010.1.30

二、经济周期的类型

经济学家根据一个经济周期时间的长短,把经济周期分为不同类型。

(一)基钦周期

基钦周期(Kitchln Cycle)是一种短周期。英国经济学家J·基钦研究了1890～1922年间英国与美国的物价、银行结算、利率等指标,认为经济中确实存在着平均长度为40个月左右的短周期,这是一种由心理原因引起的有节奏的变动,而影响人们心理则是农业产量与物价的波动。

(二)朱格拉周期

朱格拉周期(Juglar Cycle)是中周期。世界上第一次生产过剩性危机于1825年发生于英国,以后经济学家就注意并研究了这一问题。但是,他们大多把危机作为一种独立的事件来研究。1860年法国经济学家C·朱格拉在他的《论法国、英国和美国的商业危机及其发生周期》

一书中提出,危机或恐慌并不是一种独立的现象,而是经济中周期性波动的三个连续阶段(繁荣、危机、清算)中的一个。这三个阶段反复出现并形成周期现象。他对较长时期的工业经济周期进行了研究,并根据生产、就业人数、物价等指标,确定了经济中平均每一个周期为9~10年。这就是中周期,又称为朱格拉周期。

(三)康德拉季耶夫周期

康德拉季耶夫周期(Kondratieff Cycle)是长周期。(前)苏联经济学家N·康德拉季耶夫研究了法、英、美、德和世界其他一些国家长期的时间序列资料,根据各国的价格、利率、工资、对外贸易量以及生产与消费,在1925年提出资本主义社会存在着平均长度为54年左右一次的长周期。他把自18世纪末以来的资本主义经济分为3个长周期。康德拉季耶夫认为这种长周期是资本主义经济所固有的,其主要原因是资本积累的变动。生产技术中的各种变革、战争与和平、新市场的开辟等,都不是影响经济周期的偶然事件,而是其有规律的组成部分。

(四)库兹涅茨周期

库兹涅茨周期(Kuznets Cycle)是另一种长周期。1930年,美国经济学家S·库兹涅茨在《生产和价格的长期运动》中提出了存在一种与房屋建筑业相关的经济周期,这种周期长度在15~25年之间,平均长度为20年左右。这也是一种长周期,被称为库兹涅茨周期,或建筑业周期。这种周期在第二次世界大战之后受到相当的重视。

(五)熊彼特周期

熊彼特周期(Joseph Cycle)是一种综合周期。美籍奥地利经济学家J·熊彼特在1939年出版的两大卷《经济周期》的第一卷中,对朱格拉周期、基钦周期和康德拉季耶夫周期进行了综合分析。熊彼特认为,每一个长周期包括6个中周期,每一个中周期包括3个短周期。短周期约为40个月,中周期约为9~10年,长周期为48~60年。他以重大的创新为标志,划分了3个长周期。第一个长周期从18世纪80年代到1842年,是"产业革命时期";第二个长周期从1842年到1897年,是"蒸汽和钢铁时期";第三个长周期从1897年以后,是"电气、化学和汽车时期"。在每个长周期中仍有中等创新所引起的波动,这就形成若干个中周期。在每一个中周期中还有小创新所引起的波动,这就形成若干个短周期。

> **【案例9.2】**
> **我国的经济周期**
>
> 从1978年以来,我国经济增长率最高的波峰年分别是1978年(11.7%)、1984年(15.2%)、1992年(14.2%)和2007年(13%);经济增长率最低的波谷年分别是1981年(5.2%)、1990年(3.8%)、1999年(7.6%)和2009年(增长率为8.7%)。如果依据波峰年计算周期的长度,从1978年到2007年的29年间,总共形成了3个经济周期,周期的平均长度为9.66年;若依据波谷年计算周期的长度,从1981年到2009年的28年间也形成了3个经济周期,周期的平均长度为9.33年。这就是说,1978年以来,我国经济周期的平均长度是9.5年左右。
>
> 来源:人民网-《人民日报》,2010.1.16

三、经济周期的一般原因

在整个经济学的发展历史中,许多经济学家都提出了对经济周期性波动的解释,形成了各种风格各异的经济周期理论,经济周期理论按照四个角度分类:一是相对简单的单一原因理论,二是实业周期理论,三是强调储蓄投资过程的理论,四是新古典主义理论。除了上述的分类方法,宏观经济学家还将经济周期理论概括为两个类别,即外部因素或外生理论和内部因素或内生理论。外部因素理论的主要特征,是认为经济周期的根源在于宏观经济之外的某些事物的冲击性波动,如太阳黑子或星象、战争、革命、政治事件、金矿的发现、人口和移民的增长、新资源的发现、科学发明和技术进步等。内部因素理论的主要特征,是从宏观经济内部的某些因素,如投资、消费、储蓄、货币供给、利率等之间的相互制约和相互促进的机制来解释导致经济周期性波动的原因。

(一)单一因素周期理论

单一因素周期理论主要有三种理论,即强调农业、心理和纯货币因素。其中强调农业因素的最为著名的理论是杰文斯的"太阳黑子论",认为由于太阳黑子的周期性运动造成了10年左右的经济周期。这种理论虽然只强调了单一的外部气象条件变化的影响,但也有其实际意义。在杰文斯所处的年代,农业是整个国民经济的主导部门,天文状况变化会对气候条件产生影响,进而影响到农业,农业波动总会带来整个宏观经济的波动。

许多经济学家在其经济周期理论中都将心理因素作为解释波动的一种辅助因素,很少将其作为单一影响周期的因素。单独强调心理因素的学者主要是庇古和米尔斯。这种观点强调了当经济扩张时,强化了乐观主义,这种乐观主义刺激投资并进一步强化了扩张,使经济走向繁荣。而衰退引发悲观主义,悲观主义又进一步抑制投资,加剧了衰退,使经济走向萧条。因此心理因素有放大宏观经济波动的重要作用。当前经济周期理论中对心理因素的强调主要侧重于预期在影响经济决策方面的作用。

纯货币因素周期理论是由英国经济学家霍特里提出来的。他运用货币信用体系的不稳定来说明经济周期性波动。他认为经济周期纯粹是一种货币现象,货币流通量、货币供应量以及货币流通速度的波动直接导致名义国民收入的波动。当银行体系降低利率,扩大信用时,就会引起投资增加、生产扩张,进而导致收入增加,刺激整个需求增加。当经济活动的累积性扩张达到一定程度,就会使经济走向繁荣阶段。现代货币体系建立在部分准备金的基础上,因此银行信用扩张是有限度的,当银行体系被迫紧缩货币信用而提高利率时,投资开始回落,生产收缩,从而需求减少,收入减少,这样经济的累积性收缩过程会使经济走向萧条。

(二)实业周期理论

实业周期理论中的一方面强调成本价格关系和利润率变动因素,其代表人物是米切尔。他认为正是使得实业有利可图的同一条件逐步变成了迫使利润减少的条件。经济活动的增长,起初是造成利润增长的原因,而后即是利润增长的原因,同时也成为其后果。当这种增长对现有产业设备的生产能力形成压力时,起初每一单位产出追加成本的下降就会逐步趋于稳定,同时,对合意利润的期望诱使企业间相互哄抬原材料、劳动力和借贷资金的价格,因而从事实业的主要成本变高,这样的过程累积到一定时候,通过加速提高售价而避免因成本侵蚀而导致的利润减少就变得困难了。扩张来自基于期望提高利润的实业需求的增长,这迟早不可避免地导致短缺和价格上涨,进而降低了利润率。当利润不再增长时,实业和扩张最终也就带来了衰退。在衰退中减少成本的措施如解雇、缩短工时以及削减非人工支出等,逐渐增多并成为普遍现象。接着便提高了生产率和利润率。企业寻求利润机会的改观加速了资本的使用和劳动力的雇佣。这一系列连续发生的情况造成了利润率的增减,结果企业就会对此作出反应,从而引起了经济波动。

实业周期理论的第二个方面强调存货的周期性变动带来了经济周期。这种理论认为企业对他们所期望的存货销售比率有一个固定的认识。当扩张中对其需求增加时,他们发现其存货减少。将其存货水平恢复到预定比率的努力导致新订单的增加,进而增加就业和收入。由于后一效应也增加销售,存货销售比率仍会保持下降的水平。由于边际消费倾向为正但小于1,因此,销售的增加将小于收入的增加。在扩张的后期,所期望的存货销售比率可以逐渐恢复,消除了通过增加存货水平对经济的刺激。在经济收缩期则发生相反的过程,企业力图降低其存货水平,同时其销售下降,这种努力进一步使收入下降并阻止比率的下降。然而,销售的下降率低于收入的下降率,所以经过一段时间,企业便可重新设定所期望的存货销售比率,结果紧缩期达到最低点。

(三)储蓄投资过程周期理论

许多经济学家强调了储蓄投资过程的不稳定性导致了周期性经济波动。大致有货币因素的投资过度理论、非货币因素投资过度理论、"创新"周期理论、消费不足周期理论等。此外,凯恩斯主义及后凯恩斯主义的经济周期理论也强调储蓄和投资过程。

1. 货币因素的投资过度周期理论

货币因素的投资过度周期理论的代表人物是奥地利学派的哈耶克、米塞斯和罗宾斯等人。这种理论认为,货币金融当局的信用膨胀政策是干扰经济体系均衡,并引起经济扩张,进而导致繁荣和萧条交替变动的根本原因。即认为如果没有信用扩张,那么生产结构失调以及由此产生的波动就不会出现。货币因素的投资过度理论认为只要银行扩张信贷,导致市场利率低于自然利率,工商企业贷款的投资对厂房、机器设备的需求增加,这时银行信用扩张引起的投资和生产资料需求的增加,只能是把原来用来制造消费品的生产要素转用于制造资本品,这样势必相应地引起消费品产量的减少和价格的上涨。这时,那些货币收入不变或货币收入的增长落后于消费品的价格上涨的消费者,将因消费品价格的上涨而非自愿地减缩了他们的消费,称为"强制储蓄"(Forced Saving),而借助信用扩张扩大投资所形成的新的实物资本如厂房、机器设备等是由这种"强制储蓄"提供的。

哈耶克认为这种人为地扩张信用的政策所引起的经济扩张是不能持续下去的,迟早会出现萧条和反方向累积的衰退过程。当银行扩张的信用通过企业的投资转化为人们的货币收入后,消费者势必会恢复他们原有的消费,于是引起消费品的需求比生产资料的需求增长得更多,消费品的供给减少,需求反而增加,消费品价格进一步上涨。银行受法律或营业习惯的限制而不能无限地扩张信用,由此表现为货币资本供给的短缺,货币资本短缺将引起两种结果:或者是工商企业在繁荣阶段进行的投资(建造厂房购置设备)半途而废,不能完成;或者是已经生产出来的资本存货因需求不足而价格下落,存货积压,从而造成经济萧条。

2. 非货币因素投资过度周期理论

非货币因素投资过度周期理论的代表人物是图冈·巴拉诺斯基、斯皮特霍夫和卡塞尔。这种理论认为投资过度是经济周期性波动的主要因素。非货币投资过度理论与货币因素的投资过度理论的主要差别在于是着重从生产过程本身来解释周期,而不把货币因素视为引发经济周期的最初动因。在这一理论中,货币信贷扩张是经济扩张的必要条件,但货币因素仅处于从属的被动地位。斯皮特霍夫认为消费品生产相对不足,才是周期真正的原因。他认为,引起高涨的主要动因,是新技术的发明、新市场的开拓以及萧条阶段利率的低落。这些因素促进投资活跃,于是生产资料尤其是钢、铁、机器和建筑材料等和耐用消费品包括住宅、汽车、家电等的生产大量增加,这就是经济高涨阶段。在复苏阶段和高涨阶段,扩大投资所必需的货币资本,开始来自于萧条阶段所积累的大量闲置资本,继之则主要来自银行的信用扩张和企业未分配利润转用于投资,当经济高涨达到一定程度后,由于货币工资上涨和使用生产效率较低的生产要素,成本提高,利润下降,这样,货币资本的供给减少,从而形成对生产资料的需求减少。另一方面,由于高涨阶段进行的投资所扩大的生产能力逐渐向市场上提供日益增多的钢、铁、建筑材料和耐用消费品,生产资料和耐用消费品供给大大增加了。这样,生产资料和日用消费品的供给增加而其需求逐渐减少,终必出现因货币资本供给不足以致使生产资料和耐用消费品生产部门生产过剩的经济周期。

3. 熊彼特"创新"周期理论

熊彼特于1912年出版的《经济发展的理论》一书中提出了"创新"经济周期理论。他发现大规模扩张的原因在于由重大技术突破所提供的投资机会。熊彼特将"发明"和"创新"两个术语区别开来,他把发明定义为生产新方法的发现。在现代市场经济中这种情况或多或少在不断地发生,人们总是在发现生产的新方法、更好的生产方法,然而只有在发明真正引入经济活动时,它才是具有经济意义的"创新"。"创新"(Innovation)一词定义为"新的生产函数的建立",即"企业家对生产要素之新的组合",它包括引入一种新产品或提供一种产品之新的质量;采用一种新的生产方法;开辟一个新的市场;获得一种原料或半成品的新的供给来源;实行一种新的企业组织形式。创新只是间断地发生,它们趋于成串或成组发生时,一组投资机会或多或少同时被利用,于是便产生了扩张。由于富有创新精神的企业家,借助银行扩大信用贷款的帮助,增加劳动力投入,新建厂房增添设备,推动国民收入的增长,促进消费品生产的增加,随后，由于企业的"创新"利润，刺激其他企业也在银行信贷的帮助下模仿，这就是经济周期的复苏和高涨。当经济扩张经历一段时间，"创新"扩散到较多企业时，利润逐渐消失，扩张趋向终结。熊彼特理论最具特点的是对扩张如何开始的解释，创新及其所带来的投资使经济的适应力过度紧张，创新刺激了扩张，为了适应创新结果所作的调整又带来的紧缩。

熊彼特认为，在经济高涨阶段，厂商在乐观情绪支配下，投机盛行，借助银行贷款扩大的投资高估了社会对产品的需求。此外，消费者的乐观情绪高估了可能的收入，常用抵押贷款方式购买耐用消费品，消费者负债购买反过来促进企业的过度投资。所以，经济周期的衰退与萧条，意味着新产品新技术对旧的厂商和部门的冲击，那些在经济高涨期间过度扩大的投资在萧条阶段的毁灭是社会经济从失衡趋向新的均衡之必然的有益的过程，一旦萧条到达底谷，新的"创新"引致的复苏和高涨推动经济在更高水平上向前发展，均衡—失衡—在更高水平上的均衡……如此循环往复周而复始。

熊彼特指出，推动经济周期地循环往复上下波动向前发展的"创新"是多种多样的，有的"创新"影响大，有的"创新"影响小，有的需要相当长的时间才能实现，有的只需要较短的时间就能引进经济之中。这就势必出现各种周期都可与特定的"创新"联系起来，影响深远和实现期限较长的"创新"是长周期的根源，影响较小和实现期较短的"创新"则是短周期的根源。

【知识库】

熊彼特简介

约瑟夫·阿罗斯·熊彼特（Joseph Alois Schumpeter，1883—1950）是美籍奥地利经济学家，哈佛大学教授，1883 出生于奥地利的一个小镇。出身贵族，但家族并不显赫。

熊彼特天资聪颖，加上不肯落后于人的拼搏精神，年少时不仅学习成绩名列前茅，而且学得标准的贵族风度，举止得体，谈吐优雅。1901 年，以优异成绩中学毕业后的熊比特进入维也纳大学的法律系学习。当时的法律系要求学生学习政治学与经济学。两位著名经济学家庞巴维克和维塞尔成为他的经济学的启蒙老师，使熊彼特很快对经济学产生了浓厚的兴趣，成为明星学生，以至于有时公开同老师唱反调。

1906 年获法学博士学位后前往英国求学，后又到埃及，为埃及公主做了一段时期的财务顾问，赚了一笔钱。1909 年回国，在大学任教。1912 年出版的《经济发展理论》是一部公认的杰作，使他一举成名。在这本书中，他提出了创新理论。他的其他重要著作还有：《经济周期：资本主义过程之理论的、历史的和统计的分析》、《经济分析史》等。

1925 年熊彼特赴德国担任波恩大学教授，主讲财政学。1932 年移居美国，任哈佛大学教授。1950 年1月8日深夜，因脑溢血在睡梦中去世。享年67岁。直到去世的前一天，熊彼特才获得美国国籍。

熊彼特的伟大，主要在于他的博学，无论在经济学领域内，还是经济学领域之外，熊彼特都是一个伟大的博学者。西蒙·库兹涅茨认为熊彼特是"一位学识渊博、兴趣广泛、具有卓越洞察力与敏锐判断力的学者"。熊彼特自己曾经指出："一位经济学家，如果不同时是一位数学家，一位统计学家，特别重要的是一位历史学家，那就不配作为经济学家。"

来源：http://wiki.mbalib.com，2009，4.

4. 消费不足周期理论

消费不足理论是周期性不稳定的较为古老的解释之一。19世纪初,法国西斯蒙第(Simonde de Sismondi)认为,一个社会之所以耗费劳动从事生产的唯一目的是满足人们的消费需要。但在资本主义社会,生产是由那些不劳动的人的需要来决定,而不是根据生产者自己的需要来决定,这既破坏了生产与消费之间的自然的直接的联系,也引起了生产无限扩张的可能性。但他认为更重要的是在资本主义制度下减少了消费者的消费能力。大规模机器生产使许多小生产者破产,从而减少了他们的收入和消费,劳动者尤其是工人阶级的情况,随机器生产的发展而愈来愈坏。他认为随着生产的发展和社会财富的增长,富人的消费虽将增加,但比起破产和贫困化的人所减少的消费要少得多,由此造成消费不足。当消费不足累积到一定程度会诱发经济衰退,甚至危机。

美国福斯特和凯庆斯在其合著的《货币》、《利润》和《节俭的进退维谷》等著作中,提出了储蓄过度—消费不足—消费品生产过剩的经济危机理论。他们认为,推动资本主义生产的最终因素是消费者手中有足够的货币购买市场上的消费品,以使得企业家不仅能收回垫支的成本,还能赚得一定的利润。假如企业把全部利润分配给股东,而消费者又把他们全部收入花费于消费品,则企业以成本和股利形式付给消费者的货币,可在出卖消费品时全部收回,这样,生产将在每一年度以相同规模反复进行下去,不会出现生产过剩现象。当企业只是把一部分利润分配给股东,其余的未分配利润转化为新的投资,或者假设消费者以一部分收入用于储蓄和投资。开头,这部分用于储蓄和投资的货币,成为增雇工人的收入,因而用于购买消费品的货币没有减少;另一方面,由于储蓄引起的新增投资表现为新建厂房新增设备和原料在制品等等,因而消费品的供给也没有增加,所以消费品的供需能保持平衡。但是,等到这笔新投资转化为待售的消费品后,消费品的供给增加了,但消费者手中的货币依然如故。这样,市场疲软,物价下跌,利润减少以致货币流通量减少,生产减缩,失业增加,消费品生产过剩的经济萧条随之出现。

银行增发货币或扩张信用,通常不是贷给消费者以吸纳市场上的消费品,而是贷给生产者以生产出更多产品。在此,最初增加的货币成为企业扩大生产新增雇工人的工资收入,货币流通量增加了,消费品还未相应增加,于是引起物价上涨。一旦扩大的生产终于转化为消费品以后,由于生产者以成本因素支出的货币所制造出来的消费品,需要加上利润卖出去,所以除非银行继续扩大货币流通量,增多的消费品将因消费者缺乏足够的货币购买力,以致无法按包含成本与必要的利润的价格售卖出去。

(四)新古典主义周期理论

1936年凯恩斯出版《就业、利息和货币通论》后,经济周期的发展集中在建立各种凯恩斯主义式的模型。20世纪50年代以后,宏观经济学领域开始有不少学派的理论或其政策主张向凯恩斯前的理论回归,称为新古典主义周期理论,主要有货币主义、实际经济周期、政治经济周期、理性预期、供应学派等。

货币主义代表了对纯货币理论所采用的基本观点的回归,对传统的货币数量论中的交易方程式 $MV=PT$ 的重新考虑。交易方程式指出一段时期内的平均货币供应量乘以货币流通速度,等于所生产的平均产出量乘以平均价格。传统货币数量论认为货币供应是外生的,V 和 T 仅有很慢的变化,而 P 总是正的。因此,货币供应上小的变化将导致价格一个完全成比例的变化。现代货币主义认为货币供应是外生的,其变化是总量经济活动系列变化的主要决定因素。

实际经济周期(也称真实经济周期)理论认为经济波动的首要原因是对经济的实际(而不是货币的)冲击。实际经济周期理论是从1973年和1980年石油价格冲击以及1972年食品冲击的后果中发展起来的,实际上是早期非货币因素的投资过度理论的现代翻版,将增长和周期结合在同一种理论中的一个重要的尝试。

供应学派是基于对萨伊市场法则的修正,代表人物是拉弗,他认为取得稳定增长的最佳途径是使企业家增加总供给尽可能地容易,这意味着增加对企业家投资的刺激。他认为造成抑制投资的主要因素是高的公司税率,适中的税率取得更多的收入,而由于高税率对工作和投资的抑制,高税率并不会得到比低税率更多的收入。

政治经济周期的基础是政府采取政策,如各种财政和货币政策,以使其重新获得选举胜利的机会最大。经济周期大体上与政策制定者的执政期相同。在大选之前,政府运用其所有力量来刺激经济。然而,刺激行动的消极后果直到选举一年之后才会被感受到,所以政策必须转向。这种观点的主要结论是,选举型经济周期可以通过实际可支配收入和失业率来确定。

理性预期学派提出了"均衡经济周期"观点,他们认为,经济周期是完全正常的过程表示形式,通过它使经济适应于变化,经济周期决不是需要干预的扰乱,而是经济正常增长过程的一部分。这种观点根植于两个重要假定,一是市场出清,即认为价格和工资是高度的,二是经济主体可能有效地利用所掌握的所有信息,经济主体不会犯一贯性的错误。由此得出政策对经济的干预是无效的,这是因为这些政策已经被经济活动的参与者预见到了。因此,经济周期是经济发展变化的正常表现。

第二节　乘数-加速数理论

【案例9.3】

技术革命和经济周期变化趋势?

从工业化到现在,世界经济呈现出具有规律性的周期变动已经历了五个长周期,即分别为"早期机械化"技术革命、"蒸汽动力和铁路"技术革命、"电子和重型工程"技术革命、"福特制和大生产"技术革命和"信息和通讯"技术革命为主导的世界经济周期。

第五个长周期"信息和通讯"技术革命发端于20世纪80年代中期,美国凭借在以IT技术为核心的高新技术方面的优势,率先进入一个以IT时代为特征的新长周期,其他发达国家和发展中国家大多在世纪之交正在或开始步入第五个长周期。按照经典的周期理论推算,预计这一长周期大约持续的时间还有30年左右。这一周期发生了以IT产业为主要内容的新的产业革命。随着关键技术,特别是电脑、激光、微电子、电信和因特网等信息技术的广泛应用,新的技术经济体系已经成型,信息产业及信息密集型服务业成为美国新经济的主导性产业,产业结构再次优化升级,特别是第三次产业成为国民经济中比重最大的产业。

在第五个长周期中的短周期运行规律已发生了重大变化,其中最突出的就是短周期的扩张期比过去拉长,从1991年3月至2000年12月扩张期达到117个月。但是,在今后一段时间里,IT产业如果不出现更高级别的技术创新,就意味着以IT产业为主导产业的第五个长周期开始从创新中高级阶段进入成本竞争阶段。进入成本竞争阶段的IT产业及其产品,从需求来讲有可能会迅速地向全球扩散,并将导致全球供给的增加和过剩。正是以IT产业为主导的新经济发展的这种质变,使得美国经济增长的基本面发生了变化,从长周期的繁荣阶段转向长周期的衰退阶段。

平均来看,每个长经济周期推动经济增长的技术革命从产生到消亡的时间一般约50年报,其中前25年为周期的繁荣期,后25年为周期衰退期)。技术革命往往具有二重性:它们产业结构升级过程中既创造投资高潮和生产的高潮,此时经济周期处于繁荣阶段,创新占据主导地位,周期的主导产品供不应求;另一方面又同时制造着投资低潮和生产低潮的潜在可能性,此时经济周期处于衰退阶段,主导产品供过于求,于是成本竞争阶段取代创新阶段成为经济衰退阶段的主要特征。

一、加速数

投资是经济中最为活跃的因素,它较小量的变化会引起均衡国民收入多倍的变化,另一方面,收入或销售额的较小变化同样会引起投资水平大幅度变化,而且只要收入增长速度放慢也会造成投资大幅度下滑。因此,研究投资与收入间的关系显得异常重要。

引致投资,是因收入增加而增加的投资,称为净投资。除了净投资外,每年还会有一笔为弥补设备、厂房等资本设备磨损的投资,称为重置投资,其数量取决于原有资本设备的数量、构成和使用年限。净投资和重置投资之和为总投资,即:

$$总投资 = 重置投资 + 净投资$$

当产品需求增加引致产品生产扩大时,为了增加产量,企业需要扩大生产能力,这样就要求企业进行投资,以补充资本存量的不足(当企业存在剩余生产能力时,则是充分利用其剩余生产能力),这样资本存量的变化即投资受到产量、收入或销售额变化的影响。为分析这一问题,宏观经济学提出了资本-产量比率概念,即生产一单位产品所需要的资本数量,即:

$$资本\text{-}产量比率 = 资本数量/产量$$

设 R 为资本-产量比率,K 为资本,Y 为产量、收入或销售额。则有:$R = K/Y$

资本-产量比率可以解释为生产1元钱的产出,需要几元钱的资本存量。实证分析表明资本-产量比率一般大于1,这说明,生产1元的产品,需要大于1元钱的资本存量。经济学家认为,资本-产量比率的数值大小与一定时期技术水平的高低成反向变化关系。技术水平较低的经济社会,其资本-产量比率较大,说明一定量的资本存量只能生产较少的产出。而技术水平较高的经济社会,其资本-产量比率较小而且在不断变小,表明随着技术水平的提高,一定量的资本存量可以生产出更多的产出,即资本-产量比率在变小。

资本-产量比率的大小还与社会上的特定行业有关,在任何时候,不同行业存在着不同的资本-产量比率。例如重化工业的资本-产量比率大于纺织业、食品业,而纺织业的资本产量比率则一般大于饮食、理发等服务行业。此外,资本-产量比率随着产业结构、技术水平和要素成本的相对变动,也会有相应的变动。从这个意义上来说,资本-产量比率也间接反映了产业结构之间的资本密集度与技术密集度水平。为了分析的简化,假定在相当长的时期内,这个比率保持不变。

在此基础上我们定义加速数,反映资本增量与产量增量之间比例关系的系数,称为加速系数,一定时期内的资本增量实际上就是投资,通常把加速系数简称为加速数,可以表示为投资与产量增量之比。

$$\alpha = \Delta K/\Delta Y = I/\Delta Y$$

从这一公式可以看出,一定时期的投资是与该时期的国民收入增量成同向变动的,当该时期总产出增量为正时,总产出量增加,投资必然增加。这表示当经济中的总产出量大于上一年度的总产出量时,就会引起大于零的投资。反之,当该时期总产出增量为负时,总产出量减少,投资必然也下降。这表示如果经济中的总产出量小于上一年度的总产出量时,投资必然呈负增长趋势。如果该时期总产出量的增量为零时,该年度的投资也为零,即资本增量等于零。

二、加速原理

加速原理是凯恩斯的继承者们对凯恩斯投资理论的重要补充和发展。他们认为,投资是影响经济周期性波动的主要因素,但凯恩斯只考虑了投资对于收入和就业所产生的影响,没有进一步考虑当收入和就业增加后,反过来对投资会产生什么影响。汉森认为,投资的增加通过乘数的作用会引起总收入的增加,而总收入增加后,又会引起消费的增加。当消费数量增加后,又会引起投资的再增加,这种由于收入变动而引起的投资是一种引致投资,而且这种投资增长的速度要比总收入增长的速度更快,这就是"加速原理"的含义。

加速原理的作用要以下述假设条件为前提。首先,假设技术水平不变,资本-产量比率不变。从历史发展的观点来看,技术的进步从来没有停止过,因此,资本与产量的比率亦是不断变化的。但是,加速原理的分析必须假定技术水平不变为前提,即假定产量增加同资本存量的增加保持同步增长。其次,假设企业没有闲置的生产设备。加速原理的主要参数加速系数是以固定的资本-产量比率为假定条件,要增加产量,必须增加资本存量,所以,一定要假设企业的设备已达到充分利用,那么,增加产量就要添置新的设备。当然,如果企业有闲置生产设备,需要增加产量时，企业只要动用闲置设备就行了，不必添置新设备，这样就不会增加净投资。最后，假设社会上还有可利用而尚未利用的资源。这样为增加产出而增加的净投资，就能购买到新的设备。

投资的变动取决于年度总产出量增量的变动情况，而不取决于总产出量的绝对值。只要总产出量的增长速度下降，即使其绝对数量还在增加，也会导致社会投资水平的下降。由于资本-产量比率大于1，因此净投资的变动量数倍于总产出量的变动量，这就是加速原理的作用。加速原理是一把双刃剑，它可以使经济加速增长，也可以使经济加速减少。要想使投资保持不变，消费必须持续增长，消费总量只有以递增的速度增长，才能保持加速原理对经济繁荣所产生的刺激作用。如果消费不能持续增长，投资就会下降。有时仅仅是因为消费增长速度减慢了或者消费增长停止了，但消费总量并没有减少，也会导致社会经济出现衰退。

加速原理反映了厂商在对自己产品未来需求有较为确定的预期时，对投资所采取的态度。当厂商认为自己产品的市场需求在不久的将来会增加时，他们就会提高当期的投资意愿，以使这一预期需求能够得以满足。由于能够满足产品需求的一个重要的决定因素是国民收入水平，因此投资所带来的总产出的增长又会产生更多的社会有效购买力，有效需求的增加反过来又会促使厂商增加更多的投资，从而导致总产出更快地增长。设加速数为2，意味着社会每增加1元钱的需求，厂商就必须增加2元钱的投资。如果某经济中的厂商认为该社会的市场需求每年将增加10万元，为完全满足这一预期需求，厂商愿意将当期投资提高到20万元，用于对厂房与设备的购置。在非充分就业的条件下，这增加的20万元投资将会带来更多的产出增长，假设能够带来80万元的产出增长。如果厂商认为这增加了的80万元中有60万元将购买厂商所生产的产品，并能够保持相当长一段时间，他们将愿意再增加120万元的投资，显然，这又会促使总产出以更大的幅度增长。经济由此将不断地向前发展，一直达到经济发展的极限点——由社会可用经济资源如劳动与资本的有限性所造成的对经济发展规模的限制。

综上所述，投资加速原理的经济学含义是：一定时期的投资量取决于总产出增量，而且两者之间存在着确定性的数量关系，这一比值一般是大于1的正数。表明总产出的增加将要求资本存量以更大数量地增加，从而使厂商的当期投资也以更大数量地增加。

【知识库】

多米诺骨牌的连锁反应

有一种叫"多米诺骨牌"的游戏十分有趣，它不像打麻将似的四个人玩骨牌，而是一些人将许多骨牌相隔一定距离排列起来，推倒第一块骨牌，就会带动第二块、第三块……骨牌依次倒下，直至所有的骨牌全部倾倒为止。多米诺骨牌的奇妙之处在于它可以排列成美丽的图案，有的像河流，有的像城堡，推倒第一块骨牌以后，就像欣赏钱塘江潮似的看着美丽波纹的推进，又像欣赏一块石头丢入平静的湖水掀起的层层涟漪。有个美国人扬言，只要给他32块骨牌，一块比另一块大1.5倍，他就可以推倒一座如纽约世界贸易中心摩天大楼那样的大厦。

来源：《小故事大经济》，2008.

三、乘数-加速数模型

在前面我们分析了乘数和加速数原理,这里将结合乘数和加速数分析经济内部因素的相互作用,从而产生经济周期性波动的模型。这一模型也称为汉森-萨缪尔森模型。

模型基本框架是:

均衡条件为当期国民收入取决于现期消费、现期投资和政府支出,即

$$Y_t = C_t + I_t + G_t$$

与前面分析加速数时相同,假定现期消费是上一期收入 Y_{t-1} 的函数。根据加速原理,投资为两期消费之差的函数,即

消费函数:$C_t = bY_{t-1}$

其中,b 为边际消费倾向,为简化分析,假定自发性消费为零。

投资函数:$I_t = \alpha(C_t - C_{t-1})$

其中,α 为加速系数,在资本产出比率不变的情况下,加速系数与资本产出比率在数值上相等。

那么,汉森-萨缪尔森模型就是:

$$\begin{cases} Y_t = C_t + I_t + G_t & \text{均衡条件} \\ C_t = bY_{t-1} & \text{消费函数} \\ I_t = \alpha(C_t - C_{t-1}) & \text{投资函数} \\ G_t = \overline{G} & \text{政府支出} \end{cases}$$

将消费函数、投资函数和政府支出代入均衡条件,可得

$$Y_t = bY_{t-1} + \alpha b(Y_{t-1} - Y_{t-2}) + \overline{G}$$

由此形成关于收入的二阶差分方程,即当期均衡收入是前两期收入的函数。

汉森-萨缪尔森模型的基本结论可以总结如下:

1. 经济周期中波动的根源在于经济体内部,即宏观经济内在就存在着波动的趋势,乘数和加速数都有强化经济波动的趋势。

2. 当只有乘数作用时,即加速系数为零,一定支出数额的增加只会使均衡收入增加,而不会造成经济波动。乘数和加速数相互作用才会导致经济波动。

3. 宏观经济波动的幅度取决于边际消费倾向和加速系数的数值大小,当这两个参数较小,经济的波动幅度较小。

乘数-加速数模型在试图把外部因素和内部因素结合在一起对经济周期作出解释的同时,特别强调投资变动的因素。假设由于新发明的出现使投资的数量增长。投资数量的增长会通过乘数作用使收入增加。当人们的收入增加时,他们会购买更多的物品,从而整个社会的物品销售量增加。通过上面所说的加速数的作用,销售量的增加会促进投资以更快的速度增长,而投资的增长又使国民收入增长,从而销售量再次上升。如此循环往返,国民收入不断增

大,于是,社会便处于经济周期的扩张阶段。然而,社会的资源是有限的,收入的增大迟早会达到资源所能容许的峰顶。一旦经济达到经济周期的峰顶,收入便不再增长,从而销售量也不再增长。根据加速原理,销售量增长的停止意味着投资量下降为零。由于投资的下降,收入减少,从而销售量也因之而减少。又根据加速原理,销售量的减少使得投资进一步减少,而投资的下降又使国民收入进一步下降。如此循环往复,国民收入会持续下降。这样,社会便处于经济周期的衰退阶段。收入的持续的下降使社会最终达到经济周期的谷底。这时,由于在衰退阶段的长时期所进行的负投资,生产设备的逐年减少,所以仍在营业的一部分企业会感到有必要更新设备。这样,随着投资的增加,收入开始上升。上升的国民收入通过加速数的作用又一次使经济进入扩张阶段。于是,一次新的经济周期又开始了。

【案例9.3】

煤太多了,为什么我们没有煤烧?

冬季的天气已经很冷了,一个小孩冻得瑟瑟发抖,他问妈妈:"天这么冷,我们为什么不烧煤?"妈妈告诉孩子说:"因为你爸爸失业了,我们没有钱买煤。""爸爸为什么会失业?""因为煤太多了。"妈妈无奈地回答。孩子更不理解了:"煤太多了?那我们为什么没有煤烧?"妈妈沉默了。

这个故事发生在1929年的世界性经济大萧条期间。1929年10月以前,美国连续10年经济繁荣,经济规模增加50%以上,年均工业增长近4%。但是在这繁荣背后的是农民的大量破产,贫富差距的大幅度拉大,60%的家庭处在温饱线上。社会有效需求不足,产品卖不出去,导致企业破产、工人失业。于是社会购买力更加下降,产品更加卖不出去,最终导致生产过剩的经济危机。

第三节 经济增长概述

一、经济增长的定义

经济增长是指人均国民收入的增长。美国统计学家和经济学家西蒙·史密斯·库兹涅茨(Simon Smith Kuznets,1901年4月30日—1985年7月10日)在1971年接受诺贝尔经济学奖时所作的演说《现代经济增长:发现和反映》中,曾对经济增长给出了这样一个定义:"一个国家的经济增长,可以定义为给居民提供种类日益繁多的经济产品的能力长期上升,这种不断增长的能力是建立在先进技术以及所需要的制度和思想意识之相应的调整基础上的。"经济增长这一定义有以下三个含义。

第一,经济增长就是实际国内生产总值的增加。如果考虑到人口的增加,经济增长就是人均实际国内生产总值的增加。

【案例9.4】

中国还是发展中国家,人均GDP仍列世界百位之后

中国政府代表团的三位重要官员:外交部副部长何亚非、国家发改委副主任张晓强、商务部副部长易小准昨天走进央视财经频道设立在达沃斯前方演播室"中国之家",分别接受了央视财经频道主播芮成钢的专访。他们都表示,中国还是一个发展中国家,还面临着非常多的困难和挑战,世界应该更加全面地了解中国。

中国发展惊人但仍是发展中国家。

中国在新中国成立以来特别是改革开放三十年来,取得了举世瞩目的成绩,经济总量跃居世界前位,在这种情况下,一些国家的政治家或者专家学者对中国还是不是一个发展中国家有不同的看法,他们不相信中国是一个发展中国家。

对此,外交部副部长何亚非说,中国在日新月异地发展,特别是在过去三十年,取得的发展是惊人的。但并不意味着我们已经步入发达国家的行列。中国政府所面临的要让十几亿全体中国人都过上富裕的生活,这个路还很长。

何亚非表示,我们自己要更好地宣传自己,把中国现实的、真实的一面通过媒体展现给全世界。也希望世界各国的政府、媒体、各界能够到中国来看看,"眼见为实,他们来中国看了以后就会对中国的现状和未来有一个非常客观的了解。"他说。

中国人均GDP仍列世界百位之后。

国家发改委副主任张晓强表示,那些不相信中国是一个发展中国家的人,可能只看到了某些方面,比如中国的经济总量,比如中国在一些像载人航天这些取得的成绩。张晓强引用常委李克强在年会上和国际企业家座谈时谈到的中国去年取得的成绩,大体算下来,中国的人均GDP只有约3 600美元,排位在世界一百位之后。张晓强说:"就是这个3 600美元的人均GDP大体上只相当于世界人均GDP 8 000美元的44%,离世界平均的一半都不到。更不要说和发达国家人均4万美元比。连它的十分之一都不到。"

张晓强说,我们这些年的发展主要是靠投资出口的拉动,大量地使用自然资源,环境也付出了很大的代价。这也说明了中国和发达国家之间的差距是非常大的。

来源:上海证券报,2010,1.

第二,技术进步是实现经济增长的必要条件。在影响经济增长的诸因素中,技术进步是第一位的。一部经济增长的历史,就是一部技术进步的历史。

第三,制度与意识形态的调整或变革是经济增长的充分条件:一方面社会制度与意识形态的变革是经济快速增长的前提。例如,私有产权的确立是经济增长的起点和基础。只有在制度与意识形态的调整基础上,技术才能极大地进步;另一方面,新的经济制度的出现,使交易费用降低时,分工将进一步细化,促进经济增长。

二、经济增长的特征

1. 实际 GDP 的增长率超过各种投入的增长率,表明技术进步在经济增长中起着十分重要的作用。
2. 资本存量的增长超过就业量的增加,导致人均资本占有量的增加。
3. 实际工资明显上升。工资在 GDP 中的比重虽有所上升,但非常微小。
4. 实际利率与利润率没有明显的上升或下降趋势,尽管在商业周期中它们会急剧变动。
5. 资本-产出比率下降。这显然是技术进步的作用。因为若技术既定,根据边际报酬递减规律,资本-产出比率应该上升。
6. 储蓄在国民收入中的比重比较稳定,发达国家为 10%~20%,美国在 1980 年以后大幅度下降,为 6%。
7. 社会结构与意识形态迅速改变。例如教育与宗教的分离,城市化、民主化、法制化、政治生活的公开化,居民生活的科学化等不仅是经济增长的结果,也是经济进一步增长的条件。

【案例 9.5】

麦肯锡:转变增长方式,中国可继续担当世界经济火车头

麦肯锡全球研究院(McKinsey Global Institute)星期五发表报告说,如果中国经济能够成功转变为消费拉动型增长模式同时大力发展服务业,中国经济依然能够继续担当世界经济的"火车头"。

麦肯锡全球研究院是麦肯锡咨询公司(McKinsey& Co)的一个下属分支机构,主要从事政策研究。这份报告中说,家庭消费对中国经济增长的贡献率到 2025 年有望提升到 45%~50%,与目前的 39%相比增长 6~11 个百分点。

中国国家统计局的数据显示,2008 年家庭和居民消费对中国国内生产总值的贡献率仅为 35.3%,远低于其他工业国家的平均水平。这一数字在全球 10 大经济体中排名最后。美国 2008 年居民消费对国内生产总值的贡献率高达 71%,日本也在 55%以上。

麦肯锡的报告中说:"中国转变增长模式需要克服观念上的偏见。"报告中说,要实现这一转变非常困难,因为中国几十年来已经习惯了现有的增长模式。

报告指出,实现经济增长由投资和出口拉动向消费和服务拉动的转型能给中国带来巨大好处,中国经济受国际金融动荡的冲击将会大大减轻而且整个社会的效率也会大大提高。报告中说,大力刺激国内消费和发展服务业有望使中国居民可支配收入至少增加 15%,从长远看增长幅度会更高。

报告中说,如果中国经济能够成功实现上述转型,那么到 2025 年中国居民消费在世界消费总额中所占的比例就会从目前的不足 9%提升到 11%~13%。中国经济对世界经济的重要性会因此大大提升,中国将继续担当拉动世界经济增长的火车头。

资料来源:中国经济网,2009.8.21

三、经济增长的源泉

分析经济增长的源泉是要研究哪些因素影响着一国的经济增长率。经济增长可以理解为是产量的增加,因此通过总生产函数就可以来研究增长的源泉。美国经济学家索洛经过研究,发现技术进步、劳动供给和资本积累是增加总产出最重要的三个因素,可见,经济增长的源泉是资本、劳动、技术进步。

(一) 资本

资本可以分为物质资本和人力资本。物质资本又称为有形资本,主要指厂房、设备、存货等的存量。人力资本又称无形资本,指体现在劳动者身上的投资,如劳动者的知识、技能、健康状况等。人力资本在经济增长中的作用是十分重要的,但由于不易定量估算,因而在研究经济增长时所说的资本一般是指物质资本。资本增加是经济增长的重要条件。现代经济学家认为,在经济增长中,一般的规律是资本的增加要大于劳动力的增加,从而每个劳动力所拥有的资本量,即人均资本量是提高的。只有人均资本量提高,才有人均产量的提高。在经济增长的初始阶段,资本的增加是尤为重要的,许多经济学家都把资本积累占国民收入的10%~15%,作为经济起飞的先决条件,把增加资本作为实现经济增长的首要任务。在经济增长的以后阶段,资本的相对作用将会下降,但从西方各国的情况来看,仍然是储蓄率高、资本增加快的国家,其经济增长率也会较高。

(二) 劳动

劳动是指劳动力。劳动力是数量与质量的统一,因此,劳动这一概念中实际包括劳动力的人数与劳动力的文化技术及身体素质。由于劳动力的质量难以估算,因而,经济增长中的劳动概念一般是指劳动力的数量,或者指劳动时间。劳动在经济增长中的作用是不言而喻的。劳动与资本之间在一定范围内存在这一种替代关系,当资本不足时可以通过增加劳动来弥补,同样,在劳动不足时也可以通过增加资本来弥补。在经济增长的不同阶段中,劳动的重要程度是不同的。

(三) 技术进步

技术进步能促进要素生产率的提高,就是在技术进步的条件下同样的生产要素投入能提供更多的产品,技术进步最终所体现的就是要素生产率的提高,技术进步主要包括以下几个方面内容:

1. 知识的进展,即知识增多、新的技术发明与创造对增长所产生的作用;
2. 资源配置的改善,即劳动力和资本从效率低的部门向效率高的部门转移;
3. 规模经济,即大企业经营规模扩大所引起的经济效益,也就是一般所说的大规模生产的经济效益;
4. 管理水平的提高,即企业组织改善与管理水平提高所带来的经济效益。

技术进步随着经济的发展,在其更高阶段会起着越来越重要的作用。

在此我们应当明确的是,所分析的经济增长的源泉是指经济因素,所假定的前提是社会制度和意识形态已经符合经济增长的要求。若不存在这一假设条件,则社会制度和意识形态对经济增长是很重要的。并且,非经济因素尤其是政治因素,也是经济增长中应该考虑的。一个社会只有具备了经济增长所要求的基本制度条件,有一套能够促进经济增长的制度之后,这些经济因素才能发挥其作用。第二次世界大战后很多发展中国家之所以经济发展缓慢,主要因素并不只是缺乏资本、劳动或技术,而是没有改变封建制度,甚至奴隶制度。

四、经济增长极限与代价

第二次世界大战后,西方各主要资本主义国家持续的经济增长,一方面为其带来了空前的经济繁荣,另一方面也为其带来了环境污染、资源枯竭等严重问题。从20世纪60年代起一些经济学家、生态学家、社会学家对伴随着经济增长而来的这些消极方面提出了尖锐的批评。以麦多斯为代表的"增长极限论"对经济是否能够继续按一个固定的增长率或按以往的平均增长率进行下去持否定态度,以米香为代表的"增长怀疑论"则对经济是否有必要继续增长持否定态度。这两种观点可以统称为"零经济增长"理论。进入20世纪80年代,以西蒙为代表的一些未来乐观学家持与"零增长理论"态度相反的理论,这两派之间的长期论战持续至今。

(一)增长极限论

1968年,意大利菲亚特公司董事长、经济学家帕塞伊邀请西方知名的科学家、教育学家、经济学家和实业家30多人聚在罗马猞猁科学院,讨论人类目前和将来的处境,形成了所谓的"罗马俱乐部"。1972年发表的报告——《增长的极限》,在世界范围内引起了巨大的震动,被认为是增长极限论的代表作。

麦多斯的"增长极限论"理论包括以下主要内容:

1. 指数增长的欺骗性或指数增长的本质特征。麦多斯等人认为,指数增长一方面可以使数字很快变得巨大,另一方面它往往在人们未意识到这种剧增的危险性之前,就给人们带来难以想象的后果。

2. 影响经济增长的五个因素(人口增长、粮食生产、资本投资、环境污染和资源消耗)之间是相互制约的。上述五个因素的共同作用最终必然会达到"危机水平",即出现人口增长、资源枯竭、环境恶化、生活质量下降和一部分人营养不良五种趋势。

3. 将上述五个因素进行综合考察,对它们之间的因果关系进行定量分析,并利用有关的全球性资料来建立一个"世界模型"。所谓"世界模型",一是其资料的世界性和其演绎的问题的世界性,二是其所涉及的问题和资料的长期性、动态性。

4. 技术进步不能避免增长的极限。麦多斯等人将可能出现的各主要方面的技术进步纳入其"世界模型"后得出结论:如果世界人口增长和经济增长仍持续下去,土地资源和粮食产量的严重不足将不可避免;资源的最终枯竭和污染的日趋严重也不可避免,这是单纯技术所难以避免的增长极限。

5. 麦多斯等人在"世界模型"的基础上提出"世界平衡",这种可以避免最终经济崩溃的世界增长模型。这一模型有两个基本前提:一是人口保持不变;二是资本存量保持不变。这样,再加上技术进步的因素,就可以使世界进入一种平衡发展的稳定状态。

(二)增长怀疑论

麦多斯等人主要是从实证经济学的角度说明了经济增长将走向极限,而以英国经济学家米香等人为代表的"增长怀疑论",则主要是从规范经济学的角度论证经济增长已毫无意义。

米香在《经济增长的代价》、《技术和增长:我们付出的代价》、《增长和反增长:问题是什么?》等著作中提出以下论点:经济增长本身并非是一个纯粹的经济学问题,而在很大程度上是一个伦理学问题;经济增长给人们带来的不是欲望的满足,而是更多的烦恼,不是幸福的生活,而是痛苦,因而经济继续增长没有必要。对于上述观点,米香提出如下主要论据:

1. 人们的欲望满足程度不仅依赖于产品固有的效用,而且依赖于这些产品的相对价值。一个人对自己收入的评价不仅着眼于收入的绝对水平,而且着眼于自己的收入在收入结构中所处的地位。

2. 由于人们价值判断标准的变化,随着经济的增长,消费品数量的增加和品种的变换会成为人们的一种负担,产生负效用。

3. 既然由经济增长而带来的收入普遍提高和物质产品的丰富是"无价值"的,那么因增长而引起的精力和时间的节省的技术创新也是"无价值"的。

4. 经济增长还会带来社会财富的耗竭、环境的损害、城市的不规则建设以及机动调整的失灵等,这些都会抵消社会福利。

(三)没有极限的增长论

英国学者柯尔等人主编的《崩溃的模型》、弗里曼等人主编的《世界的未来》,英国经济学家卡恩等出版的《今后的两百年》,美国学者西蒙出版的《最后的资源》等一系列著作对麦多斯和米香的观点提出批评。上述代表人物的观点主要有:

1. "增长极限论"的实质是新形势下马尔萨斯人口论的表现。弗里曼把麦多斯等人称作"带着计算机的马尔萨斯"。

2. "世界模型"存在着许多根本缺点。麦多斯的批评者们认为,麦多斯等人的"世界模型"在选择的基本经济条件、估计的参数、选择的基期以及分析的方法等方面都存在缺陷。西蒙认为,历史和现实都表明,用技术分析的方法预测未来,往往与历史的实际进展相差太远。

3. "增长极限论"的五大趋势是没有根据的。持"没有极限的增长"观点的学者认为,人口增长并不是始终都呈指数增长,随着经济增长,人口增长率将会降低。降低人口增长率的长期手段是加速经济的发展,而不是停止经济增长;人类环境与过去几个世纪相比是更干净更卫生了,环境恶化只是工业化过程中的暂时现象;粮食在未来将不会成其为问题,在未来,增产粮食的技术将大量采用,食品方面的科学发明将起更大的作用。况且,经济发展的历史表明,工业化本身是在农业基础已经建立起来的时候才开始的;随着科学技术的进步,不能再生的资源会得到进一步的开发和利用。市场机制的作用将促进代用品的应用、节约资源和资源回收。这些学者认为,最重要的就是经济增长中出现的各种问题只有通过发展经济才能解决,人类在经济增长和技术进步中一定可以解决粮食、污染、资源等问题,如果实行零经济增长,使技术停滞,人类只能自取灭亡。

经济增长问题不仅是一个经济问题,而且还是一个社会问题。有关零经济增长理论的争论实际上已超出了经济学的范围。

【案例9.6】

人口与经济增长

20世纪80年代,世界人口增加了8.44亿,几乎相当于1800年的世界总人口(9亿)。同一时期,世界人均GDP的增加量等于1820年人均GDP的总量(以1990年美元计算):20世纪80年代人均GDP增加了661美元,1820年的人均GDP只有651美元。20世纪80年代末的世界人口是1800年的7倍,但1990年的世界产出总量是1820年的40倍,世界人均GDP则是1820年的8倍。

经济增长并非仅仅未局限在发达国家。在亚洲和大洋洲的发展中国家,1990年的人均GDP是1820年的5.5倍,拉丁美洲的这一比例为7.1倍,非洲则为2.9倍。在19世纪,欧洲人口增加了85%;20世纪,发展中国家人口增长了350%。尽管人口增长率有如此大的差别,在20世纪的百年间,亚洲和拉丁美洲的人均收入的增长率仍超过了欧洲、北美和澳大利亚在19世纪的增长率。

就中国的情况来看,从1955~1975年间——除1960年由于自然大灾害等曾引起人口减少外,这一时期人口的上升趋势是明显的。改革开放以后虽然一定程度上得益于计划生育,使得人口增长的速度有所下降,但是其纯增加的人口规模仍然以每年1400万人前后的水准追加,这种每年增长部分的规模在世界上也是空前的。与此同时,中国的国内生产总值和人均消费额也在飞速的增长——特别是在改革开放以后,国内生产总值以9.7%的年均增长率高速增加,成为世界上经济发展速度最快的国家之一;同时,人均消费额高速增加,人民生活水平也在不断提高(如表1所示)。

表1 国内生产总值的增加和纯增长人口的消费变化

年份	增加的 GDP（亿元）	GDP 增长率（%）	纯增长人口（万人）	人口增长率（%）	纯增长人口的消费（亿元）	增加的消费总额（亿元）	人均消费额（元）
1955	51.0	6.8	1 999	1.99	11.3	52.0	93.5
1960	18.0	-0.3	-1 000	-1.49	-10.3	47.0	103.2
1965	262.1	17.0	2 039	2.89	25.2	61.0	123.4
1970	314.8	19.4	2 321	2.88	32.0	78.0	138.0
1975	207.4	8.7	1 561	1.72	24.5	71.0	156.9
1978	422.2	11.7	1 285	1.35	23.5	147.0	182.7
1980	479.6	7.8	1 163	1.19	27.3	356.7	234.8
1985	1793.4	13.5	1 494	1.43	64.8	1079.0	433.5
1990	1638.7	3.8	1 629	1.45	126.8	808.7	797.1
1995	10825.7	10.5	1 271	1.09	382.7	6839.0	2224.6
1999	3565.7	7.1	1 099	0.88	343.9	3278.9	3129.1

注：纯增长人口的消费、增加的消费总额以人均消费额等根据《中国统计年鉴》(2000)的有关统计数据计算得出。

资料来源：根据国家统计局《中国统计年鉴》1992年、2000年有关数据计算得出

本章小结

1. 经济周期是指经济发展的过程中会出现周期性的波动，经济扩张和经济萧条交替出现。经济波动可以指总产出的绝对量发生变化，也可以指经济增长率发生变化。一个经济周期包括衰退、萧条、复苏和繁荣四个阶段。

2. 根据时间的长短，可以把经济周期划分为短周期、中周期和长周期。其中短周期又称基钦周期，约40个月左右；中周期又称朱格拉周期；约9～10年；长周期又称康德拉耶夫周期，时间为50年左右。库兹涅茨周期是另一种长周期，这种周期长度在15～25年之间，平均长度为20年左右。熊彼特周期是一种综合周期，对朱格拉周期、基钦周期和康德拉季耶夫周期进行了综合分析。

3. 加速原理是指产量水平的变动和投资支出数量之间的关系；投资加速原理的经济学含义是：一定时期的投资量取决于总产出增量，而且两者之间存在着确定性的数量关系，这一比值一般是大于1的正数。表明总产出的增加将要求资本存量以更大数量地增加，从而使厂商的当期投资也以更大数量地增加。

4. 经济增长是指社会生产能力不断提高，带来社会福利的持续增加。要保持经济持续增长，需要具备良好的自然条件、丰富的人力资本、合理有效的经济体制和不断扩大的对外开放。

5. 经济增长最重要的源泉是资本积累水平提高、劳动供给增加和技术进步。

6. 经济增长理论主要表现为两种相反的派系。一种称为"零经济增长"理论，该理论认为

经济增长将走向极限,是毫无意义的;另一种观点认为如果实行零经济增长,使经济停滞,人类将自取灭亡。

思考题

1. 不同的经济学派对经济周期的原因存在不同的看法。凯恩斯学派认为经济周期源自需求冲击,经济中的投资是不稳定的,投资变化会通过投资乘数和加速数的交替作用,引起总需求的波动,进而影响到经济活动水平,造成经济周期。

货币学派和新古典学派认为经济周期是由于政府经济政策造成的,经济政策不仅在长期内没有任何效果,而且还会在短期内影响经济运行,并造成经济的波动。

还有一部分经济学家认为经济周期是供给冲击造成的,其中实际经济周期理论认为,技术进步是造成经济周期的主要因素,技术进步能够造成经济扩张;当经济遭遇自然灾害或原料价格上涨时,经济就会步入衰退阶段,从而形成经济周期。

请结合上述理论与实际,谈谈为什么会产生经济周期?

2. 试分析资本积累、技术进步和人口增长是如何促进经济增长的?

3. 除了劳动供给增长、技术进步和资本积累增加是经济增长的重要源泉之外,请结合实际谈谈还有哪些其他条件能够促进经济增长?

【阅读资料】
世界经济 2009 回顾与展望:全球 4 亮点 4 隐忧,中印领跑

自 2008 年 9 月国际金融危机全面爆发,至今已有一年多的时间。回顾过去一年,我们发现尽管世界经济增长颇多坎坷,但还是出现了许多亮点。如股票市场率先复苏,大宗商品价格触底反弹,国际油价稳中有升,欧美房地产市场开始探底回稳……这些都是经济复苏的迹象。尤为值得一提的是国际社会在国际金融危机面前表现出了史无前例的团结一致,无论是发达国家还是发展中国家政府都采取了形式多样的调控措施,刺激经济增长。虽然临近年底,迪拜世界债务危机在国际金融市场再掀波澜,但是多数分析都认为,迪拜危机只是一个个案,不会对世界经济复苏前景构成威胁。

受金融危机影响,主要工业国家在今年第一季度全部陷入程度不等的经济衰退,但是从二季度开始,各国经济状况逐步改善,第三季度美国、欧洲、日本等主要经济体基本上都实现了 GDP 环比正增长,全球资本市场也开始趋向活跃。但从主要经济指标来看,到 2009 年 9 月为止,全球工业产出仅为 2008 年高峰的 92%,全球贸易值仅为 2008 年高峰的 82%,全球股票市值仅为金融危机前最高点的 71%,都显示全球经济仍处于低谷。临近年底,世界经济出现了某些积极变化。联合国经济与社会事务部 12 月 2 日发表的《2010 年世界经济形势与展望》中认为,由于世界经济在年初时下滑幅度过大,预计 2009 年全年的世界生产总值(WGP)仍将出现 2.2% 的负增长。报告中说,如果目前各国政府的经济刺激政策能够得以持续,世界经济将在明年实现 2.4% 的增长。

整体上看,2009 年世界经济主要表现出了以下四个亮点。

亮点一:应对危机各国空前团结,刺激计划显成效

主要工业国家 2009 年经济增长数据表

国家/地区	一季度	二季度	三季度	四季度	说明
美国	年率↓5.5%	年率↓0.7%	年率↑2.8%	年率↑3.4%	第四季度为官方预测数据。
日本	年率↓15.2%	年率↑3.7%	年率↑4.8%	可能萎缩	
欧元区	年率↓2.5%	年率↓0.1%	年率↑0.4%	可能增长	
英国	同比↓1.9%	同比↓5.6%	同比↓5.1%	可能增长	
加拿大	同比↓7.3%	同比↓3.5%	同比↓1%	可能增长2.4%	
澳大利亚	环比↑0.4%	环比↑0.6%	环比↑0.2%	可能增长	

注：数据均来源于各国统计局或类似官方机构，一些数据可能被修正。

金融危机爆发后，主要国家和国际机构均推出了稳定金融和刺激实体经济的措施，货币政策和财政政策双管齐下，通过大幅降息、处置不良资产、直接向金融机构注资等手段，目前发达国家金融市场已基本恢复平静，投资者信心已经恢复。美国于年初推出了7 870亿美元经济刺激计划、汽车业重组、继续实施金融救援、购车购房税收优惠等一系列措施，成功阻止了经济下滑。经济学家普遍认为，美国经济最坏的时期已经过去，正走在复苏的道路上。欧盟通过降息及"定量宽松"货币政策刺激经济，并实施了总额2 000亿欧元的经济刺激计划。日本政府和央行也采取了一系列刺激政策。今年第二季度，日本经济在发达经济体中率先复苏，按年率计算实际增长2.3%。今年第三季度美国经济按年率计算增长3.5%，欧盟和欧元区经济业在第三季度正式走出衰退。

亮点二：中国印度继续领跑并成推动世界经济复苏的关键

金砖四国 2009 年经济增长数据

国家	一季度	二季度	三季度	四季度	说明
中国	增长6.1%	增长7.9%	增长8.9%	有望超10%	第四季度为官方机构预测。
印度	增长5.8%	增长6.1%	增长7.9%	有望超8%	
俄罗斯	下降9.5%	下降10.9%	下降9.4%	仍可能下降	
巴西	下降1.8%	下降1.2%	下降1.2%	或持平	

注：1. 数据均来源于各国统计局或类似官方机构；
　　2. 均为同比数据，部分数据可能被修正。

本轮经济复苏的火车头不是美国或其他发达国家，而是新兴大国，尤其是以中国、印度为首的亚洲经济体发挥了火车头的作用。根据中国国家统计局发布的数据，今年前三季度的经济同比增长分别为6.1%、7.9%和8.9%，全年"保八"已无悬念。印度采取的经济刺激计划有效遏制了经济放缓，制造业转好尤为明显。"金砖四国"在金融危机中的表现和预期也各不相同。俄罗斯今年跌幅最大，未来复苏很大程度上取决于全球油价。巴西明年的经济增长率预计在4%上下。印度从经济结构和增长势头是比较好的，在金融危机下这么严重的情况下还能维持5%~6%的增速，明年可能进一步超过7%。更重要的是，印度经济从需求结构上相对均衡，以内需拉动为主。印度经济增长最大的问题就是财政状况比较差，财政赤字恶化。

亮点三：股票市场领先实体经济出现大幅上涨

自今年3月以来，全球期货市场和股市双双出现反弹，反映了人们对经济即将触底回暖复苏的预期。全球主要股票指数也出现了惊人的上涨幅度，在布隆博格监测的全球92个股票市场中，俄罗斯、秘鲁、印度和中国上半年累计涨幅超过50%。截至6月29日收盘，道琼斯指数收于8 529点，虽然尚未恢复到年初的9 000点，但与今年最低点相比已上涨了30%。欧洲股市和日本股市的走势与美国股市走势基本相同，德国DAX指数从年初的5 000点到3月初最低下跌到近3 500点后，又重回年初的5 000点左右；英国金融时报指数和

第九章 经济周期与经济增长理论

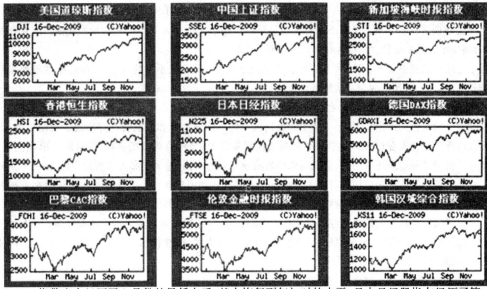

法国 CAC40 指数也在经历了 3 月份的最低点后,基本恢复到年初时的水平;日本日经股指在经历了第一季度的下跌后,从 3 月份开始出现强劲反弹,第二季度涨幅达 23%,创 1995 年以来单季最佳表现。全球主要股票市场下半年涨势依然喜人,道琼斯指数轻松突破了 10 000 点大关并屡次创下年内新高。

亮点四:大宗商品市场触底反弹,房市回稳

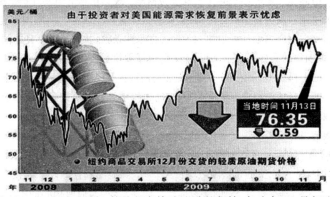

国际大宗商品市场在 2009 年走出了一轮从谷底快速回升的行情,与去年 12 月相比,国际油价已经上涨了一倍以上;国际黄金期货价格突破 1 000 美元/盎司的关口并多次创造历史新高;铜、铝等金属和农产品的价格也有不同程度的上涨。由 19 种大宗初级商品合成的 CRB 指数自去年 12 月开始回升,截至今年 6 月份,累计涨幅在 30% 左右。原油价格涨幅超 100%,铜价涨幅超过 60%,铝价涨幅超 30%,美国大豆价格涨幅超过 50%。此轮价格的上涨,有经济复苏的原因,但也是遵循市场运行规律的结果,更多可以看作是一次技术性的超跌反弹。

今年以来,世界主要国家和地区房地产市场显现出向好苗头。美国房地产市场触底企稳,二季度以来,美国新房价格止住下跌态势,开始企稳回升,4 月和 5 月则分别环比上涨 5.2% 和 4.2%。房屋购买力指数和新屋开工持续回升，新屋销售和新屋开工量也连续几个月企稳在45.0万套的水平。2、3月份，英国住房贷款申请数量环比分别回升18.4%和4%，5月住房价格环比上涨2.6%，创6年半以来的最大涨幅。澳大利亚从去年10月到今年3月住房贷款保持连续6个月增长。

除了上述四大亮点之外，2009年世界经济领域也出现了一些令人不安的现象，虽然这些现象尚未对世界经济增长构成威胁，但却可能为未来经济增长埋下隐患。

一、金融危机余波未消，复苏基础依然脆弱

受全球金融危机的冲击，今年上半年主要发达国家居民的房地产和股票资产都出现了大幅缩水，许多国家的居民的资产负债表在过去一年中基本上都处在修复之中，导致消费市场疲软，需求没有出现大幅提升。当前欧美不良资产的清理还未结束，金融机构的放贷意愿普遍不强，拖累了私人投资的积极性，在一定程度上抵消了政府投资的有效刺激作用。各国尤其是发达国家企业和消费者信心处于低水平。这些都意味着经济回升的基础较为薄弱，金融危机将继续拖累经济。临近年底，迪拜世界债务危机突然爆发更是让国际金融市场陷入一片恐慌。虽然目前危机已经得到了有效控制，但是鉴于导致迪拜债务危机的发展模式在其他国家也存在，因此国际社会还不能对此掉以轻心。迪拜债务危机发生后，标准普尔公司两次下调了希腊主权债务的信用评级，西班牙的信用评级也被下调。

二、保护主义抬头，贸易摩擦持续加剧

此次经济衰退在世界范围内导致了贸易保护主义急剧升温。2009年，在一些国家内越来越多的行业要求政府增加新的贸易壁垒。据世界银行统计，自国际金融危机爆发以来，20国集团中17国推出或拟推出的保护主义措施大约有78项，其中47项已付诸实施。这些贸易保护措施主要包括提高关税、实施贸易禁令、出口补贴、滥用贸易救济措施以及多种形式的非关税贸易壁垒。发达国家的贸易保护措施基本上都采取补贴等较隐蔽的方式，而发展中国家则更多采取提高关税、贸易禁令等传统做法。一些国家在应对危机中还不断推出新的贸易保护措施，如在财政刺激计划中加入了歧视性采购条款，并向运转不良的国内企业提供补贴等。

在经济全球化日益加深的形势下，应对国际金融危机需要世界各国的协调与合作，而贸易保护主义使各国合作的效果大打折扣，将延缓世界经济的复苏，甚至加剧世界经济的衰退。虽然保护主义对全球贸易额的直接影响不大，但会影响投资者对经济复苏的信心，同时也影响人们对结束多哈会合谈判的信心。

三、通货膨胀和通货紧缩并存，加大政策调控难度

值得关注的是，当前世界经济出现了通货膨胀和通货紧缩担忧并存的复杂局面。从发达国家情况来看，2009年上半年，美国的通胀水平一直较为稳定，但6月份美国的CPI涨幅提高，环比增长0.7%，其中最重要的因素能源价格环比增长7.4%，交通价格随之增长4.2%。除能源和食品以外的核心CPI环比增长0.2%。第二季度年通胀率为3.3%，基本符合3%的参考标准。而在欧盟，人们所担心的不是通货膨胀，更多的是通货紧缩。2009年6月，欧盟年通胀率为0.6%，欧元区年通胀率仅为-0.1%，为欧元创立以来首次出现负值。同样的情形出现在日本，5月年通胀率为-1.1%，月率为-0.2%。IMF在7月8日的最新预测中指出，欧元区面临"较低程度的持续性通货紧缩风险"，日本的通货紧缩可能会一直持续到2011年前后。

通货膨胀和通货紧缩阴影并存使全球主要经济体面临刺激经济和抑制泡沫的两难境地，过早的退出可能会断送前期经济刺激的成果，但若继续执行而未及时收手的话，将加剧资产泡沫，引发通货膨胀。

四、就业市场依旧疲软"无就业增长"埋隐患

世界经济值得关注的另一个现象是，本轮经济复苏并没有带动就业的增长。欧美等发达经济体普遍存在的高失业率成为复苏的不利因素。今年上半年，美国失业状况持续恶化，至6月份失业率已达9.5%，为26

年来最高;与此同时,美国平均周薪从 5 月的 613.49 美元降至 6 月的 611.49 美元,是近一年来最低。到目前为止,29% 的失业人口失业时间已达 6 个月甚至更长,这是自第二次世界大战以来的最高纪录。目前,美国有 1 500 多万人无工可做,失业率维持在 10% 的高位。欧元区失业率今年上半年也持续攀升,目前也已高达 9.5%,是 1999 年 9 月以来最高水平。欧洲央行行长特里谢表示,欧元区经济第四季度有望继续增长,但即便如此,失业率仍可能上升。在衰退最严重的西班牙,失业率已经高达 18%。国际劳动组织(ILO)预测,伴随危机蔓延,2009 年全球失业率将上升至 7.1%,并导致 5 000 万人失业。目前发达国家出现的这种"无就业增长"必然带来消费需求疲软,导致经济复苏动力不足。

展望:2010 年世界经济可实现温和增长

目前,多数分析观点都认为,世界经济最坏的时期已经过去,但未来复苏的进程可能会非常乏力。根据联合国发布的《2010 年世界经济形势与展望》报告,世界经济在 2010 年将实现 2.4% 的增长。报告指出,发展中经济体将成为 2010 年世界经济增长的主要动力,其中亚洲地区发展中经济体的经济增长速度最快,中国和印度经济预计将分别增长 8.8% 和 6.5%。发达经济体也将出现增长,但幅度不会很大。美国经济预计 2010 年增长 2.1%。欧盟和日本明年经济增长较慢,预计分别为 0.6% 和 0.9%。国际货币基金组织的预测相对乐观,该组织认为 2010 年世界经济可实现约 3% 的增长。美国知名研究机构——世界大型企业联合会 11 月 30 日发表的《2010 年全球经济展望报告》的看法更为乐观,报告中说,得益于新兴经济体的拉动,世界经济将在 2010 年恢复增长,增幅有望达到 3.5%,人均产值将回到危机前水平。

资料来源:中国经济网,2009.12.

第十章 Chapter 10

宏观经济政策

【学习要点及目标】

本章要求掌握宏观经济政策目标、财政政策和货币政策的产出效应、挤出效应、财富效应及资源配置效应的含义、宏观经济政策的组合效应及组合选用,理解宏观经济政策内容,熟练掌握财政政策和货币政策的工具及运用、IS 曲线及 LM 曲线的不同斜率对财政政策和货币政策的效果的影响、LM 曲线的形状及宏观经济政策的有效区间,了解宏观经济政策调控的力度。

【引导案例】

达沃斯协调各国政策退出节奏,全球监管时代到来

2010 年 1 月 31 日,为期 5 天的达沃斯世界经济论坛年会落下帷幕。对于刚刚走出"重症监护室"的世界经济,今年的达沃斯年会意义非同寻常。达沃斯年会虽然未列出各经济体退出的明确时间表,但有一点是肯定的,年会起到了协调退出节奏的作用,努力化解二次探底的风险。年会召开期间,与会各方代表就退出机制进行了深入探讨,并就"在全球层面实施金融监管"达成共识。

实施"退出"仍须谨慎。

在冬季达沃斯年会召开期间,是否应该实施"退出"、何时"退出"以及如何实施"退出"等围绕政策退出展开的话题成为与会各方谈论的焦点。国际货币基金组织总裁卡恩 30 日对此发出警告说,各国政府在撤销各种经济刺激措施时必须小心谨慎。

卡恩在 30 日举行的题为"全球经济展望"的研讨会上说:"如果我们退出太迟,公共部门债务还会高涨;如果我们退出过早,将会面临双底衰退的风险。"他认为双底衰退出现的可能性较小,"但存在这样的风险"。

观察人士指出,目前全球不同国家之间的复苏和增长步伐很不一致,亚洲和其他新兴国家引导了这次全球经济的复苏,而美国和欧洲则走在了后面。无序的、不合时宜的"退出"只会带来严重后果。20世纪30年代大萧条之后,各国在退出机制上未能协调,结果破坏了复苏进程,并导致很多国家陷入二次衰退。

中国人民银行副行长朱民对此表示,当前世界宏观经济复苏还很不稳定,在退出方面,需要全球共同合作、一致行动,避免由于退出步调不一而使经济产生新的波动。

"不协调"或引发热钱无序流动。

一些分析人士指出,2010年各国政府的"退出"之路注定不会平坦,各国如果加息步伐不一致,可能引发大量热钱的无序流动,产生灾难性后果。各国实施退出政策,需要极大的技巧,既要结合本国国情,也要注重全球合作。

在冬季达沃斯年会召开期间,某些与会人士笑称,如果各国监管步伐不一致,英美监管过于严厉,银行家可能会毫不犹豫地把业务搬到索马里。

金融危机后美国政府斥资数万亿美元救助银行系统,加剧了财政赤字,引起纳税人不满,成为"退出"压力最大的国家之一。奥巴马政府近来不断释放"退出"信号,包括敦促银行偿还救援基金、限制高管薪酬、征收交易税、限制金融机构规模和业务等。在达沃斯论坛上,金融界一些人士对这些做法提出质疑。

鉴于此,朱民在达沃斯论坛上表示,如果美国开始加息步伐,收紧当前的宽松货币政策,可能导致大量美元套息资金突然撤出新兴市场,从而给新兴经济体造成冲击。

资料来源:摘自上海证券报,2010.2.

第一节 宏观经济政策概述

一、宏观经济政策的目标

经济政策是指国家或政府为了增进社会经济福利而制定的解决经济问题的指导原则和措施。任何一项经济政策的制定都是根据一定的经济目标而进行的。宏观经济政策目标是一个多层次、多维数的目标体系,它们构成一个以终极目标为圆心、层层扩散、环环相扣的靶形结构模型。处于靶心的目标,是宏观经济政策的终极目标。在社会主义市场经济中,最根本的目标就是提高人民生活水平。因此,我们可以以此作为宏观调控的终极目标,制定政策,实施调控。从提高人民生活水平这一圆点出发,我们可以推导出第二层次的派生目标。怎样才能使人民的生活水平提高呢?首先,居民要就业,要参加社会劳动并获取相应的报酬,一旦失业,生活水平就要大幅下降,因此,增加就业可定位为该层次的一个目标;其次,经济要不断增长,收入要日益增加,而且分配比较合理,如果仅仅维持在原有收入水平,居民生活状况就无法改善和提高;再次,物价要稳定,如果物价不断上涨,收入的上涨部分会被物价吃掉,甚至收入增长赶不上物价上涨,实际收入水平和实际生活水平就会下降;最后,要保持国际收支平衡,在经济全球化的大趋势下,国际经济紧密联系,如果国际收支失衡,势必全面影响一国的就业状况、经济发展和物价水平。因此,从靶心数起,第二层次的调控目标有四个:充分就业、经济增长、稳定物价和国际收支平衡。

(一)充分就业

一般来说,充分就业是指一切生产要素(包含劳动)都有机会以自己愿意的报酬参加生产的状态。但通常指劳动这一要素的充分就业。由于衡量各种经济资源的就业程度非常困难,因此西方经济学家通常以失业率高低作为衡量充分就业与否的尺度。由于自愿失业和摩擦性失业等自然失业的存在,使得自然失业率大于零。实现充分就业,就是把失业率保持在自然失业率的水平,让自然失业以外的所有愿意为现行工资工作的人都找到工作,实现最大量的就业。在西方经济学家眼中,存在4%~6%的失业率一般认为是正常的。

(二)经济增长

它是指在一个特定时期内经济社会所生产的人均产量和人均收入的持续增长。通常用一定时期内实际国内生产总值年均增长率来衡量。超出社会各方面承受能力的过高的增长率,将会扭曲经济结构,破坏经济平衡,带来适得其反的结果。因此,适度的增长率是要既能满足社会发展的需要,又是人口增长和技术进步所能达到的。

(三)物价稳定

它是指价格总水平的稳定。物价稳定不是价格不变,经济要增长,没有一点通货膨胀是很难的。一般说来,通货膨胀率与经济增长率有一定正相关的关系。但过高的通货膨胀率对社会经济生活的危害是极其严重的。因而,物价稳定,就是要维持一个低而稳定的通货膨胀率。

(四)国际收支平衡

国际收支平衡主要是要求一国能保持汇率稳定,同时其进出口达到基本平衡,达到既无大量的国际收支赤字又无过度的国际收支盈余。因为过度的国际收支赤字和盈余都会对国内经济发展带来不利的影响。随着国际间经济交往的密切,国际收支对现代开放型经济国家是至关重要的,一国的国际收支状况不仅反映了这个国家的对外经济交往情况,还反映出该国经济的稳定程度。

以上四种目标之间既存在着密切的联系,又存在矛盾。首先,经济增长与经济稳定之间的矛盾。经济增长与经济稳定是社会主义市场经济所追求的双重目标,良好的经济运行状态既具有较高的增长速度,又具有较低的经济波动和通货膨胀。从长期来看,经济增长与经济稳定应该是统一的,没有稳定不可能有持续的高速增长,没有经济增长也不可能长期稳定。经济稳定与经济增长之间的矛盾表现在:经济稳定要求保持现有平衡,经济增长要求打破现有平衡。它们之间的矛盾也就是维持原有平衡与创造新的平衡之间的矛盾。一般来说,要维持经济稳定,对原有的各种经济结构、经济联系和经济增长格局尽可能少动或不动,使经济沿着原有的惯性轨道运行。而经济增长恰恰相反,它总是伴随着经济结构的剧烈变动,会引起产业结构、市场结构和分配结构从旧的平衡走向新的平衡。在这一进程中,如果生产资源的供给有保证,市场扩展无障碍,经济可以快速成长,新的平衡会迅速建立起来。如果其中的某些条件不具备,旧的平衡被破坏了,新的平衡又未建立起来,国民经济便陷入动荡状态。同时,我们也要看到,经济增长过慢或衰退也会破坏经济的稳定性,例如,当经济增长速度低于人口增长速度时,人均国民生产总值便会下降,这就意味着人均实际生活水平将会下降,新成长起来的劳动力不能及时就业。由于原有的生活资料与人口的平衡、生产资料与劳动力的平衡遭到破坏,国民经济同样会陷入动荡之中。其次,经济效率与经济公平之间的矛盾。经济效率通常定义为产出与投入的比例,经济公平通常定义为贡献与报酬的比例。效率与公平的矛盾首先表现在劳动就业上:按照效率原则,当经济不景气、企业开工不足时,会造成一部分职工失业;按照公平原则,每个人都应有劳动权利,否则就无法作出贡献,也无法获得报酬。其次,在分配问题上也存在矛盾:按照公平原则,劳动时间是分配个人收入的唯一尺度;按照效率原则,则要求按各种生产要素贡献进行分配,资本、土地也要参与分配,而且职工的报酬不仅仅取决于自身的劳动贡献,还取决于劳动在市场上的实现情况,因此,等量劳动在不同的企业获得的报酬也不相同。

为此,政府必须建立强有力的宏观调控体系,努力协调宏观经济政策目标之间的矛盾,以实现宏观经济终极目标。

二、宏观经济政策的内容

宏观经济政策工具是用来达到政策目标的手段。在实现经济政策工具中,常用的有需求管理政策、供给管理政策和国际经济政策。

1. 需求侧政策

一些经济学家认为经济波动的根源在于总需求的波动。总需求不足导致失业增加,经济萧条;总需求过多,导致物价上升,经济膨胀。需求侧政策就是要通过对总需求的调节,实现总需求等于总供给,达到既无失业又无通货膨胀、经济稳定增长的目标。需求侧政策包括财政政策和货币政策。

2. 供给侧政策

另一些经济学家相信萨伊定律,认为供给会创造出自己的需求。失业是由总供给不足引起的。而总供给不足的原因在于税率过高,挫伤了人们储蓄、投资与工作的热情。只有降低税率,才能增加总供给,增加就业。供给侧政策是通过对总供给的调节,来达到上述政策目标。供给侧包括控制税收政策、改善劳动力市场状况的人力政策以及放松减轻政府对经济的管制,鼓励自由竞争等政策。

3. 国际经济政策

一国的宏观经济政策目标的实现不仅有赖于国内经济政策,而且受到国际经济环境的影响。需要采取相应的国际经济政策,以实现国际收支平衡。

本章重点介绍需求管理政策,即财政政策和货币政策。

第二节 财政政策

一、财政政策的含义

财政政策是指根据稳定经济的需要,通过财政支出与税收政策来调节总需求,进而影响就业和国民收入的政策。按照不同的标准,财政政策可划分为不同的类型。按内容可分为政府支出政策、转移支出政策和税收政策;按其对总需求的影响可分为扩张性的财政政策和紧缩性的财政政策;按作用机制可分为相机抉择的财政政策和自发的财政政策等。

为了更好地了解财政政策的内容,我们必须首先来了解财政政策的工具。

二、财政政策的工具

财政政策工具是政府为实现既定财政政策目标而采取的手段。选择什么样的财政政策工具,这是制定和实施财政政策的重要一环。财政由政府收入和支出两个方面构成。政府支出是指整个国家中各级政府支出的总和,主要包括政府购买和政府转移支付两类;政府的收入则主要包括税收和公债两类。

（一）政府购买

政府购买是指政府对商品和劳务的购买,例如支付政府雇员报酬、购买军需品、政府办公用品、投资公共基础设施建设(学校、公路、机场)等所需的支出等都属于政府购买。其作用形式是政府购买的规模、方向和方式。政府购买是一种实质性支出,有着商品和劳务的实际交易,因而直接形成社会需求和购买力,是国民收入的一个组成部分。因此,政府购买支出是决定国民收入大小的主要因素之一,其规模直接关系到社会总需求的增减。购买支出对整个社会总支出水平具有十分重要的调节作用。在总支出水平过低时,政府可以提高购买支出水平,如举办公共工程,增加社会整体需求水平,以此同衰退进行斗争。反之,当总支出水平过高时,政府可以减少购买支出,降低社会总需求,从而抑制通货膨胀。因此,变动政府购买支出水平是财政政策的有力手段。此外,政府转移支付是指政府不以取得商品和劳务为目的的支出,主要包括社会保险与社会福利支出,如公共医疗保险、义务教育支出、社会福利支出等。其作用形式是政府转移支付的对象、规模、结构和范围。通过支付与否、支付多少的差别,贯彻国家对经济生活的鼓励或限制政策。转移支付仅仅是政府将收入在不同社会成员之间进行转移和重新分配,全社会的总收入并没有发生变动。一般情况下,当总支出不足时,失业增加,这时政府应增加社会福利费用,提高转移支付水平,从而增加人们的可支配收入,社会有效需求因而增加;当总支出水平过高时,通货膨胀率上升,政府应减少社会福利支出,降低转移支付水平,从而降低人们的可支配收入和社会总需求水平。

(二)税收

税收是最主要的财政政策工具之一,政府财政收入中的最主要部分。作为政策工具,税收的作用形式是税种、税率和减免税。由于税收是凭借国家的政治权利取得的收入,税种的开征与废止,税率的提高与降低以及减免税规定,都必须通过立法程序来确定。因此,税收是国家可以依据法律的严肃性而加以控制和运用的一个可靠工具。国家通过对税种、税率、减免税的变化,体现国家对社会经济活动的鼓励或限制政策,从而调节经济结构,调节社会总供给和总需求,鼓励或限制某些行业、部门、企业或产品的生产与流通。一般情况下,降低税率、减少税收会引致社会总需求增加和国民收入的增长,反之则引起社会总需求和国民收入的降低。此外,公债是政府财政收入的又一组成部分,它不同于税收,是政府运用信用形式筹集财政资金的特殊形式。它的作用形式是公债发行额、公债对象和公债利息率。中央政府发行的公债,其发行的规模、对象及利率,国家都可以直接控制。国家利用公债资金进行现代化建设,可以加快能源、交通等重点建设及基础工业的发展,从而有利于产业结构的优化。国家通过公债规模的确定、发行对象以及利率的调整,可以间接调整市场上的货币流通量,调节社会总供给和总需求的总量平衡与结构平衡。

三、财政政策的运用

财政政策的基本作用机制就是"逆经济风向而动"、"相机抉择",即当经济处于衰退状态时,采取扩张性政策,而当经济处于过热状态时,则采取紧缩性政策。财政政策对经济的调节可以分为自动调节和主动调节两种情况,下面分别介绍。

(一)财政政策的自动调节

由于政府收入和支出自身所具有的特点,许多收入和支出项目本身就具有一种自动逆经济风向而动的倾向和趋势,能够减缓宏观经济的波动性。这些财政收入和支出项目就称为自动稳定器,也可以称为内在稳定器,或者将这种情况称为财政政策的自动调节。

自动稳定器类似于汽车的减震器,即在经济处于过热状态时,自动具有冷却的作用,而当经济处于衰退状态时,则自动具有扩张性的影响。财政政策的自动调节功能主要体现在下列三个方面。

首先是政府税收的自动变化。主要是个人和公司所得税,大多数国家的所得税制都是累进税制,即随着应纳税所得逐渐提高,增加部分应纳税所得适用的税率越来越高。当经济衰退时,国民收入水平下降,纳税人收入减少,则纳税人自动进入较低纳税档次,政府税收自动减少,从而产生扩张作用可以抑制衰退;反之,当经济繁荣时,国民收入增加,纳税人收入水平提高,自动进入较高纳税档次,政府税收自动增加,从而产生扩张作用,起到抑制通货膨胀的作用。

其次是政府转移支付的自动变化。政府转移支付当中的失业救济金和其他社会福利支出。当经济出现衰退时,失业水平提高,符合救济条件的人数增加,失业救济金和其他社会福利开支就会相应增加,有增加政府支出促使经济扩张的趋势,即通过增加人们的收入抑制消费需求的下降,抑制衰退;当经济繁荣时,失业水平下降,符合救济条件的人数自然减少,失业救济金和其他社会福利支出也就会减少,产生紧缩效应,从而抑制消费需求的增长,抑制经济过热。

最后是农产品价格维持制度。当经济萧条时,国民收入下降,农产品价格下降,政府按照不变的支持价格收购农产品,可以使农民的收入和消费维持在一定水平上;当经济繁荣时,国民收入水平上升,农产品价格上升,这时政府减少对农产品的收购并抛售一定量的农产品,限制农产品价格上升,这样就会抑制农民收入和消费的增长。

但应注意,由于政府税收和转移支付自动调整是一种事后调整而且调整的幅度很小,因此财政政策工具"自动稳定器"的作用很有限,它只能减轻经济萧条或通货膨胀的程度,而不能从根本上改变经济萧条或通货膨胀的状态。正是由于财政政策自动调节的有限性,所以各国均更重视财政政策的主动调节。

(二) 财政政策的主动调节

在运用财政政策对宏观经济进行主动调节时,政府应针对不同情况采取不同的政策措施。纵观各国的财政政策,概括起来有以下三种措施的运用。

1. 扩张性财政政策

在经济萧条时期,社会总需求小于总供给,失业率上升,储蓄大于投资,一部分货币购买力溢出循环,使一部分产品卖不出去,价格下降,市场上资金短缺,利率上升。这时,政府就应主动采取增加财政支出、减少税收的政策,以增加有效需求。这种积极增加财政支出的政策称为扩张性财政政策,如果增加的财政支出超过了财政收入,也被称为赤字财政政策。

由于凯恩斯分析的是需求不足型的萧条经济,赤字财政是凯恩斯学派的一个最主要的财政政策。在20世纪30年代大危机之后是有效需求不足的萧条时期,一方面政府实行减税(包括免税、退税),个人将留下较多的可支配收入,从而使消费增加。减税和个人增加消费的结果,使企业乐于增加投资,这样总需求水平就会上升,从而有助于克服萧条,使经济走出低谷。另一方面,政府扩大支出,包括增加公共工程开支、政府购买、政府转移支付等,以增加个人的消费和促使企业投资,提高总需求水平,对克服萧条也起到了重要的作用。

【知识库】

　　为了克服萧条,消除失业,政府减少税收与增加支出,就会出现财政赤字。财政赤字怎样弥补呢?并不是任何人购买公债都有助于抑制萧条,必须区分以下几种不同的情况:

　　第一,政府发行公债,如果由企业和居民用手头的现金来购买,那就减少了企业和居民本来准备用来购买投资品与消费品的支出。政府靠出卖公债所得到钱是用于政府支出的。因此,政府支出的增加与企业和居民支出的减少恰好抵消,结果并不能增加社会总需求,达不到抑制萧条的目的。

　　第二,政府发行公债,如果由企业和居民用银行存款来购买,那就减少了企业和居民本来准备用来购买投资品与消费品的支出。政府靠出卖公债所得到的钱是用于政府支出的。因此,政府支出的增加与企业和居民支出的减少恰好抵消,总需求仍没有扩大,政府想抑制萧条的目的也没有达到。

　　第三,政府发行公债,如果卖给商业银行,结果也不能扩大总需求。因为商业银行本身资金有限,它们买公债,就会减少或抽回对企业的放款,这样仍然减少了企业投资。

　　可见,在萧条时期,只有当商业银行的钱放不出去和居民与企业手头有闲置的资金而又不打算存入银行或购买商品时,商业银行、企业、居民购买政府发行的公债,才有助于扩大总需求。但如果政府把发行的公债向中央银行换取支票(或卖给中央银行),那就会引起另一种结果。在这种情况下,财政部把公债作为存款交给中央银行后,中央银行给财政部支票,财政部就可以把支票作为货币使用来扩大支出。这种方法被认为简便易行,既可以弥补财政赤字,又可以扩大政府支出,从而扩大总需求。

　　资料来源:张成武,俞颖灏.《西方经济学》.上海财经大学出版社,2008.

2. 紧缩性财政政策

　　在经济繁荣时期,总需求大于总供给,投资大于储蓄,需求虽旺盛,但产量已无法增加,因此引起物价上涨,通货膨胀率上升。为了抑制通货膨胀,稳定物价,使产量与收入保持在充分就业的水平上,政府要用紧缩财政支出与增加税收的方法来抑制有效需求,使财政收支有盈余。这种紧缩财政支出,使之小于财政收入的财政政策被称为紧缩性财政政策。

　　在通货膨胀时期,一方面政府增加税收,使个人的可支配收入减少,从而消费将减少。增加税收和个人减少消费的结果,使企业减少投资,总需求水平下降,有助于消除通货膨胀。另一方面政府减少财政支出,包括减少公共工程开支、政府购买、政府转移支付等,来压缩个人的消费和限制企业的投资,使得总需求水平下降,有助于消除通货膨胀。

　　在通货膨胀时期,政府多收少支,会出现财政盈余。对财政盈余比较可行的处理方法是,在通胀时期把财政盈余作为财政部的闲置资金冻结起来,等到经济萧条时再使用。政府不能在这时将财政盈余支出,否则会使通货膨胀更加严重。政府也不能在这时用盈余来偿还政府欠公众的债务,否则个人手中就会增加一笔现金,又会增加消费和投资,达不到消除通货膨胀的目的。

3. 平衡性财政政策

　　平衡性财政政策是指政府通过财政分配活动对社会总需求的影响保持中性。财政的收支活动对社会总需求既不产生扩张性的后果,也不产生紧缩性的后果。在一般情况下,对财政收支保持平衡的政策就被称为平衡性财政政策。这种政策一般是通过严格规定财政收支的预算规模,并使之在数量上保持基本一致来实现的。只有当实现社会总供求矛盾不突出的条件下使用平衡政策,其效果才较为明显。如果财政收入总量与支出总量的平衡是建立在社会生产力严重闲置的基础上的,平衡性财政政策所维持的总供求平衡就是一种低效率的平衡。其结果必然是生产的停滞和资源的浪费。一般来说,平衡财政政策能否有效发挥作用的关键,是合理确定财政支出的总规模。长期以来,我国坚持平衡性财政政策,但由于在确定支出总量时缺乏科学性与合理性,所以导致平衡财政政策的预期目标往往很难达到。

综上所述,无论是扩张性、紧缩性还是平衡性财政政策,都与社会总需求与总供给的平衡状况相联系。宏观经济调控的任务在于保持总需求与总供给的基本平衡。因此,我们只能根据总需求与总供给的不同对比状态来选择使用财政政策。当总需求明显不足,经济资源未能充分利用,潜在的生产能力没有充分发挥时,一般应实行扩张性的财政政策。尽管采取减税或扩大支出的措施会产生财政赤字,但却可以扩大总需求,使之与总供给趋向平衡。当然,赤字的规模不能过大。当总需求明显超过总供给,并已发生通货膨胀的情况下,则应实行紧缩性财政政策,把过旺的需求压下来。这时虽然采取增税和缩减支出的措施会产生较多的财政盈余,但也是必要的。而当总需求与总供给大体平衡时,应采取平衡性财政政策。由于经济经常处于一种非均衡运行状态,因此,使用平衡性财政政策的机会是较少的,而较多的是使用扩张性或紧缩性的财政政策,一般是交替使用。这种交替使用的扩张性和紧缩性财政政策,也被称为补偿性财政政策。

【案例10.1】

2009年中国经验:财政大投入,经济大发展

2009年,世界各国的经济都遭遇寒冬。中国经济率先企稳回升,这中间,政府的财政投入功不可没。

为有效应对国际金融危机、遏制经济增速下滑的势头,国家扩大投资需求,大幅增加政府公共投资。财政部部长谢旭人说道:"一年来我们根据积极财政政策这个总体要求,大规模地扩大了政府公共投资,着力加强重点建设。努力提高人民群众的收入水平,特别是低收入者收入水平,增加他们消费的能力。总之,又采取了诸如家电下乡,汽车、摩托车下乡,还有以旧换新等方面的措施来刺激引导需求,增加内需。"

从财政部公布的数据来看,财政补贴是中国百姓这一年来感受最深的名词,国家对城乡居民尤其是低收入居民的收入进行补贴,对农民的消费进行补贴,力度超过往年,家电下乡、汽车、摩托车下乡以及汽车、家电以旧换新政策,财政补贴带出了巨大的市场效应。相关部门预计,2009年家电下乡产品销售预计达到3 200万台,拉动消费超过1 500亿元,汽车销售达1 300万辆,增长38.5%。另外,让老百姓感受最大的还有国家财政的免税政策。无论是汽车消费、房屋消费,市场在税收优惠的刺激下,2009年都引来了火热的行情,同时,财政部还取消

和停征了100项行政事业性收费,共减轻企业和居民负担5 000亿元左右。2009年,对于国家财政政策感受深刻的,还有中国的农民。中央政府对农民的直接补贴力度加大,提高了农业保险费补贴比例,扩大补贴范围。2009年中央财政用于三农方面的支出7 161.4亿元,增长幅度达到了20.2%。

教育方面,2009年,小学生和中学生人均公用经费最低标准,分别达到300元和500元,全国近1.5亿名农村义务教育阶段学生,全部享受免除学杂费和免费教科书政策,中西部地区约1 120万名农村义务教育阶段家庭困难寄宿生,获得了生活费补助。全国约370万名高校和1 120万名中等职业学校家庭经济困难的学生,获得国家助学奖金的资助。

资料来源:http://www.sina.com.cn,2010,1.

第三节 货币政策

货币政策是指中央银行通过货币政策工具控制货币供应量,从而影响利率水平,进而影响投资和整个经济,以达到一定经济目标的行为。

【知识库】

中央银行是管理一国金融活动的公共机构,它的最主要的使命是控制一国的货币供给量与信贷条件。它经营的目的不是为了取得利润,而是为了增进公共利益。它总是将购买公债得到的巨额利息交给国家。

中央银行具有三大职能:

(1)发行货币;

(2)管制商业银行:为商业银行提供贷款,规定商业银行的准备率,并为商业银行的客户提供存款担保(最大存款客户除外);

由于以下两个原因,在市场经济中,商业银行是受政府监控程度最高的一个行业:

第一,银行业具有自然垄断的性质,为了提高效率必须监控。

第二,为了避免银行挤兑恐慌的发生,保障一国的金融稳定。

20世纪30年代大萧条中的银行恐慌曾使美国的9 000家银行倒闭。现在,挤兑恐慌大大减少了:联邦储备银行保证,无论银行发生什么情况,除最大的存款者外,所有存款人都可以取回他们的钱;而且联邦储备银行将充当最后的贷款者,确保为健康的银行提供资金。

(3)代理国库:向政府提供所需资金,对外代表国家,与外国发生金融业务关系。

中央银行有的独立于政府(例如,美国的联邦储备银行),有的处于政府的管辖之下(中国人民银行)。央行的独立有两方面的好处:能够保持币值的稳定与确保货币政策的制定不受任何党派政治目标的干扰。

一、货币政策工具

西方国家货币政策工具可分为一般性货币政策工具和选择性货币政策工具。一般性货币政策工具包括法定准备金、再贴现政策和公开市场业务等;选择性货币政策工具包括直接信用控制(消费信贷控制、房地产信贷控制、证券信用交易的保证金比率)和间接信用控制(道义劝说、窗口指导)。

(一)一般性货币政策工具

1. 法定存款准备金率

当中央银行调整法定存款准备金率时,直接改变了货币乘数,从而改变了商业银行能够创造的存款货币量,使整个社会的货币供应量发生变化。如果中央银行希望减少货币供应量,那么可以提高法定存款准备金率,反之,通过降低该比率来增加货币供应量。另一方面,法定存款准备金率对商业银行贷款业务的实际成本也产生了重要的影响,准备金率越高,实际成本越高,反之,实际成本越低。

改变法定存款准备金率会影响到商业银行的实际收益和成本关系,当贷款成本降低,或者贷款收益增加,那么商业银行就愿意增加贷款,从而扩大了货币供应量,反之,则会减少货币供应量。

法定准备金率常常保持稳定。因为中央银行如果频繁地改变法定准备金率,不仅导致货币供给量的剧烈变动,并且会使商业银行感到无所适从,无法正常地开展业务。因此,改变法定准备金率,是一个强有力但却不常用的货币政策工具。

> 【知识库】
> 商业银行的准备金总额(包括法定的和超额的)与非银行部门持有的通货的总和,称为基础货币。它是存款扩张的基础,会派生出更多的货币(活期存款),因此又称高能货币或强力货币。
>
> 如果用 C_u 表示非银行部门持有的通货,用 R_d 表示法定准备金,用 R_e 表示超额准备金,H 表示基础货币,则有 $H = C_u + R_d + R_e$。
>
> 完整的货币乘数是指货币供给量与基础货币的比率。
>
> 若用 M 表示货币,H 表示基础货币,则完整的货币乘数 $k = \dfrac{M}{H}$。

2. 再贴现率

商业银行持有商业票据也可能会出现资金不足的情况,那么,商业银行就可以将未到期的商业票据再向中央银行出售,这一过程与前面相似,称为再贴现,其中的利息率就称为再贴现率。

由于再贴现过程相当于中央银行向商业银行提供贷款,那么再贴现率就相当于贷款利率。当再贴现率提高时,商业银行向中央银行贷款的成本就增加,商业银行就不愿意向央行贷款,从而间接控制了商业银行向外发放贷款的数量,减少了货币供应量。反之,当再贴现率降低时,商业银行向中央银行贷款的成本降低,商业银行愿意更多地向央行贷款,从而扩大了货币供应量。

除了商业银行向中央银行出售票据以获得贷款外,当商业银行出现临时性准备金不足时,也可以向央行贷款以补充准备金,或者将商业银行自己持有政府证券作为担保向央行贷款,由于这种情形与前面的类似,这时商业银行向中央银行贷款的利率也称为贴现率。控制该贴现率同样会控制银行体系的贷款规模,进而控制货币供应量。

再贴现率对货币供给量的影响比人们想象的要小得多。因为再贴现率不是一个具有主动性的政策,一方面,如果商业银行不向中央银行借款,再贴现率的变动就没有效果;另一方面,当商业银行十分缺乏准备金时,即使再贴现率很高,商业银行依然会从贴现窗口借款。

而事实上,商业银行和其他金融机构总是尽量避免去贴现窗口借款,以免被人误认为自己财务状况有问题。而且,在贴现窗口的借款期限很短,借款数量也有一定的限制。所以,商业银行和其他金融机构一般只将它作为紧急求援手段,平时很少加以利用。

再贴现率政策往往作为补充手段而和公开市场业务政策结合在一起进行。一般来说,当公开市场业务成功地把利息率提高或降低到某一水平时,中央银行也必须把再贴现率提高或降低到与该水平相协调的数值。因此,在更多的情况下,再贴现率主要是跟随市场利率,以防止商业银行的投机套利行为。

3. 公开市场业务

公开市场业务是指中央银行在公开市场(面对社会公众的市场)上买卖政府证券以控制货币供给和利率的政策行为。虽然公开市场业务反映了中央银行与社会公众的证券买卖关系,但一般操作中是通过商业银行进行的,中央银行不直接与社会公众进行交易。

一方面,由于政府证券是一种债权债务凭证,不能在市场上流通,即不能作为交易过程中的媒介,当中央银行购买政府证券时相当于向社会增发了相应的货币量,这些基础货币量通过货币乘数的作用影响到货币供应量。当中央银行出售政府证券时相当于从社会回笼了相应的货币量,同样经过货币乘数的作用减少了货币供应量。

另一方面,当中央银行介入政府证券市场(主要是政府债券、国库券的二级交易市场)进行交易时,也改变了市场的供求关系,引起债券价格变动,从而影响到市场利率水平。

公开市场业务是现代央行最主要的货币政策工具。因为运用这种政策手段能够比较准确而又及时地控制银行体系的准备金和货币供给量。

表10.1 三种货币政策工具的比较

货币政策工具	效力	主动性	灵活性
法定存款准备金率	强	主动	弱,不能微调
再贴现率	弱	被动	弱,能微调
公开市场业务	中	主动	强,能微调

（二）选择性货币政策工具

除了上述三大货币政策工具外，中央银行还可以运用一些其他的货币政策工具，通常称为选择性货币政策工具。主要有：(1)消费信贷控制，即对各种消费信贷的条件、用途、还款方式、利率等进行限制，从而达到控制某些类型贷款的目的。(2)房地产信贷控制，主要是对土地和房屋等不动产信贷进行控制，对贷款中的首付款成数，贷款期限等进行控制。例如，如果将贷款成数从70%放宽到80%，那么会促进这类贷款增加，反之，则可以控制贷款数量。通过这些控制可以在一定程度上防止因房地产投机造成经济波动。(3)证券信用交易的保证金比率，即中央银行对以信用方式购买各类证券规定最低应付现款的比率，限制信用规模，从而控制市场投机行为。(4)道义劝告，是指中央银行利用其特殊的地位，向商业银行和其他金融机构通过发布通告、指示、指南或者进行人员沟通等，传达央行的政策意图，从而达到一定的政策目的。虽然道义劝告不具备法律效力，但商业银行往往愿意遵循央行的指示，以免对自身业务造成不利的影响。

二、货币政策的传导机制

由于货币政策不直接对总需求产生影响，而是通过政策工具间接调整总需求的投资项目，因此，货币政策与财政政策相比更为间接、迂回，涉及的中间变量和环节较多。货币政策的传导机制如图10.1所示。

①货币政策工具→②货币供应量→③货币市场供求关系→④利率→⑤投资→⑥国民收入

图10.1　货币政策的传导机制

上述传导机制说明，当中央银行调整某个货币政策工具后，引起货币供应量发生变化，进一步使货币市场的供求关系出现相对的供过于求或相对的供不应求，从而使利率发生变化，当利率变化后，引致投资变动，投资变动带来国民收入变化。

下面我们结合具体的货币政策工具进行说明。假如中央银行提高法定存款准备金率，那么，使货币乘数变小，同样的基础货币量带来较低的货币供应量。从而改变了货币市场上的供求关系，出现相对的供不应求，使利率水平提高。由于利率与投资之间存在反方向变动关系，因此，引致投资减少，进而带来均衡国民收入水平降低。可见，提高法定存款准备金率是一种紧缩性的货币政策。

假如中央银行降低贴现率，那么商业银行向中央银行贷款的成本会降低，商业银行愿意向中央银行更多地贷款，从而扩大了货币供应量，货币市场出现相对的供过于求，利率下降，投资增加，均衡国民收入提高。当然，均衡国民收入提高的另一含义就在于增加了就业量，减少了失业量。可见，降低贴现率是一种扩张性的货币政策。

货币政策除了三种主要工具外，还可以采用以下一些政策工具：

(1)道义劝告，又称"用话来控制"，是指中央银行运用自己在金融体系中的特殊地位和威

图 10.2 货币政策的实现

望,对商业银行发出口头或书面谈话或生命来劝说商业银行放宽或紧缩信用,引导商业银行配合中央银行的货币政策。如大衰退时期,鼓励银行扩大信用规模贷款;在通货膨胀时期,劝阻银行限制扩大信用。由于道义劝告没有可靠的法律地位,因而并不是强有力的控制措施,但在很多情况下还是可以收到较好效果的。

(2)垫头规定,也称证券市场信用控制,是一种强制性限制证券投机的管制办法。中央银行规定买进有价证券必须有一定比例的证券保证金,这一保证金就是"垫头"。中央银行通过行使对垫头的调节权利控制证券市场的投机,以达到在证券市场上限制信用扩张的目的,而无需涉及到其他领域。垫头要求越大,证券市场的融通率就越小,反之,融通率就越大,会助长证券市场的投机行为,鼓励证券交易中的信用扩张。

(3)消费者信用控制,是指中央银行对消费者购买耐用消费品的销售融资予以控制。中央银行限定首次偿付贷款的最低数额和付清贷款的最长期限以及规定可用消费信贷购买的耐用品种类,对不同的消费品规定不同的信贷条件等。实践表明,在消费信用膨胀和通货膨胀时期,中央银行采取这一政策对于抑制消费需求和物价上涨的确具有较强效果。

三、货币政策的运用

货币政策是政府通过控制货币供给、影响利率及经济中的信贷供应程度所组成的。其核心是通过货币供应量的调节和控制来扩张或抑制社会总需求水平,从而实现社会总供给与社会总需求的平衡。货币政策分为扩张性货币政策、紧缩性货币政策和均衡性货币政策。

(一)扩张性货币政策

扩张性货币政策是通过提高货币供给增长率,从而增加信贷的可供量,随之降低利率,来刺激总需求的增长。这种政策使用的条件是:总需求不足,资源未被充分利用或失业率很高。在经济萧条时,选择这种货币政策最为合适。

扩张性货币政策是以凯恩斯理论为依据的。按照凯恩斯理论,在经济处于萧条时期,采取扩张性货币政策,既可以扩大社会支付能力,又可以降低利率,而低利率既能刺激消费,又能刺激投资。但是,必须注意到,不断促进货币扩张,货币供应扩大,其结果又使利率呈上升趋势。因为继续刺激经济,就会使货币的需求上升,货币需求上升又必然引起利率提高、投资下降,结果导致总需求下降。

(二)紧缩性货币政策

紧缩性货币政策是指通过降低货币供给增长率,从而减少信贷的可供量,随之提高利率,来削弱总需求的增长。在通货膨胀严重、经济过热情况下,选择这种货币政策最为合适。

从放松银根到抽紧银根,可以是采取主动措施的结果,例如,在公开市场上出售债券,提高准备率和贴现率等;也可以是被动的,例如,在信贷需求日益增长情况下,没有相应增加准备金。但是必须注意到,紧缩性货币政策的主要功能是抑制总需求的增长,使总需求的增长较快地落后于总供给的增长。

(三)均衡性货币政策

均衡性货币政策的主要内容是,按照国内生产总值增长率确定货币供应量增长率,以使货币供应量形成的社会需求与总产出之间保持一种对等的关系。可见,均衡性货币政策着眼于经济的稳定,力图在总需求与总供给之间保持平衡。这时,币值也必然是稳定的,故均衡性货币政策有时又被称为稳定货币政策。

均衡性货币政策是指根据调整国内生产总值增长率来控制货币供应量,从而使货币供应量与货币需求量大体相等。使用的条件是:总供给和总需求大体上是平衡的。均衡性货币政策的调节功能,是促进或保持总需求与总供给的平衡。在社会总需求膨胀且超过总供给的条件下,中央银行依据均衡性货币政策,可以控制货币供给量,对过度的市场需求起到抑制作用;在社会有效需求不足,总供给严重超过总需求的条件下,中央银行依据均衡货币政策,可以扩张自己的资产业务,增加货币供给量,改变因货币供应不足而使需求萎缩的状况,有效地调节总需求和总供给的关系。

货币政策是经济理论在宏观经济管理中的具体实践。一定的货币政策总是代表着某一经济理论流派的理论观点和政策主张。例如,第二次世界大战后的很长一段时间,西方各国政府受凯恩斯经济理论的影响,普遍推行了扩张性货币政策。20 世纪 70 年代末,面对"滞胀"的顽症,货币主义理论应运而生,不少国家政府又转而采取了货币主义控制货币供应量增长的政策主张。因此,货币政策的变动既受现实经济形势的制约,又受经济理论的影响,货币政策及其措施带有明显的理论倾向性。而且对于货币政策的宏观调控能力应当有一个正确的估计。既不应轻视货币政策的宏观调控作用,又不要过分夸大货币政策的效果,应当承认货币政策的作用是有局限性的。

第四节 宏观经济调控效应

一、财政政策的调控效应

(一)财政政策的产出效应和挤出效应

1. 财政政策的产出效应

财政政策的产出效应是指财政政策对整个经济体系中的生产和就业水平所产生的实际影

响。政府通过变动税收和政府支出来影响总需求,进而使国民收入发生变动。如图10.3所示,当一国实行扩张性的财政政策,会导致 IS_0 曲线向右移动到 IS_1,这会引起国民收入由 Y_0 增加到 Y_1, Y_0Y_1 即为产出效应。

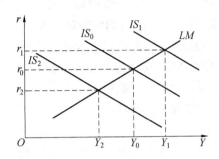

图10.3 财政政策的产出效应

2. 财政政策的挤出效应

(1)挤出效应的概念。扩张性财政政策所引起的利率上升,挤占私人投资,抑制总需求增加的现象,称为财政政策挤出效应。

下面几种财政政策都可能导致挤出效应:①政府对公共图书馆增加拨款。这样公众就会更多地利用公共图书馆的书籍,而在书店的购买支出将减少。②政府增加公共教育经费。这样公众接受私人教育的支出将减少。③政府增加对公共交通费用拨款。这样公众的交通费用支出将减少,随着道路质量的提高,汽车保养费用将降低。④随着政府支出的不断增加,财政势必出现赤字,赤字的规模也日益膨胀。为弥补财政赤字,政府不得不扩大资金筹集,或者提高实际利率,这样势必要影响私人的投资能力。

(2)挤出效应的产生原因。挤出效应可能是部分的,也可能是完全的。当私人投资的减少小于政府支出的增加时,这时的挤出效应就是部分的;当私人投资的减少量与政府支出的增加量相等时,挤出效应就是完全的。何种情况下政府的挤出效应是完全的,什么情况下是部分的,依经济社会的经济运行状况的不同而不同。

当经济达到充分就业时,政府支出增加会导致私人投资以如下方式减少:由于政府支出增加,产品市场上产出水平达到极大,导致在产品市场上对商品和劳务的购买竞争加剧,物价水平上涨,如果在这时货币的名义供给量不变,实际的货币供给量必然会由于价格的上涨而减少。由于产出水平不变,用于交易需求的货币量(m_1)不变,只有使用于投机需求的货币量(m_2)减少。结果,债券价格会下跌,利率上升,必然导致私人投资支出减少。私人投资的减少,必将产生一系列的影响,首先使总需求减少,导致国民收入降低,影响人们的消费水平,使人们的消费随之降低。这就是说,政府支出的增加"挤占"了私人的投资和消费。

短期中,如果工人由于存在货币幻觉或受工资契约的约束,货币工资不能随物价上涨同步增加,企业会由于工人实际工资水平的降低而增加对劳动的需求,因此,短期内就业和产量会增加。但从长期来看,工人会由于物价的上涨要求增加工资,企业也将把对劳动的需求稳定在充分就业的水平上,因此,政府支出的增加只能完全地挤占私人的投资和消费,"挤出效应"是完全的。

当经济处于非充分就业时,政府采取扩张性财政政策,增加政府支出,同样会对私人投资产生"挤出效应",但一般来说,这时政府支出的增加对私人投资的挤出效应不会是完全的,原因在于此时的经济社会存在一定的失业,政府扩张性的财政政策多少能使就业和产出增加一些。但为什么在非充分就业的经济中,政府支出的增加还会对私人投资有一定的挤出效应呢? 因为政府支出的增加提高了总需求水平,必然使产出水平相应提高,交易需求所需的货币量随之增加,在名义货币供给不变的情况下,货币需求就大于货币供给,利率因此而上升,从而导致私人投资水平不同程度的下降。

(3) 影响挤出效应的因素。政府支出会在多大程度上"挤占"私人投资呢? 具体来说取决于以下几个因素。

第一,货币需求的收入弹性。货币需求的收入弹性越大,LM 曲线越陡峭,说明货币需求对产出水平越敏感,一定的国民收入增加所引起的货币需求的增加也大,在货币供给量不变的前提下,货币需求越大,利率上升得越高,私人投资和总需求减少得越多,国民收入增加得越少,即挤出效应越大。反之,货币需求的收入弹性越小,LM 曲线越平坦,挤出效应越小。

第二,货币需求的利率弹性。货币需求的利率弹性越小,LM 曲线越陡峭,说明货币需求对利率越敏感,一定的货币需求增加需要利率上升很多,从而投资和总需求减少得越多,国民收入也就减少得越多,即挤出效应越大。反之,货币需求的利率弹性越大,LM 曲线越平坦,挤出效应就越小。

第三,投资的利率弹性。它表示投资需求对利率的敏感程度。投资的利率弹性越大,说明投资需求对一定的利率变动越敏感,IS 曲线的斜率就越小,IS 曲线越平坦,一定的利率变动所引起的投资变动也就越大,使总需求和国民收入的变动就大,因而挤出效应就越大。反之,投资的利率弹性小,"挤出效应"也越小。

第四,支出乘数。支出乘数越小,IS 曲线斜率会越大,IS 曲线越陡峭,政府支出所引起的国民收入的增加也越少,但利率提高使投资减少所引起的国民收入的减少也越少,即挤出效应也越小;反之,支出乘数越大,IS 曲线斜率就越小,IS 曲线越平坦,"挤出效应"也越大。

在这些影响挤出效应的因素中,支出乘数主要取决于边际消费倾向。一般而言,边际消费倾向是比较稳定的,同时税率也不会轻易变动。货币需求的弹性主要取决于人们的支付习惯和制度,一般也认为其比较稳定。因此,"挤出效应"的大小主要取决于货币需求的利率弹性和投资的利率弹性。

【案例10.2】

我国实施扩张性的积极财政政策以来,不断有研究者提出,这一宏观政策会对民间投资产生"挤出效应"。国外也有人士表示担心,中国近年大规模发行国债,增加政府投资、扩大支出,是否会产生"挤出效应"。

"挤出效应"并不是在政府实行扩张性财政政策调节时必然要发生的。根据中国近四年来实行积极财政政策的实践来看,依据对经济运行各项指标的分析,在我国出现"挤出效应"的观点尚得不到有力的证据支持。这可以从增发国债对以下三个方面的影响来考察。

第一,增发国债对利率的影响。我国自2009年5月以来,名义利率多次下调,但实际利率是上升的,这并不是财政扩张带来的结果。由于中国尚未实行名义利率的市场化,积极财政政策不会影响名义利率的升降。实际利率的上升主要是因为物价水平下降,而中央银行出于种种考虑没有及时随物价变动调动名义利率所致。进一步看,价格水平下降也不是财政扩张的结果。相反,积极财政政策在一定程度上抑制了物价水平的下降。

第二,增发国债对借贷资金量的影响。增发国债没有与民间竞争有限的资金。几年来商业银行的超额预备率超过70%,存在较大的存贷差额。商业银行近年的资金过剩主要是风险意识加强、企业投资收益较低、预期不好及产业政策调动的缘故,而且这种过剩是在满足了政府借款需求之后的过剩。从实际经济运行看,民间投资主要受到民间资本的边际产出(或利润率)和公共投资影响,民间资本边际产出上升会引起民间投资规模的增加。假如公共资本投向竞争领域,即与民间资本的生产可以相互替代,增加公共投资就很可能挤出民间投资。积极财政政策的投资领域主要是生态环境保护、高速公路、铁路、供水和机场、粮库、农村电网等基础设施,属于社会公共支出领域,对民间投资不会形成"挤出效应"。相反,基础设施建造还可以改善民间投资的外部环境,提高民间资本的边际生产力,推动民间投资。

第三,财政支出对居民消费的影响。政府支出与居民消费具有替代关系,即财政增加政府购买支出可能挤出居民消费。但这要通过对财政支出结构进行详细分析才能确定。某些财政支出如招待费,的确是私人消费的替代品;公共设施支出是私人消费的互补品;还有一些公共支出既是私人消费的替代品又是互补品,比如国家用于食品和药品检验的支出,既减少了私人的检疫支出,又可增加私人对食品和医药的支出。有关部门通过财政购买支出和居民消费关系的计量模型分析发现,我国财政购买支出与居民消费总体是互补关系,扩大政府支出对需求总体上具有扩张效应。

资料来源:网上资源2010.

(二)财政政策的资源配置效应

在市场经济条件下,政府投资与一般的社会投资所涉及的领域是完全不同的。社会投资主要集中在竞争性的、私人产品的生产领域,而政府投资则主要集中在带有较强垄断性的、公共产品的生产领域。政府投资的资源配置效应就是指社会资源在这两大领域、尤其是指在私人产品与公共产品生产领域的分配比例。

税收对经济资源配置的影响是指国家通过税收的开征和调整影响经济资源在地区、产业、行业和产品间的分配。西方经济学家认为,在大多数情况下,市场竞争和价值规律能够做到对资源的合理配置,国家干预反倒有可能使资源配置效率受到损失。因此,他们推崇"中性税收",不主张用税收干扰私人部门已经形成的资源配置格局。但是他们同时也认为,在特殊情况下,政策利用税收进行适度调节也是可行的。西方经济学界的主流思想仍然是不干预或尽量少干预。然而在市场机制并不是非常健全,或正处于发展过程中的国家对中性税收的膜拜程度并不如西方国家高。比如,中国改革开放几十年来的税收政策明显没有贯彻税收中性思想,而是一种积极利用税收杠杆调节资源配置的非中性方式,并且也取得了令人瞩目的经济成就。其原因主要是中国不可能重复西方国家几百年以来利用市场优化资源配置的过程,必须在汲取前人经验,深刻洞察规律的基础上借助税收政策促进经济发展和市场的完善。但这种税收干预资源配置的方式人为因素过多,如果掌握不好定会带来巨大的风险和损失,所以对经济决策者的素质提出了更高的要求。

(三)财政政策的局限性

对财政政策的分析表明,如果要扩张经济就需要增加政府支出或者削减税收,以增加总需求;如果要紧缩经济就应采取相反措施,这种决策看起来相当简单,但在实际应用中却很难收到预期的效果。

(1)财政政策在实际运用中会发生各种矛盾,从而限制财政政策对市场经济的调节作用。这种局限性在税收政策方面表现为以下两点。

①为防止通货膨胀而增加税收,以压缩社会总需求,抑制物价上涨。但是,如果对企业利润增加课税,企业为了保持原有利润,会抬高商品价格;因此,通过税收负担的转嫁过程,增税必然会引起物价上涨,从而限制了税收政策用以抑制物价上涨的作用。如果对个人所得增加税收,将直接降低个人可支配收入以及个人消费水平,这会与因对企业增税而引起的物价上涨结合起来,遭到国民的反对,实施起来有一定的难度。

②为防止经济衰退而减少税收,但人们并不一定将因少纳税而将余下来的钱用于购买商品,也可能用于储蓄。因此,减税并不见得能够带来消费或投资的增加。

财政政策在支出政策方面的局限性表现为以下三点。

①在萧条时期,政府的购买和转移支付的增加,虽然提供了消费与投资、扩大总需求的可能性,但如果人们将这笔收入用于储蓄而非商品购买时,这种可能性就不能成为现实。

②在通货膨胀时期,政府要减少对商品的购买,将直接影响大企业的收益,因此会遭到他们的强烈反对。政府要削减转移支付,将直接减少人们的收入,甚至影响基本生活,因此会遭到公众的反对。

③在通货膨胀时期,政府削减支出,但由于其中部分财政支出具有刚性,使得财政支出难以大幅度压缩。

(2)财政政策的调控作用还受时间滞差的限制。

财政政策的调控措施需要一定的时间才能取得效果,这种因时间的滞差限制政策措施作用的现象叫做"政策时滞",它在实际经济生活中主要有以下三个表现。

①识别时滞,即在经济运行状况发生变化与认识这种变化之间存在着时间的迟误。它一方面来自识别和搜集资料时间产生的迟误;另一方面来自市场短期波动掩盖长期波动的现象,要从短期波动中识别长期波动的转折点总是困难的。因此,当识别出衰退或膨胀的转折点时,可能已置身于这一过程之中了。

②行动时滞,即认识到经济变化与制定执行政策措施之间存在的迟误。以美国为例,在经济周期转折点出来后,不能立即采取行动,而是由主管部门制定了可供选择的财政措施,交总统批准,然后送交国会讨论。这需要经过较长时期的辩论,折中和妥协,才能得到一致意见。

③反应时滞,即在政策措施开始执行与这些措施产生实际效果之间存在时间的迟误。即使政府及时地将反经济周期的财政政策付诸实施,该措施也须经过一段时间才能奏效。乘数的发生过程即是如此。

二、货币政策的调控效应

(一)货币政策的产出效应和挤出效应

1. 货币政策的产出效应

货币政策的产出效应是指货币政策对整个经济体系中的生产和就业水平所产生的实际影响。影响货币政策产出效应的因素很多,如政治和经济环境的稳定性、信贷和金融工具的可获得性、工会的权利、司法体系的完备性、中央银行独立性、预期的构成、货币政策传导的速度或者时间以及经济开放度。

如图10.4所示,一国变动货币政策,如采取扩张性货币政策,会使得 LM 曲线从 LM_0 右移到 LM_1,这使实际国民收入水平由 Y_0 增加到 Y_1,那么,Y_0Y_1 为产出效应。

2. 货币政策的挤出效应

紧缩性货币政策所引起的利率上升,挤占私人投资,抑制总需求增加的现象,称为货币政策的挤出效应。

一般情况下,当采取货币政策变动货币供给量,既影响利率,也影响实际国民收入水平。如图10.5所示,一国变动货币政策,如采取紧缩性货币政策,会使得 LM 曲线从 LM_0 左移到 LM_1,这使利率由 r_0 上升到 r_1,而利率的上升必然会减少私人投资,使总需求减少,从而导致国民收入由 Y_0 减少到 Y_2,Y_0Y_2 即为挤出效应。

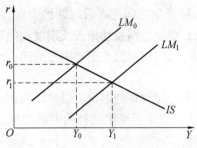

图 10.4　货币政策的产出效应

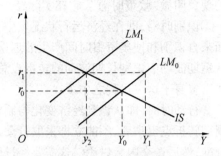

图 10.5　货币政策的挤出效应

(二) 货币政策的财富效应

财富效应(The Wealth Effect)是指由于金融资产价格上涨(或下跌),导致金融资产持有人财富的增长(或减少),进而促进(或抑制)消费增长,影响短期边际消费倾向(MPC),促进(或抑制)经济增长的效应。简而言之,就是指人们资产越多,消费倾向越强。财富效应又称实际余额效应。

这一概念是 C·哈伯勒提出来的,在研究非充分就业的均衡状况的可能途径方面,哈伯勒把注意力集中在货币财富上,并指出在价格下降时,这种财富的实际价值会增加;因此货币财富的持有者会通过支出过多的货币,来减少他们增加的实际货币余额,从而提高趋向于充分就业的总需求水平。这种价格诱致的财富效应在理论上的正确性,已被各种类型的货币财富所证实。

利率水平的下降,使人们的金融资产增值,从而鼓舞了人们的消费热情。随着社会消费的增加,又将诱使社会投资的扩大,最终可以在一定程度上弥补挤出效应的负面影响。这就是货币政策带来的财富效应。

财富包括两种形式:金融资产和实物资产。财富的增加或减少意味着两种资产总额的净增减,而不是某一种资产的增减,因而公众手持货币资产的增加或减少也并不意味着其持有财富的增减。当中央银行采取扩张性货币政策,利用公开市场操作,向私人部门购进政府债券,这样会使得社会现金资产增加,债券资产减少,这改变的只是财富的构成,但财富持有总额未变。同样,实行紧缩性货币政策也会得出相同的结论。

通过这种效应有可能影响总需求的扩大或缩小。当财富持有者为偿付其他债款或为筹资购买急需品而向商业银行借贷时,总资产和总负债依然没有发生变化,货币存量的增减也并没有带来公众持有财富的变动。但是,这种财富效应肯定会引起总需求的变化。当财政部为了弥补财政赤字采取印发新的钞票或者以财政部有价证券为交换,为银行取得新的存款而增加货币供给时,货币存量增加。此时,由于财政部将钞票支付给公众或者将存款转交给公众,其结果是公众手持货币量增加,但未失去其他资产。这种财富效应会直接带来商品需求的上升。货币存量变动的财富效果大多数情况下是构成财富的各种资产的结构变化,只有在某些特定情况下才会产生财富的增减。但无论哪一种效应,都会带来总需求的改变,这也正是某些西方经济学家赖以说明货币政策有效性的一个论据。

(三)货币政策的局限性

中央银行通过货币政策,控制货币供应量,从而相应地影响市场利率水平,实现宏观调控目标。但是,在一些具体情况下,则暴露出货币政策本身的局限性。

(1)在经济衰退时期,尽管中央银行采取扩张性措施,如降低存款准备金率和再贴现率等。增加贷款,降低利率刺激投资,但是商业银行往往为了安全起见不肯冒此风险。厂商认为市场前景暗淡,预期利润率低,从而不愿为增加投资而向银行借款。

(2)在通货膨胀时期,尽管中央银行采取措施提高利率,但企业会认为此时有利可图,从而置较高利率于不顾,一味增加借款。

(3)货币政策的效果可能被货币流通速度的变化所抵消。在经济繁荣时期,人们对前景预期乐观而增加支出,在物价上涨时,人们宁愿持有货物而不愿持有货币于是货币流通速度加快,产生扩大货币供应量的效果;在经济衰退时期,实行扩张性货币政策,扩大货币供应量,但由于人们压缩开支,使货币流通速度放慢,产生减少货币供应量的效果。

(四)宏观经济政策实施中的困难

(1)政策的负效应。例如,实现充分就业的代价可能是通货膨胀。财政政策在刺激总需求的同时会使利率上升、抑制投资、产生挤出效应,等等。

(2)非经济因素的影响。国际上的政治斗争、国内的政治问题,都会影响政策效应。

(3)理论本身的局限性。经济理论并不是十分完善的,信息也并不是完全的。

总之,在政策实施中存在许多实际问题,这些问题影响到政策效应。这就要求政府在运用宏观经济政策来调节经济是根据经济形势的客观要求和各种政策措施的特点相机抉择。

第五节 宏观经济政策的选择与使用

一、宏观经济调控政策的选用

如图 10.6 所示,宏观经济政策在选用时面临三种情况,分别是古典主义区域、中间区域和凯恩斯区域。

财政政策和货币政策的有效性,基本上依赖于货币流通速度在政府支出 G 和货币供应量 MS 发生变化时将会发生多大变化而定。货币需求对利息率变化的反应参数反映了上述货币流通速度变化的影响。

LM 相对陡峭,意味着货币需求对利息率的反应弹性较小,也就是利息率对货币供应量变动的反应较小,这样货币供应量变动就会更大的反映为实际收入的变动,财政政策会因为货币

宏观经济学

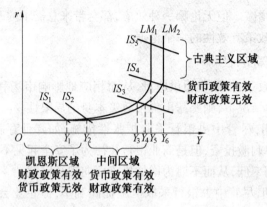

图 10.6

需求对利息率的反应不灵敏而减弱。反之,货币政策效率就比较低了。

针对凯恩斯主义与货币主义对宏观经济政策有效性的争论,一些较温和的经济学家提出了一种折中的观点。

利息率较高时,货币需求对利息率的弹性小,货币政策的效力远大于财政政策。因此,利息率较高的一个区域就是货币政策的有效区域。

在利息率较低时,货币需求对利息率变动的弹性大,使得财政政策的效力远大于货币政策。这样,利息率较低的区域就是财政政策的有效区域。

中等利息率的区域是财政政策的效力与货币政策的效力不相上下的区域,称为中间区。综上,如图 10.6 所示,宏观经济政策的有效区间为中间区域。

二、宏观经济政策的组合使用

(一)组合的政策效应

现在将财政政策和货币政策这两种政策放在一起,分析它们的综合作用。如图 10.7 所示,E_0 是 IS_0 与 LM_0 曲线的均衡点,当采取财政政策、扩大支出水平时,IS_0 曲线右移至 IS_1 曲线,假如货币当局的目标并非是维持固定的货币供给量,而是保持利率不变,则货币供给量相应增加,使 LM_0 曲线右移至 LM_1 曲线,均衡的利率水平依然是 r_0,均衡的实际国民收入水平则由 Y_0 增加到 Y_2。很显然,同时使用财政政策和货币政策,不会出现单独使用财政政策时所产生的排挤效应,其效果要比单独使用某一种政策大。

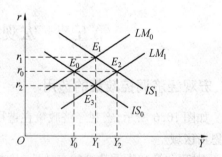

图 10.7 组合的政策效应

此外,图 10.7 还说明,假如 Y_1 为理想的实际国民收入水平,则单独使用财政政策或单独使用货币政策都能达到，但情况却不同。假如单独使用财政政策，IS_0曲线右移到IS_1曲线，均衡点由E_0到E_1，达到了Y_1这一理想的实际国民收入水平。支出增加而货币供给不变，为了保持商品市场和货币市场的同时均衡，利率水平必须上升到r_1，这时为紧缩货币、放松财政的状态。反之，假如单独使用货币政策，LM_0曲线右移到LM_1曲线，均衡点由E_0移到E_3，也达到了Y_1这一理想的实际国民收入水平。货币供给增加而支出不变，为了保持商品市场和货币市场的同时均衡，利率水平下降到r_2，这时为放松货币、紧缩财政的状态。利率上下波动的范围在r_1和r_2之间，取决于财政政策和货币政策的组合情况。

当考虑到一个经济究竟应当选择哪一种状态这一问题，西方经济学家认为，在E_3点，社会投资水平较高，因此经济的自然实际GDP增长率也可能较高，这不仅有利于当代人，而且更能造福子孙后代。而在E_1点，政府的支出水平较高，政府的购买可能用于当前政府所提供的各种服务（例如，国防、治安和防火、教育及健康保健等），或者是用于政府投资（例如，校舍和医院建筑等），对社会的当前利益较大。政府在这两种情况中作何抉择？这是一个十分棘手的问题，其答案取决于社会对公共物品还是对私人物品的偏好状况。

即使在使用财政政策方面，西方经济学家也存在着不同的观点，有的主张政府购买应多，转移支付应少。有的却认为政府转移支付应多，政府购买应少。这一争论长久不息，不过，有些人认为，这一争论主要是政治性的，已超出了经济学研究的范围。

表10.2 政策组合效应

政策混合	产出	利率
扩张的财政政策和紧缩的货币政策	不确定	上升
紧缩的财政政策和紧缩的货币政策	减少	不确定
紧缩的财政政策和扩张的货币政策	不确定	下降
扩张的财政政策和扩张的货币政策	增加	不确定

(二)政策组合的选用

为了实现经济总量平衡的目标，财政政策与货币政策组合方式灵活多样，在具体的操作中，准确的形势判断是财政政策与货币政策能够成功协调配合以维护经济平稳增长的首要条件。这就涉及到"相机抉择"问题。所谓相机抉择，是指政府在运用宏观经济政策来调节经济时，根据经济形势的客观要求和各种政策措施的特点，机动地决定和选择在某个时期选择哪一种或哪几种政策措施。

财政政策与货币政策以及其他各项政策都有自己的特点，经济繁荣或萧条的程度和原因也不同。因此，在不同的经济形势下要采取不同的政策，或将各种政策配合使用。政府在进行相机抉择时要做到以下几点。

第一，认真分析各项宏观经济政策的特点。宏观财政政策和宏观货币政策各有自己的特点。其一，它们的猛烈程度不同。如政府支出的增加与法定准备金率的调整作用都比较猛烈；税收政策与公开市场业务的作用都比较缓慢。其二，政策效应的"时滞"不一样。如货币政策可以由中央银行决定,作用快一些;财政政策从提案到议会讨论、通过,要经过一段较长的时间,作用较慢。其三,政策发生影响的范围大小不一样。如政府支出政策的影响面就大一些;公开市场业务影响则小一些。其四,政策受到阻力的大小也不同。如增税与减少政府支出的阻力大;而货币政策一般说来遇到的阻力较小。因此,在需要进行调节时,究竟采取什么政策,以及如何对不同的政策手段进行搭配使用,并没有一个固定不变的模式,政府应根据不同的情况灵活地决定和应用。

由于财政、货币政策具有不同的作用机制和特点,它们之间可能会产生三种效应:①合力效应,使两者的配合可以获得比单一政策调控更大的效果。例如,在经济明显过热时,财政政策通过减少财政支出、增加税收;货币政策通过减少货币量的供应、提高利率,两者相互配合,可以取得较好的合力效应。②互补效应。由于它们具有不同的作用方向和机制,可以取长补短。例如,货币政策越来越强调前瞻性,在有潜在的通胀压力时就采取措施。但这有可能会对经济增长造成损害。若在采取紧缩性货币政策的同时,维持或适度扩大财政对公共设施、基础性建设的投资,就可以增强经济持续发展的能力,取得较好的政策效应。再比如,当面临投资需求易膨胀,而消费需求却不足时,在采取紧缩性货币政策遏制投资需求的同时,适度扩大转移支付和社会保障支出,就能够兼顾投资与消费。③矛盾效应。即财政、货币政策产生政策效果的抵消性。例如,当经济出现"滞胀"时,刺激经济增长的财政政策会增加通货膨胀的压力,货币政策在抑制通货膨胀时又会阻碍经济增长。它们之间的配合就是要避免这种现象。可见,在宏观调控中,必须构建一个有效的财政货币政策组合。

第二,政策目标上的配合与平衡。经济总量平衡的具体表现实际就是经济平稳较快增长,物价总水平的相对稳定,当然还要顾及就业。就总量目标而言,财政货币政策的最终目标应该是一致的。但从短期看,当经济面临某种冲击时,它对产出、通胀率和就业的作用方向并不是一致的,此时,宏观经济政策在稳定产出、通胀率和就业上存在平衡问题。根据丁伯根法则,为了达到多个目标,就需要有多种政策手段。例如,就通胀与失业而言,菲利普斯曲线中的交替关系就表明货币政策难以同时兼顾,所以,即便在美国的货币政策决策中,也都存在所谓的鸽派与鹰派之争。在这种情况下,恰当的财政政策配合,就可能会实现低失业、低通胀的经济增长,促进全社会的福利最大化。总量平衡的另一个表现就是国内储蓄与意愿投资的基本平衡,当两者不平衡时,就会出现贸易顺差或者逆差。大量的贸易顺差或逆差会引起方方面面的问题。在此情况下,宏观经济政策就是要缩小储蓄与意愿投资之间的缺口,单凭货币政策恰恰是无能力力的,财政政策就应当发挥更大的作用,一方面引导国内消费的增长,另一方面引导生产者把资产配置到符合国内需求的产业和行业当中去。

第三,政策时间的配合。财政货币政策的时间配合主要包括两方面:一是政策选择的时机,即政策的选择时点问题;二是政策的持续期,它指的是财政、货币政策从开始到结束的时间。一方面,如果时间选择不当,要么就会过早地改变了经济运行方向,出现不良的后果;要么就会错失良机,加大以后政策调控的难度。另一方面,持续期过短达不到调控目标,持续期过长又会产生"矫枉过正",从而可能会走向另一个极端。解决财政货币政策的时间问题的难点在于政策时滞的确定和政策持续时间的把握。二者的配合在时间问题上应注意对宏观经济运行态势的考察,在准确判断宏观经济运行态势的基础上,科学选择财政、货币政策的组合,同时需要对财政、货币政策工具时滞的长短进行仔细研究,根据需要选择时滞长短相匹配的政策工具组合。

第四,要善于把各项政策协调起来使用。根据不同的经济形势采取不同的政策。例如,在经济发生严重衰退时,就不能运用作用缓慢的政策,而要运用作用较猛烈的政策,如紧急增加政府支出,或举办公共工程;相反,当经济开始出现衰退苗头时,就不能运用作用猛烈的政策,而要采取一些作用缓慢的政策,如有计划地在金融市场上收购债券以便缓慢地增加货币供给量,降低利息率。政府选择宏观经济政策的一般原则是"逆经济风向行事",即经济形势萧条时,政府采用扩张性的经济政策;经济形势膨胀时,政府采用紧缩性的经济政策。根据不同的经济形势和具体情况,政府和中央银行可以采用不同的政策组合:①一松一紧,即扩张性的财政政策和紧缩性的货币政策相结合。当经济萧条但又不太严重时,用扩张性的财政政策刺激总需求,又用紧缩性的货币政策控制通货膨胀;双紧政策,即紧缩性的财政政策和紧缩性的货币政策相结合。当经济发生严重通货膨胀时,用紧缩货币来提高利率,降低总需求水平,又紧缩财政,以防止利率过分提高。②一紧一松,即紧缩性财政政策和扩张性货币政策相配合。当经济中出现通货膨胀但又不太严重时,用紧缩财政压缩总需求,又用扩张货币政策降低利率,以免财政过度紧缩而引起衰退。③双松政策,即扩张性财政政策和扩张性货币政策相配合。当经济置重萧条时,用扩张性财政政策增加总需求,用扩张性货币政策降低利率以克服"挤出效应"。

表 10.3 政策组合的选用

经济形势	政策组合
滞胀	扩张的财政政策和紧缩的货币政策
严重通货膨胀	紧缩的财政政策和紧缩的货币政策
轻度通胀	紧缩的财政政策和扩张的货币政策
严重萧条	扩张的财政政策和扩张的货币政策

总之,通过各项相机抉择以协调各项宏观经济政策,能够有效地刺激总需求或更有效地制止通货膨胀,以便在刺激总需求的同时,又不至于引起太严重的通货膨胀;或者在控制通货膨胀的同时,又不至于引起过分严重的失业;或者使通货膨胀和失业同时得到有效抑制。当然,应该指出的是,并不是说政府在任何情况下都要应付失业与通货膨胀,而只是在政府认为已超过"临界点"之后才有必要采取干预的措施。临界点是指失业率和通货膨胀率的社会可接受程度。

相机抉择的实质是灵活地使用各种政策,所包括的范围相当广泛。同时,在考虑如何混合使用两种政策时,不仅要看当时的经济形势,还要考虑政治上的需要和其他因素的影响。

【案例 10.3】

"中国经济能够以惊人的速度反弹,摆脱全球金融危机的影响,这说明中国政府在应对危机方面的政策和措施是得当和有效的。"亚洲开发银行首席经济学家李钟和日前在亚行总部接受记者采访时作出上述评论。

李钟和说,2008 年 9 月起源于美国的金融危机导致全球无论是发达国家还是发展中国家都无一幸免,然而不同寻常的是,中国经济却以惊人的速度反弹,并引领亚洲乃至世界经济走向复苏。随着全球化的推进,中国融入全球经济的程度进一步加强,中国经济不可避免地受到了全球金融危机的直接冲击,特别是西方国家市场需求大幅下滑直接打击了中国的出口。2009 年上半年中国出口比金融危机爆发前的水平下降了 50% 多,2008 年底约 15% 的出口企业被迫停产或减产 50%,约 2 000 万工人受到影响。此外,中国的股市也遭遇重创。2008 年 11 月上海证券综合指数跌至 1 706.7 点,比 2007 年 10 月的最高点 6 092.1 下跌 72%。受此影响,2009 年第一季度中国经济增长仅达 6.1%,创下 19 年来中国经济发展最低水平。

尽管如此,中国经济却很快以超凡的速度反弹,现在已恢复到 9% 左右的增长水平,并引领全球经济复苏,这大大超出很多人的预期。中国经济之所以能够神速反弹,很明显首先应当归功于中国政府及时迅速地采取了巨额经济刺激计划和宽松货币政策等一系列有效措施。

2008 年 11 月中国政府宣布 4 万亿元人民币的经济刺激计划,约占中国 2009 年国内生产总值的 12% 至 13%。2009 年初这些刺激计划就已全面展开,大部分用于对基础设施和社会保障体系等领域的投资。此外,中国人民银行还在短短 4 个月内将一年营运资金贷款率下调了 216 个基点,而商业银行的存款准备金率也大幅下调。当时人们还在怀疑这些措施是否能够真正发挥作用,然而事实证明这些措施使中国经济快速反弹。亚行的研究报告明确指出,中国政府在帮助中国经济应对全球金融危机的冲击方面作出了明智的决策。迅速有效的政策反应较快地抑制住了本国经济下滑趋势,并使其呈 V 形强劲复苏。

李钟和指出,由于全球经济大环境的影响,去年可能是中国经济非常困难的一年,但中国政府成功实现了经济增长 8% 的目标。今年对中国经济未来发展而言则可能是非常关键的一年,因为这一年中国既需要保持经济刺激计划以确保经济高速增长,又需要防止通货膨胀和经济过热而出现的房地产和股市泡沫等,并适时实施"退出战略"。

对于最近不少专家学者关于中国可能面临资产泡沫破裂的言论,李博士表示,他对中国的房地产和股市等资产泡沫并不悲观,也不担忧。首先,目前很多人只是看到中国部分地区的房地产价格上涨,但就中国资产增长整体情况而言及通过与其他国家进行历史横向比较,中国资产价格涨幅还不是太夸张,中国未来经济增长仍有很大潜力。其次,中国政府已经意识到房地产及股市等存在的资产泡沫问题,已密切监控这些动向,并于近日对宽松货币政策进行了微调。1 月 12 日中国人民银行宣布从 1 月 18 日起,上调存款类金融机构人民币存款准备金率 0.5 个百分点。中国央行的这一举措是非常合适的。在中国央行提高银行准备金率后,相信其他部分新兴市场经济国家也会采取紧缩政策,特别是适当调整宽松货币政策。从亚洲总体形势看,2010 年是亚洲新兴经济体既保持刺激计划,又逐步推行"退出战略"的经济发展策略调整阶段。

李钟和最后强调,根据各项综合统计数据,中国已超越日本成为全球第二大经济体,中国对全球经济的影响力正日益上升。正如美国一样,来自中国市场的新闻或中国经济出现调整动作也会影响到亚洲以及全球市场。而金融市场,特别是股票市场更容易受某些信息的影响出现短暂波动。这种波动是政策调整和市场心理作用的双重影响。中国人民银行宣布上调存款准备金率后,亚洲乃至全球股市出现下挫现象就显示中国对世界经济的影响力。因此,从某种意义上讲,全世界都在密切关注中国未来经济的发展,都在关注中国在经济发展政策方面的一举一动。

资料来源:光明日报,2010.1.22

三、宏观经济政策调控力度

财政、货币政策的力度是指财政、货币政策对其调控对象作用力的大小,不同政策工具的作用力度是不同的。

(一)财政政策的调控力度

第一,预算政策的"自动稳定器"功能对稳定经济的力度较强,但对调节经济总量来说,力度则较小。如果采取补偿性的财政政策,人为地通过预算政策来调节经济的话,预算政策的力度就会较大,其力度的大小与财政盈余或赤字占国民收入的比率成正比。

第二,税收是通过税种的设置、税率的调整、税款的减免等来调节经济的,它对总量的调节作用较强。

第三,政府投资,如果是在超越预算平衡的基础之上形成的赤字投资,其对经济总量的调节力度很强,调节力度的大小和一个国家当期的财政赤字成正比例关系。

第四,财政补贴和转移支付制度对经济总量有比较积极的影响。

(二)货币政策的调控力度

第一,法定存款准备金率的变动对经济总量的调控力度一般较强。准备金率的变动会直接影响商业银行的"法定存款准备金率"和货币乘数的变化,从而引起银行信贷和货币总量成倍地变化,正因为如此,它向来就具有"巨斧"之称。

第二,再贴现和再贷款的政策力度由中央银行对再贴现和再贷款的条件限制、中央银行对再贴现和再贷款额度以及对再贴现和再贷款的利率调整所决定。

第三,公开市场业务的力度与法定存款准备金、再贴现和再贷款政策的力度相比,要小一些。它是微调的货币政策工具。

本章小结

1. 宏观经济政策主要有四个目标:充分就业、物价稳定、经济均衡增长和国际收支平衡。宏观经济政策工具主要有需求管理、供给管理和对外经济管理;需求管理是凯恩斯主义政策的主要工具,在具体实践中,西方国家使用财政政策和货币政策力求达到这四个目标。

2. 财政政策由政府收入(包括税收和公债)和政府支出(包括政府购买和转移支付)两方面构成,财政政策对经济的调节可分为自动调节和主动调节两类;货币政策是由中央银行通过货币供给调节利率进而影响投资和整个经济。中央银行变动货币供给的政策工具主要有一般性政策工具(再贴现政策、法定存款准备金、公开市场业务)和选择性政策工具(直接信用控制、间接信用控制)。

3. 财政政策和货币政策在实施过程中,受各种因素的影响,效果各不相同并可以用 IS-LM 模型进行具体分析。由于各政策单独实施时效果的差异性和相对的局限性,因此,财政政策和货币政策必须相互协调使用,确保经济的平稳运行。

思考题

1. 请搜集相关资料,总结我国改革开放以来宏观经济政策目标的变化,并分析其原因。

2. 假定政府考虑用这种紧缩政策:一是取消投资津贴;二是增加所得税,用 IS-LM 曲线表示这两种政策对收入、利率和投资的影响。

3. 请搜集相关资料,分析应当怎样正确认识西方经济学家关于财政政策和货币政策效果的理论及这些理论对制定我国的宏观经济调控政策的借鉴意义。

【阅读资料】

2009 年度经济述评:从国际对比中总结"中国经验"

刚刚过去的 2009 年,是世界经济跌宕起伏的一年。中国经济最先扭转经济增速下滑趋势,率先实现经济形势总体回升向好,经济增速达 8.7%,勾勒出漂亮的 V 型走势。在进入 2010 年的当口,更加清晰地总结"中国经验",有助于我们看清真正的优势所在,从而更好地保持现有的优势特点,恰当地发挥好、利用好现有优势。

从国际比较看"中国经验"更加清晰。

中国经济 2009 年实现 V 型反转,令人印象最深的原因自然是我国实施积极的财政政策和适度宽松的货币政策,推出一揽子经济刺激计划。但总结"中国经验"不能到此为止。世界上许多国家都实施了大规模的经济刺激计划,为什么中国取得的成效最为显著? 主要有以下三条重要经验。

一是中国虽然各地区发展不平衡,但总体上已处于工业化、城市化快速推进的经济起飞阶段,与 20 世纪七八十年代的日本和 20 世纪 80 年代的韩国所处的时期类似。在这一阶段,经济的潜在增长率相当高,只要有安定的社会环境和充裕的资金支持,经济就可以实现高速增长。正是由于清楚地了解我国所处的发展阶段,也由于持续多年发展形成的良好财政金融状况,党中央国务院实施积极的财政政策和适度宽松的货币政策果断坚决,不像某些西方国家政府那样对实施经济刺激计划瞻前顾后、患得患失。

二是中国在实施经济刺激计划的同时,更注重经济结构的调整,更注重保障民生,把"保增长、调机构、促改革、惠民生"有机结合起来。之所以认为这是"中国经验",是因为相对于一些西方发达国家,我国做得更好。这实际上也是我国今后努力的重点,我国在这方面还要做得更好。

一些西方发达国家虽然也实施了大规模的财政刺激计划和超常规、超宽松的货币政策,但巨额资金主要用于弥补金融机构和私人资本理应承担的损失,真正用于培育新的经济增长点和创造就业机会的资金并不是很多。取得的实际效果就是金融市场趋于稳定并很快走出低谷,但就业状况、企业投资和个人消费的改善并不显著,经济增长的内生动力明显不足。可以说,在相当程度上,西方国家的货币政策实际是通过大量的货币注水,填补金融机构的亏空,将危机转嫁到金融系统之外和其他国家,而其财政刺激计划实际是将短期的金融危机转化为长期的财政风险。可以预见,由于经济刺激计划不能很快退出,欧洲不少债台高筑的国家很可能还会陆续爆发或大或小的债务危机。

三是中国的社会制度和举国体制保证了应对危机冲击的各项措施和计划的有力实施。由于这一优势,在大规模改善和提升基础设施、扶持新能源和智能电网等新兴产业的布局方面,我国的推进速度令西方国家惊叹。当然,我国的举国体制还需改进和完善,尤其需要加快建立起强有力的监督和问责机制,以防止滋生腐败和因其他利益驱动的盲目投资和低效投资。基于这一经验,我们应进一步认识到,在我国构建社会主义市场经济体系、加快推进各项体制改革的关键时期,我们要改革与社会主义市场经济不相适应的部分,也要保留、改进乃至进一步发挥原有制度和体系的优势部分。改革不是对原有制度的简单否定,更不能照搬西方制度。

从历史上看,20世纪初期和中期,西方资本主义制度经过多次经济危机的洗礼,在社会保障、劳动者权益维护、企业社会责任等许多方面进行了一系列的改进和调整,多种矛盾得到缓解,在一段时期,经济和社会得到较好发展。而在最近二三十年的全球化进程中,西方制度未能作出相应的调整以适应全球范围产业分工和转移带来的新变化,普通劳动者的收入一直未能实现有效增长,消费率呈下降趋势。为了用所谓财富效应促进消费和经济增长,金融机构过度使用金融杠杆,为金融危机的爆发埋下了隐患。金融危机的爆发更使西方金融体系和所谓现代企业制度的某些弊端暴露无遗。由于在危机时期,市场活力显著下降,诸如基础设施的更新改造、新能源产业的扶持以及创造就业机会等短期难以见到显著经济效益的计划,在美英等"小政府、大市场"体制的国家,实施起来就显得缓慢乏力。而政府主导作用相对较强的日本,由于政府不能有效克服利益集团的阻力实施结构性改革,多年来的扩张性财政政策和宽松的货币政策未能使日本走出经济泥潭。

最现实的根本挑战是转变发展方式。

由于中国经济对世界经济复苏进程的影响显著,国际市场对中国经济的关注程度日益提高。最近,国外少数投资人士陆续发出看空中国经济的惊人之语。他们看空中国的理由实际并不充分,对中国的实际情况了解并不透彻,有些问题显然被夸大。但他们指出的某些问题的确需要我们防微杜渐,及时纠正。

客观地说,在转型中高速发展的中国经济有宝贵的"中国经验",同时也不可避免存在诸多问题和挑战。中国经济面临的问题可分为两大类:一类是在长期发展过程中形成的,需要持之以恒的努力才能解决的系统性深层次问题,如农业和农村发展、粮食安全、环境资源、收入分配、社会保障、金融发展和金融安全、外贸发展和利用外资的方式转变等问题;另一类是在应对危机冲击过程中,因世界范围大量货币和信贷投放出现的突出问题,如产能过剩、通胀压力加大和资产泡沫问题。但所有这些问题都是可以解决的,中央政府已出台并还在酝酿出台多项措施,着力解决这一系列问题。中央经济工作会议已从宏观上概括了解决问题的方法,即加快经济发展方式转变和经济结构调整,提高经济增长质量和效益。

相对国际上其他国家,解决当前的产能过剩、通胀压力加大和资产泡沫这三个突出问题,中国也有特殊的优势。中国许多行业的确存在产能过剩,尤其钢铁、水泥等产业产能严重过剩。但考虑到中国所处的发展阶段以及与世界上一些经济强国在同一发展阶段的情况相比,总体上,中国的产能过剩并不像有些人说的那样严重。随着经济的快速增长和发展方式的转变,产能过剩问题完全有希望得到有效缓解。尽管当前的国际国内环境更加复杂,但考虑到多年来发展形成的物资积累,我国政府已具有应对通货膨胀的丰富经验和手段,对粮食、食品等重要消费品价格有较好的干预能力,2010年我国将通货膨胀控制在温和的可控水平应当没有问题。资产价格主要是股票价格和房地产价格,2009年,我国股市涨幅可观,达到80%,但平均市盈率还不到30%,明显低于37%的长期平均水平,而同时期巴西、俄罗斯、印度等新兴国家的股市涨幅都达到120%左右,因此不能轻言我国股市总体有严重泡沫。而且我国企业在资金方面对股市的依赖程度不像许多西方国家那样大,即使股市出现明显的调整,对企业乃至对宏观经济的影响也不像西方国家那样明显。至于房地产价格,在我国不少重点城市,房地产价格上涨过快已是不争的事实。从宏观经济总体分析,房价过快上涨扭曲了经济结构、恶化了实体经济投资环境,对经济持续发展产生了严重负面影响。中央已经高度意识到这一问题,并在近期出台一系列政策加以调控。

国际上,近二三十年出现的大的经济危机主要是由资产泡沫破灭引起,而不是由严重通货膨胀引起。笔者以为,最需要警惕的是,以为只要经济较快增长、通货膨胀得到有效控制,中国经济就没有大忧,从而对转变发展方式和治理房地产泡沫不那么全心全意。房地产价格上涨过快主要有三方面的原因:一是宽松的货币环境和低廉的资金成本,二是有些地方政府为筹集财政资金纵容甚至助推房地产泡沫,三是城市化过程中城市住房需求得到阶段性集中激发。考虑到国际国内复杂的经济环境,遏制房地产价格过快上涨不宜简单使用快速收紧货币政策的办法,而应在现有政策措施的基础上,进一步综合治理。具体说就是,根据形势变化增强货币政策的针对性和灵活性,有效抑制投机需求;充分借鉴国外城市化进程中的经验教训,从资源环境、人口合理分布、协调城乡发展、城市科学设计乃至低碳经济的角度,科学有序推进城市化,避免为追求眼前经济增速而过快推进城市化,过度集中地激发城市住房需求;深化财政税收体制改革,减少和弱化地方财政对土地财政的依赖。值得关注的是,当前地方财政问题已比较突出,深化财政税收体制改革,建立科学合理、注重民生、便于监督的财政体制不仅对遏制房地产泡沫意义重大,也明显有助于解决收入分配、社会保障以及经济结构调整等事关长远发展的重大深层次问题,在各项改革事业中有近乎纲举目张的作用。可以预见,要抑制房地产泡沫,让房价回归到合理水平,必须协调好当前和长远以及各不同利益群体的利益,需要付出艰苦卓绝的努力。而我们的党和政府一心为民,能够真正代表最广大人民的根本利益,有意愿、有能力带领全国人民转变经济发展方式,实现科学发展。这其实是最为宝贵的"中国经验"和"中国优势"。

"雄关漫道真如铁,而今迈步从头越"。闯过险峰恶浪的2009年之后,我们有更充足的信心,以宝贵的"中国经验"蓄积新的动力,积极审慎地应对前进路上的新挑战,让中国经济迎来更加辉煌的2010年!

资料来源:中国信息报,2010.1.28.

Chapter 11

开放经济中的国民收入均衡与调节

【学习要点及目标】

现实的经济都是开放的,本章把封闭经济中的分析扩大到开放经济中。所谓"开放",就是指商品与某些生产要素可以在国际上进行流动。本章首先介绍开放经济的基础理论知识,然后进行相关的理论分析与政策分析,从开放经济的角度分析国民收入的均衡及其相关的政策调节。本章第一节是国际贸易理论,第二节是汇率理论,第三节是国际收支,第四节是开放经济下的对外经济政策。重点部分是国际贸易理论和汇率理论,只要有了国际贸易,即商品在世界范围内的流动,经济就已经具备了开放的特征,国际收支账户上就要加上进口与出口两个项目,汇率也会作为一个变量进行分析。因此,把国际市场作为一个大背景,将国际贸易和国际资本流动的影响引入国内宏观经济的研究是本章的重点。

【引导案例】

自2001年中国加入世界贸易组织(WTO)以来的10年,是中国对外贸易跨越式发展的10年,是中国积极参与全球化进程、吸收外资水平不断提高、对外经济合作步伐明显加快、与世界经济实现共同发展的10年,也是中国经济发展和各项改革取得重大成就的10年。

(一)贸易规模从2001年的世界第六位上升到2010年的第二位。

(二)我国贸易结构进一步优化。

(三)利用外资的规模和质量全面提升。

(四)对外投资逐年扩大。

(五)对外贸易对经济增长和社会进步做出巨大贡献。

从净出口看,货物和服务净出口占国内生产总值的比重明显上升,由2001年的2.1%上升至2010年的4.0%。在2007~2009年期间,达到7.5%~8.8%。

从工业生产看,工业出口交货值持续快速增长,2010年达到90 764亿元,年均名义增长率达21.1%,是2001年的5.6倍。此外,持续增长的进口,不仅为中国经济的发展提供了充足的原料、燃料和生产设备,也为人民生活的改善提供了丰富的物质和精神产品。

入世10年,我国市场经济体制建设进程明显加快,开放型经济体系基本形成;参与经济全球化有了相对稳定的制度保障;WTO倡导的贸易自由化为改革的继续进行提供了外在动力和制度保障。入世后,我国综合国力大幅度增强,国家影响力全面提升;对外经贸关系发生了实质性改变,多边贸易在WTO规则的引领下平稳运行,经济安全形势明显好转;参与全球治理的能力大幅度提升;社会法律意识、规则意识建设效果显著。

展望未来,中国将继续实施互利共赢的开放战略,进一步提高对外开放水平。在对外贸易保持稳定增长的同时,对外贸易结构优化升级也将进一步推进。在国内需求不断增加、进口支持政策力度加大和国际大宗商品价格上涨等因素共同作用下,进口增长有望继续快于出口,贸易平衡状况将进一步改善。随着世界经济复苏态势渐趋强化,中国对外贸易发展的国际市场环境将逐步改善,发展前景趋好。

资料来源:新华网,姚景源

第一节　国际贸易理论

改革开放以来,中国经济快速发展,从各种经济统计指标来看,体现在整体经济实力的增强,以及经济体在全球地位的提高。比如,国内生产总值在1978年居世界第10位,2000年上升到第6位,2005年跃至第4位,2008年升至第3位,紧随美国(第1位)和日本(第2位)之后;出口额在1978年居世界第30位,1990年上升至第14位,2000年跃至第7位,2005年上升至第3位,2009年成为世界最大的出口国。进口额也取得了类似的发展。按进口总额计算,2010年中国升至世界第二大进口国。近年来,中国进出口总额占GDP的60%左右,成为影响中国GDP总量变化的最重要因素之一,进而成为决定中国经济稳定增长的最重要因素之一。进出口贸易的稳定发展对中国经济的稳定增长有着重要的意义。

因此,我国的宏观经济政策的重要组成部分之一就是国际贸易政策,本节就是对国际贸易理论进行介绍,从而为理解国家各项国际贸易政策进行理论的铺垫和解读。

一、绝对优势理论

(一)绝对优势理论的含义

绝对优势理论,又称绝对成本说。该理论将一国内部不同职业之间、不同工种之间的分工原则推演到各国之间的分工,从而形成国际分工理论。绝对优势理论是最早的主张自由贸易的理论,由英国古典经济学派主要代表人物亚当·斯密(1723~1790)创立。

所谓绝对成本优势,是指某两个国家之间生产某种产品的劳动成本的绝对差异,即一个国家所耗费的劳动成本绝对低于另一个国家。

1. 分工学说

(1)分工可以提高劳动生产率,增加国民财富。亚当·斯密认为,交换是出于利己心并为达到利己目的而进行的活动,是人类的一种天然倾向。人类的交换倾向产生分工,社会劳动生产率的巨大进步是分工的结果。在著名的大头针的分工案例中,亚当·斯密这样解释说,分工前,一个粗工每天至多能制造20枚针;分工后,平均每人每天可制造4800枚针,每个工人的劳动生产率提高了几百倍。可以看到,工作内部的分工可以提高劳动生产率,增加国民财富。

(2)分工的原则是成本的绝对优势。简单地说,就是每个人专门生产他最擅长的产品,然后彼此交换,则对每个人都是有利的。亚当·斯密以家庭之间的分工为例说明了这个道理。裁缝不为自己做鞋子,鞋匠不为自己裁衣服,农场主既不打算自己做鞋子,也不打算自己缝衣服。他们都认识到,应该把他们的全部精力集中在比他人有利的职业中,用自己的产品去交换其他产品,会比自己生产一切产品得到的利益更多。

2. 国际分工理论

国际分工是各种形式分工中的最高阶段,在国际分工基础上开展国际贸易,对各国都会产生良好效果。这部分理论是将分工理论推演到各国之间。亚当·斯密认为,适用于一国内部不同个人或家庭之间的分工原则,也适用于各国之间。也就是说,如果国外生产的产品比国内生产的便宜,那么最好输出在本国有利的生产条件下生产的产品,去交换国外的产品,而不要自己去生产,即出口本国在最有利的生产条件下生产的产品,进口其他国家的其他产品。

(二)绝对优势理论的实例

绝对优势理论的分析可以通过下面的实例清楚地看出来。假如英国和葡萄牙两个国家原来都生产葡萄酒和毛呢两种产品,两个国家在生产过程中消耗的成本如表11.1所示,从图表中我们可以看到,英国在生产葡萄酒产品中具有绝对的成本优势,而葡萄牙在生产毛呢产品中具有绝对的成本优势。因此,根据上述的国际分工理论,英国应该专门生产葡萄酒,并出口葡萄酒,进口毛呢;而葡萄牙应该专门生产毛呢,并出口毛呢,进口葡萄酒。这样,两个国家就实现了简单的国际贸易往来,并在绝对优势理论中都取得了各自最大的利益,实现了"双赢"。

表11.1 绝对优势理论实例

	葡萄酒(单位)	毛呢(单位)
英国投入劳动力	30	40
葡萄牙投入劳动力	40	30

(三)绝对优势理论的局限性

绝对优势理论有其正确的一面,同时也有时代特征下的局限性。

该理论深刻指出了分工对提高劳动生产率的巨大意义。各国之间根据各自的优势进行分工,通过国际贸易使各国都能得利。绝对成本说解决了具有不同优势的国家之间的分工和交换的合理性。

但是,这只是国际贸易中的一种特例。该理论成立的前提是双赢的贸易仅仅适用于两个技术发展水平相同或相近的经济体之间,而不能解释两个技术发展水平或生产条件差异较大的经济体之间的贸易。例如,如果一个国家在各方面都处于绝对的优势,而另一个国家在各方面都处于劣势,那么,它们应该怎么办?下面将介绍大卫·李嘉图的比较优势理论,该理论对世界贸易开展的解释更加具有普遍意义。

二、比较优势理论

(一)比较优势理论的含义

大卫·李嘉图在其代表作《政治经济学及赋税原理》中提出了比较优势理论。比较优势理论认为,国际贸易的基础是生产技术的相对差别(而非绝对差别),以及由此产生的相对成本的差别。每个国家都应根据"两利相权取其重,两弊相权取其轻"的原则,集中生产并出口其具有"比较优势"的产品,进口其具有"比较劣势"的产品。比较优势贸易理论在更普遍的基础上解释了贸易产生的基础和贸易利得,大大发展了绝对优势贸易理论。

(二)比较优势理论的实例

仍以英国和葡萄牙两国为例,原来两个国家都生产葡萄酒和毛呢,在生产过程中各自所消耗的成本如表11.2所示,从图表中可知,英国在生产葡萄酒和毛呢中具有绝对的成本劣势,相反的,葡萄牙在生产葡萄酒和毛呢中具有绝对的成本优势。这一生产现实是对绝对优势理论的挑战,因此,比较优势理论是更具有现实普遍意义的贸易理论基础。

下面从比较优势理论角度解释两个国家应该如何开展国际贸易。

依照比较成本说,葡萄牙应把葡萄酒输往英国,换取英国的毛呢。这样对葡萄牙比较有利,因其国内用一单位葡萄酒只能换 0.89 单位毛呢,若用葡萄酒同英国毛呢交换,则可得 1.2 单位毛呢,比本国多得 0.31 单位。英国用毛呢换葡萄酒,也比国内自行交换有利,因为在英国一单位毛呢只能换 0.83 单位葡萄酒,而把毛呢输往葡萄牙则可得 1.125 单位葡萄酒,多换 0.295 单位。

这就是说,当甲乙两国相比,乙国各种生产率都低于甲国时,乙国应选择生产与甲国生产率相差最小的产品,甲国则从乙国进口该产品,这样对甲乙两国都有利。

表 11.2　比较优势理论实例

	葡萄酒(单位)	毛呢(单位)
英国投入劳动力	100	120
葡萄牙投入劳动力	90	80

【案例 11.1】

种植玫瑰还是生产计算机

1996 年的情人节,恰好与关键的新罕布什尔州初选日期 2 月 20 日相隔不到一周。这一天,共和党候选人帕特里克·布坎南(Patrick Buchanan)在一个花圃为他的妻子买了一束玫瑰。他趁此机会发表了一次演说,谴责美国日益增长的鲜花进口将美国鲜花种植者挤出了该行业。确实,美国的冬季玫瑰有一部分是由南美进口的,且南美玫瑰所占的市场份额日渐上升。但这是一件坏事吗?

冬季玫瑰对解释为什么国际贸易有利可图提供了绝好的例子。首先考虑要在 2 月份给美国情侣们提供新鲜的玫瑰是如何的不容易。这些花必须生长在加热的温室里,在能源、资本投入以及其他稀缺资源方面花费很大。这些资源本可以用来生产其他商品。由于不能兼顾,就不可避免地出现产品间的替代。为了生产冬季玫瑰,美国就不得不少生产其他产品,比如计算机。经济学家用机会成本(opportunity cost)这一概念来描述这种产品之间的替代。玫瑰的机会成本用计算机来表示是指生产一定数量玫瑰的资源所能生产的计算机的数量。

例如,假设美国为情人节种植了 1000 万支玫瑰。如果将种植这些玫瑰所用的资源用来生产计算机,则可生产 10 万台。于是,这 1000 万支玫瑰的机会成本就是 10 万台计算机。(相反的,如果生产的是计算机,则这 10 万台计算机的机会成本就是 1000 万支玫瑰。)

这 1000 万支情人节玫瑰也可以在南美种植。这样,用计算机来衡量的这些玫瑰的机会成本则很可能比在美国的要低。一则,在南半球种植 2 月玫瑰要容易得多,因为南半球的 2 月是夏季而非冬季;再则,相对于美国工人来说,南美工人在生产复杂产品如计算机时的效率要低一些。也就是说,用给定数量的资源来生产计算机,在南美生产的数量将比在美国生产的少。于是,这种替代在南美则可能变成 1000 万支玫瑰相当于 3 万台计算机。

这种机会成本上的差异给世界生产提供了一个进行互利性重新组合的可能性。让美国停止种植冬季玫瑰,将这些资源转而用来生产计算机;与此同时,让南美把制造计算机所必需的资源转而生产玫瑰。这样,在生产上的变化结果将会使世界上种植的玫瑰数量不变,但生产的计算机数量更多。所以,当美国集中生产计算机,南美集中种植玫瑰时,这种生产上的重组将增大整个世界经济的规模。由于世界作为一个整体生产了比以前更多的产品,则在理论上可以提高每个人的生活水平。

国际贸易使得世界产出增长的原因是：它允许每个国家专门生产自己有比较优势的产品。如果一个国家在本国生产一种产品的机会成本（用其他产品来衡量）低于在其他国家生产该种产品的机会成本，则这个国家在生产该种产品上拥有比较优势。

在本例中，南美拥有种植冬季玫瑰的比较优势，而美国拥有生产计算机的比较优势。如果南美为美国市场生产玫瑰，而美国同时也为南美市场生产计算机，则两地的生活水平都会提高。我们因此可以领悟到比较优势和国际贸易的基本理论。

资料来源：《国际经济学》（第八版）【美】克鲁格曼 奥伯斯法尔德

第二节 汇率理论

一、外汇

（一）外汇的定义

外汇具有静态和动态两层含义。

外汇的动态含义是指将一国的货币兑换成另一国的货币。借以清偿国际间债务债权关系的专门性货币经营活动，它是国际间汇兑（Foreign Exchange）的简称。

外汇的静态含义则是指以外国货币表示的，用于国际间结算的支付手段和信用工具。这种支付手段包括以外币表示的信用工具和有价证券，如：银行存款、商业汇票、银行汇票、银行支票、外国政府库券及其长短期证券等。

人们通常所说的外汇，一般都是就其静态含义而言。

（二）外汇的特性

因为在国际汇兑中一国的货币并非可以兑换任何他国的货币，而只能兑换成各国都能接受的某种支付手段和信用工具，如外国货币、外币有价证券、外币支付凭证等。因此，国际货币基金组织（IMF）规定：外汇是货币行政当局以银行存款、财政部证券、长短期政府证券等形式所持有的国际收支逆差时可以使用的债权。所以，外汇具有以下三个特性：

第一，可支付性。必须是以外币表示的资产；

第二，可兑换性。如果人们能够不受许多限制，按官方汇率将本国货币兑换为外国货币，那么这种货币就是可兑换货币；如果有许多限制，那么这种货币就被认为是不可兑换的货币。从某种意义上说，可兑换性是一个程度问题，而不是一个有无问题。对可兑换性可以给予许多不同的限制，比如，资本项目的交易就要受到很多限制，国内居民经常不准购买注入债券、股票和不动产之类的外国资产，或者不准把货币存入外国银行账户中。

第三，可获得性。必须是在国外能够得到偿付的货币债权。

（三）外汇的分类

根据外汇的来源和用途不同，划分为：

1. 贸易外汇。它是指进出口贸易所收付的外汇，包括货物及相关的从属费用，是一个国家外汇的主要来源与用途。

2. 非贸易外汇。它是指除进出口贸易和资本输入输出以外的其他各方面所收付的外汇，包括劳务外汇、侨汇、捐赠外汇和援助外汇等。

根据外汇的交割期限，划分为：

1. 即期外汇，又称现汇。是指外汇买卖成交后，在当日或在两个营业日内办理交割的外汇。

2. 远期外汇，又称期汇。是指买卖双方不需即时交割，而仅仅签订一纸买卖合同，预定将来在某一时间（在两个营业日以后）进行交割的外汇。

外汇是国际经济交往的必然产物，在国际贸易中起媒介作用，推动着国际经贸关系的进一步发展。而且外汇在国际政治往来、科学文化交流等领域中也有非常重要的纽带作用。

（四）外汇的作用

1. 外汇作为国际结算的计价手段和支付工具，转移国际间的购买力，使国与国之间的货币流通成为可能，方便了国际结算。国际间各种形式的经济交往形成了国际间的债权债务关系，国际间债权债务的清算需要一定的支付手段。

2. 外汇的出现促进了国际贸易的发展。利用外汇进行国际结算，具有安全、便利、节省费用和节省时间的特点，因此加速了国际贸易的发展进程，扩大了国际贸易范围。

3. 外汇能调节资金在国际间的流动，调节国际间资金供求的不平衡，加速世界经济一体化的进程。各种外汇票据在国际贸易中的运用，使国际间的资金融通范围扩大，同时随着各国开放度不断加强，剩余资本借助外汇实现了全球范围的流动，因此外汇加快了资本流动的速度，扩大了资本流动的规模，促进了世界经济一体化进程的加快。

4. 外汇可以充当国际储备手段。一个国家需要一定的国际储备，以应付各种国际支付的需要。在黄金充当国际支付手段时期，各国的国际储备主要是黄金。随着黄金的非货币化，外汇作为国际支付手段，在国际结算中被广泛采用，因此外汇成为各国的一项十分重要的储备资产。若一个国家存在国际收支逆差，就可以动用外汇储备来弥补；若一个国家的外汇储备多，则代表该国国际清偿能力强。外汇在国际支付中的重要作用，决定了它是重要的国际储备手段。外汇在充当国际储备手段时，不像黄金那样必须存放在金库中，成为一种不能带来收益的暂时闲置资产。外汇广泛地以银行存款和以安全性好、流动性强的有价证券形式存在，给持有国带来收益。

【案例 11.2】

关注我国外汇储备安全问题

全国政协经济委员会副主任,民盟中央原名誉副主席　厉以宁

当前,在国际经济仍然动荡的形势下,防止我国外汇储备持续贬值是一个值得关注的问题。从理论上分析,外币的贬值影响外汇储备安全,而某种外币的贬值可能是该国国内经济波动的结果。我们在这方面能够做些什么?我认为,可以从以下六方面着手:

第一,优化外汇储备结构

任何一种硬通货在我国外汇储备中占多大比重,并无固定不变的模式,要根据实际情况,及时调整,全盘考虑。但调整的速度不宜过快,调整的次数也不宜过勤,否则引起国际经济动荡加剧,反而对我国不利。

第二,外汇储备可以扩大为外汇黄金储备

最近几年黄金价格呈上升态势,因此我国可以适当增加黄金储备,特别是在黄金价格稍有下跌的时候,应该抓紧时间以外汇购入黄金。增加黄金储备,对于保证外汇储备的安全是有利的。

第三,要树立外汇资产储备的理念

目前我国的外汇储备是单纯由外币构成的。实际上,从国家外汇储备安全的角度来说,应该既有外币所构成的外汇储备,还可以用能够较快变现的外汇资产作为储备。外汇资产如果能够较快变现,效果会比外币储备更好,因为外汇资产在保值增值方面比外币可靠。要选择优质的外汇资产,如土地、矿山、森林以及业绩好的上市公司股票。此外,外汇资产的收益可能大于所持有的外币债券的收益。

第四,利用外汇储备作为对外信贷资金

这主要是指利用一部分外汇储备作为对外贷款,带动产品出口、工程承包、劳务输出、或在境外设立生产基地、物流设施等。这样不仅可以带动国内经济发展,增加就业,还可以获得外汇收入。

第五,用活外汇储备的关键在于如何"用"

根据经济学理论,外汇储备代表着一大笔资产,把这么多的外币放在那里不用,本身就是一种损失。这是因为,一方面,外币闲置不用,表明机会成本在上升,另一方面,如果外币在贬值,损失就更大了。所以外币储备要"用"。

那么怎样才能"用活"呢?一是鼓励国内企业走出去,二是增加进口先进的机器设备、短缺的原材料和燃料,三是建立海外投资基金。管理和经营是两个不同的经济学概念,管理主要是在既定的资本存量条件下,使资源配置合理,产生更大的效率。经营的前提是假定资本存量是可变的,通过有效的经营,使资本不断增值,使资本存量增加。管理和经营同样重要,在对待外汇储备方面,不但要善于管理,而且要善于经营。

第六，力求做到"藏汇于国"和"藏汇于民"并重

"藏汇于国"是指国家拥有外汇储备，"藏汇于民"是指民间拥有外汇储备，二者应当并重。民间外汇储备又分为企业拥有的外汇储备和居民个人拥有的外汇储备两个部分。鼓励民间增加所储存的外汇，是有利于经济稳定和经济发展的。

这主要因为，民间外汇储备由于机制灵活，自担风险，分散持有，而又信息来源多样化，这样，一旦国际经济发生动荡或外汇市场波动，民间（无论是企业还是个人）总会随时采取对策，力求保值，避免意外损失。民间外汇储备越多，我国的外汇储备安全就越有保障。

当然，民间持有较多的外汇，也有可能增大外汇市场的风险，这就要求政策引导和金融监管到位，只要制度齐全和完善，风险是可以预防的或减少的。总的来说，"藏汇于民"不失为可以采取的一种措施。

经济学中一个未解决的难题是所谓一国"最优外汇储备量"是多少。比如说，外汇储备占GDP的多少是"最优的"。由于专家们的分歧很大，而且各国具体情况不一，所以计算出来的"最优外汇储备量"指标不一定可信。但不管怎样，要用好、用活外汇储备，是带有普遍性的。当前我们应当在这方面多下功夫。谢谢大家。

资料来源：2011 年 3 月 8 日 全国政协十一届四次会议第二次全体会议发言　厉以宁
摘自新华网

二、汇率与汇率制度

（一）汇率的含义

由于世界各国货币的名称不同，币值不一，所以要对一个国家的货币与其他国家的货币之间规定一个兑换率，即汇率。也就是说，汇率是一国货币兑换另一国货币的比率，是以一种货币的价格表示另一种货币的价格。

（二）汇率的表示方法

根据汇率表示方法的不同，可以分为直接标价法和间接标价法，国际上各国通常采用直接标价法。

1. 直接标价法

直接标价法是指为购买一单位外国货币所必需的本国货币的单位数量。包括中国在内的绝大多数国家目前都采用直接标价法。在国际外汇市场上，日元、瑞士法郎、加元等均为直接标价法，表 11.3 所示为某日国际外汇市场行情，从表格中可知为购买 1 美元所必须支付的人民币是 6.3074 元，所必须支付的日元是 77.2 日元。相反的，为购买 1 元人民币所必须支付的美元是 0.1585 美元，所必须支付的日元是 12.24 日元，等。

表 11.3　国际外汇市场行情表（2011年1月6日12时36分）

	美元	人民币	日元	欧元	英镑	瑞郎	澳元
美元	1	6.3074	77.2	0.7817	0.6451	0.9527	0.9755
人民币	0.1585	1	12.24	0.1239	0.1023	0.151	0.1547
日元	0.013	0.0817	1	0.0101	0.0084	0.0123	0.0126
欧元	1.2793	8.0691	98.75	1	0.8252	1.2187	1.2479
英镑	1.5502	9.7774	119.66	1.2118	1	1.4767	1.5121
瑞郎	1.0496	6.6206	81.03	0.8205	0.6772	1	1.024
澳元	1.0251	6.4657	79.13	0.8013	0.6613	0.9766	1

另外两个重要的概念是本币升值和本币贬值。在直接标价法下，若一定单位的外币折合的本币数额多于前期，则说明外币币值上升或本币币值下跌，叫做外汇汇率上升；反之，如果用比原来少的本币即能兑换到与原来同一数额的外币，则说明外币币值下跌或本币币值上升，叫做外汇汇率下跌，即外币的币值与汇率的涨跌成正比。例如，2011年11月14日，人民币对美元的外汇牌价是6.3301元，而2011年11月15日是6.3436元，说明为购买一单位美元所付出的人民币数量增加，人民币贬值，即本币币值下跌，或外汇汇率上升。

直接标价法的特点是：第一，外币的数量固定不变，折合的本币的数量则随着外币币值和本币币值的变化而变化。第二，汇率的涨跌都以本币数额的变化来表示。在这种方式下，外汇汇率的涨落与本币标价额的增减是一致的，更准确地说，本币标价额的增减"直接"表现了外汇汇率的涨跌。

2. 间接标价法

间接标价法是为购买一单位本国货币所必需的外国货币的单位数量。国际外汇市场上，欧元、英镑、澳大利亚元采用间接标价法，如1英镑=1.6025美元，表示为购买一单位英镑所必须支付的美元是1.6025美元；1欧元=1.5680加拿大元，表示为购买一单位欧元所必须支付的加拿大元是1.5680加拿大元。

在间接标价法中如何表示本国货币的升值和贬值呢？由于间接标价法中本国货币数额保持不变，外国货币的数额随着本国货币币值的变化而变动，因此，如果一定数额的本币能兑换的外币数额比前期少，这表明外币币值上升，本币币值下降，即外汇汇率下降；反之，如果一定数额的本币能兑换的外币数额比前期多，则说明外币币值下降、本币币值上升，即外汇汇率上升，即外币的价值和汇率的涨跌成反比。比如，如果某日1英镑=1.6025美元，而第二日的外汇牌价显示1英镑=1.7025美元，表示为购买一单位英镑所需要付出的美元数量增加，所以美元币值下降，英镑币值上升。

间接标价法的特点是：第一，本币的数量固定不变，折合的外币的数量则随着本币币值和外币币值的变动而变动。第二，汇率的涨跌都以相对的外币数额的变化来表示。如果一定单位的本币折成外币的数量比原来多，则说明本币汇率上升，外币汇率下跌。

(三)汇率制度

汇率制度又称汇率安排,是指各国或国际社会对于确定、维持、调整与管理汇率的原则、方法、方式和机构等所作出的系统规定。

按照汇率变动幅度的大小,汇率制度可分为固定汇率制和浮动汇率制。

下面这个故事体现了汇率制度对国民收入的影响。一个美国人带着 10 万美元到中国旅游,当时的汇率是 1 比 6.8,他首先通过银行兑换了 68 万元人民币,然后在全国各地旅游,花掉了 18 万元人民币,回国时,人民币升值,1 美元可以兑换 5 元人民币,那么他剩余的 50 万元人民币又换回了 10 万美元。可见,汇率制度的调节对于一国经济的重要影响和意义。

1. 固定汇率制

在固定汇率制体系下,中央银行固定本国货币与一种外国货币的相对价格。这个固定的价格有时也被称为该货币的平价。

这种固定汇率通常用来表示货币之间不可改变的确定价格,它没有变动的可能性。

19 世纪占主导地位的汇率安排就是固定汇率制度。从历史发展进程来看,自 19 世纪中末期金本位制在西方各国确定以来,一直到 1973 年,世界各国的汇率制度基本上属于固定汇率制度。固定汇率制度经历了两个阶段:一是从 1816 年到第二次世界大战前国际金本位制度时期的固定汇率制。在实行金本位制度的国家,其货币汇率是由铸币平价决定的。由于金币可以自由铸造、银行券可以自由兑换金币、黄金可以自由输出输入,汇率受黄金输送点的限制,波动幅度局限于很狭窄的范围内,可以说金本位制度下的固定汇率制度是典型的固定汇率制度。二是从 1944 年到 1973 年的布雷顿森林体系的固定汇率制度。1944 年,在美国布雷顿森林召开了一次国际货币金融会议,确定了以美元为中心的汇率制度,被称为布雷顿森林体系下的固定汇率制度。其核心内容为:美元规定含金量,其他货币与美元挂钩,两种货币兑换比率由黄金平价决定,各国的中央银行有义务使本国货币与美元汇率围绕黄金平价在规定的幅度内波动,各国中央银行持有的美元可按黄金官价向美国兑取黄金。

1971 年,美国理查德·尼克松总统取消了美元对黄金的可兑换性,并单方面改变美元对其他国际货币的汇率,使得布雷顿森林体系瓦解。自 1973 年以来,工业国家的主要货币一直在管理浮动汇率制度下运行。

固定汇率制度的优点是汇率具有相对稳定性,汇率的波动范围或自发地维持、或人为地维持,这使进出口商品的价格确定、国际贸易成本计算和控制、国际债权债务的清偿都能比较稳定地进行,减少了汇率波动带来的风险。此外,汇率的稳定也在一定程度上抑制了外汇投机活动。因此固定汇率制度对世界经济发展起到一定的促进作用。

但是,在固定汇率条件下,要维持汇率不变,必须处理好内外平衡问题,即保持国际收支平衡以便使汇率维持不变和控制总需求以便接近没有通货膨胀的充分就业的状态。例如,实行固定汇率制度的国家,当国际收支出现逆差时,不能及时地通过汇率变动使国际收支自动达到平衡,往往会引起该国大量黄金外汇外流,国际储备大大下降。此外实行固定汇率制度会在国际间传导通货膨胀。因为价值规律是商品交换的普遍规律,当一国发生通货膨胀时,该国货币对内贬值,而由于实行固定汇率制度不能及时调整汇率,必然因国内物价上涨引起其他国家向该国大量出口,导致出口国出现贸易顺差,这样出口国货币供给量因外汇收入增加而增加。出口国一方面商品供应减少,另一方面货币供给增加,极容易引发通货膨胀,这种通货膨胀与固定汇率制度密切相关。

2. 浮动汇率制

浮动汇率制,也叫做弹性汇率制,在这种汇率制度下,中央银行没有任何一个支撑给定汇率的承诺,即中央银行确定货币供给量,但不承诺具体汇率,而让货币价格根据货币供求的波动变化来自由调节。但是,在具体的实践中,使用浮动汇率制的国家常常试图通过外汇操作来影响本国货币的价值,因此浮动汇率制又进一步分为清洁浮动和肮脏浮动。

所谓清洁浮动,是指中央银行不通过外汇买卖干预外汇市场,在这种汇率制度下,汇率的随机性和通货膨胀偏向较大。肮脏浮动,也叫做有管理的浮动汇率制度,是指货币当局通过各种措施和手段对外汇市场进行干预,以使汇率向有利于本国经济发展的方向变化。货币当局虽然干预外汇市场,但不捍卫任何确定的平价,干预的频率根据汇率目标而定。有管理的浮动汇率制度避免了汇率的过分波动,但中央银行的行为有时缺乏透明度,可能引起一定的不确定性。

2005年7月21日,中国人民银行宣布:中国开始实行以市场供求为基础、参考一篮子货币进行调节、有管理的浮动汇率制度,并让人民币对美元升值2%。中国人民银行的这一决定标志着中国的汇率制度改革和经济增长战略调整正在进入一个新的阶段。

> **【案例11.3】**
> **我国汇率制度的演变**
>
> 随着国有银行股份制改革全面推行,我国推出汇率形成机制改革的条件已基本成熟。由此,与人民币升值问题密切相关的我国汇率制度演变历史,引起人们关注。现简要介绍相关知识。
>
> 人民币汇率经历了由官定汇率到市场决定,由固定汇率到有管理的浮动汇率制的演变。主要经历三个阶段。
>
> 1. 计划经济时期
>
> 在我国国民经济的恢复时期(1949年~1952年底),人民币汇率的制定基本上与物价挂钩。进入社会主义建设时期至1967年底,我国的汇率制度的显著特点,是汇价与计划固定价格和计划价格管理体制的要求相一致,人民币汇率与物价逐渐脱钩。1968年~1978年期间,为了避免汇率风险,人民币实行对外计价结算,根据这一时期我国对外贸易中经常使用的若干货币在国际市场上的升降幅度,加权计算出人民币汇率。

因此,也有这样的说法,1973年之前,人民币实行盯住英镑的固定汇率制度,1973年之后,实行盯住一篮子货币的固定汇率。

2. 经济转轨时期

改革开放以来,我国汇率制度的改革不断推进。1979年8月,国务院决定改革现行的人民币汇率体制,除了继续保留对外公布的牌价适用于非贸易结算外,还决定制定适用于外贸的内部结算价。1980年开始,各地企业多余的外汇可到官办的外汇调剂市场交易,在官方汇率之外,又产生了调剂汇率,形成了官方汇率与外汇调剂市场汇率并存的双轨格局。

1985年,取消内部结算价,两种汇率并轨,重新实行单一汇率,统一实行1美元兑2.8元人民币的官方汇率。之后几年,人民币汇率逐步下调,到1993年底,人民币官方汇率下调至1美元兑5.8元人民币。

3. 社会主义市场经济时期

1994年,人民币汇率制度的改革迈出一大步。同年1月,我国政府宣布:执行以市场供求为基础的、单一的、有管理的浮动汇率制度,人民币最终将走向完全可兑换。

人民币官方汇率与外汇调剂市场汇率并轨,实行银行结售汇,建立了全国统一的银行间外汇市场。

汇率并轨之初,1美元兑8.7元人民币,此后缓慢升值。到1997年末,因需应对亚洲金融风暴冲击,我国收窄了汇率浮动区间。到2001年中,人民币与美元的比值为1美元兑8.28元人民币,至今稳定在这个水平上。国内外专家将这一汇率制度称为:事实上的盯住美元制度。

资料来源:《中国证券报》2005年4月29日

第三节 国际收支

国际收支是由一个国家对外经济、政治、文化等各方面往来活动而引起的。生产社会化与国际分工的发展,使得各国之间的贸易日益增多,国际交往日益密切,从而在国际间产生了货币债权债务关系,这种关系必须在一定日期内进行清算与结算,从而产生了国际间的货币收支。

国际间的货币收支及其他以货币记录的经济交易共同构成了国际收支的主要内容。

(一) 国际收支的含义

国际货币基金组织对国际收支的定义为:国际收支是一种统计报表,系统的记载了在一定时期内经济主体与世界其他地方的交易。大部分交易在居民与非居民之间进行。对这一概念的理解要注意以下几点:

第一,国际收支是一个流量概念。

第二,国际收支所反映的内容是经济交易,包括:商品和劳务的买卖、物物交换、金融资产之间的交换、无偿的单向商品和劳务的转移、无偿的单向金融资产的转移。

第三,国际收支记载的经济交易是居民与非居民之间发生的。

(二)国际收支平衡表

国际收支平衡表记录了一国同外国的全部经济交易,不仅包括纯粹经济交易引起的货币收支,还包括政治、文化、军事引起的货币收支。

国际收支平衡表的内容有:经常项目、资本项目、错误与遗漏。

国际收支平衡表一般采用复式记账原则,即任何一笔交易要求同时作借方记录和贷方记录;一切收入项目或负债增加、资产减少的项目都列入贷方;一切支出项目或资产增加、负债减少的项目都列入借方;借贷两方金额相等。如果交易属于单向转移,记账的项目只有一方,不能自动成双匹配,就要使用某个特种项目记账以符合复式记账的要求。

1. 经常项目

经常项目指本国与外国进行经济交易而经常发生的项目,是国际收支平衡表中最主要的项目,具体包括对外贸易收支、非贸易往来和无偿转让三个项目。

第一,商品的进出口是经常项目交易最重要的一个内容。

包括绝大多数可移动货物在跨国界交易中所有权的转移。有时商品所有权已经转移,但商品尚未出入国境,也应列入商品进出口项目中。其中包括:船舶、飞机、天然气和石油钻机及钻井平台等,本国船只打捞的货物及捕获的鱼类等水产品并直接在国外出售者,本国政府在国外购进商品供应本国在另一国的使用者,进口上已取得商品所有权,但在入境前已湿或损坏者。有的商品虽已出入国境,但所有权并未改变的,不列入商品进出口项目。

第二,劳务费用是经常项目的第二大内容。

主要包括:商品的运输费、保险费和其他附属费用,如港口费用,客运的车、船票及车、船上的其他劳务费用等;旅游,即旅游者在该国停留期间为本人或他人购买的商品和劳务;投资收入,包括经营直接投资企业的利润收入和参股投资者所得的股息收入;以及其他商品和劳务收支,即上述各项以外的官方交易、私人交易和私人财产收入等。

第三,单方面转移款项。

主要包括移民转移款项、侨民汇款,政府无偿援助、赠款,政府向国际组织缴纳的行政费用等。

2. 资本项目

资本项目指资本的输出输入,所反映的是本国和外国之间以货币表示的债权债务的变动,换言之,就是一国为了某种经济目的在国际经济交易中发生的资本跨国界的收支项目。在国际收支统计中,资本项目亦称资本账户。包括各国间股票、债券、证券等的交易,以及一国政府、居民或企业在国外的存款。分为长期资本(合同规定偿还期超过1年的资本或像公司股本一样未定偿还期资本)和短期资本(即期付款的资本和合同规定借款期为1年和1年以下的资本)。

资本项目在国际收支平衡表中,是与经常项目并列的两个主要项目之一,用于统计资本国际收支的项目,主要包括资本和储备两项内容。

第一,资本。主要包括直接投资、证券投资等。

直接投资是指一国的公司、企业或个人在另一国设立企业,直接进行生产或商业活动。企业的所有权集中在单一的外国投资者或投资者集团手中。国际收支平衡表资本项目中的直接投资既包括外国在本国的直接投资,也包括本国在外国的直接投资。证券投资是在长期债券和公司股票上的投资,如一国公司、企业和个人对另一个国家的长期国债、公司债券、票据、股票和期权等货币市场工具和金融创新工具的购买。许多国家常把外国一个投资者或投资者集团在有投票权的股份中所占比例达10%~25%以上的,作为直接投资。此外,资本项目还包括一些未列入上述两种投资内的其他资本交易活动,如贸易信贷、贷款、货币及存款等。其中要注意的是信贷的本金部分记入资本项目,而利息则记入经常项目。

第二,储备项目。实际是一国用以平衡国际收支或用本国货币对外汇汇率进行干预的手段。储备项目主要包括货币黄金(即一国官方持有的作为货币资金使用的黄金)、外汇储备、国际货币基金组织的特别提款权和国际货币基金组织成员国在基金组织的储备头寸、外汇,如货币,存款,可转让、贴现的证券及其他债权等。

(三)国际收支的平衡

国际收支的平衡指一国国际收支净额即净出口与净资本流出的差额为零。相反的,如果净出口与净资本流出的差额不为零,就会出现国际收支的不平衡。国际收支的不平衡可以具体体现在经常项目和资本项目两个方面。

经常项目的平衡计算方法是指贸易收支的总和(商品和服务的出口减去进口)减去生产要素收入(例如利息和股息),然后减去转移支付(例如外国援助)。那么,经常项目顺差(盈余)表示增加了一个国家相应金额的外国资本净额;经常项目逆差(赤字)则恰好相反,表示减少了一个国家相应金额的外国资本净额。

【小资料11.1】

外汇局:上半年我国国际收支"双顺差"

国家外汇管理局今天(16日)公布的2011年二季度及上半年我国国际收支平衡表初步数据显示,今年二季度及上半年,我国国际收支经常项目、资本和金融项目(含净误差与遗漏)均呈现"双顺差",国际储备资产继续增长。

二季度,经常项目顺差696亿美元。其中,按照国际收支统计口径计算,货物贸易顺差685亿美元,服务贸易逆差108亿美元,收益顺差44亿美元,经常转移顺差75亿美元。资本和金融项目(含净误差与遗漏)顺差670亿美元,其中,直接投资净流入402亿美元。国际储备资产增加1 365亿美元,其中,外汇储备资产增加1 369亿美元(不含汇率、价格等非交易价值变动影响),在基金组织的储备头寸减少2亿美元。

上半年,我国国际收支经常项目顺差984亿美元,资本和金融项目(含净误差与遗漏)顺差1 793亿美元,国际储备资产增加2 777亿美元。

资料来源:《人民日报》2011年8月17日

第四节　对外经济政策

对外经济政策包括对外贸易政策、汇率政策、对外关系协调等方方面面，这里主要介绍对外贸易政策。各国政府针对国际贸易都会采取各种各样的政策，这些政策不仅包括以下措施，如对某些国际交易征收税收、对某些交易提供补贴、对一些特殊的进出口商品在法律上进行价格或数量的限制，还包括许多其他措施。本节内容将为理解这些最主要的贸易政策手段提供一个基本的框架。

（一）关税的基本分析

关税作为最简单的贸易政策，指对某种进口商品所征收的税款，是国家授权海关对出入关境的货物和物品征收的一种税。主要包括从量关税和从价关税两种。从量关税指对每单位（如"吨"、"箱"等）进口商品征收固定的税额。从价关税指按照进口商品的价值收取一定比例的关税。

关税最终的目的是提高进口商品的成本，从而提高进口商品在本国销售的价格，进而保护本国商品的销售。同时，作为最古老的贸易政策形式，关税一直是各个国家政府的重要收入来源。

（二）贸易政策的其他工具

虽然关税是最简单、最古老的贸易政策，但是随着世界的发展，世界大部分国家对国际贸易活动的干预都发生了很大的变化，采取了很多其他更加隐蔽的贸易政策措施，如出口补贴、进口配额、自愿出口限制，以及国产化程度要求等。这些隐蔽的贸易保护措施回避了受国际市场限制越来越多的关税政策，下面简单进行介绍。

1. 出口补贴

出口补贴是指出口国政府对国内出口产品的公司或个人给予的支付。在这种补贴政策下，出口商会尽量出口产品直到国内价格与国外价格的差额正好等于补贴额时为止。因此，很显然，出口补贴起到促进本国出口的目的。

2. 进口配额

进口配额是指对可能进口的商品实行的直接进口数量限制。这种限制表现在政府主动向一些个人或公司颁发进口许可证，限制了进口产品的数量，进而起到保护本国同类产品的目的。

【小资料 11.2】
《一般商品进口配额管理暂行办法实施细则》

根据《一般商品进口配额管理暂行办法》，为做好配额商品进口管理工作，理顺和明确进口配额管理程序,规范进口配额办理手续,除碳酸饮料外,对进口属于国家计委负责管理的 25 种配额商品,实施"一般商品进口配额证明"管理,具体实施细则如下:

一、"一般商品进口配额证明"由国家计委统一监制,是用户进口配额商品申领进口许可证的凭据。

二、"一般商品进口配额证明"由国家计委授权的配额管理机关根据国家计委下达的配额审核签发,并在"一般商品进口配额证明"上加盖由国家计委统一制发的"一般商品进口配额专用章"。未经国家计委授权的国务院其他部门,其所属企业需进口配额商品的,由外经贸部按照国家计委下达的配额,办理"一般商品进口配额证明"。

三、"一般商品进口配额证明"一式五联。第一联(蓝色)作为申领进口许可证的凭证;第二联(紫色)为订货凭证,交有该项商品经营权的外贸公司连同进口许可证对外订货;第三联(红色)留配额证明发放机关;第四联(黑色)交进口地海关;第五联(黄色)由配额证明发放机关存档。

四、进口属于国家配额管理的商品,进口企业须配额管理机关签发的、盖有专用印章的"一般商品进口配额证明",在有效期内申领进口许可证,海关一律凭授权签许可证机关签发的进口许可证验放。对"一般商品进口配额证明"手续不齐全、或已超过有效期以及持其他文件申领进口许可证的,外经贸部授权签发许可证机关不予办理进口许可证手续。

五、捐赠进口配额商品,按照国家有关规定,经主管部门批准后,接受捐赠单位按管理渠道,持批准文件到配额管理机关办理"一般商品进口配额证明"。

六、利用国外政府贷款、国际金融组织贷款项目进口配额商品,按照国家规定,经审批部门批准后,项目承建单位按管理渠道,持批准文件到配额管理机关办理"一般商品进口配额证明"。

七、对来、进料加工复出口和转口贸易进口的实行配额管理的一般商品,由海关按现行规定进行监管。

八、外商投资企业作为投资进口、自用进口及生产内销产品进口的实行配额管理的一般商品,海关按国家现行规定,凭外经贸部授权发证机关签发的进口许可证验放。

九、外经贸部授权签发进口许可证的机关,按照国家计委下达的进口配额数量,对申领进口许可证的企业,严格审核"一般商品进口配额证明"及其所附订货卡片无误后,方可签发进口许可证,并作好配额核销工作。

十、"一般商品进口配额证明"有效期为 3 个月,在有效期内没有申领进口许可证的,进口配额一律作废。

十一、"一般商品进口配额证明"不得倒卖、涂改、伪造。对违反"一般商品进口配额证明"管理规定的单位和个人,将视情节轻重,给予行政处分,触犯法律的,依法追究刑事责任。

十二、本通知自文到之日起实施。

资料来源:1994 年 4 月 13 日国家计划委员会、对外贸易经济合作部、中国人民银行、海关总署、国家外汇管理局发布

3. 自愿出口限制

自愿出口限制是进口配额的一种特殊形式,指出口国对本国出口产品自愿实行配额限制。通常这种自愿出口限制都是应进口国的要求而特殊制定的,出口国同意进口国的特殊要求,从而进一步减少两国的贸易摩擦等。历史上最著名的例子就是 1981 年以来日本对向美国出口的汽车实行的自愿限制。

【案例 11.4】

现实中的资源出口限制:日本汽车出口

在 20 世纪 60~70 年代,由于美国的汽油税低,美国消费者与外国消费者对汽车种类及型号的需求不同,美国的汽车工业也就基本上不与进口汽车形成竞争,因为国内的需求和生产都是大型汽车,耗油量大。但是,由于 20 世纪 70 年代后期石油危机的出现,尤其是 1979 年的石油价格急剧上涨,美国国内市场上对小型的节能型汽车需求剧增。日本由于本身资源的限制,其汽车厂商开发的车型大都是小型的、节能的。此种"领先性"的需求使得日本汽车在石油价格上涨后十分畅销。美国市场对日本汽车的需求大幅度上升,美国本土的汽车销量迅速减少,三大汽车制造商(通用汽车、福特汽车和克莱斯勒汽车公司)相继出现亏损、失业人员大量上升。1980 年 3 月,美国众议院贸易委员会召开会议,其中美国汽车工会代表强烈要求政府对汽车进口实行限制,美国政府则持反对意见。美国贸易代表认为,限制进口会强化垄断,对美国不利,美国总统经济顾问委员会也认为限制进口所带来的损失会超过由此带来的增加生产和就业的利益。

1980 年 6 月美国汽车工会根据《美国 1974 年贸易法》第 201 条,以外国汽车进口使本国产业受到严重损害为由向美国国际贸易委员会提出诉讼,要求提高进口关税并实施进口配额限制。但美国国际贸易委员会的结论是:美国汽车产业所受到的损害来自石油危机后消费需求的转换、利率过高以及美国经济不景气三个原因。

为解决实际问题,又不至于违反美国在 GATT 的承诺,1981 年 2 月美国众议院贸易委员会访日,3 月美国贸易代表访日,与日本通产省进行磋商。同年 5 月日本政府以通商产业大臣声明的形式发表对美出口轿车的限制措施,同意自愿限制对美国汽车出口,《对美出口轿车的措施》主要内容包括:

(1) 1984 年 3 月底为止,根据外汇及外国贸易管理法对汽车对美国出口进行审查并作出报告;

(2) 第一年(1981 年 4 月到 1982 年 3 月)自愿将出口限制在 168 万辆以内;

(3) 第二年(1982 年 4 月到 1983 年 3 月)的限制额是在原有的基础上再加上市场扩大量的 16.5%;

(4) 根据需要对汽车出口实行出口认可制;

(5) 第三年(1983 年 4 月到 1984 年 3 月)根据美国轿车市场动态,研究第三年是否继续实行数量限制;

虽然自愿出口限制原定 1984 年 3 月结束,但出于各种原因,直到 1994 年日本的汽车自愿出口限制才最终取消。

尽管日本对汽车实行自愿出口限制后,美国汽车产业的经营状况开始好转,美国三大汽车制造商也扭亏为盈,但却给美国消费者带来了巨大的负担与损失。

资料来源:圣才学习网,2010 年 7 月 9 日

4. 国产化程度要求

国产化程度要求指在最终产品中必须有一个明确规定的比例是本国生产的。通常这一比例以价值标准来衡量,即要求产品价格至少有某一份额反映的是国内附加值。

本章小结

1. 绝对优势理论,又称绝对成本说。该理论将一国内部不同职业之间、不同工种之间的分工原则推演到各国之间的分工,从而形成其国际分工理论。绝对优势理论是最早的主张自由贸易的理论,由英国古典经济学派主要代表人物亚当·斯密(1723~1790)创立。

2. 比较优势理论认为,国际贸易的基础是生产技术的相对差别(而非绝对差别),以及由此产生的相对成本的差别。每个国家都应根据"两利相权取其重,两弊相权取其轻"的原则,集中生产并出口其具有"比较优势"的产品,进口其具有"比较劣势"的产品。

3. 直接标价法是指为购买一单位外国货币所必需的本国货币的单位数量。间接标价法是指为购买一单位本国货币所必需的外国货币的单位数量。

4. 国际货币基金组织对国际收支的定义为:国际收支是一种统计报表,系统的记载了在一定时期内经济主体与世界其他地方的交易。大部分交易在居民与非居民之间进行。

5. 关税指国家授权海关对出入关境的货物和物品征收的一种税。

6. 贸易政策的工具包括:关税、出口补贴、进口配额、自愿出口限制、国产化程度要求等。

思考题

1. "中国工人每小时工资是 0.5 美元,如果允许中国无限制地向美国出口,美国工人的工资也会降到这个水平。你不可能只进口 10 美元一件的衬衫,而不进口 0.5 美元的工资率。"分析这句话。

2. "按照比例计算,2005 年到 2007 年,美国制造业月平均工资是中国国内同比的大约 18 倍、16 倍和 14 倍",结合所学过的贸易理论,解释中美之间的贸易关系。

3. 讨论我国汇率政策发展变化的时代特征。

4. 考虑以下交易如何在美国的国际收支平衡表中记录:

(1)一个美国进口商以 90 天信贷向中国运送 500 万美元的粮食。

(2)一个美国人从他在国外的工厂获得 100 万美元的股息,他把这笔款项用于国外工厂的再投资。

(3)日本地震后,美国私立慈善机构送去价值 1 500 万美元的急救设备和衣物。

(4)一家日本公司从沙特阿拉伯进口 2 000 万美元的石油,在它纽约银行的账户上开出支票付款。这张支票又存入同一银行的沙特阿拉伯的账户上。

(5)美国财政部向美国证券商售出官方储备的德国马克,换取 2 000 万美元的现金。

【阅读资料】

(一)改革开放是决定当代中国命运的关键抉择

从1978年12月党的十一届三中全会至今,我国的改革开放事业整整经历了30个年头。作为一个特殊的"历史单元",改革开放30年正被世界关注。在全球经济的低潮中,人们争相评论"中国模式",探究"社会主义市场经济"的活力和"中国特色社会主义"的影响,并用新的眼光打量这不同寻常的30年。

这30年,一个占世界人口1/5的发展中大国,经济从一度濒于崩溃的边缘发展到总量跃至世界第四,人民生活从温饱不足发展到总体小康,中国人民的命运发生了深刻变化;这30年,社会主义中国在波澜壮阔的变革中,探寻出一条生气勃勃的现代化道路,为世界提供了一个新型社会形态社会制度的发展模式。这30年,中国共产党坚定不移地引领这场新的伟大革命,并将几代人矢志追求的现代化梦想和民族复兴进程不断向前推进。

这是改革开放造就的时代奇迹,30年间,中国人民的面貌、社会主义中国的面貌、中国共产党的面貌发生了历史性变化。这一切,无不源于以邓小平同志为核心的党的第二代领导集体做出的历史性决策,无不源于30年前的那个决定当代中国命运的关键抉择。

20世纪70年代末,我们党和国家处于十字路口:要么是按照"两个凡是"的思想路线走下去,在僵化的体制内束缚任何创新和探索,其结果是人民难以摆脱匮乏的物质文化生活,国家难以追赶世界现代化浪潮,社会主义难以获得发展的生机与活力。要么是按照"解放思想、实事求是"的思想路线,打破对本本教条的迷信和崇拜,突破观念和体制的重围,"杀出一条血路",其结果是摸索出一条中国特色社会主义的发展道路,使中国人民得以摆脱贫困,走向富裕;摆脱封闭,走向开放;摆脱落后,走向进步。我们党、我们国家、我们人民毅然选择了后者,将命运牢牢掌握在自己的手里。由此而来的中国巨变已经被世界所公认,为历史所记载。

历史不能假设,但历史总有规律可循,可以让我们以事实为根据,以常识为基点,用无数"如果"探寻事物发展的各种可能性。1978年的世界是怎样的世界?当时,世界上第一个试管婴儿已经在英国出生,美国、日本等发达资本主义国家在经济发展步入第二个"黄金时代"后,正掀起新科技革命的浪潮,韩国、新加坡基本实现了经济起飞,而中国依然在贫困落后中徘徊。如果没有改革开放,如果不发展经济,如果不改善人民生活,如果不奋起直追,只能是死路一条。在当代中国命运攸关的关键时刻,改革开放既是摆脱我们党和国家当时所处的严重困境、摆脱高度集中的计划经济体制的长期束缚、摆脱闭关自守的封闭状态、实现从困境中重新奋起的唯一选择,又是赶上新一轮科技浪潮、在坚持独立自主的前提下、汇入世界文明潮流的必然选择。

30年风雷激荡的伟大实践雄辩地证明,这场历史上从未有过的大改革大开放,极大地调动了亿万人民的积极性,使我国成功实现了从高度集中的计划经济体制到充满活力的社会主义市场经济体制、从封闭半封闭到全方位开放的伟大历史转折。它让一个面向现代化、面向世界、面向未来的社会主义中国巍然屹立在世界东方,也让世界将一个国家30年的沧桑巨变,载入人类文明的光辉史册。

(二)改革开放的方向和道路是完全正确的

一个国家的发展,只有从世界和时代的坐标上去认识,才能准确把握;一个社会的变革,只有源于人民群众的共同呼声,才有生机活力。

把历史的时针拨回到1978年,我们看到,当时法国戴高乐机场一小时起落60架飞机,而北京首都国际机场一小时才起落两架。如今,北京首都机场拥有世界上最大的单体航站楼,每小时可起降飞机超过124架,无论是容量还是先进性都可与世界一流机场媲美。

第十一章 开放经济中的国民收入均衡与调节

从1978年到2008年,改革开放造就的"中国奇迹"中,"国门"的变迁只是一个缩影。30年,中国实现了发达国家上百年才完成的同样程度的工业化、城市化和社会转型。30年,中国经济保持年均近10%的持续高速增长,步入中等收入国家行列。30年,中国农村贫困人口从两亿五千多万减少到两千多万。据世界银行统计,过去25年来全球脱贫所取得的成就中,约67%的成就应归功于中国。中国的发展,不仅使中国人民稳定地走上了富裕安康的广阔道路,而且为世界经济发展和人类文明进步作出了重大贡献。

伟大的成就来自伟大的创举。正是改革开放,推动中国突破思想藩篱,砥砺创新勇气,创造性地建立了社会主义市场经济体制,极大地调动了亿万群众的积极性,激发了一个古老民族的生机与活力。把坚持社会主义基本制度同发展市场经济结合起来,把推动经济基础变革同推动上层建筑改革结合起来,把坚持独立自主同参与经济全球化结合起来,30年来,我们破除了不适合现代化发展要求的体制机制,建立了独具中国特色的现代化发展模式,确立以人为本,推动科学发展……人民群众迸发出排山倒海的创造伟力,真切地感受到了自己的幸福,看到了民族的希望。这场党在新的时代条件下带领人民进行的新的伟大革命,深刻地改变了中国的命运,开辟了中国特色社会主义道路,形成了中国特色社会主义理论体系。

发展是当代中国的主题,改革开放是当代中国的主旋律。发展是解决中国一切问题的"总钥匙",改革开放是推动各项事业发展的根本动力。30年来,我们之所以能够在国际风云变幻中站稳脚跟,之所以能够经受一次又一次严峻考验,之所以能够战胜各种困难和风险,使现代化航船破浪前进,就在于我们始终坚持改革开放的正确方向和道路,解放思想,实事求是,与时俱进,使我们的各项政策符合党心民心、顺应时代潮流,为中国社会的发展进步奠定了坚实的物质基础,凝聚起强大的精神力量。

邓小平同志曾经说过,发展起来了的问题不比不发展起来的时候少。改革开放作为一场广泛而深刻的社会变革,不可能一帆风顺,也不可能一蹴而就。只要我们看看过去,比比现在,摆摆事,算算账,用联系和发展的眼光来看待这30年的历史进程,我们就能够清楚地看到,不改革问题更多,不发展困难更大。不能因发展中出现的一些新的问题和矛盾而否定发展,不能因为改革开放的长期性和艰巨性而否定改革开放。30年的伟大实践充分证明,改革开放成就巨大,彪炳史册。正如党的十七大报告指出的:我国改革开放的"方向和道路是完全正确的,成效和功绩不容否定,停顿和倒退没有出路"。

2008年,在历史与未来的交汇处,改革开放大潮又起。我们将坚定不移地推进改革开放的伟大事业,30年巨变远不是结束,改革开放永无止境。

资料来源:人民日报评论员　人民日报

第十二章
Chapter 12

宏观经济学流派

【学习要点及目标】

本章主要讨论自凯恩斯以后，西方经济学理论所经历的主要流派。其中包括新古典综合派、货币主义、供给学派、理性预期学派及新凯恩斯学派等。本章在说明这些理论学派的特点、主要理论框架、政策主张的同时，也详细论述了这些流派之间的分歧和相互关系。

在诸多的流派中占主导地位的主要是坚持需求决定理论的古典学派和凯恩斯学派。前者主张放任自流的经济政策，而后者则有主张政府对经济进行干预。二者的理论纷争直到现在还在持续，但吸纳了古典主义理论的营养而脱胎换骨的新凯恩斯主义现在仍被大多数国家和政府所采纳。

通过这一章节的学习，学生应当掌握各理论学派产生的背景、发展、主要内容、分歧和对实际的影响，对20世纪以来的西方国家出现的主要经济学流派有一个总体的把握和认识，并在比较分析各学派观点的同时初步形成自己的理论观点。

【引导案例】
全球金融危机与凯恩斯主义经济学

2009年2月8日，北京大学光华管理学院院长张维迎教授，在亚布力中国企业家论坛上发表题为《彻底埋葬凯恩斯主义》的演讲。他在演讲中分析了全球经济危机产生的原因，并提出政策主张。他指出："西方经济学界一般把市场的信仰划分为四个层次。第一个层次就是对市场经济没有任何信仰，不相信市场经济，这是传统的马克思主义经济学；第二个层次是怀疑主义，摇摆不定，有时候信，有时候不信，这是凯恩斯主义经济学，也就是主张政府干预主义的经济学；第三个层次是对市场经济非常信仰，但是也认为，必要的时候，政府应该介入市场，这是芝加哥学派。弗里德曼就认为，经济萧条时期政府应采取积极的货币政策让经济走出低谷;第四个层次是对市场坚定不移,完全信仰,这是以米塞斯和哈耶克为代表的奥地利学派,但这一学派当今的代表人物主要在美国。"

进一步的,他认为"有人把这次经济危机归结于市场失灵,特别是经济自由化导致的结果。确实,危机出现后,凯恩斯主义的经济干预政策已经开始在全世界大行其道。但事实和逻辑分析表明,这次危机与其说是市场的失败,不如说是政府政策的失败;与其说是企业界人士太贪婪,不如说是主管货币的政府官员决策失误。在我看来,这次危机也许是复活奥地利学派经济学和彻底埋葬的凯恩斯主义经济学的机会。"

那么凯恩斯主义与经济自由主义的主张和根本分歧是什么呢?这正是我们这一章要深入研究讨论的问题。

资料来源:张维迎. 全球金融危机与凯恩斯主义经济学. 新浪财经,2009.2.17

第一节 新古典综合派

新古典综合派是指以美国著名经济学家萨缪尔森为代表的美国凯恩斯主义经济学。这个学派的主要代表人物有:詹姆斯·托宾、罗伯特·索洛、弗兰科·莫迪利阿尼等人。

一、新古典综合派的产生

凯恩斯的《通论》问世后,对西方经济学界产生极大影响力,很多西方经济学家们对其大加推崇。然而,也有一些学者认为《通论》的理论结构还有不足之处,凯恩斯的《通论》主要是一种短期分析,它关心的是充分就业问题,而非资源配置问题。因此,有些西方学者认为,凯恩斯的理论并不是一种"一般理论",它也是一种特殊理论。

于是,在《通论》出版的次年(1937年),希克斯就试图把凯恩斯的利率理论和古典学派的利率理论综合起来。20世纪50年代中期开始,萨缪尔森等人为了使凯恩斯经济学适用于非充分就业情形、又适用于充分就业情形的一般理论,决定对凯恩斯理论进行"手术",并首创"新古典综合"一词,用以表示凯恩斯和新古典经济学的结合。1948年,他出版《经济学》第1版,以教科书的形式对凯恩斯经济学和新古典经济学进行了综合。这本书标志着新古典综合派的形成。在1955年的《经济学》第3版中,萨缪尔森提出把较早的经济学和现代收入决定论中有价值的东西"综合"起来,并把这一结果称为"新古典经济学"。在1961年的《经济学》第5版中,他开始用"新古典综合"这一名称来表示其经济理论的特征。在1964年《经济学》第6版中,他对"新古典综合"又作了进一步说明。他认为,新古典综合就是"总收入"决定论与微观经济学经典理论的结合。因为"在管理完善的体系中,运用货币和财政政策使经典理论提出的高度就业的假定得到证实时,经典理论就恢复了原有的地位"。从萨缪尔森的逻辑来看,凯恩斯理论体系似乎既是攻击新古典学派理论,使其濒临困境的对手,又是拯救它的恩人,以凯恩斯理论体系为代表的现代经济学是恢复充分就业假定前提的手段,一旦实现充分就业,两者的相对地位就要转化。

萨缪尔森提出的新古典综合论,广泛地流行于西方经济学界,在20世纪60年代中期以前,新古典综合成为战后西方正统经济学并成为政府干预经济的理论基础。

【知识库】

保罗·萨缪尔森

1915年生于美国印第安纳州的加利市。美国麻省理工学院经济学教授,美国著名经济学家,新古典综合派最主要的代表人物。1935年毕业于芝加哥大学。1936年获哈佛大学硕士学位,1941年获哈佛大学经济学博士学位。此后一直任教于麻省理工学院。1970年因对经济学理论的卓越贡献而获得诺贝尔经济学奖,是第一位获得诺贝尔经济学奖的美国经济学家,他的经典著作《经济学》以40多种语言在全球销售超过4百万册,是全世界最畅销的教科书,影响了整整一代人。

萨缪尔森的研究几乎覆盖经济学的每个领域,其中最主要的是消费选择、国际贸易和宏观经济学三个方面。他运用数学工具对各种经济理论进行较全面的分析。他的《经济学》一书融合宏观微观分析,理论内容涉及面极广,篇幅甚多,亦为以往同类著作所不及。萨缪尔森的著作主要有:《经济分析基础》(1947年)、《经济学》(1948年,至今已出了18版)、《线性规划与经济分析》(与多尔夫曼索洛合著,1958年)、《萨缪尔森论文集》(3卷本集,1965年,1966年,1972年)等。主要论文有:《乘数分析和加速原理的联合作用》(1939年)、《国际贸易和生产价格的均衡》(1948年)、《资本理论的寓言和现实性:代用的生产函数》(1962年)、《处于困境的自由主义者》(1972年)等。

二、新古典综合派的主要观点

(一)混合经济理论

新古典综合派还把现代资本主义经济称为混合经济,是指既有市场机制发挥作用,又有国家对经济生活进行干预的经济。凯恩斯在《通论》中首先提出了混合经济的思想,他指出实现充分就业的唯一办法,就是"让国家之权威与私人之策动力量互相合作。"这就是混合经济理论的来源。

萨缪尔森在《经济学》中进一步阐释了混合经济的问题。萨缪尔森指出,当代西方发达国家是既不同于自由市场经济,又不同于社会主义经济的混合经济,市场价格机制和国家经济干预的有机结合是经济良性运行的基本前提,此为新古典综合的现实基础。他说:"我国的经济是一种'混合经济'在其中,国家机关和私人机构都实行经济控制。"一方面,价格机制通过市场解决基本经济问题,即"生产什么取决于消费者的货币选票","如何生产取决于不同生产者之间的竞争","为谁生产取决于生产要素市场的供给与需求:取决于工资率、地租、利息和利润。"另一方面,"我们的经济不是纯粹的价格经济,而是混合经济;在其中,政府控制的成分和市场的成分交织在一起来组织生产和消费。"政府在经济中的作用日益重要。他强调混合经济包括两个部分:国家管理的公共经济部门和市场机制发挥作用的私有经济部门。国家调节是为了预防和对付经济衰退;发挥市场机制的作用是为了合理配置和充分利用资源,以提高经济效率。

总之,在新古典综合派看来,当今西方国家的经济既不是纯粹的私人经济,也不是完全的公有经济,而是一种私人经济活动与政府经济活动同时并存的混合经济。新古典综合派对混合经济运行机制的分析,是标准的凯恩斯理论中的收入-支出模型。

(二) IS-LM 模型

IS-LM 模型又称为希克斯-汉森模型。1937 年,希克斯在《经济计量学》杂志上发表了《凯恩斯先生和古典学派》一文,第一次提出了 IS-LL 分析。他当时提出此设计时,并未考虑创立一个模式,只是借此模型说明凯恩斯和古典的就业理论一样仅是一种"特例"而不是什么"通论"。1948 年美国经济学家汉森在《货币理论与财政政策》以及 1953 年有《凯恩斯学说指南》中重提这一分析工具,将 LL 曲线改称为 LM 曲线,并对这一模型作出了深入解释,并用来作为商品市场和货币市场的一般分析工具。IS-LM 模型是凯恩斯主义宏观经济学的核心。尽管这个模型有不少缺点,但至今人们仍在继续运用它。如本书前面所述,IS 曲线是产品市场均衡时利率和收入的组合;LM 曲线是货币市场均衡时利率和收入的组合;二者的交点的利率和收入就是产品市场和货币市场同时达到均衡的利率和收入。IS-LM 曲线的交点所确定的收入和利息率的均衡组合,会随着两条曲线中任一条曲线的变动或两条曲线的同时变动而改变。

(三) 菲利普斯曲线

菲利普斯曲线是在 1958 年,由英国伦敦经济学院的新西兰教授菲利普斯教授提出来的。他在《经济学报》上发表了《1861~1957 年英国的失业和货币工资变动率之间的关系》一文,指出货币工资变动率与失业率之间存在着一种此消彼长、互为替代的逆向变化关系。他根据英国 1861~1957 年的统计资料,利用数理统计的方法估算出一条货币工资变动率与失业率的依存关系的曲线,即菲利普斯曲线。菲利普斯曲线表明,货币工资变动率与失业率之间存在一种此消彼长的相互替换关系。根据菲利普斯曲线所反映的失业率与通货膨胀率之间的关系,新古典综合派主张,政府在宏观调控中可以在失业率、工资变化率和通货膨胀率三者之间进行选择。

(四) "滞胀" 理论

凯恩斯主义认为,通货膨胀与失业是不会并存的。当社会存在失业时,总需求的扩大只会增加就业而不会引起通货膨胀;只有当充分就业时,过度需求才会引发通货膨胀。这种通货膨胀称"需求拉动型通货膨胀"。菲利普斯曲线提出了另一种通货膨胀类型——"成本推动型通货膨胀"。但是,这两种理论都无法解释 20 世纪 60 年代后期以来西方国家存在的失业与通货膨胀并存的滞胀现象。因此,新古典综合派就试图用微观经济学补充宏观经济学来解释滞胀问题。新古典综合派解释滞胀的主要观点有以下三点。

第一，微观部门供给异常引起膨胀。提出这种看法的经济学家认为，要说明滞胀问题不仅要看总供给与总需求之间的关系，而且还要看各部门的供求关系。20世纪70年代世界性的石油、农产品供给的短缺及价格的猛烈上升推动了通货膨胀。但是，这种通货膨胀不仅不能解决失业问题，反而还加剧了失业。这是因为与石油、农产品相关的部门因成本过高而销路锐减，结果生产收缩，失业增加，形成了滞胀局面。个别部门供给变动异常及价格变化是微观经济学所讨论的问题，所以说这种理论是用微观理论补充宏观理论来解释滞胀问题。

第二，福利支出的增加引起滞胀。提出这种看法的是萨缪尔森。他认为，政府支出中的福利支出不同于公共工程的支出，它弥补了低收入家庭的收入，使得失业者不急于找工作，也使得萧条时期物价不下跌。政府福利支出的不断增加加剧了通货膨胀，又不能消灭失业，这样就形成了滞胀的局面。这是用微观财政支出结构的变化来解释滞胀问题。

第三，劳工市场的结构特征引起了滞胀。提出这种看法的是托宾和杜森贝利。他们认为，劳工市场上的均衡是指既无失业又无空位，即劳工的供给与需求相一致。但这种情况是少见的，常见的情况是劳工市场的失衡。劳工市场的失衡表现为失业与空位并存，即一方面有许多工人找不到工作，另一方面又有许多工作无人做，这是由于劳工市场是不完全竞争的市场，劳工的供给有工种、技术熟练度、性别、地区之分，对劳工的需求也要受工种、技术、性别、地区的限制，这样在失业的同时又会有空位。货币工资的增长率受劳工市场的均衡和失衡的影响。在失衡的情况下，失业对货币工资增加速度的减缓不及空位对货币工资的增加的加速。这是因为在工会存在的情况下，劳工市场上形成了工资能升不能降的工资刚性有空位存在，工资率上升，有失业存在，工资率不会下降。于是，必然发生下列情况：如果失业大于空位，失业的增加对降低通货膨胀的作用愈来愈小，这是因为空位的存在抵制着工资率的下降，从而使物价继续上升；如果空位多于失业，更会加速工资率的上升；即使空位总额等于失业总额，由于劳工市场的分散与结构特点，劳工市场仍然失衡，工资率仍不会下降。所以，在失业与空位并存的情况下，工资率总是趋于上升的。工资率的上升引起物价的上升，物价的上升又引起工资率的增加，工资与物价螺旋式上升，使通货膨胀加剧，而失业又不会减少，这样就形成滞胀局面。劳工市场的结构特征以及工资的决定用于微观经济学研究的内容，所以这种理论仍然是用微观经济学补充宏观经济学来解释滞胀问题。

三、新古典综合派的政策主张

新古典综合派经济学家对凯恩斯主义进行了系统化的论述，并而提出了相应的政策主张，以利于政府实践。

（一）相机抉择的财政政策和补偿性财政政策

新古典综合派用相机抉择的财政政策取代了凯恩斯的扩张性财政政策，用补偿性的财政政策取代凯恩斯的赤字财政政策。

1. 相机抉择的财政政策

相机抉择的财政政策也叫积极的财政政策,是指政府根据当前的经济形势和对经济未来走向的预测判断,在政府支出和税收方面采取相应措施,逆转经济的运行趋势,以实现一定的宏观经济目标。这种政策的特点是"逆经济风向行事"。即总需求水平过低,产生衰退和失业时,为防止经济衰退和失业率的提高,政府应采取诸如扩大开支和减税等刺激总需求的扩张性财政政策;当总需求水平过高,产生通货膨胀时,政府应取如紧缩开支和提高税收等紧缩性财政措施,以防止经济过热和通货膨胀。

2. 补偿性财政政策

20世纪50年代,汉森等人提出了补偿性的财政政策主张。他们认为,资本主义经济并不是永远处于危机之中,而是时而繁荣,时而萧条,因此,经济政策就不能总是一个基调,而应当根据经济中繁荣与萧条的更替,交替地实行紧缩和扩张政策,即补偿性财政政策。这里的"补偿性财政政策"包含两层含义:一是用政府财政支出的增加或减少来补偿私人投资和私人消费的减少或增加,其目的是为了克服经济的周期波动。二是政府用经济繁荣年份的财政盈余来补偿经济萧条年份的财政赤字。他们强调,不能机械地用财政预算收支平衡的观点来对待预算赤字和预算盈余,而应当从反经济周期的需要来利用预算赤字和盈余。政府为了实现充分就业和消除通货膨胀需要赤字就赤字,需要盈余就盈余,而不应为实现财政收支平衡妨碍政府财政政策的正确制定和实行。

(二)主张财策政策要与货币政策并重

在大萧条的特定环境下产生的凯恩斯经济学,主张政府干预经济,即通过扩张财政政策和货币政策来对付萧条。但凯恩斯认为,由于人们心理上的普遍具有流动性偏好,这使得货币政策效微力乏,因而凯恩斯更强调财政政策的重要性,而认为货币政策只起辅助作用。新古典综合派根据 *IS–LM* 模型分析得出与正统凯恩斯理论不同的结论。根据 *IS–LM* 模型,*LM* 曲线可被划分为三个区域:"凯恩斯区域"、"中间区域"和"古典区域"。当经济处于"凯恩斯区域"时,财政政策完全有效,货币政策完全失效;当经济处于"古典区域"时,货币政策完全有效,财政政策完全失效。这种理论有点对正统凯恩斯理论和古典理论"各打五十大板"的意味,这即是其名为"综合派"部分原因之所在。继而他们认为,"凯恩斯区域"或"古典区域"只是经济生活中的极端例子,大多数时候,社会经济既不处在"凯恩斯区域",又不处在"古典区域",而是处于"中间区域",此时,货币政策和财政政策都有效,但单独使用财政政策或单独使用货币政策的效果没有这两种政策同时使用的效果好。这就是新古典综合派财政政策和货币政策并重的理论。

新古典综合派还进一步提出了运用财政政策和货币政策的不同组合方案来对治20世纪60年代末至20世纪70年代初困扰资本主义世界的"滞胀"问题。

这种方案可以概括为"松紧搭配"。这里所谓"松"是指扩张性政策,所谓"紧"是指紧缩性政策。在此之前,这两种政策都是分开使用的,即对付经济萧条可以用"松",对付经济高涨则宜于"紧"。20世纪70年代的"松紧搭配"是要根据具体情况把这两种政策配合使用。可以搭配的形式有以下两种。

第一，扩张性财政政策和紧缩性货币政策相配合。即在财政政策上用投资优惠（例如，对投资者给予补贴、减免税、保险等优惠待遇）、减税、扩大政府开支的办法来鼓励投资，以增加总需求，促进经济增长。同时，在货币政策上则通过中央银行控制货币供给量的增加，以防止因投资需求旺盛而引起的通货膨胀加剧。

第二，紧缩性财政政策和扩张性货币政策相配合。即在货币政策运用上用扩大银行信贷和降低利息率等办法来鼓励投资，以增加总需求，促进经济增长。同时，在财政政策上通过缩小政府开支，压缩政府对商品和劳务的购买来减少对市场的压力，以稳定物价。

【案例12.1】
财政赤字的影响及我国财政赤字政策的走向选择

财政赤字政策是宏观经济政策的重要组成部分，它既是应对短期经济波动熨平经济周期的重要手段，也是在经济发展某些阶段上扩大公共投资、提高经济长期增长率的重要方式。从历史上看，美国、日本和欧洲的赤字率在短期内都曾出现过较大的波动，如从1981年到2000年的20年间里，美国、日本、法国、德国和英国的赤字率最高分别达到过6%、7.3%、6.0%、3.3%和7.7%，但其长期赤字率则基本稳定在2.5%左右。上述几国过去20年间平均赤字率分别为2.6%、2.5%、3.1%、2.2%和2.6%。这说明在一定时期根据实际需要实行一些短期的财政赤字，以此换来财政长期的平衡是必要的。归根结底，财政平衡是要以经济长期持续发展为基础，脱离经济总体情况的财政平衡既无意义也不可持续。

一般认为赤字对宏观经济的影响有以下几类，一是导致通货膨胀率提高；二是挤出私人投资；三是降低储蓄率进而影响资本形成和长期经济增长率。但是以上这些结论都是在假设经济处于充分就业状态下得出的，当经济运行处于不充分就业状态时，以上这些结论都不能成立。经济运行处于不充分就业状态的标志是需求不足、生产能力利用率低，失业率高等。这时增加赤字可以降低失业率，提高经济资源的利用率，改善全体人民的福利。在这种情况下政府支出不但不会挤出私人投资，还会由于乘数效应而带动、挤入私人投资。

不仅处于经济周期不同阶段的赤字对经济的影响不同，不同性质的政府支出对经济的影响也是不同的。长期以来，西方国家统计中对政府支出没有严格区分投资性支出和消费性支出，很多分析只是笼统地把政府支出作为非生产性的消费支出，由此得出了高赤字将降低储蓄率、减少资本形成并影响长期经济增长率的结论。但实际上，政府投资也可以成为资本形成的重要渠道，这对私人部门发展相对滞后的后发国家更是如此。政府公共投资形成的基础设施是高生产性资本，对一国经济长期发展起到重要的推动与保障作用。从另一方面看，政府的投资支出同时形成了资产，政府总的资产负债状况没有恶化，这和其他性质的政府支出只增加政府债务不增加政府资产的情况迥然不同。从历史上看，政府支出中投资比例较高的日本，其经济增长率也一直高于其他西方国家，日本长期发行建设国债为政府投资项目融资取得了很好的成效。在国际上，赤字只为政府投资支出融资的规则被称为黄金法则（Goiden Rule）。日本在20世纪80年代财政重建时实行这一法则,既保证了经济增长又在一定程度上改善了财政状况。英国从1997年也开始采用黄金法则,目前英国已是欧盟成员中财政状况最好的国家之一。

无论是从我国目前所处的发展阶段来看,还是从我国政府的决策机制来看,我国当前都有实施积极财政政策的有利条件。要积极利用财政政策来促进社会基础设施建设和经济结构的战略性调整,促进建立和完善社会主义市场经济基本制度,提高公共服务水平、推动全面建设小康社会。中国财政收支的黄金规则应是:赤字只能为公共投资、社会保障基金和重点公共服务领域融资,这几项赤字合计最高不应超过当年GDP的5.5%。也就是说,在经济增长的最低谷年份,财政赤字最高不能超过5.5%。这是一个既能够积极利用财政政策促进经济发展,又具有充分谨慎性的比例,美、日、法、意等国历史上都有过财政赤字达到6%左右,而后随着经济的好转又重新实现财政平衡的先例。除黄金规则之外,还应设立一个财政可持续性的原则,以避免债务余额在GDP中的比例失控。这一原则可以表述为当政府债务余额达到GDP的60%左右,应把债务余额增长率和债务利率之和控制在GDP名义增长率之下,这样,债务余额在GDP中的比例就不会继续升高。

资料来源:摘自www.tjufe.edu.cn

第二节 货币主义学派

"货币主义"学派是20世纪50年代后期在美国出现的一个重要的经济学流派。它试图恢复传统的货币数量论的分析法,认为价格总水平和名义国民收入变化的主要决定因素是货币数量的变化,并倡导经济生活的自由放任。"现代货币主义"学派的领袖和奠基者是美国芝加哥大学经济学教授米尔顿·弗里德曼,其他主要代表人物有菲利普·卡甘、卡尔·布伦纳、利樊纳尔·安德森、艾伦·汉尔特斯、戴维·莱德勒和迈克尔·帕金等人。

一、货币主义的产生背景

货币主义产生的背景是由于凯恩斯主义者对传统货币数量论的批评以及对货币重要性的轻视;凯恩斯主义旨在稳定经济的政策反而导致经济的不稳定;发达国家长期推行凯恩斯主义需求管理政策导致在20世纪60年代中后期出现较多的财政赤字、政府债务和不断攀升的通货膨胀。

在《通论》中凯恩斯尖锐批评了货币数量论,认为人们持有财富只在货币和债券这两种形式中选择,货币需求有较高的利率弹性。根据这一假定,货币供给增加会引起利率下降,而利率下降会引起货币需求增加或货币流通速度下降,由于货币供应量 M 的增加被货币流动速度 V 的降低所抵消,所以 M 的变化对名义国民收入 Y 不产生任何影响。货币主义者不赞成凯恩斯主义者对货币数量论所持的态度,认为应当重新认识货币数量论的价值和意义,货币主义者强调"唯有货币重要"。

凯恩斯主义对20世纪50~60年代发达资本主义国家的经济和经济政策产生重要影响，但由于信息不完全，由于经济政策制度实施中存在的时滞现象等原因，导致凯恩斯主义稳定经济政策不能完全奏效，反而引起发达国家通货膨胀不断攀升。

面对凯恩斯主义解释和处理现实经济问题的局限，1965年，弗里德曼发表《货币数量论：重新表述》一文，重新阐述传统货币数量论的思想，并对其进行创新和发展，它为货币主义奠定了方法论和理论的基础。

二、货币主义的理论基础

20世纪初，美国经济学家凯默尔和费雪提出"现金交易数量说"，英国经济学家马歇尔和庇古提出"现金余额数量说"。这两种理论从新的角度丰富和发展了货币数量论，从而成为货币主义的基本理论渊源的重要组成部分。

早在1907年，凯默尔就出版了《货币和信用工具与一般等价物的关系》一书，对于信用和物价水平关系进行研究和论述。1911年，美国经济学家欧文·费雪在《货币的购买力》一书中提出了"交易方程"：

$$Py = MV$$

式中，P为价格总水平或价格指数；y为一国实际国民收入；M为流通中的货币数量；V为货币的流通速度。由于货币流通速度V是由一些"如公众的支付习惯，使用信用范围的大小，交通和通讯的方便与否等制度上的因素"决定的，而这些因素在短期内不会有大的变化，因此，y和V被视为常量。这样，价格就随着货币数量M正比例地发生变化。费雪方程之所以又叫做交易方程，是由于该方程主要强调货币作为交易媒介或作为流通手段的作用。

与费雪强调货币交易媒介职能不同，英国剑桥学派的创始人马歇尔十分强调货币作为储藏手段的作用和职能，认为货币不但有随时购买商品的能力，也可以储存起来延期使用。他从人们手中愿意持有的货币数量角度来分析货币与物价水平的关系，并提出"现金余额数量说"。英国剑桥大学经济学教授庇古，根据马歇尔的学说，于1917年发表的《货币的价值》一文中提出了所谓的"剑桥方程式"。"剑桥方程式"和费雪的"交易方程式"所反映的基本观点是一致的，二者都认为物价水平与货币数量成正比例变化。所不同的是"交易方程式"强调货币在支付过程中的作用（货币供应量的作用），而"剑桥方程式"强调人们手持现金的作用（货币需求量的作用）。剑桥学派重视货币需求的观点对货币主义的理论产生了重要影响。剑桥方程表达如下：

$$M = kY = kPy$$

式中，P为价格总水平或价格指数；y为实际国民生产总值；Y代表以货币计量的国民生产总值，即名义国民生产总值，在数据上$Y=Py$；k为经常持有的货币量，即货币需求总量和名义国民生产总值的比例，k显然为货币流通速度的倒数，这里的M与交易方程中的M在意义上所强调的方面略有不同,它代表人们对货币的需求量从而强调货币作为储藏手段的职能,于是,剑桥方程也就是剑桥学派的货币需求方程。这个方程表明,人们对货币的需求量取决于货币流通速度和名义国民收入两个因素,与 k 的倒数,即货币流通速度成反比,与收入成正比。k 的大小取决于社会商业习惯和制度等因素,在短期内固定不变,可视为常数。y 在达到充分就业均衡时也是一个已知常数。因此,价格水平 P 同货币数量 M 成正比例变化,价格水平的高低取决于货币数量的大小。由于剑桥方程强调货币作为储藏手段的职能,即把货币作为财产的保存形式侧重于货币的持有方面,因此,剑桥方程暗含着利息率对货币需求的影响。

继交易方程和剑桥方程后,在 20 世纪 30 年代,凯恩斯又以灵活偏好为基础提出了新的货币需求方程:

$$\frac{M}{P} = L(y,r) = L_1(y) + L_2(r)$$

式中,L 为对货币的总需求;L_1 为对货币的交易需求;L_2 为对货币的投机需求;r 为利息率;P 为价格水平。

货币主义认为,凯恩斯的货币数量论比以往的货币数量论虽有进步,但也存在着缺点:它只注意利息率和收入对货币需求的影响,而忽略了人们对财富的持有量也是决定货币需求的重要因素。

货币主义的代表人物弗里德曼在吸收和修正凯恩斯灵活偏好论的基础上,推演出了新货币数量论。在作出某种简化性的分析之后,弗里德曼提出的货币需求函数为:

$$M = f(P, r_b, r_e, r_p, w, Y, u)$$

式中,M 为财富持有者手中保存的名义货币数量;P 为一般价格指数;r_b 为市场债券利息率;r_e 为预期的股票收益率;r_p 为预期的物质资产的收益率,即价格的预期变动率;w 为非人力财富与人力财富的比例;Y 为名义收入;u 为其他影响货币需求的变量。

因此,对于货币的需求主要取决于以后四个方面的因素。

(1) 人们以各种形式所持有的总财富。由于财富本身实际上难以衡量,只能用人们的收入来代表。在人们实际测得的收入中,暂时性收入非常不稳定,而恒久性收入却相对稳定,因此,恒久性收入基本能够反映人们的财富状况。

(2) 非人力财富在总财富中所占的比例。弗里德曼把总财富分为非人力财富和人力财富两部分。前者指有形财富,包括货币持有量、债券、股票、资本品、不动产、耐用消费品等,后者指个人挣钱的能力,又称为无形财富。弗里德曼认为,人力财富在总财富中所占比例愈大,或非人力财富在总财富中所占的比例愈小,则对货币的需求就愈大,反之亦然。

(3) 各种非人力财富的预期报酬率。一般说来,各种有形资产预期的报酬率愈高,愿意持有的货币就越少。

(4) 其他影响货币需求的因素,如资本品的转手量、个人偏好等。

三、货币主义的基本假说

(一)自然率假说

自然率主要是指自然失业率而言。所谓"自然失业率",是指在没有货币因素干扰的情况下,由经济体系中的实际因素,如劳动市场的有效性、竞争或垄断程度、阻碍或促进到各种职业部门去工作的制度因素所决定的失业率。自然失业率大体上相当于凯恩斯在《通论》中所定义的自愿失业和摩擦性失业人数在总劳动力中所占的比率。

按照自然率假说,任何一个资本主义社会都存在着一个自然失业率,其大小,取决于该社会的技术水平、资源数量和文化传统,而在长期中,该社会的经济总是趋向于自然失业率(如6%)。这就是说,人为的经济政策的作用可以暂时或在短期中使实际的失业率大于或小于自然率,但是,在长期中,不可能做到这一点。

(二)适应性预期假说

适应性预期假说是卡甘于1956年提出来的。所谓适应性预期,是指当事人以过去的经验为基础并根据他们以前的预期误差来修正每一期的预期。在$(t-1)$期对t期的价格水平所做的适应性预期可定义为:

$$P^e = P^e_{t-1} + \beta(P_{t-1} - P^e_{t-1}) \quad (0 < \beta < 1)$$

其中,β为适应性系数,它决定了预期对过去的误差进行调整的速度。

四、货币主义的主要观点

根据新货币数量论和自然率假说,货币主义形成以下几个理论观点:

第一,货币供应量的增长是决定名义GDP增长的主要的系统性的因素。与凯恩斯一样,货币主义也是一种总需求决定论。但是,与凯恩斯主义不同,货币主义认为名义总需求是主要的宏观经济变量,如总产出、就业量和价格总水平,主要受货币供给变动的影响。而弗里德曼认为,货币需求是少数几个可以观察到的变量的稳定函数,在这些变量中,最为重要的是持久收入。利率虽然是决定货币需求的一个自变量,但是它不是一个重要的变量。因为,货币和其他金融资产之间的替代效应很小,货币需求的利率弹性很低。而货币供给完全取决于货币当局的决策及银行制度。在货币供求均衡时,由新货币数量论的方程式,由于货币流通速度V在短期仅可以作出轻微的变动,而在长期中又是不变的数量,于是货币供给量M便是影响名义收入Y的决定性因素,即货币数量是货币收入波动的主要原因。

第二,在短期中,货币供给量可以影响实际变量,如就业量和实际国民收入;在长期中,货币数量的作用主要在于影响价格以及其他用货币表示的量,而不能影响就业量和实际国民收入。

第三,私人经济具有自身内在的稳定性,国家的经济政策会使它的稳定性遭到破坏。

第四,菲利普斯曲线所描述的通货膨胀与失业的替换关系只在短期存在,在长期中,菲利普斯曲线是垂直的。

第五,通货膨胀是一种货币现象。

五、货币主义的政策主张

以弗里德曼为首的货币主义根据其理论和对经验资料所做的分析,提出自己的政策主张,主要包括以下两点。

(1)主张经济自由化,反对凯恩斯主义的财政政策。货币主义并不仅仅是一种货币理论,它首先体现的是一种经济自由主义思想。货币主义宣扬经济自由主义,反对政府干预,鼓吹自由放任,货币主义者认为,政府对经济的干预既不能提高产量,也不能降低失业率,只能引起经济波动,政府不干预的自由主义的经济才是最有效的经济,要想经济持续发展,就要采取措施削弱政府在经济方面的影响,限制政府的经济作用。

(2)反对"斟酌使用"的货币政策,力主单一政策规则。第二次世界大战后,凯思斯主义在各国得以广泛推行,但是这种以扩张性财政、货币政策来刺激经济增长的做法导致20世纪60年代西方各国普遍出现的严重的"滞胀"问题。以弗里德曼为首的货币主义学派,强烈批判凯恩斯主义的财政政策和中央银行根据经济情况"相机抉择"的货币政策,并提出针锋相对的货币政策,即"单一规则"的货币政策,主张通过该政策来解决西方各国经济中出现的各种问题。他认为,通货膨胀和经济波动是货币这个最重要的因素作用的结果,只有货币政策才能解决这些问题。由于货币数量的变化对实际经济和通货膨胀的影响存在着"时滞",政府在调节货币供应量时往往会做过头,造成经济波动更加频繁,更不稳定。弗里德曼认为,货币当局只需实行"单一规则"的货币政策,把控制货币供应量作为唯一的政策工具,由政府公开宣布把货币供应量的年增长率长期固定在同预计的经济增长率基本一致的水平,这样就可以避免经济的波动和通货膨胀。

【案例12.2】

中央银行的独立性

假设让你负责起草一国的宪法与法律,你会赋予一国总统控制中央银行政策的权力吗?或者你会允许中央银行摆脱这种政治影响作出决策吗?换言之,假设货币政策根据斟酌处置做出而不是根据规则做出,谁应该运用这种斟酌处置权呢?

各国在选择如何回答这个问题时差别很大。在一些国家,中央银行是政府的一个部门。在另一些国家,中央银行则大体上是独立的。在美国,任期14年的联储理事由总统任命,而且,如果总统不满意他们的决策,也不能撤回这一任命。这种制度性结构赋予联储类似于最高法院那种程度的独立性。研究结果表明:较为独立的中央银行与低而稳定的通货膨胀密切相关。有独立的中央银行的国家,例如德国、瑞士和美国,货币倾向于有较低的通货膨胀。中央银行独立性较低的国家,例如新西兰和西班牙,倾向于有较高的平均通货膨胀。

资料来源:曼昆.《宏观经济学》,中国人民大学出版社,2005.3.

【案例12.3】

通货膨胀降低人们的实际购买力?

如果你问一个普通人,为什么通货膨胀是坏事?他将告诉你,答案是显而易见的:通货膨胀剥夺了他辛苦赚来的美元的购买力。当物价上升时,每1美元收入能购买的物品和劳务都少了。因此,看来通货膨胀直接降低了生活水平。

但进一步思考就发现这个回答有一个谬误。当物价上升时,物品与劳务的购买者为他们所买的东西支付得多了。但同时,物品与劳务的卖者为他们所卖的东西得到的也多了。由于大多数人通过出卖他的劳务,例如他的劳动,而赚到收入,所以收入的膨胀与物价的膨胀是同步的。因此,通货膨胀本身并没有降低人们的实际购买力。

人们相信这个通货膨胀谬误是因为他们没有认识到货币中性的原理。每年收入增加10%的工人倾向于认为这是对他自己才能努力的奖励。当6%的通货膨胀率把这种收入增加降低为4%时,工人会感到他应该得到的收入被剥夺了。事实上,实际收入是由实际变量决定的。例如,物质资本、人力资本、自然资本和可以得到的生产技术。名义收入是由这些因素和物价总水平决定的。如果美联储把通货膨胀从6%降到零,我们工人们每年的收入增加也会从10%降到4%。他不会感到被通货膨胀剥夺了,但他的实际收入并没有更快地增加。

如果名义收入倾向于与物价上升保持一致,为什么通货膨胀还是一个问题呢?结果是对这个问题并没有一个单一的答案。相反,经济学家确定了几种通货膨胀的成本。这些成本中的每一种都说明了持续的货币供给增长事实上以某种方式对实际变量有所影响。

资料来源:摘自 www.hzctsm.com.cn.

【知识库】

米尔顿·弗里德曼

米尔顿·弗里德曼是货币主义最主要的代表人物。1912年出生于美国纽约州的布鲁克林,1932年毕业于路特吉斯大学经济系,1933年获芝加哥大学经济学硕士学位,1937年获得哥伦比亚大学博士学位,1948年任芝加哥大学经济学教授,1976年获诺贝尔经济学奖,1977年从芝加哥大学退休之后,一直在斯坦福大学的胡弗研究所任高级研究员,并分别在1980、1988和1993年三次访问中国。弗里德曼的声誉主要来自于其三个方面的成就:第一,对货币理论的研究特别是对货币数量论的研究;第二,在消费函数上的恒久性收入理论;第三,新自由主义的经济观点。在经济学研究中,弗里德曼有不少著述,其主要著作有《实证经济学论文集》、《消费函数理论》、《货币稳定方案》、《价格理论》、《资本主义和自由》、《美国货币史:1867~1960》(与安娜·施瓦兹合著)、《货币最优数量论文集》、《货币分析的理论框架》。

第三节　供给学派

供给学派是20世纪70年代中期兴起的西方经济学流派。20世纪70年代美国经济增长缓慢,通货膨胀压力日益加大,凯恩斯主张的需求管理政策不再奏效,新自由主义思潮逐渐占据上风,供给学派应运而生。供给学派强调对人们的工作、储蓄和投资的刺激,主张通过大规模减税来促进生产或总供给增加,以扭转美国生产率和经济增长率下降的局面。供给学派的代表人物有阿瑟·拉弗、丘德·万尼斯基、罗伯特·蒙代尔、乔治·吉尔德、保罗·罗伯茨、马丁·费尔德斯坦、麦克尔·埃文斯等人。

一、供给学派的形成背景

20世纪70年代中期,美国经济增长减速。在第二次世界大战结束后的头20年里,美国经济中的生产率平均增长速度大约为3%。此后,生产率增长速度下降到年平均1%,1977年以后生产率出现负增长。生产率增长的减速又引起通货膨胀加剧和经济增长率下降。到20世纪70年代末,美国的年通货膨胀率由20世纪60年代的2%～3%陡升到8%以上,而年平均经济增长率则由五六十年的4.2%下降到3%以下。

面对严重的经济衰退局面,凯恩斯主义者的需求管理政策显得无能为力,尽管试图实施"收入政策"、"人力政策"等来补充需求管理政策,但都不见奏效。

根据凯恩斯主义,刺激需求会使通货膨胀恶化,而抑制通货膨胀又会导致生产萎缩。面对"滞胀"的局面,凯恩斯主义开出的药方显然是不对症的。供给学派的经济学家重新审视凯恩斯主义的政策,他们认为,凯恩斯的需求管理政策不能对付滞胀,反而使西方国家的经济出现了滞胀,因此,供给学派举起了对凯恩斯主义进行一场革命的旗帜,掀起了一场所谓的"供给学派革命"。在供给学派看来,问题的症结不在需求一方,而是出供给一方,提出增加供给、提高生产率来促进经济增长,反对凯恩斯主义的政府干预经济、刺激需求的政策。拉供给学派的论点和主张深得美国企业界不少人士的赞赏,也颇迎合一些饱尝通货膨胀、失业和繁重捐税之苦的美国民众的心理。因而逐渐形成美国经济学界一股新的势力。

二、供给学派的基本理论

(一)供给决定需求理论

凯恩斯主义还是货币主义,都属于需求分析,他们着重于从总需求的决定因素上去寻求通货膨胀和经济波动的原因。与此相反,供给学派则强调供给分析。供给学派认为凯恩斯刺激总需求的政策,是无效的并且是有害的,因为需求并不生产什么。

供给学派还认为,凯恩斯的有效需求原理,忽视了投资,与需求管理相联系的税收政策、退休金制度、膨胀信用政策等起了人为抑制储蓄、鼓励消费的作用,从而导致储蓄率和投资率下降,生产率增长缓慢。在这种情况下,需求的膨胀必然造成通货膨胀,形成滞与胀的恶性循环。由此,供给学派得出结论,凯恩斯定律在理论上是错误的,从而在实践上造成了滞胀的恶果。"供给决定需求"的萨伊定律应重新得到肯定。

供给学派认为,他们并不是简单地重复萨伊定律,他们在萨伊定律的基础上,又进一步阐述了刺激供给的因素和途径。他们认为,解决滞胀的根本是刺激供给增加,决定供给增加的因素有两个:一是生产要素投入的绝对增加;一是劳动生产率的提高。

(二)税收理论

税收的理论及政策是供给学派的精髓,也是供给学派与凯恩斯学派的重要分歧之一。

为了说明税率与政府税收收入之间关系以及论证减税对刺激经济增长的作用,供给学派理论家拉弗于1974年提出了著名的"拉弗曲线",拉弗曲线成为供给学派解释减税理论的依据和工具。这条曲线如图12.1所示。

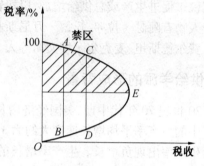

图12.1 拉弗曲线

在一个极端,当税率为100%时,市场经济中的全部生产活动都将停止。如果人们的所有劳动成果都被政府所征收,他们就不愿在市场经济中工作,因而由此生产中断。既而政府征不到税,政府的收益就等于零。

在另一极端,如税率为零,则政府收入也为零。此时,政府也不可能存在,经济处于完全无政府状态。因此,为了使政府得以运转,必要的征税率是不可避免的。

如图,高税率的 A 点和 C 点,分别与低税率的 B 点和 D 点为政府提供着相同的赋税收益。当税率从100%下降到 A 点,生产开始恢复,政府略有所得。可以看到,由于税率的下降,收益还可以增加。在 A 点代表一个很高的税率和很低的产量,而在 D 点代表一个很低的税率和很高的产量,然而两者可以为政府提供同样多的收益。这一情形在 C 点和 D 点上同样成立。"拉弗曲线"告诉我们,在高税率区间,政府可以通过进一步降低税率,来刺激生产,增加收益。例如从 A 点降到 C 点,随着产量的进一步扩张,政府收益也可以增加;而在低税率区间,政府同样也可以通过提高税率,如从 B 点提到 D 点,来增加收入。当然收益和产量存在一个极大值,即图中的 E 点。在 E 点,如果政府还要降低税率,产量将增加,但收益会下降;如果提高税率,产量和收益都会下降。对于政府来说,图中的阴影区域是税收禁区,因为在这个区域内,税率越高,政府的收入减少得越多,这个区域对政府是有害而无利的。

"拉弗曲线"为供给学派的减税主张提供理论根据的一个分析工具,根据"拉弗曲线",供给学派认为,只有减税才能增加政府的收益及私人的储蓄和投资,而以往的使用税制对财富进行再分配的政策只会造成经济停滞。

(三)劳动、资本"楔子"模型

供给学派还建立了所谓的劳动与资本"楔子"模型,作为研究税率与劳动供求以及与资本形成之间的关系的重要手段,具体分析如图 12.2 所示。

在没有税收"楔子"的 Y_0 点,雇主成本与工人实际工资是相等的。当税收开始增加时,不仅雇工成本增加了,而且由于工人要支付更多税收,因而工人实际工资也降低了。可见,这一税收"楔子"导致了企业主对劳动需求数量的减少,以及市场劳动供给的减少。当"楔子"增大到 Y_2 时,每

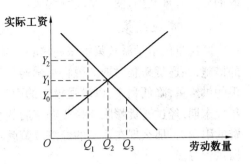

图 12.2 劳动、资本"楔子"模型

个工人的雇佣成本和工人实际工资之间"破离"的增长。例如在 Q_1,雇佣一个工人的成本是 Y_2,而支付给这个工人的实际工资却是 Y_1。相反,如果税收减少,市场的力量会向相反的方向作用于劳动的供给与需求。如果拔掉了政府税收这根"楔子",就能使劳动供给趋向等于劳动需求,达到 Q_2。并且当政府以转移支付的形式为从事某类工作的工人(如公共服务行业等)发放津贴补助时,由于雇佣成本小于工人所得到的工资水平,这样会刺激企业主提供更多的就业机会,就有可能使就业量达到 Q_3。

供给学派的这一模型试图说明改变税率对劳动供给和工作闲暇之间的选择弹性和刺激作用,以及对劳动需求函数和资本形成的影响。供给学派认为,高的工资税实际提高了雇主雇佣工人的成本,从而减少了工人的就业机会。因为税收是支付给政府的,当税率提高时,雇佣工人的实际总成本就比支付给工人的实际工资更高。这种离异状况就被供给学派经济学家称之为税收"楔子",而在这里则称之为劳动"楔子"。

供给学派经济学家认为,一个类似于劳动"楔子"模型中的税收"楔子"存在于资本的供给与需求之间。同样,税收"楔子"使资本的供给成本和需求成本不断上升,从而严重地挫伤了储蓄者和投资者的积极性,导致资本的供给不足和投资引诱的削弱,这是美国经济停滞增长的根本原因。

三、供给学派的政策主张

(一)减少政府干预,主张更多依靠市场调节

供给学派把"滞胀"归因于政府长期实行凯恩斯主义的政府干预政策,反对政府对经济的不必要干预,倡导经济自由,强调政府行为的非生产性。他们认为,从实践上看,美国自实行凯恩斯主义政策以来,不必要的国家干预太多、太细,束缚了企业手脚,抑制了企业生产的积极性;而政府较多的规章条令限制了企业对新产品、新能源、新技术的开发,使美国在产品开发方

面走在日本等国后面。因此,减少政府干预,恢复经济自由,让市场机制恢复功能,就能达到资源的充分合理利用,使经济重新起飞。

(二)减税政策

减税是供给学派政策主张的核心和基本环节。按照凯恩斯观点,减税是一种刺激总需求的措施,在通货膨胀时期减税将加剧通货膨胀。而供给学派则认为,过去凯恩斯是通过调节货币的供给量,降低利率,以增强投资的引诱力来刺激投资促进经增长的。但是,到20世纪70年代末期,经过通货膨胀和税收调整后的利率一直是负数,如果降低利息的目的是为了提高投资的引诱力,那么现在适当的经济政策就不能再是降低利率来刺激需求了,而是要减税,以刺激供给方面。

供给学派认为,减税是一剂医治"滞胀"病的苦口良药,可以收到既增产又消胀之功效。具体来说,他们认为减税对社会经济发展将起到如下的积极作用:

(1)降低税率可以促进个人和企业增加储蓄和投资,并促使个人少休闲、多劳动。

(2)减税在一定程度上可以促进政府收入增加。

(3)减税可以抑制通货膨胀。

(三)节支政策

财政节支是供给学派为刺激供给、减少政府干预的又一项经济政策。供给学派认为美国之所以会出现财政赤字逐年增加,通货膨胀居高不下,是因为政府开支增长过快,其中过量的社会福利费用的负作用尤其大。第一,造成大量自愿失业者。第二,造成浪费,助长舞弊,如医疗补助使无病者呻吟领取补助。第三,抑制劳动生产率的提高。各种社会福利,实际上是助长了人们的懒惰思想,使他们没有学习业务、提高技术、改进管理的压力,必然降低劳动者素质,直接影响劳动生产串的提高。第四,过大的社会福利费,挤占了生产性投资,直接造成供给不足。此外,政府的直接投资还为政府不适当地干预经济提供了借口,因此必须用紧缩性财政政策取代凯恩斯主义的膨胀性财政政策。

(四)稳定币值

减税和适当增加货币供给可以抑制通货膨胀。供给学派认为,以紧缩性政策反通货膨胀会产生不利的供给效应,结果反而引起价格水平上涨。因为凯恩斯的控制需求的反通货膨胀的措施是提高税率和减少货币供给。提高税率会减少劳动供给和资本形成,减少货币供给会提高利率,两者都会减少投资。这些政策的效应是减少产出,提高价格水平。供给学派认为,应该减税和增加货币供给。降低税率能够增加劳动供给和投资,适当增加货币供给能够降低利率,刺激投资增加。这些政策都有利于增加产出,缓解供求矛盾,降低价格水平。

供给学派认为,要同时达到降低通货膨胀和经济高速增长两大目标,除了大规模减税,还应恢复金本位制,使美元与黄金重新挂钩,建立资本主义世界的货币体系;恢复过去"尚节俭,鄙奢侈"的传统美德,把人们从凯恩斯主义所散布的害怕储蓄、颂扬消费和挥霍的思想下解放出来。拉弗说,政府应以美元可以兑换黄金的办法来保证美元的购买力。在没有恢复金本位之前,我们不可能制订出真正的反通货膨胀的政策。

(五) 用供给管理取代需求管理

供给学派主张用供给管理政策取代凯恩斯主义的需求管理政策。供给学派倡导的供给管理政策的主要内容是:

(1) 通过减税、加速折旧刺激投资和资本形成,奖励技术创新,以些促进生产率提高。
(2) 进行结构性调整,促进资源从衰退部门向增长部门转移,促进资源由消费转向投资。
(3) 降低政府支出在国民生产总值中的比重,把资源由政府部门转移到民间部门。
(4) 取消对特定行业和部门的过度保护,提高市场的竞争程度。
(5) 消除劳动市场和产品市场的刚性,提高这些市场的流动性竞争性。

【案例 12.4】

石油危机的影响

自从 1970 年以来,美国经济中一些最大的经济波动源于中东的产油地区。原油是生产许多物品与劳务的关键投入,而且世界大部分石油来自几个中东国家。当某个事件(通常是源于政治)减少了来自这个地区的原油供给时,世界石油价格上升。美国生产汽油、轮胎和许多其他产品的企业会有成本增加。结果是总供给曲线向左移动,这又引起滞胀。

第一起这种事件发生在 20 世纪 70 年代中期。有大量石油储藏的国家作为欧佩克成员走到了一起。欧佩克是一个卡特尔:一个企图阻止竞争并减少生产以提高价格的卖者集团。而且石油价格的确大幅度上升了。

在几年后几乎完全相同的事又发生了。在 20 世纪 70 年代末期,欧佩克国家再一次限制石油的供给以提高价格。从 1978 年到 1981 年,石油价格翻了一番多,结果又是滞胀。第一次欧佩克事件之后通货膨胀已有一点平息,但现在每年的通货膨胀率又上升到 10% 以上。但是,由于美联储不愿意抵消这种通货膨胀的大幅度上升,很快又是衰退。失业从 1978 年和 1979 年的 6% 左右在几年后上升到 10% 左右。

世界石油市场也可以是总供给有利移动的来源。1986 年欧佩克成员之间爆发了争执,成员国违背限制石油生产的协议。在世界原油市场上,价格下降了一半左右。石油价格的这种下降减少了美国企业的成本,这又使总供给曲线向右移动。结果,美国经济经历了滞胀的反面:产量迅速增长,失业减少,而通货膨胀率达到了多年来的最低水平。

资料来源:摘自 jpkc.gdcvi.net

【案例 12.5】

减税刺激经济？

1961年当一个记者肯尼迪总统为什么主张减税时，肯尼迪回答："为了刺激经济"。他的目的是实行减税，减税增加了消费支出，扩大了总需求，并增加了经济的生产和就业。

虽然税收变动会对总需求有潜在的影响，但也有其他影响。特别是，通过改变人们面临的激励，税收还会改变物品与劳务的供给。肯尼迪建议的一部分是投资税减免，它给投资于新资本的企业减税。高投资不仅直接刺激了总需求，而且也增加了经济长期的生产能力。因此，通过较高的需求增加生产的短期目标与通过较高的总供给增加生产的长期目标是相对称的。而且，实际上当肯尼迪提出的减税最终在1964年实施时，它促成了一个经济高增长的时期。

自从1964年减税以来，决策者不时地主张把财政政策作为控制总需求的工具。正如布什总统企图通过减少税收扣除来加快从衰退中复苏。同样，当克林顿总统1993年入主白宫时，他的第一批建议之一就是增加政府支出的"一揽子刺激"。他宣布的目的是帮助美国经济更快地从刚刚经历的衰退中复苏。但是，一揽子刺激最后遭到了失败。许多议员认为克林顿的建议太晚了，以至于对经济没有多大帮助。此外，一般认为减少赤字鼓励长期经济增长比短期总需求扩张更重要。

资料来源：摘自 www.tjufe.edu.cn

第四节　理性预期学派

理性预期学派是20世纪70年代兴起的西方重要经济学流派之一。它以理性预期理论反对长期居于正统地位的凯恩斯经济学，对西方宏观经济学在理论结构、分析方法都产生了深远影响。其理性预期、长期货币中性等理论为新凯恩斯主义所接受，并为新凯恩斯主义的理论创新起到重大的借鉴作用。其主要代表人物有罗伯特·E·卢卡斯、托马斯·萨金特和尼卡·华莱士；其他著名代表人物还有普林斯顿大学的约翰·泰勒、明尼苏达大学的爱德华·普雷斯科特和罗彻斯丹大学的罗伯特·巴罗等人。

一、理性预期学派的产生

20世纪70年代，资本主义各国都陷入了严重的通货膨胀、大量失业和经济停滞的困境，第二次世界大战后流行了多年的凯恩斯主义经济理论和政策发生了危机，货币学派的理论和经济政策在扭转"滞胀"局面时也无能为力。在此历史背景下，一些比较年轻的经济学家从货币学派中分离了出来，形成了一个新经济学流派——理性预期学派。

理性预期这个概念是由美国经济学家约翰·F·穆恩在1961年美国《经济计量学》杂志上发表的"理性预期和价格变动理论"一文中提出的。但是，这一理论当时并未引起大多数经济学家的注意。到了20世纪70年代初，芝加哥大学教授罗伯特·E·卢卡斯连续发表论文将理性预期概念应用于稳定性经济政策的争论,从而在美国逐步形成了以罗伯特·E卢卡斯、托马斯·萨金特和尼卡·华莱士为核心的理性预期学派。这一学派的其他著名代表人物还有普林斯顿大学的约翰·泰勒、明尼苏达大学的爱德华·普雷斯科特和罗彻斯丹大学的罗伯特·巴罗等人。

二、适应性预期和理性预期

20世纪70年代,由芝加哥大学罗伯特·卢卡斯和胡佛研究所的托马斯·萨金特领导的一些批有影响力的经济学家,批评适应性预期假设的武断性,提出理性预期。他们认为,工人和厂商会发现寻找预期未来通货膨胀的最准确方法对他们是有利的。通货膨胀预期的错误毕竟会期造成高昂的成本,如高失业和厂商利润的减少。卢卡斯和萨金特认为,工人和厂商的行为就好像他们懂得经济的"真实"模型并据此预测通货膨胀,而且时不时根据适应性预期或其他方法预测通货膨胀。这种方法叫理性预期。理性预期理论的一个重要方面,是工人或厂商应该根据他们对未来政府政策的预期,形成对于未来价格的预期。相反地,适应性预期下,对于通货膨胀的预期是根据过去的历史。因为这个原因,理性预期又被称做"前瞻性的预期",而适应性预期又被称为"后顾的预期"。

(一)适应性预期

适应性预期是由美国经济学家加甘提出的预期概念。后来,美国货币主义经济学家弗里德曼对适应性预期概念加以推广,成为其货币和通货膨胀理论的一个重要的组成部分。适应性预期是说,经济活动参与者将根据自己过去在作出预期时所犯错误的程度来修正他们在以后每一时期的预期。下式则表示了时期t的价格水平的适应性预期的含义:

$$P_t^* = P_{t-1}^* + \theta(P_{t-1} - P_{t-1}^*)$$

其中θ为适应系数,它决定了根据过去的误差调整预期的速度。适应系数的值的范围为$0 < \theta < 1$。该式表明,对于适应性预期来说,时期的价格预期值等于时期的价格预期值加上(或减去)时期价格预期值误差的一个部分。

(二)理性预期

理性预期是在有效地利用一切信息的前提下,对经济变量作出的长期内平均说来最准确的,而又与使用的经济理论、模型相一致的预期。这一理论包含三个含义:第一,作出决策的经济主体是有理性的。为了追求最大利益,他们总是力求对未来作出正确的预期。第二,为了作出正确的预期,经济主体在作出预期时会力图得到有关的一切信息,其中包括对经济变量之间因果关系的系统了解和有关的资料与数据。第三,经济主体在预期时不会犯系统的错误。也就是说,由于正确的预期能使经济主体得到最大的利益,所以经济主体会随时随地根据他所得到的信息来修正他的预期值的错误。

三、理性预期学派的基本理论观点概述

(一)失业与通货膨胀

理性预期学派的理论不承认失业与通货膨胀之间的交替关系。他们认为失业作为一种实际的经济变量,是由诸如劳动市场的供求关系、生产的技术条件、经济技术结构等实际因素决定的,而与货币数量及货币数量所决定的价格水平没有关系。简言之,失业与通货膨胀之间没有直接的关系,不存在二者之间的相互交替的关系。为此,理性预期学派在其理论的阐述中,以其理性预期的观点深入地批判了反映失业与通货膨胀交替关系的菲利普斯曲线,阐明了自然失业率的观点,分析了影响通货膨胀的因素。

(二)货币中性

理性预期学派货币理论的最重要的理论观点,是其货币中性的理论观点。所谓的货币中性是指:总产量和就业的实际水平和自然水平间的不同的时间类型,是同包括系统地对经济周期发展作出反应的货币活动和财政活动无关。系统的货币活动,仅仅影响诸如价格水平、通货膨胀率等名义变量。或如卢卡斯所证明的,货币数量同价格水平成比例地变化。按照理性预期理论,一切经济活动都是根据理性预期进行的,货币数量的增加和减少,不影响实际的经济变量;实际的经济变量是由经济中的实际因素(例如技术条件、劳动的供求等)决定的。

根据理性预期学派的观点,货币之所以具有中性,在于经济活动的当事者具有完全理性的,其活动表现为自觉地对最优化的追求,并且不犯系统的错误,因而便能彻底地克服"货币幻觉",从而不受货币扰动的影响,货币因此就成为中性的了。而经济活动当事者之所以能够进行理性预期,关键在于掌握充分的信息。所以,在这里,信息、预期与货币中性是三位一体的关系。

(三)政策的无效性

根据卢卡斯关于总供给的观点,产量和就业偏离其自然率水平,是由于人们的预期错误引起的,实际价格高于或低于人们的预期价格,使人们误认为各种商品的相对价格已经改变,因而调整其产量。如果人们的预期是理性的预期,他们就将应用关于货币当局政策规则的系统的信息来形成其关于未来价格的预期,不论货币当局选择什么样的货币供应增长率,都不可能瞒过经济当事人,使之犯预期价格的错误。由于假定价格是可以出清市场的价格,由于经济当事人不存在价格预期的错误,货币当局的货币政策对于产量和就业没有系统的影响。这就是说,在理性预期之下,货币政策是无效的。

货币主义经济学家弗里德曼认为,在长期中,货币政策对实际的经济变量没有影响,但却完全可以决定价格水平。从政策无效性的观点上看,理性预期学派的经济学家们,不仅证明了货币政策局限性的这一货币主义的看法,而且还声称一系列的增加货币供给的冲击使公众感到意外的话,公众便会非常快地预见到其货币政策的活动及其后果,从而使这种货币政策归于无效。正如萨金特和华莱士所说:"关于货币政策是应当依据规则还是依据斟酌使用的原则

来加以运用的问题,不再存在任何实质性的争论。"规则和斟酌使用的原则之争,实际上是政策的无效性与政策有效性之争。坚持以规则作为货币供给规定基础的,是货币主义者和理性预期学派经济学家;而坚持实行斟酌使用原则的则是凯恩斯主义经济学家。

(四)经济周期理论

著名理性预期经济学家卢卡斯在"理解经济周期"、"经济周期理论的方法与问题"等论文中,深入论述了经济周期的含义,经济周期理论的形成、演变与发展。

卢卡斯的理性预期的经济周期理论观点只是在对时间系列分析中加进了理性预期的因素,把经济周期理论同理性预期的分析直接联系起来。它是时间系列分析的经济周期理论的继承和发展,但这种理论同"有效需求"分析的经济周期理论完全不同,或者是对后一种经济周期理论的否定。卢卡斯否认凯恩斯的这种自愿失业和非自愿失业的划分,认为不能在总的失业中划分出哪一部分是"自愿失业"的,哪一部分是"非自愿失业"。此外,按他的看法,失业是由于经济中的随机变量的变动而引起的,那么,最重要的是把政策也作为经济中的一个变量(或随机变量)发挥作用,或者把政策看成是一种经济的"投入",使之实现最好的"产出"(即实现最好的政策效果)。最好的政策是使经济中的随机变量的负面影响达到最小化的政策。

四、理性预期学派的政策主张

根据理性预期学派经济学家的看法,"经济如果不反复遭受政府的冲击,就会基本上是稳定的。"他们认为,凯恩斯主义所主张的干预经济生活的财政政策和货币政策(所谓"积极行动主义的宏观经济政策")能够生效的暗含前提是:政府可以出其不意地实行某种政策以影响经济生活,即政府总是比公众高明。但是,在理性预期条件下,人们对政府的经济政策及其实施后果早已充分预计到了,并作出了相应的预防措施和对策,使得政府的经济政策不能有任何效果。理性预期学派在批判凯恩斯主义的"积极行动主义的宏观经济政策"时,主要提出了以下三点看法。

(1)日益增多的经验和理论的证据表明,凯恩斯主义经济政策在抵消产量、就业或其经济总量的波动方面是不会取得任何成效的,在某些场合它们也许能在一定程度上影响经济生活,但它们不可能克服经济周期。

(2)凯恩斯主义经济政策的结果大部分是不确定的。而任何一种经济理论都明确地告诫人们,政策的结果确定性越小,实施政策就越要小心谨慎,因为任何一项错误的政策都会将事情弄得很糟。同时,政策的制订更加需要从容不迫,步子更要谨慎,绝对不能用那些曾经使用过的大规模的措施去刺激经济增长。

(3)对于许多凯恩斯主义经济政策,即使知道了它将会产生的结果,我们仍然无法判断这种结果是不是符合公众的意愿。根据凯恩斯主义的方法来制定政策的人无法让经济中的个人去选择自认为有良好结果的政策,他们是被迫选择这些政策的。其结果是,除非人们的偏好恰好与政策制定者的规定相配合,否则这些经济政策很可能使人们的处境普遍地变得更糟糕。

【知识库】

理性预期学派评说

理性预期学派出现的时间虽然并不长,目前它对美国和其他各主要资本主义国家的经济政策制订的实际影响也并不大,但它对经济学理论的影响却在日益增大,以致一些经济学家将理性预期理论的产生称为"预期革命"。布赖恩·坎特断言:"合理预期理论可以被认为不仅仅是针对凯恩斯主义经济学的批评,而且特别代表了在不肯定的前提下重建均衡经济学的尝试";"没有对预期的解释,经济理论就不能对一个把将来估计在内的世界中的宏观经济现象的理解作出贡献。"

目前仍有许多经济学家对这一理论持有异议,他们认为理性预期理论主要如下的缺点:

1. 由于整个理性预期理论的分析的基础建立在市场随时处于"出清"的状态之上,因此货币工资的刚性这个现实经济生活中常见的现象就构成了对理性预期理论分析的严重挑战。一些经济学家认为,如果名义工资确实刚性的话,那么凯恩斯主义"积极行动主义的政策"可能仍然是有一定作用的。

2. 理性预期的假定十分值得怀疑。理性预期学派认为人们会根据他们对经济结构的了解来形成自己的"预期"。首先,无法保证社会大众有能力及时掌握足够有用的信息;其次,任何信息的取得都是要付出代价的,人们在收集信息以形成"预期"时,如何斟酌取得信息的成本与运用信息的效率,以决定其购买信息的最适度数量。因此,认为人们可以像理性预期理论所设想的那样可以得到充分的信息,明智地整理信息是不现实的。

3. 理性预期学派在分析经济问题时,借用了货币学派的"自然率"(如"自然失业率")的假定。然而,无论是货币学派还是理性预期学派,对于"自然率"究竟如何决定的问题,都没有给出明确的解释。

4. 理性预期学派批评凯恩斯主义积极干预经济生活的政策时,假设政府当局操有主动权,个人和企业部门处于被动地位。事实上,理性预期学派本身也犯了类似的错误,他们只认为个人和企业部门可以收集充分的信息来预测政府的政策及其后果。但是,政府也会对个人和企业的行为及其对政策的反映做出明智判断和反映。因此,不管是否存在理性预期,政府积极的宏观经济政策是能够影响经济的实际变量的。

基于上述种种理由,对理性预期理论持异议的经济学家认为,理性预期理论排斥了经济中的不确定性,导致了对预期的不现实的看法和对积极的稳定性经济政策的放弃。结论是:以理性预期来代替观察不是一种恰当的科学方法。理性预期学派的经济学家们对此并不服气,这场理论争论目前仍在西方经济学界进行着。

第五节 新凯恩斯主义学派

20世纪80年代,一个主张政府干预经济的新学派——新凯恩斯主义经济学在西方学术界出现了。新凯恩斯学派主要代表人物是美国哈佛大学格雷高里·曼昆和时任斯坦福大学教授的约瑟夫·斯蒂格利茨等人。新凯恩斯主义与新古典综合派同属凯恩斯主义阵营,两者的关键区别在于,新古典综合派的理论倾向于假定一个固定的名义工资,而新凯恩斯主义则试图为解释工资和价格粘性现象提供一个可以接受的微观基础。一般来说,新凯恩斯主义者都接

受如下四个命题:
(1)私人经济具有内在的不稳定性,经济由失衡走向均衡的自动调节过程是缓慢的。
(2)货币在长期内是中性的。
(3)短期的菲利普斯曲线是存在的。
(4)政府为稳定经济进行干预的政策是有效的。

一、新凯恩斯主义形成的理论背景

新凯恩斯主义产生的客观条件是,原凯恩斯主义的理论缺陷和新古典宏观经济学在解释现实问题时缺乏说服力。

原凯恩斯主义理论的缺陷是宏观经济理论缺乏微观基础,原凯恩斯主义用需求不足和名义工资刚性解释失业的存在和持续,然而并没有很好的说明名义工资刚性。以萨缪尔森为代表的新古典综合派虽然把"古典"微观经济理论与凯恩斯主义宏观理论结合在一起,但是,这种结合只是机械组合,没有构成有机的联系。

新古典宏观经济学的引人注目之处在于,它保持了微观经济学和宏观经济学的结合一致性和相容性。但是,新古典宏观经济学片面追求理论结构和分析方法的完美性,忽略经验检验,它的市场出清的微观分析完全脱离了资本主义现实,政策无效性的宏观结论也缺乏说明。萨缪尔森和诺德豪斯在他们合著的《经济学》第16版中认为,新古典宏观经济学主要有下列缺陷:

(1)工资和价格完全弹性的假设是非现实性。
(2)理性预期假说的非真实性。
(3)许多理论与事实不符,如新古典宏观经济学认为经济周期波动起因于经济当事人的错觉或误解。

原凯恩斯主义的不足和新古典宏观经济学在理论上的进展给新凯恩斯主义者以有益的启迪。而新古典经济学在现实面前的苍白无力又诱使新凯恩斯主义者们运用独特的方法和思路对劳动市场、产品市场和信贷市场进行分析,以期寻找出宏观经济波动和失业的原因。

二、新凯恩斯主义的基本假设

(一)价格和工资粘性假设

非市场出清假设是新凯恩斯主义的重要的假设,这一假设来自原凯恩斯主义。凯恩斯在《通论》中就是用货币工资、利率和价格粘性或刚性来否定"依靠市场价格机制的自动调节可以达到充分就业均衡"的"古典"经济学信条。新凯恩斯主义认为,现实中的各类市场是垄断型的或垄断竞争型的,供给方有控制价格和工资水平的能力。面对供给冲击或需求冲击,价格和工资调整是缓慢的,至少需要一个过程。因此,无论是商品市场还是劳动市场常常处在非完全出清状态,宏观经济均衡通常是非瓦尔拉斯均衡,而不是瓦尔拉斯均衡。

非市场出清假设使新凯恩斯主义和原凯恩斯主义具有相同的基础。非市场出清的基本含义是,在出现需求冲击或供给冲击后,工资和价格不能迅速调整到使市场出清的状态。缓慢的工资和价格调整使经济回到实际产量等于正常产量的状态需要一个很长的过程,例如,需要几年时间,在这一过程中,经济处于持续的非均衡状态。

新凯恩斯主义和原凯恩斯主义都坚持非市场出清的假设,但两者的非市场出清理论存在着重大差别,其表现为:(1)原凯恩斯主义非市场出清模型假定名义工资刚性,而新凯恩斯主义非市场出清模型假定工资和价格有粘性,即工资和价格不是不能调整,而是可以调整的,只是调整十分缓慢,需耗费相当的时日。(2)新凯恩斯主义模型增添了原凯恩斯主义模型所忽略的两个假设,即一是经济当事人最大化原则,即厂商追逐利润最大化和家庭追求效用最大化,这一假设源于传统的微观经济学;二是理性预期,这一假设来自新古典宏观经济学。经济当事人最大化原则和理性预期的假设使新凯恩斯主义突破了原凯恩斯主义购理论框架。

(二)不完全性假设

这里的"不完全性"是指市场不完全和信息不完全,主要是指市场不完全。新凯恩斯主义一般假设经济中的市场是不完全竞争(垄断竞争和寡头垄断)型的。在这种市场上,单个厂商面临的需求曲线是向右下方倾斜的,他对产品价格有一定的控制力。因此,当需求发生变化时,他的反应往往是进行数量调整,而不是进行价格调整。

(三)理性预期假设

新凯恩斯主义一般并不反对理性预期学派的理性预期假说,他们中的大多数人接受了这个假说并力图把它纳入新凯恩斯主义的宏观经济模型。但是,与新古典宏观经济学不同,新凯恩斯主义者大多认为,短期内形成的预期是适应性预期而不能是理性预期;并且,由于市场不完全和信息不对称,经济当事人的理性预期通常受到约束或限制,即这种预期通常是"理性约束预期"或"近似理性预期"。

三、新凯恩斯主义的主要理论

(一)名义粘性

正统的凯恩斯主义和新凯恩斯主义都假定,价格调整对外来冲击反应迟缓。不过前者武断地假定名义工资是固定的,而新凯恩斯主义则试图为工资和价格的缓慢调整提供一个微观经济基础。

1. 名义价格粘性

新凯恩斯主义从不完全竞争的市场出发,试图解释经济中的名义价格粘性,其中较有影响的是菜单成本理论。这一理论认为,经济中的垄断厂商是价格的决定者,能够选择价格,而菜单成本的存在阻滞了厂区商调整产品价格,所以,价格有粘性。所谓"菜单成本",是指厂商调整价格所花费的成本,包括研究与确定新价格、编印价目表、通知销售人员、更换标签等所花费工的成本,这类成本类似于餐馆打印新菜单所花费的成本,所在地以称"菜单成本"。这些成本是厂商在调整价格时实际支出的成本。另有一类成本是厂商调整价格的机会成本,它虽不是厂商实际支出的成本,但同样阻碍着厂商调整价格,也被称为菜单成本。

除了菜单成本理论外,新凯恩斯主义学者还提出长期合同论或交错调整结构论。

这种理论认为,价格之所以不随着总需求的下降而及时下降,是因为厂商之间存在长期的供货合同,这种合同可以保证买主按照合同签订时的价格购买到所需要的产品的任何数量。所以,长期合同包含长期的价格协议。合同虽然允许价格将来可以随着成本的变化而进行调整,但是价格并不随着对这种产品需求量的变化而进行调整。这种长期合同的签订和到期不是同步的,而是交错进行的,因此,对于单个厂商来说,他的产品定价和调价不是连续的,他无法根据市场需求的变化来迅速地调整价格;对于全体厂商来说,即便供货合同到期的那部分厂商根据需求变化调整了价格,这种产品的市场价格还是变化缓慢。

2. 名义工资粘性

早期的新凯恩斯主义者以长期劳动合同的形式引入了名义工资粘性。长期合同是指厂商和工人之间的协议,其中规定了1年或更长时间内的名义工资率。劳动合同中的工资并不是完全刚性或完全固定的,每当新合同谈判时就有改变。合同影响经济的关键在于对工资变化的规定与对合同期限的限定。商定的工资率一般在两种情况下是可能变化的:一是有计划的变化,即在多年长期合同中,规定了每年工资率变化;二是按生活费用协议的规定变化,即规定一个自动的工资提高率,以适应物价的上涨,也就是预先确定名义工资的变化,允许工资率上升以赶上未来的通货膨胀率。

新凯恩斯主义者认为,长期劳动合同工是实际收入和失业呈周期性变化的原因之一,因为它们在一定程度上限制了工资和价格的灵活性。该理论认为,工资粘性不仅来源于个别非理性和武断的行为,而且来源于有利于工人和厂商利益的长期合同。

(二)经济波动理论

1. 名义刚性与经济波动

这种经济周期理论的基本观点是,名义工资刚性和(或)名义价格刚性加上总需求冲击会导致经济波动。这种理论的主要假定有:(1)名义工资是刚性的。(2)短期总供给曲线是水平的或向右上倾斜的,长期总供给曲线是垂直的。(3)在劳动市场上,厂商面临着两条不同的劳动需求曲线,即有效劳动需求曲线和观念的劳动需求曲线,前者表示不同的产量水平下所需要的劳动数量,后者表示在不同的实际工资水平下厂商愿意雇用的劳动数量。

在上述假定条件下,根据价格或成本是固定的还是可变的,又可以进一步把这种经济周期理论分为固定加成经济周期模型和可变加成的经济周期模型。

2. 近似理性的经济周期模型

这个经济周期模型是阿克洛夫和耶伦在1985年的一篇题为"工资和价格惰性的近似理性的经济周期模型"的文章中提出来的。其主要观点是,如果经济当事人采用他们认为是"微不足道的"次优方式调整工资和价格,总需求冲击会引起产出和就业的重大变化,即名义货币供应量的变化在短期内是非中性的。或者说,制定或变动价格决策的很小的交易成本可能会引发实际经济活动的大规模波动。

四、新凯恩斯主义的政策主张

克服物价惯性和周期性,稳定物价,主要是对总需求加强宏观调控。

1. 调整投资

国家可以通过调控投资规模和投资结构来改变总需求,当经济过热时适当压缩一部分投资;反之,增加部分投资,使占总需求很大份额的投资能与总供给中的投资品供给大体适应。

2. 加强对货币投放量和信贷规模的控制

货币投放和信贷规模的增长率应从目前的水平上逐步降下来,货币总量要与国民生产总值的规模大体适应。货币总量的增长率要稍高于国民经济增长率,以免影响经济发展,但不能过高,过高就难遏止物价惯性。

3. 利用行政手段和经济手段对价格进行控制

在经济体制转轨的过程中,市场机制尚未完善,市场交易行为不规范,价格机经常失灵,需要政府来干预价格,使各种产品的比价趋于合理,防止"欺诈价格"和不公平竞争,以维持物价的相对稳定。

4. 重视农业,增加农业的投入和农副产品的产出

对稳定物价有重要的作用。前面曾提到国民生产总值、农副产品价格和食品类价格有相同的周期,说明农业与国民经济发展和人民生活息息相关。因此,加强农业这个社会效益高而本身很脆弱且效益不高的产业,对稳定物价有重要的意义。农业丰收了,农副产品供应充足了,物价惯性才能有效地得到抑制。

5. 采取适度紧缩的财政政策

较紧的财政政策可以在一定程度上限制总需求膨胀,以减小物价涨幅。在财政支出中,大部分支出是社会消费和公共产品投资,这些支出易于控制。所以,财政政策可操作性较强,而且见效也比较快,能在一定程度上遏止物价的涨幅,降低物价惯性。

【案例 12.6】

IS-LM 模型与我国宏观经济政策选择

人们通常运用 *IS-LM* 模型来分析宏观经济政策的效力,并以该模型所体现的经济思想作为政府宏观经济政策选择的理论依据。但我国宏观经济学的实践表明,以 *IS-LM* 模型为依据的扩张性宏观经济政策尤其是扩张性货币政策并没有取得预期的效果。

IS-LM 模型的形状取决于 *IS* 曲线和 *LM* 曲线的斜率。以我国投资的利率弹性对 *IS* 曲线斜率的影响看,由于市场经济体制在中国还没有完全确立,政府在企业投资中还起着一定的作

用,企业自身还不能自觉地按市场经济原则办事,这必然导致企业投资对利率的反应没有一般市场经济国家敏感,从而导致中国的 IS 曲线比一般市场经济国家的 IS 曲线陡峭。从边际消费倾向变化对 IS 曲线的影响看,储蓄的超常增长表明,中国的边际消费倾向已经远远低于在目前收入水平应具有的水平,收入与消费之间已出现了严重的失衡,这种失衡必然导致我国的 IS 曲线比在正常情况下陡峭。

那么,中国的 LM 曲线的斜率如何呢?首先,中国正处于新旧体制交替的过程中,中国居民对货币的预防性需求急剧膨胀,从而打破了收入与消费之间的稳定关系,使中国的货币交易需求的收入弹性不再稳定,导致 LM 曲线不断趋向平坦。其次,从货币投机需求的利率弹性对我国 LM 曲线斜率的影响看,在目前的中国,由于金融市场、资本市场尚不十分完善,广大居民缺乏多种投资渠道,利率的变化对人们的投机性货币需求影响并不大,投机需求的利率弹性较小,其对 LM 曲线的影响是使 LM 曲线比较陡峭。

由以上分析,我们可以得出以下结论:

其一,在进行政策选择时,必须考虑政策的有效性和确定性。在一定的经济形势下,一些政策比另一些政策更加有效,一些政策的影响比另一些政策的影响具有更大的确定性。在我国目前的状况下,IS 曲线陡峭,LM 曲线平坦,这时,财政政策效果十分有效,货币政策效果有限。近几年,利率连续下调对消费和投资的刺激十分有限已经告诉我们,目前条件下,货币政策充分发挥作用的环境并不存在,继续下调利率很难取得预期的效果。因此,在运用扩张性经济政策以刺激需求时,应把重点放在财政政策上。

在运用扩张性财政政策时,必须注意不同措施的效果。由于悲观预期的存在,居民的预防性货币需求无限膨胀,企业对未来利润率的预期也比较悲观,试图通过增加居民(尤其是收入较高阶层居民)收入以扩大消费需求,通过降低利率以扩大投资需求的愿望在实践中具有很大的不确定性,很可能由于公众的不配合使这些政策的作用受到限制。而政府购买和直接投资的效果则是十分确定的,因此,在政策措施选择上,应加大政府开支和用于失业、养老等方面的转移支付和直接投资。基于此,我们认为政府通过举办公共工程以刺激需求的政策是明智的,而在通过增加居民收入以刺激消费上,应把重点放在增加边际消费倾向较高的低收入阶层身上。

其二,在进行政策选择时,应考虑政策的效力与市场完善程度的关系。宏观经济政策作用的发挥,取决于市场经济制度的完善程度,在制度尚不完善的条件下,货币政策的作用自然受到限制;而财政政策是通过税收和政府支出的变化直接影响经济的运行,尤其是政府支出的变化带有强烈的行政色彩,对市场制度的要求没有货币政策那么高,因此,在市场制度尚不十分完善的情况下,扩张性政策的作用应主要通过财政政策来实现。

财政政策之所以比货币政策更容易发挥作用,是由我国现阶段经济体制和财政政策本身的特点决定的。我们在强调本身带有行政色彩的财政政策作用时,应该谨防片面夸大行政手段的作用,防止出现旧体制、旧的管理方法的复归。更不能因为一些经济手段暂时的失灵而否认其作用,为倒退寻找理论依据。

其三,货币政策的重点应放在为其充分发挥作用创造制度环境上。目前我国 LM 曲线的形状表明,希望通过降低利率以刺激投资和消费的货币政策注定不会有多大作用。在这种情况下,人们很容易回到老路上去,即希望通过直接增加或减少货币供给量来达到一定的宏观经济目标,这种带有明显行政色彩的货币政策是我们以前常用的。如果说,在经济"软着陆"时期,行政性的货币政策曾经起过很大作用的话,那么,在经济萧条时期,行政性的扩张货币政策很可能是一副毒药,这样做的后果是非常严重的,极易酿成严重的金融危机。中国金融机构存在的严重问题和东南亚金融危机已经使我们清醒地认识到了这一点。目前,我国货币政策的重点不在于扩张本身,(因为间接的扩张效果有限,直接的扩张可能酿成灾难性后果。)而在于完善金融市场、资本市场及需要银行介入的再分配制度和消费制度,为货币政策充分发挥作用创造良好的制度环境。

在市场机制发育不完善的条件下,宏观经济政策的实行不仅要服务于宏观经济管理的目标,而且要肩负起塑造市场体系的重任,以减少政策实施的制约因素。在目前至未来一个相当长的时期内,重建宏观经济运行环境比宏观经济政策实施更为重要。只有建立起完善的市场体系,才能找到渐进地实现宏观调控目标的途径。

资料来源:摘自 logistics.nankai.edu.cn

本章小结

1. 新古典综合派是在第二次世界大战后新的经济历史条件下,在诠释、扩展凯恩斯主义的过程中,融合新古典经济学而形成的。新古典综合派在理论上坚持凯恩斯的非出清理论,在政策上主张政策采用相机抉择的财政政策管理经济。

2. "货币主义"学派试图恢复传统的货币数量论的分析法,认为价格总水平和名义国民收入变化的主要决定因素是货币数量的变化,并倡导经济生活的自由放任。反对凯恩斯主义的财政政策,反对"斟酌使用"的货币政策,力主单一政策规则。

3. 供给学派强调供给分析,认为凯恩斯刺激总需求的政策,是无效的并且是有害的。供给学派强调对人们的工作、储蓄和投资的刺激,主张通过大规模减税来促进生产或总供给增加,以扭转美国生产率和经济增长率下降的局面。由于该学派的观点既没有历史上有力的证据,又缺乏理论分析的合理推断,而且在政策方面也没能取得显著成效,因而很快便衰弱下去。

4. 在20世纪70年代,资本主义各国都陷入了严重的通货膨胀、大量失业和经济停滞的困境,战后流行了多年的凯恩斯主义经济理论和政策发生了危机,正是在这种历史背景下,理性预期学派应运而生。理性预期学派认为,国家干预经济的任何措施都是无效的。要保时经济稳定,就应该听任市场经济的自动调节,反对任何形式的国家干预。

5. 新凯恩斯主义与新古典综合派同属凯恩斯主义阵营,两者的关键区别在于,新古典综合派的理论倾向于假定一个固定的名义工资,而新凯恩斯主义则试图为解释工资和价格粘性现象提供一个可以接受的微观基础。新凯恩斯主义认为由于合同的长期性、合同分批到期的性质及效率工资的存在,工资具有粘性;由于菜单成本等的存在工资具有粘性。工资粘性和价格粘性使市场长期处于非出清状态。因而政府为稳定经济进行干预的政策是有效的。

思考题

1. 试阅读以下材料,并回答后面的问题:

美国一位联储前主席威廉·M·马丁说:"联储的工作就是在宴会正在进行时拿走盛满酒的大酒杯。"

美国经济学家弗里德曼说:"我们所需要的不是不断地转动经济之车的方向盘和对不可预期的无规则之路进行调整的高超的货币司机,而是需要一些手段,避免使作为稳定物坐在后座上的货币乘客不时俯过身来猛拉方向盘,使汽车面临翻下公路的危险。"

(1) 试说明威廉·M·马丁和弗里德曼各代表哪个学派的观点?

(2) 马丁所说的"宴会正在进行时拿走盛满酒的大酒杯"是什么意思,代表一种什么样的政策倾向?

(3) 弗里德曼所说的"方向盘"、"不可预期的无规则之路"各指代什么?这句话体现他什么样的政策倾向?

(4) 二者观点是完全一致的,还是存在分歧,试说明之?

2. 关于1929~1933年席卷整个资本主义世界的经济危机(也称作大萧条),经济学界众说纷纭、莫衷一是。例如有的学者认为,出现大萧条的原因是由于美国经济的私有化性质,仅凭私有经济本身的力量,并不能走出经济循环的低谷,相反,还会越陷越深。因此只有政府干预经济才能缓解危机。有的学者则提出完全相反的观点,认为大萧条并非是美国私有化经济所造成的,而是美国政府过于干预经济运行规律的过错。

请分析:

(1) 这二者各属于哪一家学派的观点?

(2) 这二者是在什么样的背景下产生的?

(3) 他们的基本主张有何分歧?

(4) 这两种观点对经济学界有哪些影响?

(5) 你如何评价这两种观点?

3. 请查阅相关历史资料,并说明:撒切尔夫人是在什么样的情况下接受了货币主义的政策主张?里根政府为什么全盘接受了供给学派的理论和政策主张,这两种理论是在什么样的背景下登上历史舞台的?它们在政策上应用的结果如何,为什么?

【阅读资料】

里根经济学

所谓"里根经济学",是指美国第40任总统里根在就职期间,以供给学派经济学为理论根据提出并实施的以"美国经济的新开端"为标题的《经济复兴计划》。

里根早在1980年的总统大选中,就全盘接受了供给学派的理论和政策主张,并作为自己的竞选纲领,这主要是因为供给学派的理论和政策主张能更好地反映和体现里根所代表的美国部分政治集团和收入阶层的利益。在总统竞选之前,里根就是美国大多数所谓"平民保守主义分子"的支持者和利益代表人。这部分人大多是西部的中小企业主、农场主、房地产主等。他们的经营规模小,主要立足在国内市场,因此,他们不仅要受到国内政府有关企业规章条例法规的严格限制,而且没有大垄断跨国公司逃税避税的便宜条件,税负沉重,储蓄和投资的能力日益枯竭。为此他们竭力反对国家政府对企业过多的干预,主张恢复自由企业制度,反对大规模的社会福利开支和所得税政策。

里根政府看到,20世纪70年代以来资本主义的经济发展出现了与凯恩斯所面临的完全不同的新现象,即资本主义经济所面临的问题已经不是需求不足,而是供给不足、经济衰退,而且由于凯恩斯主义需求管理的结果反而导致了"停滞膨胀"局面。因此,对里根来说,一方面要努力刺激供给,另一方面必须控制需求,这就成了当前保守主义经济思潮在美国由里根政府实验的基本内容。从里根"经济复兴计划"的理论基础看,里根的"经济复兴计划"是以供给学派的政策对付经济停滞,用货币主义代表人物弗里德曼关于严格控制货币供给量增长速度的理论抑制通支来抵补赤字,同时这也符合供给学派减少社会福利支出的要求。

里根于1981年2月向美国国会提交的《经济复兴计划》是新政府经济政策的纲领性文件,其主要内容是:

(一)减税,包括削减个人所得税和企业税的税率,重点是削减个人非劳动收入的税率。

(二)削减联邦政府支出,重点是削减社会福利开支,力求做到预算平衡。

(三)大量减少或放宽管制企业的规章条例。

(四)紧缩通货,降低货币供应量增长率。

20世纪80年代初期,美国里根政府推行供给学派经济学,试图从增加供给上提高生产率和消除通货膨胀,为此大力推行减税政策。但是,20世纪80年代美国的现实是,低税率却带来了低储蓄率、高利率和低投资率,生产率从20世纪80年代末也开始明显的缓慢下来。更为糟糕的是,连续实行减税,政府的支出并没有相应减少,由此造成了美国政府巨额的财政赤字。据统计,里根政府两届任期内赤字共达1.34万亿美元,从而使联邦政府债务高达2.7亿美元。庞大的财政赤字,一方面使得美国的利息率居高不下,从而极大地妨碍了资本投资,另一方面,高利率又吸引了大量海外资金变成美元资产,迫使美元汇率上升,从而使美国产品在国际市场上的竞争能力下降。所以,供给学派经济学在里根政府的第二任期内就开始失宠,并且,再也难以找回往昔的辉煌。

参考文献

[1] N·格里高利·曼昆. 宏观经济[M]. 4版. 梁小民,译. 北京:中国人民大学出版社,2000.

[2] 多恩布什,费希尔,斯塔兹,等. 宏观经济学[M]. 7版. 范家骧,译. 北京:中国人民大学出版社,2000.

[3] 曼昆. 经济学原理(下册)[M]. 2版. 梁小民,译. 北京:北京大学出版社,2001.

[4] 黄亚钧. 宏观经济学[M]. 2版. 北京:高等教育出版社,2005.

[5] 许纯祯. 西方经济学[M]. 北京:高等教育出版社,1999.

[6] 卜海,姚海明,华桂红. 宏观经济学[M]. 南京:东南大学出版社,2005.

[7] HALL,TAYLER. Macroecnomics[M]. 2nd ed. New York:Norton Co.,1988.

[8] 蔡继明. 宏观经济学[M]. 北京:人民出版社,2003.

[9] 高鸿业. 西方经济学(宏观部分)[M]. 北京:中国经济出版社,1996.

[10] 宋承先. 现代西方经济学(宏观经济学)[M]. 上海:复旦大学出版社,1999.

[11] 黄亚钧,袁志刚. 宏观经济学[M]. 北京:高等教育出版社,2000.

[12] 王砚峰. 全球经济的22个瞬间(重点问题研究)[M]. 北京:知识产权出版社,2007.

[13] 赵炳新. 西方经济学教程[M]. 济南:山东人民出版社,2002.

[14] 布兰查德. 宏观经济学[M]. 伦敦:普伦蒂斯-霍尔公司,1995.

[15] 邹薇. 宏观经济学[M]. 北京:中国社会科学出版社,2000.

[16] 宋承先. 现代西方经济学[M]. 上海:复旦大学出版社,1997.

[17] 阿瑟 奥利沙文,史蒂芬.[M]. 谢菲林. 经济学[M]. 北京:北京大学出版社,2001.

[18] 曼昆. 经济学原理[M]. 北京:北京大学出版社,1999.

[19] 保罗 霍肯. 商业经济学[M]. 上海:上海译文出版社,2001.

[20] 谭崇台,武海华. 现代经济学[M]. 北京:中国人民大学出版社,2001.

[21] 张建华. 西方经济学简明教材[M]. 北京:中国农业大学出版社,2000.

[22] 多恩布什,费希尔. 宏观经济学[M]. 北京:中国人民大学出版社,1998.

[23] 干洛林. 2008年世界经济形势分析与预测(世纪经济黄皮书)[M]. 北京:社会科学文献出版社,2008.

[24] 高鸿业. 西方经济学(宏观部分)[M]. 2版. 北京:中国人民大学出版社,2001.

[25] KEITH,CUTHBERTSON. The supplyanddemandof Money[M]. Basil:Blackwett,1985.

[26] FREDERIC S,MOSHKIN. The Economics of Money,Banking and Financial Markets(SixthEdition)[M]. UK:Pearson Education,2002.

[27] OLIVIER BLANCHARD. Macroeconomics[M]. 2nd ed. US:Prentlce Hall,2001.

[28] 曹龙骐. 货币银行学[M]. 北京:高等教育出版社,2000.

[29] 胡海鸥. 当代货币金融理论[M]. 上海:复旦大学出版社,2000.

[30] 陈野华. 西方货币金融学说的新发展[M]. 四川:西南财经大学出版社,2001.

[31] 余力. 货币理论创新[M]. 北京:经济管理出版社,2000.

[32] 高鸿业. 西方经济学[M]. 3版. 北京:中国人民大学出版社,2005.

[33] 郭羽诞,陈必大. 新编现代西方经济学教程[M]. 上海:上海财经大学出版社,1996.

[34] 逄锦聚,洪银兴,林岗,等. 政治经济学[M]. 北京:高等教育出版社,2002.

[35] 黄亚钧,郁义鸿. 微观经济学[M]. 北京:高等教育出版社,2000.

[36] 黎诣远. 西方经济学[M]. 北京:高等教育出版社,2000.

[37] 梁小民. 微观经济学[M]. 北京:中国社会科学出版社,1996.

[38] 曹家和. 宏观经济学[M]. 北京:清华大学出版社,北京交通大学出版社,1996.

[39] 高鸿业. 西方经济学(宏观部分)[M]. 北京:中国人民大学出版社,2007.

[40] 刘俊民. 宏观经济学[M]. 北京:中国科学技术出版社,2005.

[41] 梁小民. 宏观经济学[M]. 北京:中国社会科学出版社,1999.

[42] 范家骧,王志伟. 宏观经济学[M]. 大连:东北财经大学出版社,2003.

[43] 王秋石. 宏观经济学原理[M]. 北京:经济管理出版社,2001.

[44] 叶航. 宏观经济学教程[M]. 杭州:浙江大学出版社,2005.

[45] 保罗,A. 萨缪尔逊,威廉,等. 经济学[M]. 北京:中国发展出版社,1992.

[46] 斯蒂格利茨. 经济学(下册)[M]. 黄险峰,张帆,译. 北京:中国人民大学出版社,1998.

[47] 高鸿业. 宏观经济学[M]. 北京:中国人民大学出版社,2000.

[48] 黎诣远. 西方经济学(下册)[M]. 北京:清华大学出版社,2000.

[49] 宋承先. 现代西方经济学(宏观经济学)[M]. 上海:复旦大学出版社,1994.

[50] 魏埙,蔡继明,等. 现代西方经济学教程[M]. 天津:南开大学出版社,1992.

[51] 厉以宁,等. 西方经济学[M]. 北京:高等教育出版社,2000.

[52] 保罗·萨米尔森,威廉·诺德豪斯. 宏观经济学[M]. 17版. 北京:人民邮电出版社,2004.

[53] 崔卫国,刘学虎. 小故事大经济[M]. 北京:经济日报出版社,2008.

[54] 何璋. 西方经济学[M]. 2版. 北京:中国财政经济出版社,2003.

[55] 杨长江,石洪波. 宏观经济学[M]. 上海:复旦大学出版社,2004.

[56] 高鸿业. 西方经济学(宏观部分)[M]. 4版. 北京:中国人民大学出版社,2007.

[57] 高鸿业. 西方经济学(宏观部分)[M]. 3版. 北京:中国人民大学出版社,2004.

[58] 祁华清. 宏观经济学[M]. 1版. 北京:清华大学出版社,2007.

[59]张成武,俞颖灏.西方经济学[M].1版.上海:上海财经大学出版社,2007.
[60]何璋.西方经济学[M].1版.北京:中国财政经济出版社,2000.
[61]厉以宁.西方经济学[M].2版.北京:高等教育出版社,2007.
[62]郭羽诞.西方经济学[M].1版.北京:经济科学出版社,2007.
[63]刘厚俊.现代西方经济学原理[M].3版.南京:南京大学出版社,2004.
[64]曹家和.宏观经济学[M].1版.北京:清华大学出版,2006.
[65]梁小民.西方经济学教程(修订版)[M].3版.北京:中国统计出版社,1998.
[66]刘涤源,陈端洁.弗里德曼及现代货币主义[M].北京:经济科学出版社,1987.
[67]杨玉生.理性预期学派[M].武汉:武汉出版社,1996.
[68]吴易风,王健,方松英.市场经济和政府干预——新古典宏观经济学和新凯恩斯主义经济学研究[M].北京:商务印书馆,1998.
[69]方福前.当代西方经济学流派[M].北京:中国人民大学出版社,2004.
[70]王道禹.当代西方经济学流派评介[M].成都:电子科技大学出版社,2005.
[71]杨志龙.当代西方经济学主要流派[M].兰州:甘肃人民出版社,2008.
[72]杰弗里·萨克斯,费利普·拉雷恩.全球视角的宏观经济学[M].1版.费方域,译.上海:上海人民出版社,2004.
[73]保罗·R·克鲁格曼,茅瑞斯·奥伯斯法尔德.国际经济学[M].8版.北京:中国人民出版社,2010.